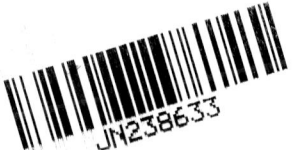

Hello

Baby's Name

年　　月　　日　うまれ

くん　おたんじょうおめでとう！

名前の由来

photo

赤ちゃんの写真を、
ここにはりましょう

生まれた体重　g

生まれた身長　cm

生まれた場所

＊赤ちゃんの足形や手形をとって、ここにはりましょう

はじめて
BOOKS
Baby & Child

いちばん幸せになる

男の子の名づけ

パパとママから赤ちゃんに贈るはじめてのプレゼント

宮沢みち 監修

成美堂出版

はじめに

この本を手にとってくださっているあなたは、新しい命に出会える喜びでしあわせいっぱいな方だと思います。

いざ、名前をつけるとなったとき、人にはみんな名前があり、つけた誰かがいたということをあらためて感じていらっしゃるのではないでしょうか。名前があるということは、生まれてきた子どもが誰かにとって必要な存在であり、愛された証でもあります。

名前をつけるという作業は、とても責任重大です。

なんといっても、生まれてくる子どもが一生使い続けるものを決めるわけですから。名字は変わったとしても下の名前は変わりませんし、途中で改名やセカンドネームをもっても、生まれたときにつけられた名前は最も強く人生に影響します。

また、名前のイメージだけで「この人はこんな人だろう」と本人に会わなくても印象を決められてしまうこともあります。名前は、本人のいないところでもその人を示すという大きな力をもつのです。

さらに、名前は、この世でいろいろなことがあるだろうけ

れども、上手く切り抜けていけるように、という「お守り」でもあります。名前に託された文字や音は、子どもがピンチのときにこそ、その威力を発揮して救ってくれるでしょう。

名前は、考えれば考えただけ、納得できるよいものが出てきます。だからこそ、検討に検討を重ねてつけられるとよいでしょう。

よい名前というのは、読んだときの響き、画数、全体のバランスがよいもの。縦書き、横書き、ローマ字で書いてしっくりいくもの。読み間違いをされることがなく、電話で名前の説明をしてもきちんと伝えることができ、パソコンで簡単に表示されるもの。日本はもちろん、海外でも発音しやすく親しまれるもの。新しさがあるけれども、品格も併せ持つもの。名前をぱっと見たとき、明るくエネルギーが満ち溢れているもの、です。

この本は、これらすべての条件を兼ね備えた最高の名前をつけるお手伝いがしっかりできるように、いろいろな角度から名前の提案をしています。名前例も多く収載してありますので、ぜひ参考にしてみてください。

生まれてくる赤ちゃんへ名前はなによりの贈り物。ぜひ素敵な名前をプレゼントしてあげてください。

宮沢みち

この本の使い方

名づけには
ルールがある

名づけのきほん ▶P19へ

名づけには、法律で名前に使用できない漢字が決まっていることなど知っておきたいルールがあるほか、押さえておきたいポイントがいくつかあります。ここでは、それらをわかりやすく解説しています。また、出生届の書き方など役立つ情報も紹介。

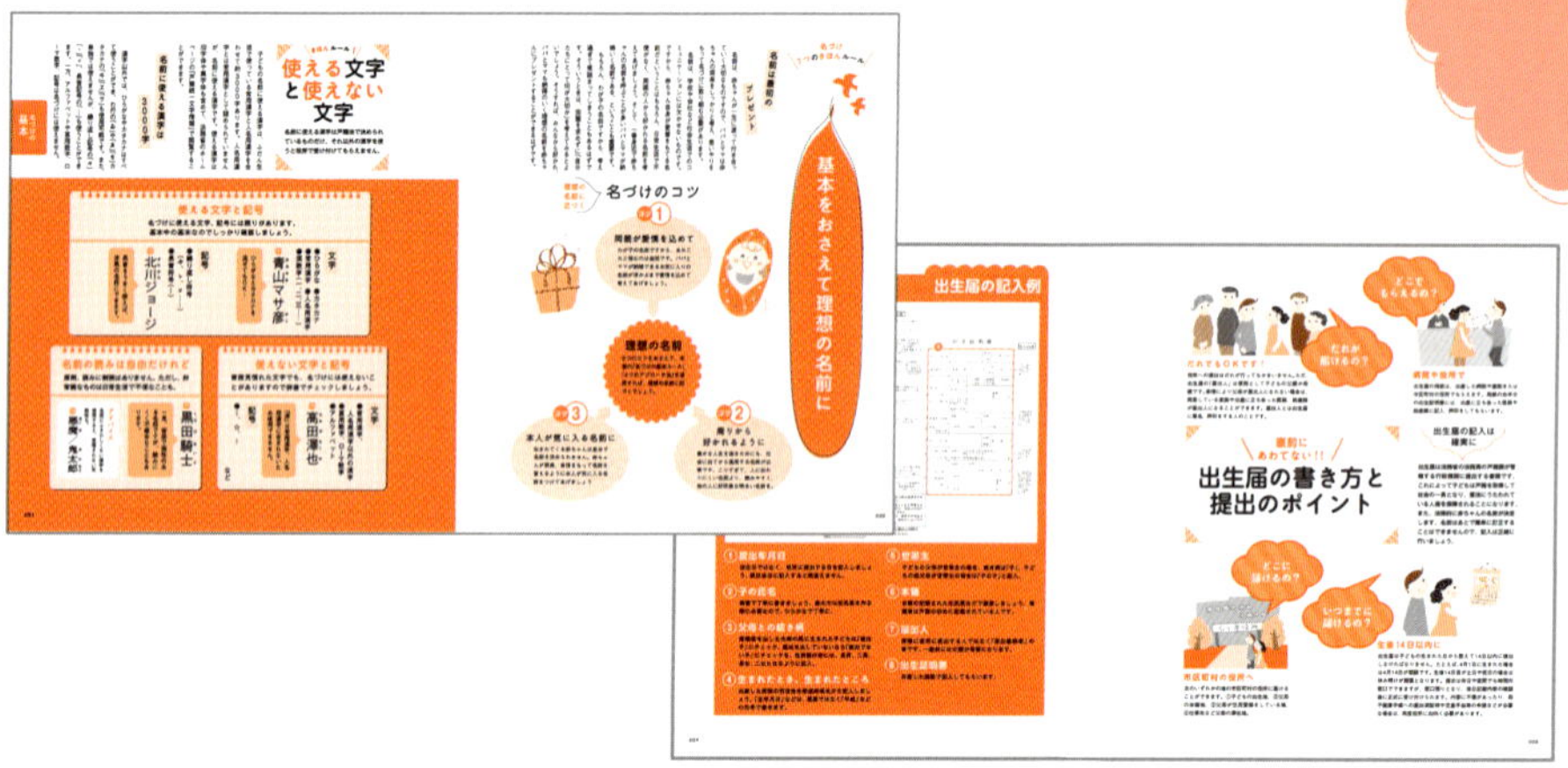

こう呼びたい！

お気に入りの
響きから選ぶ ▶P33へ

声に出したときにどう聞こえて、どう響くかは、名づけではとても重要なポイントです。オーソドックスな響きから個性的なものまで、漢字にしたときの例も一緒に紹介しています。気に入った響きを探してみてください。

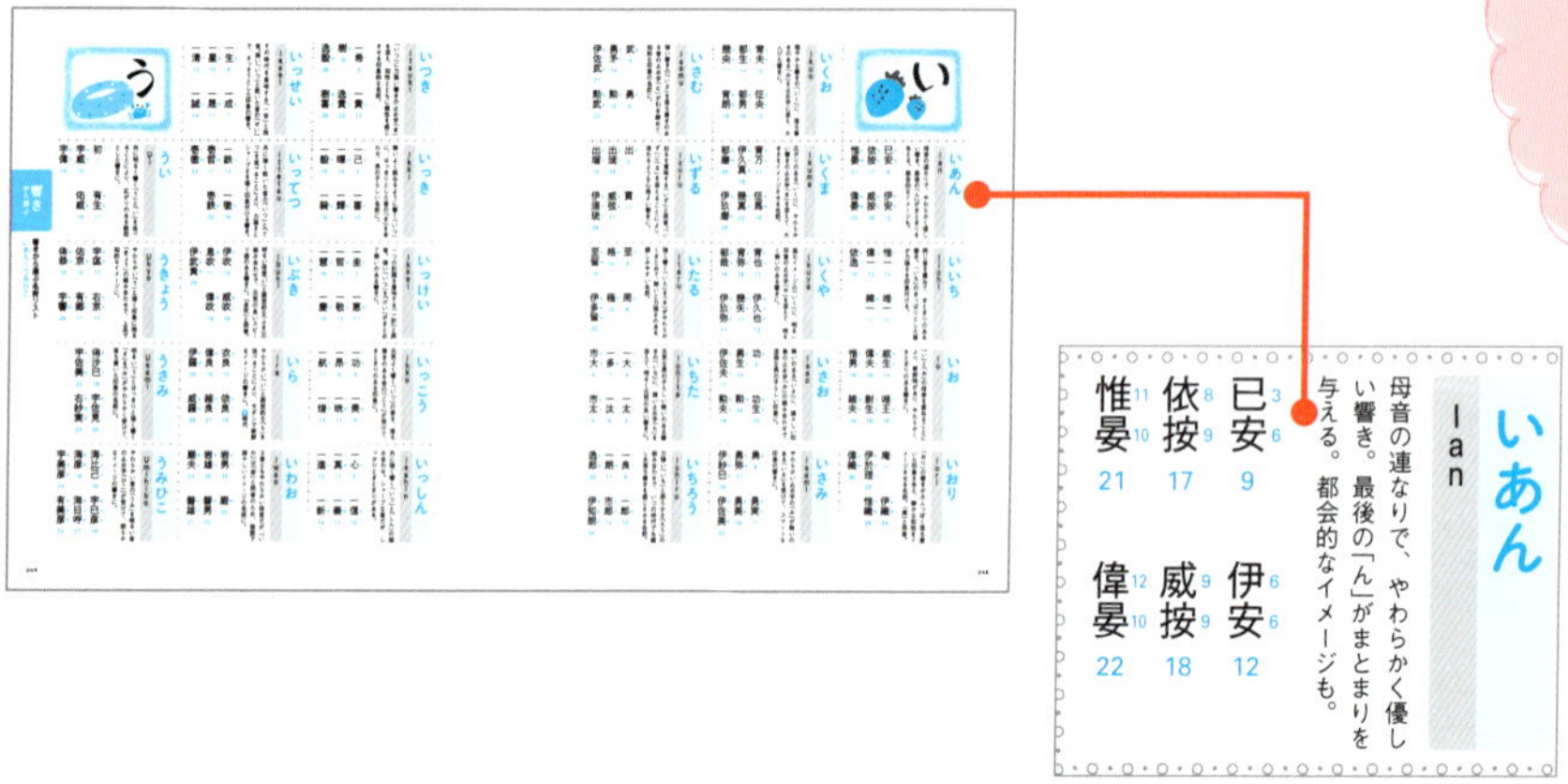

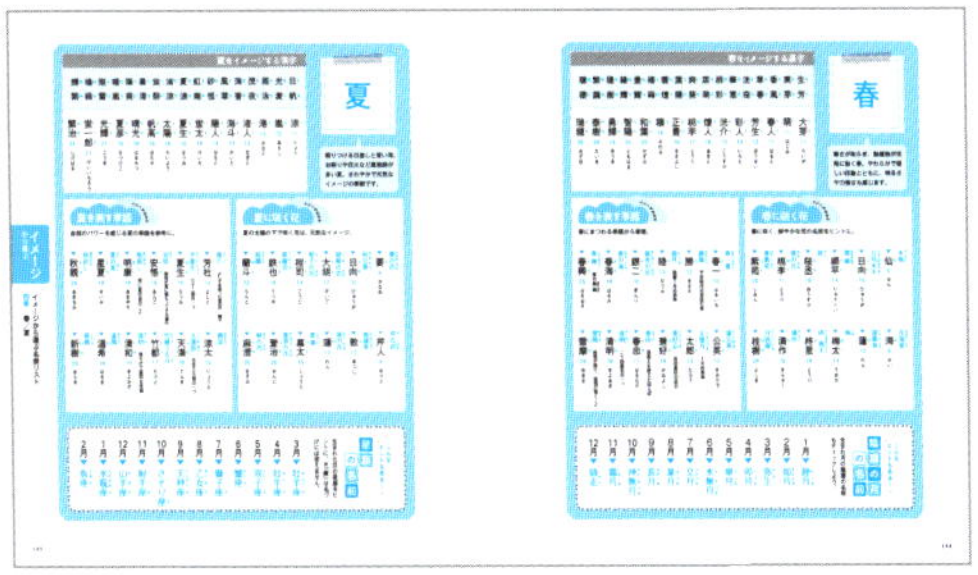

願いや思いを込めて

名前に託したいこと、夫婦の思い出から、生まれた日の出来事を名前に取り入れるなど、イメージから着想して、赤ちゃんにぴったりの名前を見つけてあげてください。

思い入れのある

イメージ から選ぶ

▶P141へ

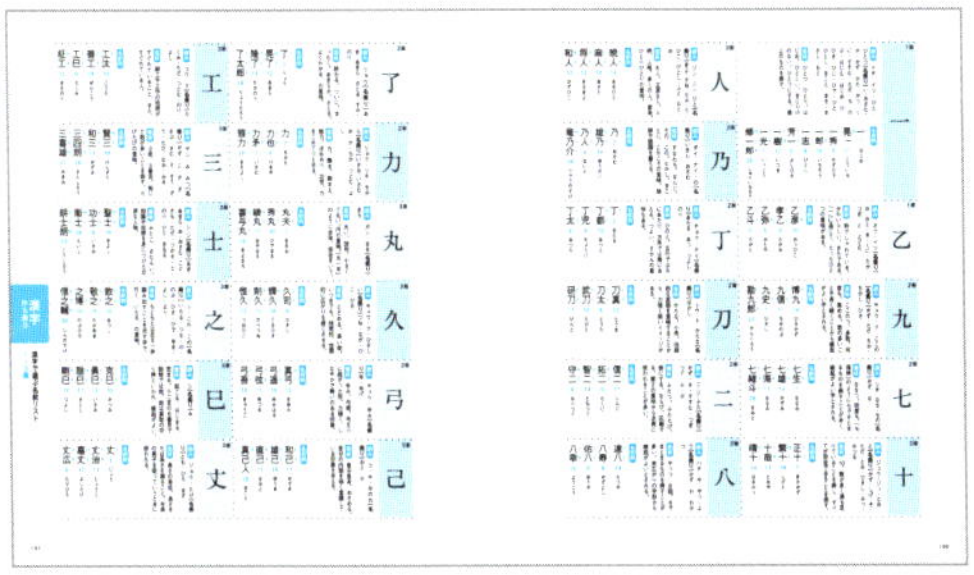

漢字の意味を知ろう

数ある名づけに使える漢字から、男の子の名前にオススメの漢字をピックアップしました。字そのものの意味や読み方、その字が入った名前を紹介しています。

こだわりの

漢字 から選ぶ

▶P171へ

最高画数から名づける

名づけでは画数も気になるところです。宮沢式名づけでは、最高の開運パワーをもつ総画数から名前の画数を導き出します。その計算方法やそれぞれの総画数の特徴などをわかりやすく解説しています。

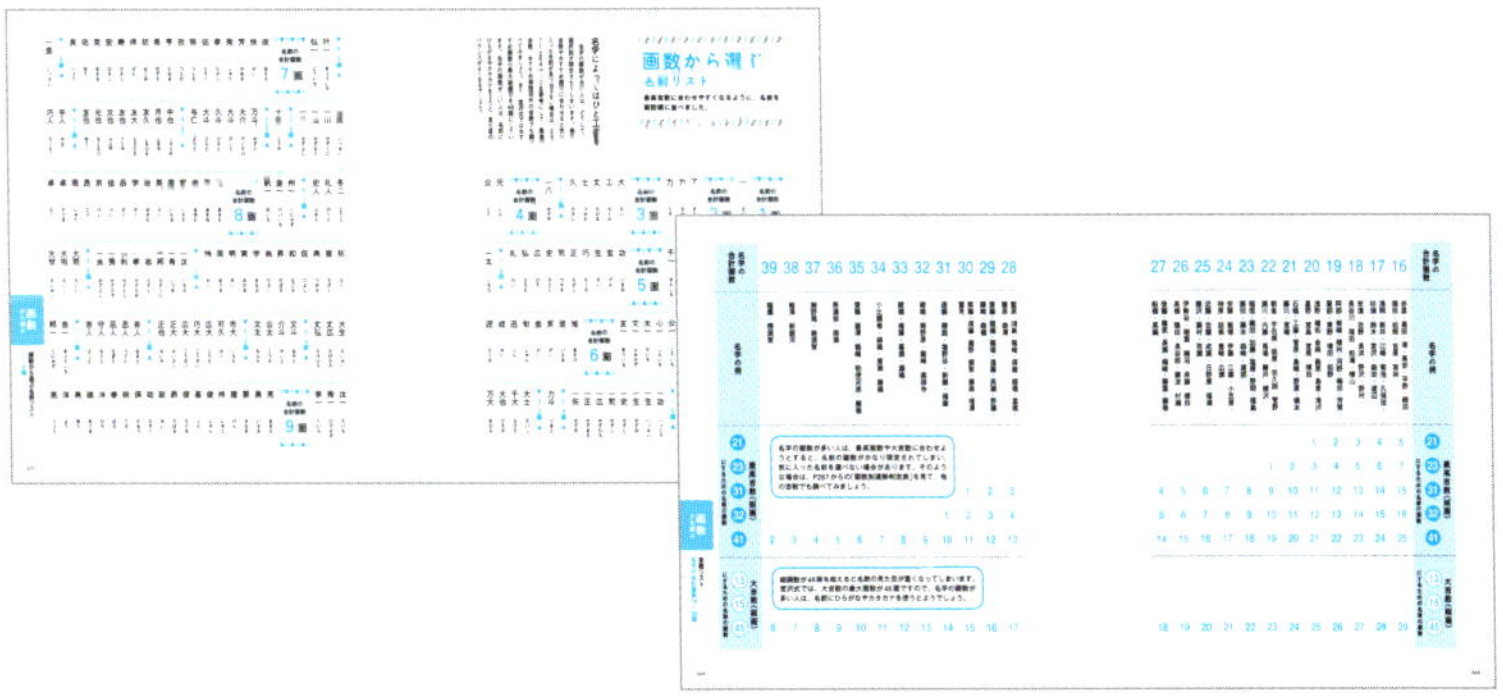

幸運をよぶ

画数 から選ぶ

▶P253へ

名づけ

人気の漢字、人気の響き

最新の名づけランキングデータをもとに、人気の漢字、人気の読み方をチェックしてみましょう。その動向や特徴を分析していくと、時代が必要とする名前、親の願いが見えてきます。

自然をテーマに力強さや飛翔をあらわす名前が人気

２０１２年度の男の子の名前で人気の漢字トップは、２年連続で「蓮」くんが獲得しました。ランクインした名前には自然や大地をイメージさせるものが多く、上位には「颯太」「大翔」「大和」「翔太」くんなど、広い世界への羽ばたきをイメージさせる名前が続きます。「太陽」「陽斗」「晴」くんなど、太陽や晴天をテーマにした明るい名前にも注目です。

読み方ランキングの２０１２年度の１位は４年連続「ハルト」くん。２位は３年連続の「ユウト」くん。名前の最後にくる止め字は、「ト」や「キ」の音が好まれているようです。

全体からは、不安定で閉塞感の強い時代だからこそ、男の子には地に足がついた力強さやたくましさ、自然の持つ普遍性や希望、スケール感が求められている様子がうかがえます。また、個性を追求する一方で「太」「介」「郎」などの字を使う、定番といえる名前も、変わらず人気です。明るく元気で、日本人らしいイメージはいつでも好まれるようです。

2012年 人気の名前ランキング 漢字 Best 100

1位 蓮

2位 颯太

3位 大翔

4位 大和
翔太

5位 湊
悠人

5位 大輝
蒼空

9位
龍生

11位 陽、陽斗、陸、陸斗、颯真

16位 瑛太、悠真、颯汰

19位 樹、蒼大、悠斗、陽太

23位 一颯、結人、虎太郎、太陽、隼人、遥斗、陽向、颯

31位 海翔、優心、陽翔、龍之介、翔

36位 輝、結斗、春輝、晴、蒼、蒼介、智也、直輝、優希、悠翔、陽大、翼、琉生、颯介

50位 絢斗、瑛斗、幹太、空、春翔、晴琉、聖、奏太、蒼真、蒼天、大智、斗真、楓、佑真、優、勇斗、悠、雄大、涼太、煌、煌大、颯斗

72位 葵、一輝、一真、瑛大、詠太、海音、岳、慶太、結翔、健、光希、航平、朔也、春斗、瞬、匠、渉、丈、奏音、蒼汰、太一、泰生、大空、大悟、大晟、拓海、拓実、暖、直樹

※資料：明治安田生命「名前ランキング」

最近の名づけを宮沢先生に聞いてみました！

可能性の広がりや人との調和や安定を求める

　名づけの多様化がさらに進んだ理由のひとつとして、名前に使える漢字が増えたことがあげられます。個性を求めていくうちに、より多くの読み方が登場してバリエーションが広がったのでしょう。

　中でも、上昇や空をあらわす漢字が広く支持されているのは、パパやママ自身が世の中の困難さや、生きにくさを感じていることが反映されています。子どもには可能性を信じ、できるだけ広い世界へと羽ばたいてほしいとの期待が込められています。

　また、読み方人気1位の「ハルト」くん、2位の「ユウト」くんの止め字に注目してみましょう。止め字とは、最後を引きしめる音ですが、「ト」の音は落ち着きや安定感をあらわし、実際に運気を安定させる働きがあります。変化の激しい社会の中で、自分を見失わずにしっかりと生きることを望む親心が、ここから読みとれます。

　自然をあらわす漢字を使った名前も高い人気です。以前好まれていた「人よりも輝き、優秀であれ」という傾向が薄まり、「人と調和し、空気を読む」「自然体で生きる」ことを重視するパパ、ママが増えました。

漢字1文字名が100位中4分の1を占める

　1位2連覇の「蓮」をはじめ、5位「湊」、11位「陽」「陸」、19位「樹」、23位「颯」など、漢字1文字名が人気です。その占有率は100位中、4分の1。女の子の名前ランキングにもランクインしている「心」「悠」「楓」など、広さや優しさをイメージさせる1文字名や、「岳」「煌」「匠」など、男の子の力強さを思わせるものなど、そのバリエーションは様々です。1文字名の持つカッコよさ、いさぎよいイメージが人気のヒミツかもしれません。

2012年 人気の名前ランキング 響き Best 50

順位	名前
1位	ハルト
2位	ユウト
3位	ソウタ
4位	ユウキ
5位	ハヤト
6位	ハルキ
7位	リュウセイ
8位	コウキ
9位	ソラ
10位	ソウスケ
	リク
12位	ソウマ
13位	リョウタ
	ルイ
15位	カイト
	ハル
17位	コウタ
	ユウセイ
19位	ユイト
20位	ユウマ
	レン
22位	タクミ
	ミナト
24位	エイタ
	ショウタ
26位	ダイキ
	ヒロト
28位	コウセイ
	タケル
	ヒナタ
31位	トウマ
	マナト
	リュウキ
	リクト
35位	アオト
	イブキ
	タツキ
	ハルマ
	ヤマト
	リュウト
41位	タイセイ
	ユウタ
43位	イツキ
	ソウシ
	タイガ
46位	コウスケ
	ショウマ
	ユウシン
	リュウガ
	リョウ

※資料：明治安田生命「名前ランキング」

理想の名前を導く 4つのアプローチ法

赤ちゃんの名づけで、何を重視するのかは人それぞれです。自分の考えを整理しながら、ぴったりなアプローチ法を見つけましょう。

4つのアプローチ法を活用してみよう

赤ちゃんの名前を考えるとき、ただ漠然と思い浮かべていても決め手がなく、理想の名前にたどりつくには時間がかかってしまいます。赤ちゃんの名づけをスムーズに進めるには、まず、自分の中で重視するものを一つ見つけ、それを中心に据えてアプローチしていくことが近道です。名前を考えていく過程でいくつかのアプローチ法を併用するとよりよいアイデアが生まれるでしょう。アプローチ法は大きく4つに分かれていて、それらをバランスよく使い分けることがポイントです。

本書では、「響き」「イメージ」「漢字」「画数」の4つの視点からのアプローチ法を紹介しています。この4つの中から自分の考えに合っているものを選び、赤ちゃんの名前を考える手がかりとして活用してください。

何を重視する？

4つのオススメアプローチ法

P9

響き から選ぶ

言葉の響きから受ける印象を重視

こんな人にオススメ！

お気に入りの響きや呼びたいニックネームがある人に

P10

イメージ から選ぶ

ものや思いを元にアイデアを広げていく

こんな人にオススメ！

赤ちゃんに「こういうふうに育ってほしい！」という願いがある人に

P11

漢字 から選ぶ

漢字の意味や字形などを重視

こんな人にオススメ！

好きな漢字がある人や言葉の意味を大切にする人に

P12

画数 から選ぶ

画数で吉凶を占い、運勢のよい名前を導く

こんな人にオススメ！

占いやげん担ぎを好む人、名前の候補を絞りたい人に

お気に入りの響きから選ぶ

呼びたいニックネームなどから好きな響きを選ぼう

point
実際に声に出してみると響きのイメージが広がります。

チェック
響きのイメージリスト→P38
響きから選ぶ名前リスト→P44

リストを参考にして響きを絞り込もう

point
候補がいくつもあって絞れない場合は宮沢式五行（→P36）を取り入れてみよう。

チェック
うしろの音から選ぶ名前リスト→P120
読み別漢字リスト→P130
漢字から選ぶ名前リスト→P179

point
漢字の意味や字形を確認して組み合せを考えてみよう。

響きに合う漢字を見つけよう

チェック
名前の運勢が気になるなら…
総画数で名前の運勢を見よう！
→P253

思い入れのある イメージから選ぶ

名前に込めたい願いや思いをあらわすイメージワードを考えよう

POINT
誕生予定月の季節や自然など、思いつくままにどんどんアイデアを出していこう。

チェック
イメージから選ぶ名前リスト→P144

リストを参考にイメージワードから連想を広げ、漢字を当てはめよう

POINT
連想を広げることでイメージが具体的になったり、別のイメージも浮かびやすくなります。

チェック
名づけの基本ルール→P19
漢和辞典の見方→P173

POINT
こりすぎたりあまりに難解な名前にならないように注意。

名前としてふさわしいか確認しよう

チェック
名前の運勢が気になるなら…
総画数で名前の運勢を見よう！→P253

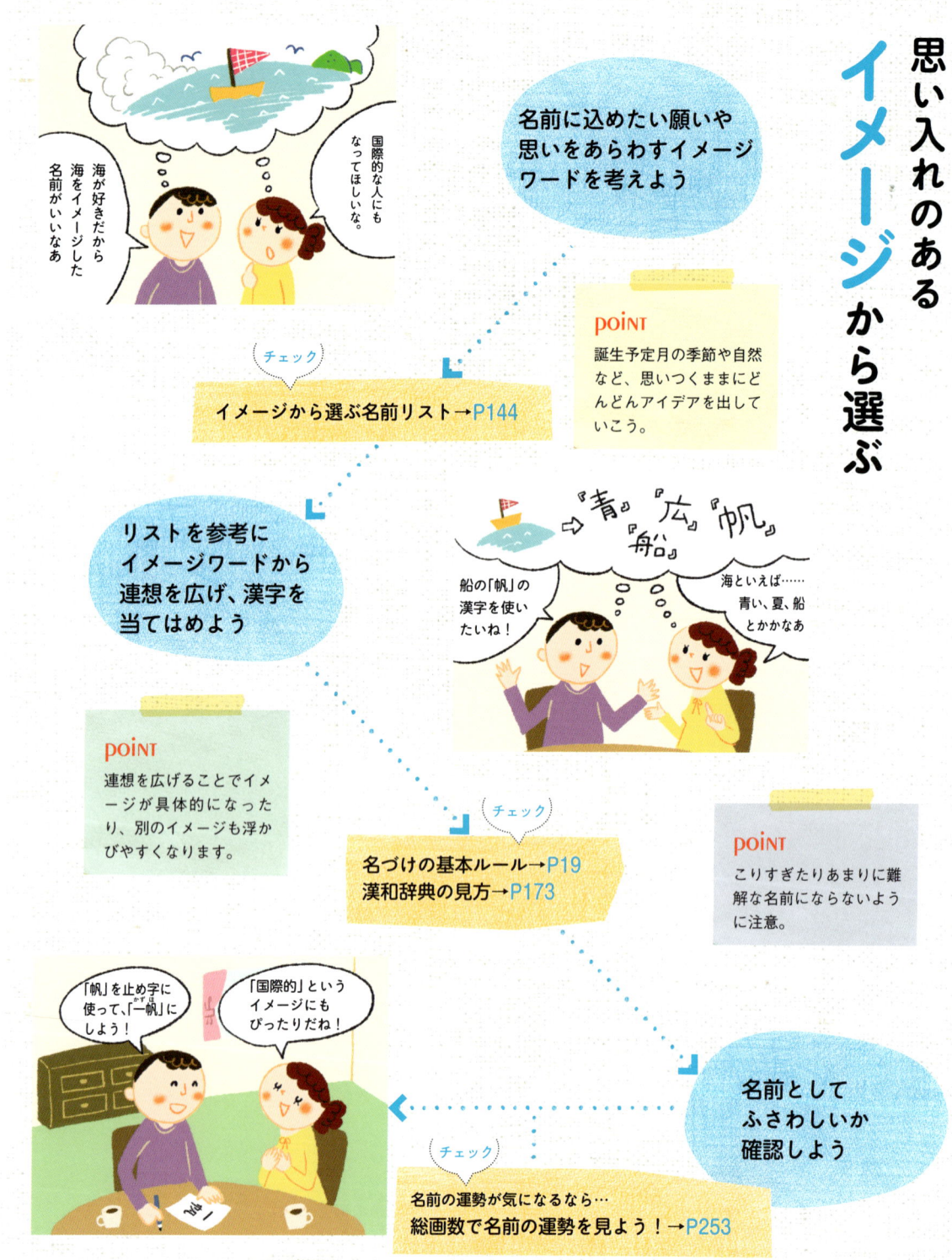

はじめに

こだわりの漢字から選ぶ

使いたい漢字や好きな漢字をリストアップしよう

point
名前に使える漢字は、常用漢字と人名用漢字に限られます。

チェック

漢字から選ぶ名前リスト→P179

リストアップした漢字の意味や読み、字面を確認しよう

point
名前に使える漢字の中には名前にふさわしくない意味を含むものあるので注意しよう。

チェック

うしろの音から選ぶ名前リスト→P120
読み別漢字リスト→P130

point
名字との文字数や画数のバランスに気をつけよう。

文字数や組み合わせる漢字を決めよう

チェック
名前の運勢が気になるなら…

総画数で名前の運勢を見よう！→P253

幸運をよぶ画数から選ぶ

名字の画数を調べよう

POINT
画数を数えるときは実際の筆遣いで。

チェック

画数別運勢判定リスト→P257
吉数リスト→P266

吉数の特徴を確認して名前の画数を絞り込もう

POINT
吉数それぞれのもつ特徴は異なるのでよく確認を。

チェック

画数から選ぶ名前リスト→P270
漢字から選ぶ名前リスト→P179

POINT
画数にこだわりすぎると難航することも…。
候補の中から名前をしぼり込むための判断材料として利用してみよう。

リストから吉数になる名前を見つけよう

チェック
最後に…名字との音、字形のバランスを確認しよう

名づけの基本ルールを確認→P19

アプローチ別で聞きました

先輩パパ・ママの名づけ体験談

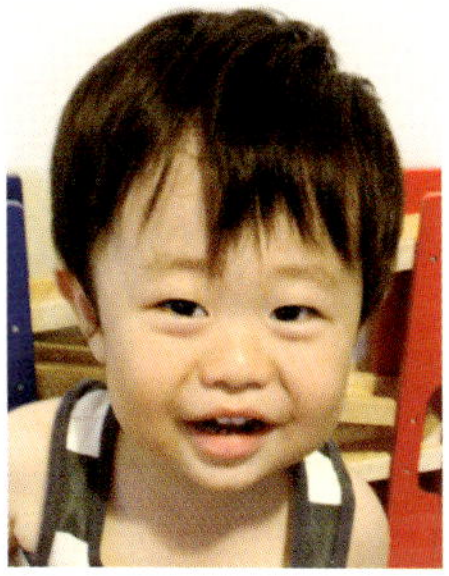

イメージ
から名づけました

木村

音太《おんだい》 くん

亮介 パパ

倫子 ママ

二人の思い出を子どもの名前に！

私たち夫婦はクラブミュージックが好きで、音楽が出会いのきっかけだったということもあり、子どもには是非、音楽をイメージした名前をつけてあげたいと思っていました。二人で画数なども考慮しながら話し合い、ストレートに「音」という漢字を使うことをまず決定。うしろに「太」をつけたのは、男の子なので「図太く生きてほしい！」という思いからです。

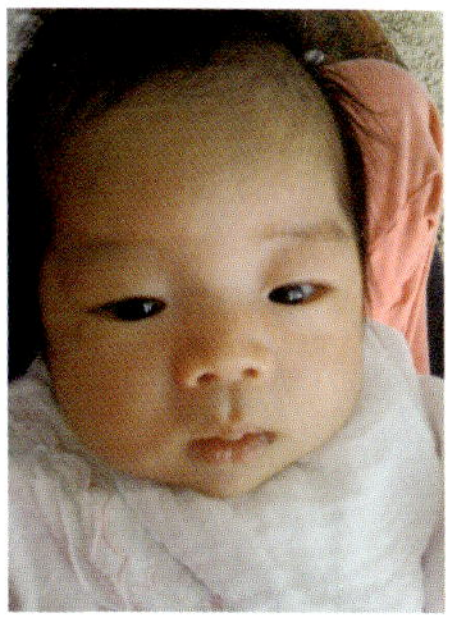

響き
から名づけました

田中

斐《あやる》 くん

健太 パパ

幸子 ママ

珍しい名前だけどお気に入りの響き

ある日、祖父が「『あやる』はどうかな？」と提案してくれました。どうやら、美術館で見た江戸時代の画家「小泉斐」からピンときた模様。私もその響きが気に入り、漢字もそのまま頂戴しました。「斐」は珍しい名前で、なかなか素直に呼ばれることがありません。ただ、「あやる」と呼ばれる子はうちの子一人だけかも……と思うとうれしい気持ちになります。

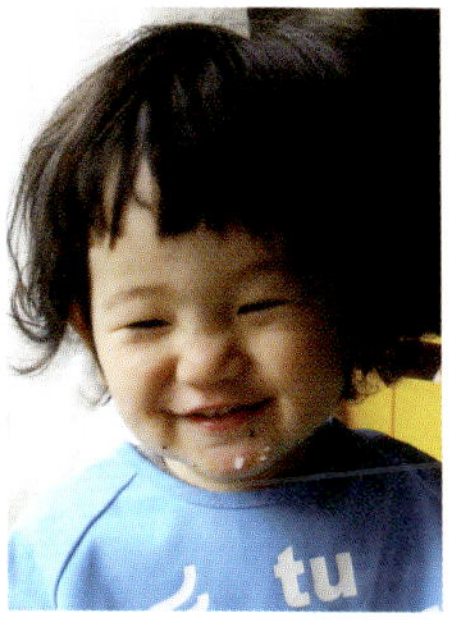

画数
から名づけました

奥川

新泰《あらた》 くん

貴浩 パパ

諒子 ママ

やっぱり気になる！よい画数に急遽変更！

当初、決めていた名前があったのですが、出産直前に主人の母から「その名前は画数がよくない」との連絡が……。それでも最初の名前が気に入っていたので、他の案は考えていませんでした。ところが、出産直後、主人が「やっぱり将来、何かあったら困る！」と急遽名前を考え直すことに。その後、主人と義母でよい画数を調べ、「新泰（あらた）」に決まりました。

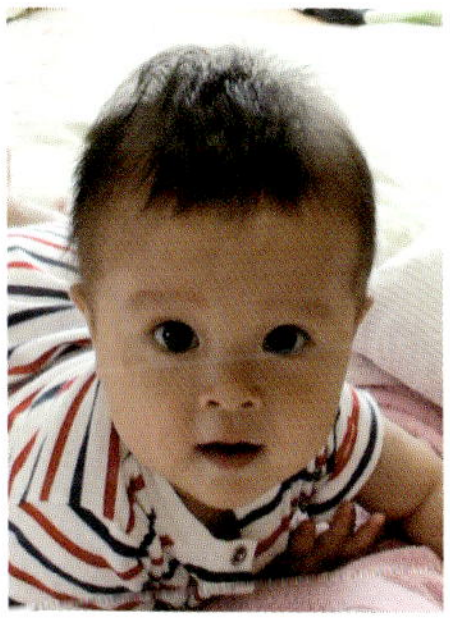

漢字
から名づけました

小川

健志朗《けんしろう》 くん

俊充 パパ

悦子 ママ

子どもに幸せな人生を漢字に願いを込めて

「どうしたらこの子が幸せな人生を送れるか」を夫婦2人で考え、その思いを込めた漢字を選び、候補を挙げていきました。決定した「健志朗（けんしろう）」には、心身共に「健」やかで、「志」をもって前向きに、「朗」らかに育ってほしいという願いを込めています。「けんちゃん」などと名前を短縮して呼びやすく、漢字も読みやすく、ということも基本にありました。

タイプ診断

あなたにぴったりなアプローチ法を見つけましょう

「さあ、名前を考えよう！」と思っても「何から始めればいいかわからない」と悩む人も多いはず。納得のいく名前となるように、あなたに合ったアプローチ法をチャートで見つけましょう。

流行には
敏感なほうだ

YES
NO

音楽を聴くことよりも
本を読むことが好き

休日は家に
こもっているよりも
アウトドア派

夫婦で共通の
趣味がある

親戚がたくさんいる

あなたにぴったりなのは…

A 響き から選ぶタイプ

音の聞こえ方、組み合わせなどに敏感なあなたは、響きから選ぶアプローチ法がオススメ。

P33へ

B イメージ から選ぶタイプ

行動力があり想像力豊かなあなたは、イメージから選ぶアプローチ法がオススメ。

P141へ

C 漢字 から選ぶタイプ

こだわりがあり、言葉の意味を大切にするあなたは、漢字から選ぶアプローチ法が最適。

P171へ

D 画数 から選ぶタイプ

占いやジンクスを気にするあなたは、画数から選ぶアプローチ法に向いています。

P253へ

将来、こんな風になってほしいという強い願いがある

YES → B へ

NO → A へ

名前は決まってないが、胎児ネーム（愛称）で呼んでいる

YES → A へ

NO → C へ

運勢よりも言葉の意味を大切にしたい

YES → C へ

NO → D へ

他人に説明するときに擬音をよく使う

辞書で調べものすることが好き

伝説や迷信、占いやジンクスを信じるほうだ

Contents
いちばん幸せになる
男の子の名づけ

名づけのきほん

●Special付録
写真も載せられる
『命名紙』

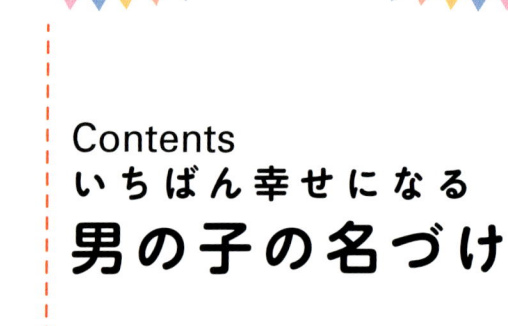

お気に入りの 響きから選ぶ名前

思い入れのある イメージから選ぶ名前

こだわりの 漢字から選ぶ名前

幸運をよぶ 画数から選ぶ名前

本書を使うにあたって

【字体】

本書に掲載されている漢字の字体は、法務省が公開している「常用漢字表」「人名用漢字表」及び「戸籍統一文字情報」の字体を参考にし、なるべく似ている字形で表示しています。字形の微細な相違点は、あくまでもデザイン上での違いであり、字形の違いではないと考えられるものを使用しています。


【画数】

文字の画数については、統一した規則があるわけではなく、辞典や、姓名判断の流派によって異なりますので、名づけの際には、ご自身でしっかりと確認することをおすすめします。本書では、漢字の画数は、『新漢語林』（大修館書店）に準拠し、監修の宮沢みち先生の見解を参考にしています。


【名前の読み】

名前の読み方については、特にきまりがない為、辞典にのっていない読み方を採用しているものもありますのでご注意ください。


【データ】

本書で使用されている、常用漢字や人名用漢字、各種データは、2013年10月現在のものです。

名づけのきほん

名づけに必要な
基本のルールを確認して
準備を整えましょう。

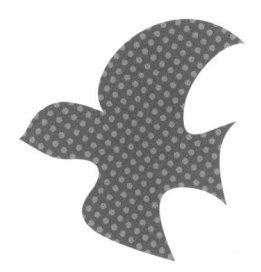

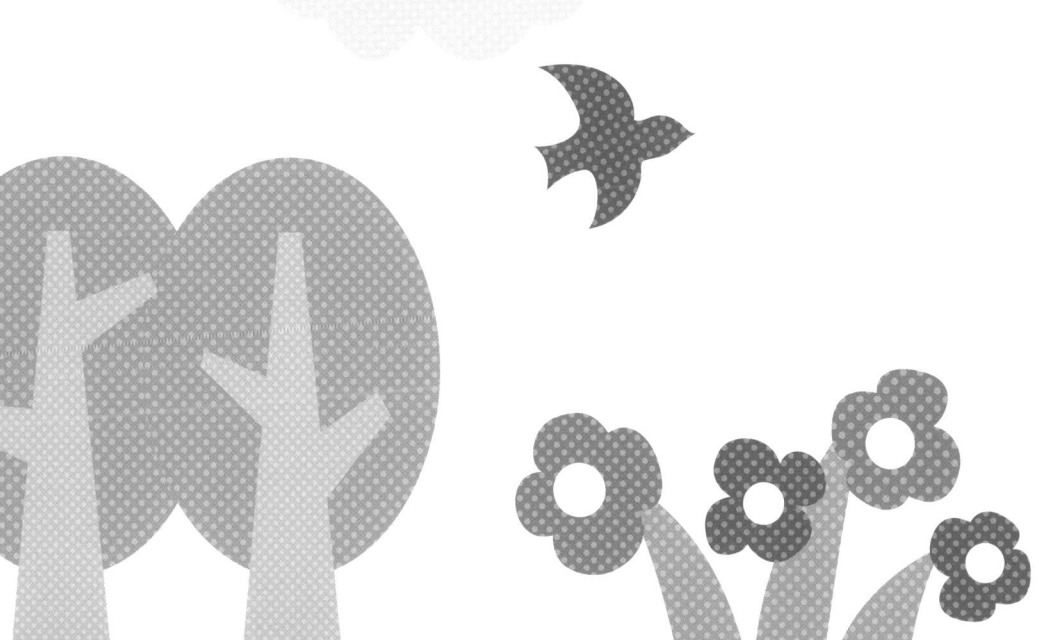

基本をおさえて理想の名前に

名前は最初のプレゼント

名前は、赤ちゃんが一生に渡って付き合っていく大切なものですので、パパとママは赤ちゃんの将来をしっかりと考え、思いやりをもって名づけに取り組む必要があります。

名前は、学校や会社など社会生活でのコミュニケーションには欠かせないものです。ですから、赤ちゃん自身が愛着をもてる名前だということはもちろん、日常生活で不便がなく、周囲の人から好かれる名前を考えてあげましょう。そして、一番身近で赤ちゃんの名前を呼ぶことが多いパパとママが納得いく名前である、ということも重要です。

もちろん、わが子の名前ですから、考え過ぎて煮詰まってしまうこともあるはずです。そういうときは、完璧を求めずに「自分たちにとって何が大切か」を考えてみるとよいでしょう。そうすれば、みんなから好かれ、パパとママも納得のいく理想の名前を赤ちゃんにプレゼントすることができるはずです。

理想の名前に近づく

名づけのコツ

コツ1 両親が愛情を込めて

わが子の名前ですから、あれこれと悩むのは当然です。パパとママが納得できるお気に入りの名前が浮かぶまで愛情を込めて考えてあげましょう。

理想の名前

3つのコツをおさえて、本書の「名づけの基本ルール」「4つのアプローチ法」を活用すれば、理想の名前に近づくでしょう。

コツ3 本人が気に入る名前に

生まれてくる赤ちゃんは自分で名前を決められません。赤ちゃんが将来、自信をもって名前を言えるように本人が気に入る名前をつけてあげましょう

コツ2 周りから好かれるように

豊かな人生を送るためにも、社会に出てから通用する名前が必要です。こりすぎて、人に伝わりにくい名前より、読みやすく、他の人に好印象な明るい名前を。

きほんルール1

使える文字と使えない文字

名前に使える漢字は戸籍法で決められているものだけ。それ以外の漢字を使うと役所で受け付けてもらえません。

子どもの名前に使える漢字は、ふだん生活で使っている常用漢字と人名用漢字を合わせて約3000字あります。人名用漢字とは常用漢字として認められていませんが、名前に使える漢字です。使える漢字は旧字体や異字体も含めて、法務省のホームページの「戸籍統一文字情報」で閲覧することができます。

名前に使える漢字は3000字

漢字以外では、ひらがなやカタカナはすべて使うことができ、わ行の「ゐ」や「ゑ」「を」カタカナの「ヰ」「ヱ」「ヲ」も使用可能です。また、単独では使えませんが、繰り返し記号の「々」「ゝ」「ゞ」、長音記号の「ー」も使うことができます。一方、アルファベットや算用数字、ローマ数字、記号は名づけには使えません。

使える文字と記号

名づけに使える文字、記号には限りがあります。
基本中の基本なのでしっかり確認しましょう。

文字

- ひらがな
- カタカナ
- 常用漢字
- 人名用漢字
- 漢数字（一、二、三……）

例 青山《あおやま》マサ彦《ひこ》

ひらがなとカタカナを混ぜてもOK！

記号

- 繰り返し符号（々、ゝ、ゞ……）
- 長音符号（ー）

例 北川《きたがわ》ジョージ

長音をうまく使えば、洋風の名前にできます。

使えない文字と記号

普段見慣れた文字でも、名づけには使えないことがありますので辞書でチェックしましょう。

文字

- 常用漢字、人名用漢字以外の漢字
- 算用数字、ローマ数字
- アルファベット

例 高田澤也《たかだたくや》

「澤」は常用漢字、人名用漢字に含まれないため使用できません。

記号

- ～、☆、！

など

名前の読みは自由だけれど

原則、読みに制限はありません。ただし、非常識なものは日常生活で不便なことも。

例 黒田騎士《くろだないと》

一見、奇抜で個性のある名前ですが、読みにくく不都合なこともあります。

アドバイス
名前にふさわしくない漢字を使用すると、受理されない可能性も。

例 悪魔《あくま》／鬼太郎《きたろう》

＼きほんルール2／

音のバランス

漢字だけで名前を見ていると、名字と名の音のバランスには気づきにくいもの。どんな点に注意すればよいか見てみましょう。

名づけは、名前だけに集中して考えがちですが、名字と名前の音のバランスに注意する必要があります。書いて見たときにはよくても、名字の最後と名前の最初の音が重なっていたり、名字と名前に同じ音が繰り返されていると、発音しにくかったり聞き取りにくくなることがあります。濁音が名字と名前に多く含まれると発音しにくく、イメージが重くなりがちです。濁音は姓名に2音までにするのがいいでしょう。

大切なのは 声に出してみること

また、名字と名前を続けて読むと別な意味に転じたり、どこで名字と名を区切ればよいのかわかりにくいこともあります。名前を決定する前にフルネームを声に出して読んでみて、問題がないか確認しましょう。

濁音は少なめに

名字に濁点が多い場合は、名前の濁点の数に気をつけたほうがよいでしょう。

例 坂《ばん》東《どう》大《だい》次《じ》

名字、名前共に濁音が多く、重たく感じる。

アドバイス

名前に濁音がなく、「ま」などのやわらかい音を使ってみよう。

例 坂《ばん》藤《どう》昌《まさ》史《し》

呼びやすい名前に

名字と名前で同じ音が重なると発音がしにくいことや、響きに違和感をおぼえます。

例 小《こ》山《やま》雅《まさ》史《し》

名字と名前の1音が重なり呼びにくい。

例 春《はる》山《やま》悠《はる》斗《と》

名字と名前の2音が被り違和感がある。

名字と名前の区切り

姓名をひらがなで書いたり、続けて書いたりすると名字と名前の区切りが分かりにくい場合が。

例 フジオカツヨシ

藤《ふじ》尾《お》克《かつ》義《よし》？

藤《ふじ》岡《おか》剛《つよし》？

例 キシモトハル

岸《きし》元《もと》春《はる》？

岸《きし》元《もと》春《はる》？

名字＋名前で意外な意味に

名字と名前の音が合わさると予期しなかった特定の意味の言葉になることがあります。

例 河《か》合《わい》創《そう》

例 芦《あし》田《だ》類《るい》

「かわいそう」「足だるい」に聞こえてしまう。

アドバイス

名字と名前をイントネーションや区切りを変えて、続けて読むことで事前にチェックしましょう。

きほんルール3

見た目のバランス

名前だけ考えているときには気づかない、名字と名前を書いたときの見た目のバランスも重要です。注意すべき点をチェックしましょう。

表意文字である漢字には1つ1つに意味があります。そのため名字と名前に正反対の意味をもつ字を当てたり、逆に似たような意味をもつ字を並べたりすると、そこに意図があるように感じられ、違和感につながることも。

手書きで縦に書いて確かめる

また、見た目にバランスが悪くならないように、漢字の形にも注意する必要があります。漢字を構成する部首が名字と名で同じと偏った印象になりがちです。また、「縦割れ」といって、名字と名の漢字のへん（偏）とつくり（旁）が左右に分かれてしまうと、縦に書いたときに中央に空白ができてバランスを取りにくくなります。名前の候補が決まったら、姓名を縦書きにして違和感がないか確かめましょう。

同じ部首の多用

漢字の形をチェックして
名字とのバランスを考えよう。

例 植《うえ》松《まつ》柾《まさ》樹《き》

「木」へんばかりで見た目に偏りが……。

アドバイス
名字と名前を縦に並べて書いてチェックしてみましょう。名字に合わせて漢字を選ぶとバランスがよくなります。

例 植《うえ》松《まつ》正《まさ》紀《き》

例 田《た》中《なか》由《よし》正《まさ》

例 大《おお》谷《たに》丈《たけ》人《と》

縦横線、はらいが多すぎても違和感が……。

漢字の意味のバランス

名字と名前の漢字の意味が正反対であったり、似すぎていると不自然に強調されてしまいます。

例 細《ほそ》田《だ》太《ふと》司《し》

例 秋《あき》山《やま》春《はる》彦《ひこ》

「細」と「太」、「秋」と「春」で漢字のイメージが違いすぎる。

例 朝《あさ》日《ひ》太《たい》陽《よう》

例 剛《ごう》田《だ》猛《たけし》

名字と名前の意味が合いすぎても……。

縦割れを避ける

へんとつくりが左右に分かれている漢字が揃うと中央に空白ができてしまいます。

例 野《の》村《むら》和《かず》弥《や》

横に通る線が無く縦書きにすると目立ちます。

アドバイス
止め字を縦割れしないものに変えればまとまりが出ます。

例 野《の》村《むら》和《かず》也《や》

＼きほんルール4／

文字数と画数

字数や画数でも、名字と名前のバランスが取れているかどうかチェックしましょう。縦書きに書いてみるとよくわかります。

名字が1文字や3文字の場合は、名前の字数とのバランスに注意しましょう。名字1文字、名前1文字の場合は、短いためフルネームでも名字と勘違いされることがあります。逆に名字が3文字の場合に3文字の名前をつけると長く重い印象になります。名字が1文字の場合は、2～3文字、名字が3文字の場合は、1～2文字の名前が、バランスを取りやすいでしょう。

名字と名前のバランスが重要

画数については、姓名ともに画数が極端に少ないとまばらな感じに、多すぎると重く硬い印象を受けます。名字と名前の画数に差があり過ぎるとバランスが悪くなるので、総画で20～30画台、名前だけなら10～20画台が適当でしょう。

文字数のバランス

名字の字数にあった名づけを心がけよう。
1文字、3文字の名字の人は特に考慮しましょう。

名字が1文字

例 谷《たに》 誠《まこと》

名前も1文字だと全体がつまった印象に。

アドバイス
1文字の名字には、2～3文字の名前が合います。

例 谷《たに》 誠《せい》司《じ》

例 谷《たに》 誠《せい》太《た》郎《ろう》

名字が3文字

例 大《おお》河《か》原《わら》創《そう》一《いち》郎《ろう》

名前も3文字を超えると長々しい印象に。

アドバイス
3文字の名字には、1～2文字の名前が合います。

例 大《おお》河《か》原《わら》創《そう》

例 大《おお》河《か》原《わら》創《そう》介《すけ》

画数のバランス

名字の画数も名づけの際は考慮しましょう。
画数のバランスを整えると見栄えがよくなります。

名字の画数が多い

例 高10 橋16 麗19 羅19
64

名前も画数が多いと見た目が重い印象に。

アドバイス
名字とのバランスを考えて名前は画数の少ない漢字を。

例 高10 橋16 晃10
36

名字の画数が少ない

例 田5 口3 一1
9

名字、名前共に画数が少な過ぎるとまばらな印象になってしまいます。

アドバイス
名前と名字の画数が極端に差の出ないようにしましょう。

例 田5 口3 創12
20

きほんルール5

漢字を選ぶときの注意

あまりにも凝った漢字や読み方にすると日常的に不便なことが起こりがち。読みやすさやわかりやすさも大切です。

漢字には読み方が同じで形が似ている字や、1つの字で読み方が何通りもあるものがたくさんあります。中には、音読みや訓読みのほかに「名のり」という人名にだけ使われる読み方を持っているものもあります。あまり一般的でない読み方を選ぶと、なかなか正しく名前を読んでもらえなかったり、漢字と関連づけて覚えてもらえないことがあります。

読みやすく わかりやすい字を

なじみのない漢字は、パソコンなどで変換しにくいという不便が生じます。これは、名前に複数の読み方のある場合も同様です。また、電話など口頭で名前を伝えるときに説明が難しい漢字もあります。難しい漢字や読み方を選ぶよりも、読みやすくわかりやすい名前にするのがいいでしょう。

ふりがなが必要な名前

読み方が数通りある漢字やなじみのない漢字を使う場合はひと工夫を。

例 角田剛

カドタ ゴウ × ツノダ ツヨシ

名字、名前共に複数の読み方があると、読み方を勘違いされてしまうことも。

アドバイス

止め字を加えるなど、読み方をはっきりさせましょう。

例 角《かど》田《た》剛《つよ》志《し》

例 山《やま》本《もと》叢《そう》介《すけ》

あまりなじみのない漢字を使うと読み方がわからないことも。

アドバイス

無理に難しい漢字や当て字の使用を避けて、読みやすい漢字を使いましょう。

例 山《やま》本《もと》宗《そう》介《すけ》

勘違いしやすい漢字

形や読みが似ていても、漢字にはそれぞれ意味があります。

例 朗—郎

例 冶—治

例 奏—秦—泰

例 祐—裕—佑

形や読みが似ていますが、漢字の意味は異なることが多いので注意が必要です。

説明するのが難しい名前

口頭で名前を伝えるときに困らないような漢字選びを。

例 稜《りょう》祐《すけ》・胤《かず》貴《き》

玲《れい》爾《じ》・楷《かい》斗《と》

形が似ている漢字が多かったり、見慣れない漢字を使うと、電話など口頭で名前を伝える際に不便なこともあります。

きほんルール6

名前から受ける印象

名前はその子に一生ついてまわるもの。日常生活で使うことや成長してからのことも想定して考えることが必要です。

名前を考えるときには、使われる場面をイメージすることも必要です。人気のある名前だとクラスに何人も同じ名前の子がいることが考えられます。日本人に多い姓の場合は、同姓同名の人と出会う可能性も高くなるでしょう。著名人にあやかってつけた場合は、将来子どもがその人と自分のイメージのギャップに悩むかもしれません。

いろいろな場面を想定しよう

著名人からあやかって名前をつけるなら、1字だけ漢字をもらう、読み方は同じでも、漢字を変えるなどの工夫をするほうがいいでしょう。中性的な名前は性別を間違われやすいことを頭に入れておきましょう。また、イニシャルにしたとき特別な意味を持つかどうかも確認を。

イニシャルにすると意外な意味に!?

名前をイニシャルにしたときに変な意味の言葉になっていないか確認しましょう。

例 ちはら わたる
＝
WC—トイレ

その他の例

例 NG—ノーグッド

例 KO—ノックアウト

例 ET—異星人

例 AI—人工知能

性別がはっきりしない名前

男女共通で使われる中性的な名前は、性別を間違えられる可能性があります。

例 岩《いわ》田《た》千《ち》明《あき》

中性的な名前は、個性的で他人とかぶりにくく人気がありますが、性別がわかりにくいことを念頭に置いておく必要があります。

その他の例

例 薫《かおる》・礼《れい》・純《じゅん》・光《ひかる》

優《ゆう》・千《ち》春《はる》・真《ま》澄《すみ》

夏《なつ》樹《き》・真《ま》琴《こと》

あやかり名は慎重に

著名人や歴史上の偉人などからあやかって名前をつける場合は注意が必要です。

例 利《とし》通《みち》／信《のぶ》長《なが》

諭《ゆ》吉《きち》／漱《そう》石《せき》

歴史上の偉人からあやかった名前をつける場合は、本人が将来、重圧に感じてしまわないか、という配慮が必要です。

身近な人と名前がかぶらないように

親戚や近所の赤ちゃんと同じ名前や愛称にならないよう事前に確認しましょう。

例 鈴《すず》木《き》

佐《さ》藤《とう》

田《た》中《なか》

蓮《れん》

大和《やまと》

悠《ゆう》人《と》

よくある名字に人気の名前をつけると、同姓同名の確率が高まります。名字が違っても身近な人の名前とかぶらないほうがよいでしょう。

きほんルール 7

マイナスイメージを避ける

選んだ漢字が思いがけない意味を持つことも。マイナスイメージを避けるためにもよく調べましょう。

漢字には1つ1つに意味があり、それによって名前のイメージが左右されます。個性的な名前にしようと、普段見かけない漢字を音だけで選ぶときは、その字にどんな意味があるのか、よく調べる必要があります。よく使われている字でも、それとは別の意味を持っていることがあります。名づけの際には必ず漢和辞典で意味を調べるようにしましょう。

漢字の意味を調べよう

漢字を組み合わせたときにも、それが特別な意味を持つ熟語になっていたり語呂合わせになっていたりしないか、確認する必要があります。外国では漢字や名前が別の意味を持つことがあるので、この点についても辞典で調べたり、外国語に詳しい人に相談すると安心です。

別の意味を持った熟語になる

漢字の組み合わせで、考えとは違う意味、ニュアンスになっていないかしっかりと確認を。

例 心《しん》太《た》＝ところてん

名前としては認められる漢字ですが、熟語になると別の意味になってしまいます。

アドバイス
名前が決まったら、一度辞典などで意味を確認しましょう。

その他の例

例 達《たつ》磨《ま》＝だるま

例 和《かず》尚《なお》＝おしょう

例 徳《のり》利《とし》＝とっくり

例 海《かい》星《せい》＝ヒトデ

例 海《かい》馬《ば》＝タツノオトシゴ

例 公《こう》司《じ》＝会社（中国語）

など

マイナスイメージを含む漢字

名前に使用できる漢字の中には、意味合いがふさわしくないものも含まれています。

例 憂《ゆう》介《すけ》

「憂」は常用漢字なので名前に使えますが、「苦しみ」などの意味を持ち名前にはふさわしくありません。

アドバイス
漢字には思いがけずマイナスな意味が含まれる場合があります。辞書でしっかりと意味を確認しましょう。

その他の例

暗いイメージの漢字
例 悲・落・劣・害など

破壊をイメージする漢字
例 戦・爆・滅・壊など

不吉なイメージの漢字
例 幽・凶・死・失など

直前に
あわてない!!

出生届の書き方と提出のポイント

出生届の記入は確実に

出生届は法務省の法務局の戸籍課が管轄する行政機関に提出する書類です。これによって子どもは戸籍を取得して社会の一員となり、憲法にうたわれている人権を保障されることになります。また、法律的に赤ちゃんの名前が決定します。名前はあとで簡単に訂正することはできませんので、記入は正確に行いましょう。

だれが届けるの？

だれでもOKです！

役所への提出はだれが行ってもかまいません。ただ、出生届の「届出人」は原則として子どもの父親か母親です。事情により父母が届出人になれない場合は、同居している家族や出産に立ち会った医師、助産師が届出人になることができます。届出人とは出生届に署名、押印をする人のことです。

どこでもらえるの？

病院や役所で

出生届の用紙は、出産した病院や産院または市区町村の役所でもらえます。用紙の右半分の出生証明書には、出産に立ち会った医師や助産師に記入、押印をしてもらいます。

どこに届けるの？

市区町村の役所へ

次のいずれかの地の市区町村の役所に届けることができます。①子どもの出生地、②父母の本籍地、③父母が住民登録をしている地、④仕事先など父母の滞在地。

いつまでに届けるの？

生後14日以内に

出生届は子どもの生まれた日から数えて14日以内に提出しなければなりません。たとえば、4月1日に生まれた場合は4月14日が期限です。生後14日目が土日や祝日の場合は休み明けが期限となります。提出は休日や夜間でも時間外窓口でできますが、窓口預りとなり、後日記載内容の確認後に正式に受け付けられます。内容に不備があったり、母子健康手帳への届出済証明や児童手当等の申請などが必要な場合は、再度役所に出向く必要があります。

出生届の記入例

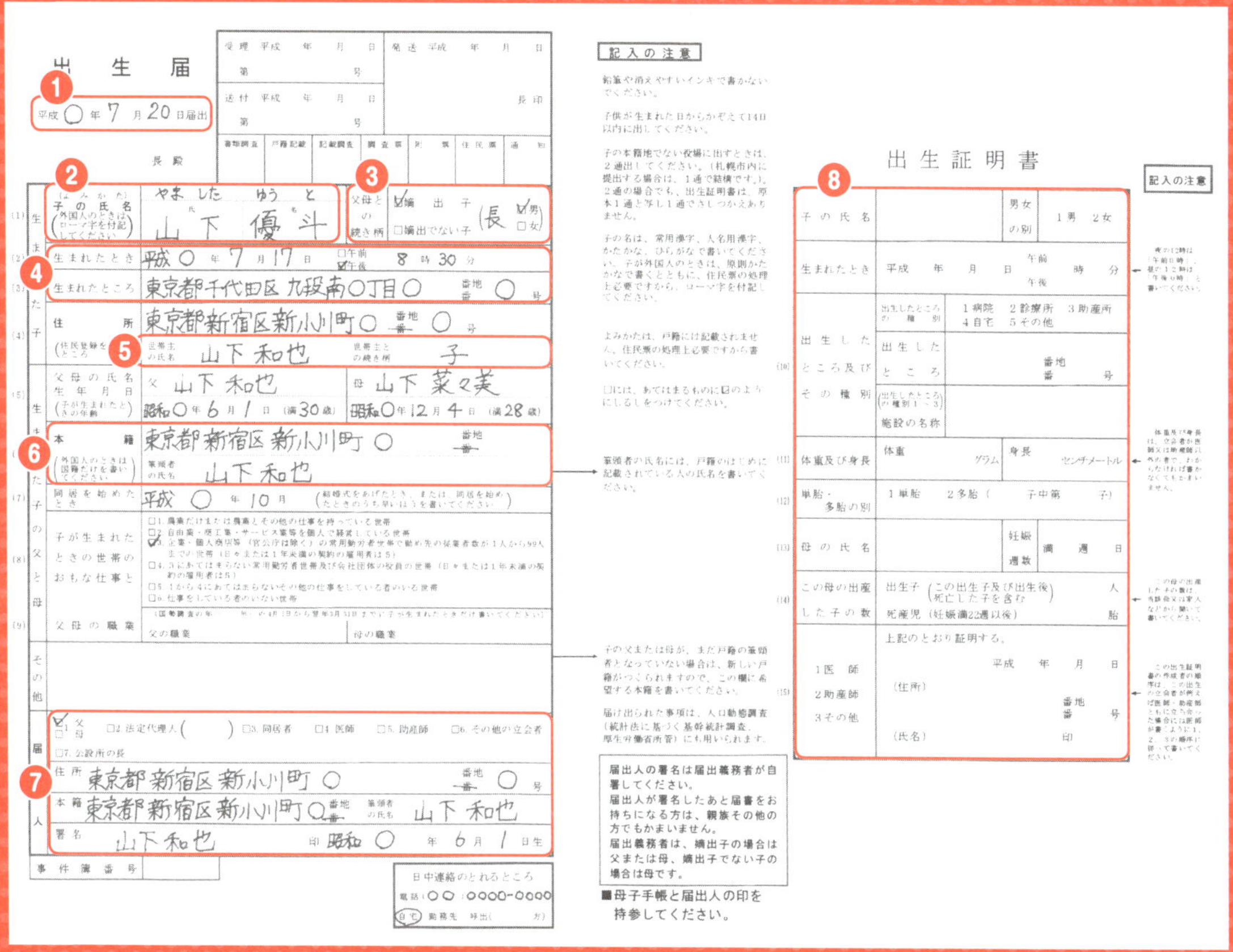

出生届

① 平成○年7月20日届出

長殿

受理 平成 年 月 日 第 号
発送 平成 年 月 日
送付 平成 年 月 日 第 号
長印

書類調査 | 戸籍記載 | 記載調査 | 調査票 | 附票 | 住民票 | 通知

(1) 子の氏名（外国人のときはローマ字を付記してください）
（よみかた）やました ゆうと
氏 山下 名 優斗

③ 父母との続き柄 ☑嫡出子 □嫡出でない子 （長 ☑男 □女）

(2) 生まれたとき 平成○年7月17日 □午前 ☑午後 8時30分
(3) 生まれたところ 東京都千代田区九段南○丁目○ 番地 番 ○号
(4) 住所（住民登録をするところ） 東京都新宿区新小川町○ 番地 番 ○号
⑤ 世帯主の氏名 山下和也 世帯主との続き柄 子

(5) 父母の氏名 生年月日（子が生まれたときの年齢）
父 山下和也 昭和○年6月1日（満30歳）
母 山下菜々美 昭和○年12月4日（満28歳）

⑥ (6) 本籍（外国人のときは国籍だけを書いてください） 東京都新宿区新小川町○ 番地 番
筆頭者の氏名 山下和也

(7) 同居を始めたとき 平成○年10月（結婚式をあげたとき、または、同居を始めたときのうち早いほうを書いてください）

(8) 子が生まれたときの世帯のおもな仕事と
□1. 農業だけまたは農業とその他の仕事を持っている世帯
□2. 自由業・商工業・サービス業等を個人で経営している世帯
☑3. 企業・個人商店等（官公庁は除く）の常用勤労者世帯で勤め先の従業者数が1人から99人までの世帯（日々または1年未満の契約の雇用者は5）
□4. 3にあてはまらない常用勤労者世帯及び会社団体の役員の世帯（日々または1年未満の契約の雇用者は5）
□5. 1から4にあてはまらないその他の仕事をしている者のいる世帯
□6. 仕事をしている者のいない世帯

(9) 父母の職業（国勢調査の年… 年…の4月1日から翌年3月31日までに子が生まれたときだけ書いてください）
父の職業 母の職業

その他

⑦ 届出人
☑1. 父 □母 □2. 法定代理人（ ） □3. 同居者 □4. 医師 □5. 助産師 □6. その他の立会者 □7. 公設所の長
住所 東京都新宿区新小川町○ 番地 番 ○号
本籍 東京都新宿区新小川町○ 番地 番 筆頭者の氏名 山下和也
署名 山下和也 印 昭和○年6月1日生

事件簿番号

日中連絡のとれるところ
電話（○○）0000-0000
自宅 勤務先 呼出（ 方）

記入の注意

鉛筆や消えやすいインキで書かないでください。

子供が生まれた日からかぞえて14日以内に出してください。

子の本籍地でない役場に出すときは、2通出してください。（札幌市内に提出する場合は、1通で結構です。）。2通の場合でも、出生証明書は、原本1通と写し1通でさしつかえありません。

子の名は、常用漢字、人名用漢字、かたかな、ひらがなで書いてください。子が外国人のときは、原則かたかなで書くとともに、住民票の処理上必要ですから、ローマ字を付記してください。

よみかたは、戸籍には記載されません。住民票の処理上必要ですから書いてください。

□には、あてはまるものに☑のようにしるしをつけてください。

筆頭者の氏名には、戸籍のはじめに記載されている人の氏名を書いてください。

子の父または母が、まだ戸籍の筆頭者となっていない場合は、新しい戸籍がつくられますので、この欄に希望する本籍を書いてください。

届け出られた事項は、人口動態調査（統計法に基づく基幹統計調査、厚生労働省所管）にも用いられます。

届出人の署名は届出義務者が自署してください。
届出人が署名したあと届書をお持ちになる方は、親族その他の方でもかまいません。
届出義務者は、嫡出子の場合は父または母、嫡出でない子の場合は母です。

■母子手帳と届出人の印を持参してください。

出生証明書

⑧
子の氏名 | 男女の別 1男 2女
生まれたとき 平成 年 月 日 午前 午後 時 分
(10) 出生したところ及びその種別
出生したところの種別 1病院 2診療所 3助産所 4自宅 5その他
出生したところ 番地 番 号
（出生したところの種別1～3）施設の名称
(11) 体重及び身長 体重 グラム 身長 センチメートル
(12) 単胎・多胎の別 1単胎 2多胎（ 子中第 子）
(13) 母の氏名 妊娠週数 満 週 日
(14) この母の出産した子の数 出生子（この出生子及び出生後死亡した子を含む） 人 死産児（妊娠満22週以後） 胎
(15) 1医師 2助産師 3その他
上記のとおり証明する。
平成 年 月 日
（住所） 番地 番 号
（氏名） 印

記入の注意

夜の12時は「午前0時」、昼の12時は「午後0時」と書いてください。

体重及び身長は、立会者が医師又は助産師以外の者で、わからなければ書かなくてもかまいません。

この母の出産した子の数は、当該母又は家人などから聞いて書いてください。

この出生証明書の作成者の順序は、この出生の立会者が例えば医師・助産師ともに立ち会った場合には医師が書くように1、2、3の順序に従って書いてください。

① 提出年月日

出生日ではなく、役所に提出する日を記入しましょう。提出当日に記入すると間違えません。

② 子の氏名

楷書で丁寧に書きましょう。読み方は住民票を作る際に必要なので、ひらがなで丁寧に。

③ 父母との続き柄

婚姻届を出した夫婦の間に生まれた子どもは「嫡出子」にチェック。届出を出していないなら「嫡出でない子」にチェックを。性別欄の前には、長男、二男、長女、二女となるように記入。

④ 生まれたとき、生まれたところ

出産した病院の所在地を都道府県名から記入しましょう。「生年月日」などは、西暦ではなく「平成」などの元号で書きます。

⑤ 世帯主

子どもの父母が世帯主の場合、続き柄は「子」、子どもの祖父母が世帯主の場合は「子の子」と記入。

⑥ 本籍

本籍の記載された住民票などで確認しましょう。筆頭者は戸籍の初めに記載されている人です。

⑦ 届出人

実際に役所に提出する人ではなく「届出義務者」の事です。一般的には父親か母親になります。

⑧ 出生証明書

出産した施設で記入してもらいます。

Q 夫が外国籍。特別な手続きが必要？

A 夫の本国にも出生届を提出します

この場合、まず出生後14日以内に市区町村の役所に出生届を提出します。それとは別に夫の本国の在日公館にも出生の届出をする必要があります。この届出をしないと父親の母国に子どもの登録がされず、国籍が認められないためパスポートの交付が受けられないなどのトラブルが生じるおそれがあります。本国への届出の方法は国によって異なるので、本国の在日公館に問い合わせを。

Q 地方で里帰り出産。現住所は東京ですが、どこに提出すれば？

A 実家でも東京でもどちらでもOK

出生届は子どもの出生地、父母の本籍地、父母の住民登録をしている地、届出人の滞在地のいずれかの役所に提出できるので、実家でも東京でもどちらでもかまいません。子どもの父親が東京で提出するなら、病産院で出生証明書に署名、押印をしてもらい、それを郵送しなければなりません。時間的な余裕がない場合は、実家の所在地の役所に届け出るのがいいでしょう。

こんなとき、どうする？出生届　気になること Q&A

出生届は名づけだけでなく子どもの戸籍や国籍にも関係する大切なもの。
出生届にまつわる疑問はここで解決して間違いなく届出をすませましょう。

Q アメリカで出産する予定です。出生届はどうすれば？

A 出生後3カ月以内に届け出ます

海外で出産する場合は、その国の日本大使館や公使館、領事館で出生届の用紙をもらい、出産に立ち会った医師による出生証明書を添えて、出生後3カ月以内に提出します。その間に帰国の予定があれば帰国後でも、また夫婦の本籍地の市区町村の役所に郵送で提出してもかまいません。なお、現地で発行された出生証明書には日本語訳をつけなければなりません。必要書類や記入上の注意などについては現地の大使館などで確認を。

アメリカ、カナダ、ブラジルなど出生地を国籍とする国の場合は、出生後3カ月を過ぎると子どもの日本国籍は失われてしまいます。日本国籍を維持するためには、出生届の「その他」の欄に「日本国籍を留保する」と記入して、届出人が署名、捺印して提出します（子どもは二重国籍となり、22歳までに外国籍か日本籍を選択する必要があります）。

Q 提出後に間違いに気づいた。変更できるの？

A 原則として変更できません

一度戸籍に記載された名前は、原則として変更することはできません。戸籍法には「正当な事由によって名を変更しようとする者は、家庭裁判所の許可を得て、その旨を届け出なければならない」とあります。「正当な事由」かどうかは家庭裁判所が判断しますが、書き間違えや漢字の画数が悪いなどでは、まず認められません。これまで、「営業上、襲名の必要がある」「同姓同名がいて生活に支障がある」「異性と間違えられる」「珍奇な名や難解、難読な文字を用いた名」「通称として長年使用してきた」などの場合が、正当な事由として認められています。申請しても却下されることが多いわけですから、間違えないように慎重に記入しましょう。

Q 双子が産まれたら？

A 出生届は2通必要です

出生届は1人に1通なので、双子の場合は2通用意する必要があります。もちろん出生証明書も2通必要です。忘れずにもらっておきましょう。届には1人ずつ間違いのないように記入を。

Q 期限に遅れそう。期限は延長できるの？

A 原則として期限内に提出を

病気や事故、自然災害などやむを得ない理由がない限り、期限内に提出しなければなりません。名前が決まらない場合は空欄で出しておき、決まってから「追完届」を出すことができます。提出期限が過ぎてしまった場合は、その旨を簡易裁判所に通知する必要があり、役所を通じて「戸籍届出期間経過通知書」を提出します。正当な理由がなく遅れた場合は過料（罰金）を徴収されることがあります。

提出前に最終チェック

□名前に使えない文字が入っていないか
□似たような漢字と間違えていないか
□名前を書き間違えていないか
□医師の証明がある出生証明書はあるか

〈持っていくもの〉
□出生届
□母子手帳
□印鑑

付録

命名紙の書き方

赤ちゃんの名前が決まったら、命名紙に記入しましょう。
赤ちゃんの写真や名前の由来も載せられるので、名前のお披露目の際に便利です。

表

命名紙の使い方

赤ちゃんの名前は、赤ちゃんが生まれて7日目に行う「お七夜」にて双方の親などに披露します。「お七夜」とは、赤ちゃんが健やかに成長することを願って行われる祝いの儀式です。この日に命名紙を用意し、命名式を行うのが昔からの習わしです。命名紙は、正式には奉書紙という和紙に赤ちゃんの名前、生年月日、両親の名前、日付などを書き、三方という台に載せ神棚に供えます。現代では略式化され、半紙や市販の用紙に名前や生年月日を記入し、ベビーベッドのそばの壁や枕元などに張るのが主流となっています。

赤ちゃんの名前

スペースの中央に大きな字で書きましょう。筆ペンなどで書くと見栄えがよくなります。スペース下の生年月日の記入も忘れずに。

裏

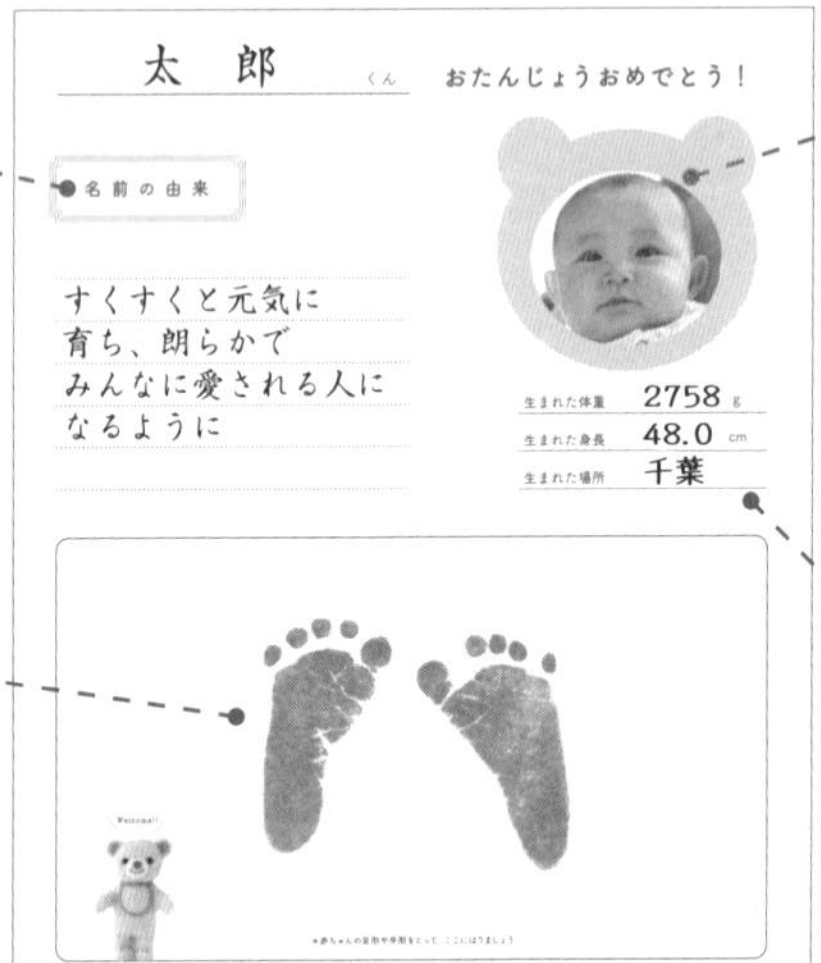

名前の由来

赤ちゃんの名前が何から由来し、どんな思いや願い込めたのかをできるだけ詳しく記入しましょう。

写真

命名紙は、記念となるものです。後で見返すということもあるでしょうから、とびっきりの一枚を選んであげましょう。

手形・足形

墨汁やスタンプを使って手形、足型を記念にのこします。命名紙に直接押すのではなく、半紙などに押して貼り付けるとよいでしょう。

生まれた体重・身長・場所

体重や身長は、母子手帳などで確認して、正確に記入しましょう。

お気に入りの

響きから選ぶ名前

呼びたいニックネームや
好きな音の並びをヒントに
名前を考えましょう。

みんなが呼びたくなる！

響きから名前を選びましょう

名前は、まず音を聞いて発音されるもの。気にいった音の響きを中心にイメージをふくらませて、名前を考えてみましょう。

音の響きがもつ イメージを大切に

赤ちゃんがいちばん早く出合う言葉は親が呼んでくれる自分の名前です。ママのお腹の中で聞く場合もあるでしょう。親にとっても赤ちゃんにとっても、名前は聞いて耳に心地よく何度も呼びたくなる音の響きを選ぶことが大切です。

それぞれの音の響きには、人が普遍的に感じるイメージがあります。たとえば、口を大きく開いて発音するア段の音には明るく開放的な印象があります。「サ」行の音にはさわやかな、「カ」行の音には力強いイメージがあります。

まず、響きをイメージしながら、「ユウくん」など呼びたい愛称を考えてみましょう。それに「ユウキ」「ユウタ」などいろいろな音を加えて発音してみます。呼びたい響きが決まったらそれに合う漢字を選びましょう。

ステップ 1 呼びたい響きのイメージをかためる

- 愛称から考える
- 50音別の響きのイメージを参考にする
- 声に出して発音する

候補がいくつもあって迷ってしまう

P 35～37へ

宮沢式五行を活用してよい響きを見つけよう

これがいい！という響きがある

ステップ 2 名前を決める

P130へ

響きに合う漢字からしぼり込む

響きに合う漢字を探します。「読み方から選ぶ漢字リスト（→P130）」をチェックするほか、漢和辞典も参考にしましょう。

P120へ

うしろの音から見つける

最初の音から決めるだけでなく、「うしろの音から選ぶ名前リスト（→P120）」を参考に、終わりの響きからしっくりする名前を探します。

P 45へ

響きに合った名前を探す

呼びたい愛称やイメージが決まったら、「響きから選ぶ名前リスト（→P45）」をチェック。響きに合った漢字の例も参考にして。

宮沢式

響きが性格や人生を変える

五十音の持つ性質や意味を知って名づけに活用しましょう。音が重要なだけでなく、その並び方にも注意する必要があります。

名前の音は並び方も重要

名づけというと漢字の画数が重要と思われがちですが、宮沢式では、それ以上に大切なのが、名前の文字がどのように読まれているかという音の響きだとされています。五十音にはそれぞれ性質や意味があり、それによって構成された名前で呼ばれ続けていると、その人の性格や人生に大きな影響をもたらします。

名前の音は、1つ1つが大切なだけでなく、その並び方も重要です。同じ音を使っていても、並び方が違うと名前の音の持つ意味が違ってきます。とくに、名前の「1番目の音」と「2番目の音」、「1番下の音」の3つの音が重要です。1番目の音はその人が理想とする性格を表し、2番目の音は本来の性格を、1番下の音は最終的にたどりつく性格を表します。2つの音で構成された名前は、最後の音が「2番目の音」と「1番下の音」になります。

名前の音の並びの順番と意味

1番目の音

その人が理想とする性格を表す

社会に出たときに人に見せる表面的な性格であり、また「こうありたい自分」という願望を表します。努力して磨くことにより「自分の魅力」として生かせるようになります。

2番目の音

自然体でいるときの性格を表す

本来の自分であり、家庭でくつろいでいるときに表れ性格を示します。「ススム」のように1番目と同じ音（濁音を含む）の場合は、理想と現実の自分が一致します。

1番下の音

最終的にたどりつく性格を表す

年齢を重ねるにつれて出てくる性格を表します。2音の名前の場合は、1番下の音と2番目の音が同じなので、本来の性格が最後まで続くことになります。

「50音別響きのリスト」で音の特性をチェック
→P38

例

ゆ 「ゆ」は、おっとりとした雰囲気。周囲と調和をとりながらゆったり焦らず進む人になれるように努力します。

う 「う」は、自由でのびのびとした環境を好みます。競争心がなく穏やか。人に流されないマイペースな性格です。

と 「と」は、優しい雰囲気で、多くの信頼を得ることができます。よきリーダーとして人をまとめていくでしょう。

つまり…

「ゆうと」くんはおっとりとした、穏やかな人物となるでしょう。細かいことには動じず、広く大きな心をもって、自分のしたいように人生を進められる名前です。

この点にも注意

「ん」が入る

2番目や1番下に入る場合は、前の音の意味を強める働きがあります。「ケンタ」なら、「ケ」の持つ性質を強めることになります。

小さい文字が入る

2番目に小さい文字が入る場合、「シュウゴ」や「ショウマ」では、「ユ」や「ヨ」の意味を持ちつつ、前の「シ」の性質を強めます。

濁音が入る

濁音はもとの文字の性質を強めます。「ゴウキ」の場合は、「コ」の持つ意味を強めることになります。

家族が響きでつながる

“宮沢式五行”を活用しましょう

古代中国から伝わる陰陽五行説をもとに両親の名前から赤ちゃんの音の響きを導き、調和のとれた家庭になるよう名前を考えます。

陰陽五行説を使って響きを絞り込む

陰陽五行説とは古代中国から伝わる思想で、宇宙や人生のすべての事象を木(もく)、火(か)、土(ど)、金(ごん)、水(すい)の5つの要素で説明します。5つの要素は名前の一番上の「音」に深く関係しています。一番上の音はその人の性質を表しています。宮沢式名づけでは、五行思想にもとづいて名前の「音」のもつ意味の関係を分析し、家族の相性がよくなるように赤ちゃんの名前の音を導くことができます。また、五十音の中から赤ちゃんの名前の最初の音をある程度絞り込むことができるため、名づけには便利な方法です。

宮沢式 五行からのアプローチ方法

①両親の音のグループを調べる
両親の名前の一番目の音が、「木」「火」「土」「金」「水」のどの要素のグループに属しているか調べます。

②赤ちゃんに合うグループの音を探す
両親の音のグループから赤ちゃんの最初の音のグループを探します。この段階で5～15音に絞り込めます。

③音の持つ特性を調べる(→P38)
絞り込まれた音のそれぞれの特性を調べ、名前の一番目の音を決めて名前全体の候補を考えます。

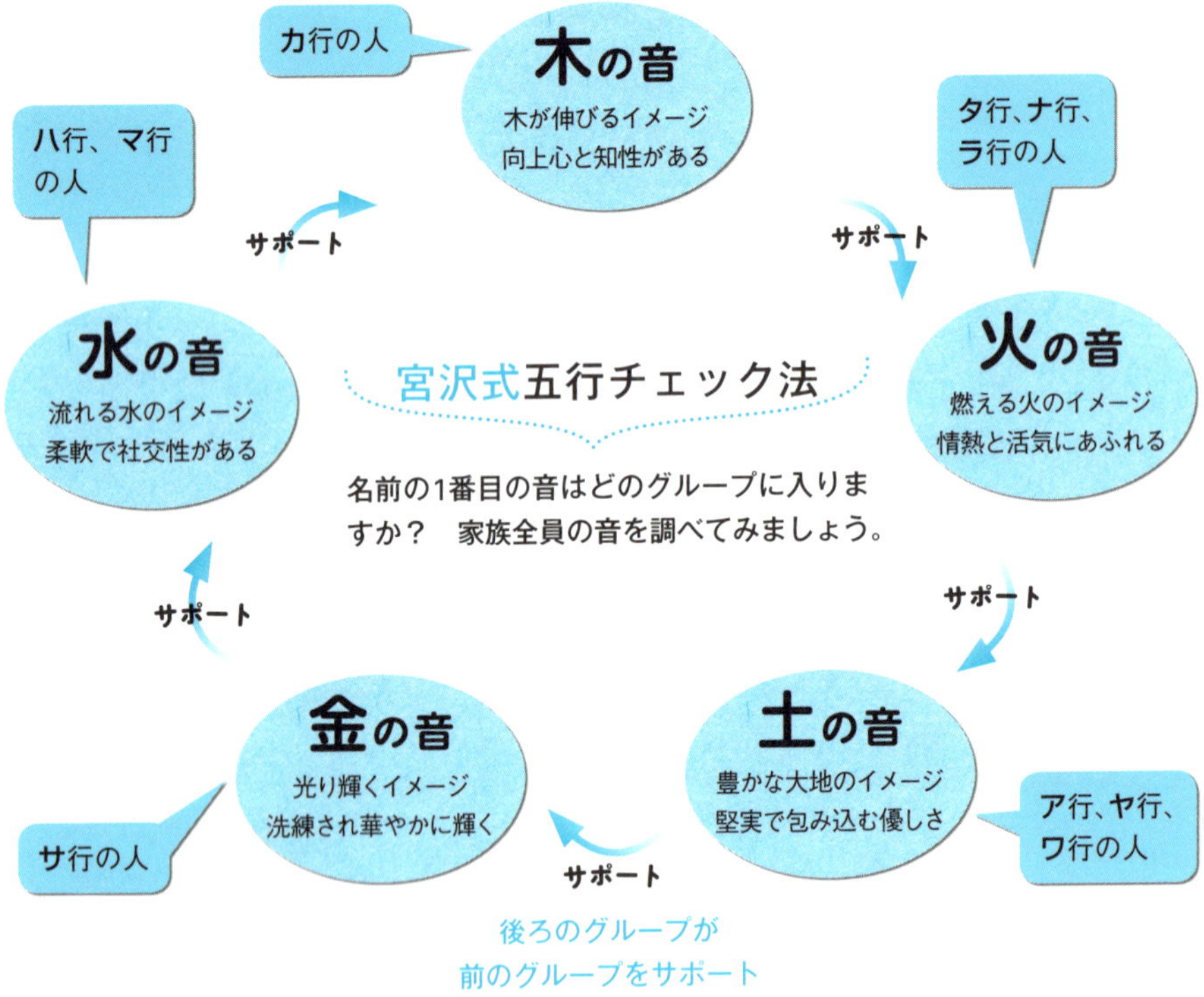

例
パパの名前＝かずや
ママの名前＝ななみ
木の音を持つパパが、火の音を持つママをサポートすることになります。

母＼父	木	火	土	金	水
木	◎木 ○火 △土 △金 ○水	○木 ◎火 ○土 △金 ◎水	△木 ○火 △土 △金 △水	△木 △火 △土 △金 ○水	○木 ○火 △土 ◎金 ◎水
火	◎木 ○火 ○土 △金 ◎水	◎木 ◎火 ○土 △金 △水	◎木 ○火 ◎土 ○金 △水	△木 △火 ○土 △金 △水	○木 △火 △土 △金 △水
土	△木 ○火 △土 △金 △水	◎木 ◎火 ○土 ○金 △水	△木 ◎火 ◎土 ○金 △水	△木 ◎火 ○土 ○金 ○水	△木 △火 △土 ○金 △水
金	△木 △火 △土 △金 ○水	△木 △火 ○土 △金 △水	△木 ◎火 ◎土 ○金 ○水	△木 △火 ◎土 ○金 ○水	○木 △火 ◎土 ○金 ◎水
水	◎木 ○火 △土 ◎金 ○水	○木 △火 △土 △金 △水	△木 ○火 △土 ○金 △水	○木 △火 ◎土 ◎金 ○水	○木 △火 △土 ○金 ◎水

五行から見た「両親と子の相性表」

3人家族の場合の両親の五行の音と赤ちゃんの音との相性表です。すでに兄弟姉妹のいる場合は36ページの図に全員の音を入れて、五行がつながるように選びます。

◎大吉 両親の相性も抜群で、最高によい音のグループ。できればこの中から候補の音を選んで。

○中吉 両親の相性もよく、よい音のグループ。◎に気に入った音がない場合はここから選んで。

△小吉 両親の相性は普通。兄弟など家族が増えれば相性を補えるため、つけてもよい音に。

パターン別でみると……

父と母が同じグループ

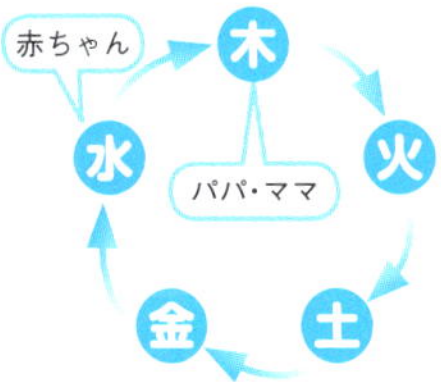

父と母のグループの前後どちらかの音にする

両親は「似た者同士」です。子どもの音を父と母の前後のどちらかにすると、調和して発展性が生まれます。

父と母のグループが離れている

父と母の間に入るグループを選ぶ

お互いに分かり合えないところのある父と母の間を取りもって、家族関係が良好になります。

父→母と続く

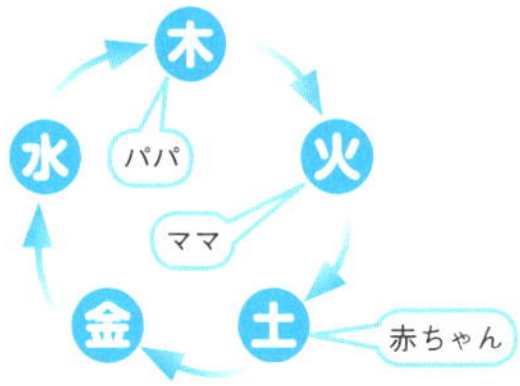

母の次のグループを選ぶ

父が母を支えて互いを生かし合えるよい関係。母の次のグループにすると家庭がさらに発展します。

母→父と続く

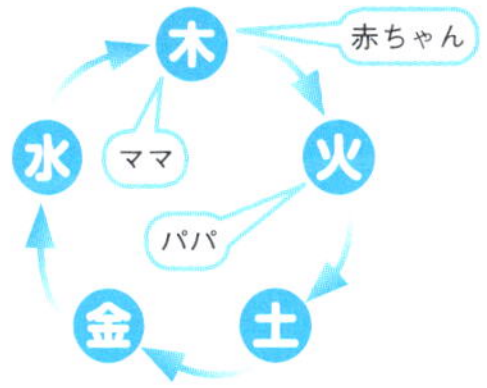

母と同じグループを選ぶ

母が父を支えて互いを生かし合えるよい関係。子は母と同じがよく、父の次または母の前でも調和がとれます。

相性のよい家庭にするには

「家」という閉ざされた空間では、「音」は戸外よりも増幅されて大きなエネルギーを持ちます。何気なく呼び合っている名前も調和がとれていることが重要です。家族の相性と関係は、家族全員のグループがつながっている状態が理想的です。グループの位置がバラバラだと家族がまとまりにくくなります。隣同士のグループはお互いを生かし合う関係となり、1つとばしのグループは、トラブルが起きやすい刺激し合う関係です。両親の音が1つとばしのグループの場合は、2人をつなぐ位置に赤ちゃんの音が入るようにすると、相性のよい家庭になります。また、両親が同じグループの場合は、似たもの同士で発展性に欠けます。両親の前後のグループに赤ちゃんの音がくるとバランスが取れます。上の「両親と子の相性表」と関係図を参考に、響き面で最高に相性のよい家庭となるように赤ちゃんの音の響きを見つけましょう。

50音別
響きのイメージ

言霊も考慮した50音別の各響きのイメージを紹介します。名前の最初の音がもっとも印象に残り、重要な音です。

あ行

あ　カリスマ性を持ち リーダーに向いた性格

温かく優しい心の持ち主でありながら、自分を信じる芯の強さもあるので、リーダーとしての活躍が期待できます。頭の回転の速さと行動力に加え、自己表現力もあり人気者になるでしょう。

い　人の心が分かる 調和を大切にする子に

優しく穏やかな性格で、コミュニケーション能力に優れます。控えめで謙虚な性格は、気配りができ人の気持ちも理解できるので、友達に恵まれるほか、目上の人からも可愛がられます。

う　将来が楽しみな スター候補生

ひとりでじっくりと考えるタイプで、自分の考えをしっかり持って行動できます。持ち前の芸術的なセンスや、人の中心になれるタレント性を、小さいころから伸び伸びと育てましょう。

え　明るくざっくばらん 将来の出世にも期待

とても明るく、表裏の無いざっくばらんで元気な性格が人を惹きつけます。好奇心旺盛で、物おじせず自己アピールができるので、新しい広い世界を見せてあげると、出世も期待できます。

お　マイペースで温厚 協調性が豊か

おっとりとした温厚な性格で、人との和にも心を注ぐことができる協調性があります。マイペースでじっくりと物事に取り組み、目先のことにとらわれないタイプです。

か行

か　好奇心旺盛で情熱的 確実にチャンスを掴む

好奇心旺盛なうえに、情熱的で人の気持ちが分かる愛情も豊かです。頭脳明晰なうえに内面の強さも持ち合わせるので、恵まれたチャンスを確実にものにすることができるでしょう。

き　明るくプラス思考 人望に恵まれる

明るく元気、常にプラス思考で物事を考えられるので、人との交流が盛んになり人望に恵まれます。思い立ったことを即実行する行動力もあり、早くから社会で活躍することができます。

く　穏やかで頭脳明晰 冷静な性格

穏やかでマイペースなうえに、頭脳明晰なため、冷静に物事に取り組むことができ、着実に結果を残すことができます。目上の人に好かれ、ゆくゆくは人を導くリーダーにもなれます。

け　素直さから 人の和に恵まれる

真面目で正直、素直に人の言葉に耳を傾けるので、人の和の中でも中心になることができ、人助けが得意なタイプです。一方で繊細なところもあり、さびしがりやの一面も。

こ　純粋でさわやかな 人気者に

伸び伸びとした、自由で純粋な子に育ちます。そのさわやかさから、年齢や性別を問わず人に認められます。音楽や美術などの芸術性のあるものに触れることで、将来人生を豊かにできます。

さ行

さ　優しく思いやりがあり 人々に信用される

親切で優しく思いやりがあります。繊細でナイーブなため、人の心を感じて行動でき自然とまわりに信用されます。人見知りの一面も、コミュニケーション能力でフォローできます。

し　芯のしっかりとした 負けず嫌い

芯がしっかりとしており、自分の意見を堂々と伝えることができます。負けず嫌いな努力家で、冷静な一面もあるので目上の人とも物おじせず対話をすることで認められるタイプです。

す　頭のよさと集中力で 才能を開花できる

おとなしく謙虚で、控えめな性格ですが、頭が切れ抜群の集中力を発揮し、才能がとても豊かです。研究職や技術職、文筆業など着実に成果を積み重ねてゆく職業に向いています。

せ　行動力があり アピールができる

積極的に自己アピールができ、思い立ったら即実行する行動力のある子になりそうです。新しいものに興味を持ち、頭もよいので、リーダーとして仲間から慕われます。

そ　はっきりと発言できる 頼もしい子に

やわらかな物腰ながら、テキパキと頭が回転し、はっきりと言いたいことを言える性格です。トップとして目立つよりも、縁の下の力持ちとして活躍する頼もしい子になりそうです。

た行

た　落ち着きつつも熱い頑張り屋さん

一見落ち着いて見えますが、負けず嫌いで、情熱をもって行動できる頑張り屋さんです。意志もはっきりと持つことができ、行動力もあるので、多くの人脈を築くことができます。

ち　責任感があり相手を大切に思う

おおらかで優しく､責任感もあるので、目の前に障害があっても乗り越えられる強さがあります。相手の気持ちを大切にする面倒見のよさから、信頼される人物に育つでしょう。

つ　個性的な性格で将来は華やかな世界へ

決断力があり､ユーモアで行動が大胆、喜怒哀楽をはっきりと表現できる個性的な子に育つでしょう。華やかさのある芸術や芸能、ファッションなどの職業で活躍できそうです。

て　人の気持ちに気がつく穏やかな優しい子に

人との争いを好まない、優しくのんびりとした穏やかな性格です。正直で、頭も冴え、人の気持ちにすばやく気づくことができるので、多くの人から親しまれるでしょう。

と　アイデアマンで将来は大成功を掴む

社交的で優しい性格です。アイデアが豊富で、数字を見る力もあるので、仕事で大きな成功を掴むことができそうです。好奇心も旺盛で、語学の上達の速さにも優れています。

な行

な　華やかな魅力を持ち情熱的でしっかり者

情熱的で負けず嫌い、自分が信じた道を歩き、信念を曲げずに発言できるしっかり者になるでしょう。華やかな存在感を持ち、異性を惹きつける魅力があふれます。

に　思いやりのある温かく優しい性格

責任感があり、思いやりを持った温かい心で人とふれあい、協力し合うことができます。絵画や音楽などの表現力にあふれるほか、スポーツのセンスに恵まれるでしょう。

ぬ　おとなしいが我慢強く着実に前進できる

謙虚な性格で、おとなしく控えめで上品な子に育ちます。我慢強いうえに真面目で慎重なため、自分の人生を着実に前進してゆくことができます。親元からの独立が早いタイプです。

ね　気配りができ親しまれる人気者

明るく人に対して気配りができるので、周りから親しまれる人気者です。恥ずかしがり屋の一面もありますが、成長するにつれ積極性も増し、自分で考えて行動できるようになります。

の　頭がよく真面目で慎重に進む

真面目で慎重派、人前で本心を出さないタイプです。頭の良さから世の中の流れを敏感に読み取ることができます。好きなことに集中しやすく、情熱を注いで道を開くことができるでしょう。

は行

は　積極的に行動できるチャレンジャー

好奇心旺盛、向上心を持って積極的に物事に取り組むことができるチャレンジャーです。社交的で、誰とでも友達になれるタイプなので、多くの素敵な人間関係に恵まれるでしょう。

ひ　流行に敏感で華やか内面は優しく謙虚

流行に乗ることができ、ファッションセンスに優れた一見華やかなタイプです。しかしその内面は、心優しく謙虚、気配りができるので、多くの人から好かれる人になれるでしょう。

ふ　明るい性格で周りを元気にできる

明るさと元気のよさが取り柄のタイプです。周りの人にエネルギーを与え、場を和ませることで、人気者になることができるでしょう。直感力があり、音楽や美術で能力を発揮できそうです。

へ　誠実で信頼のおける忍耐力ある努力家

誠実で純粋、表裏がなくまわりから信頼されます。忍耐力もあり、物事にはコツコツと取り組み、地道に努力を続けられるので、困難も乗り越えて成功を上げることができるでしょう。

ほ　プライドが高く妥協せず挑戦する

プライドが高く、妥協せずに夢や希望のためにしっかりと自信を持って挑戦することができます。独創的な発想ができ、スター性もあるので、注目される機会も多くなるでしょう。

ま行

ま　大切なものを守れる才能豊かな努力家

才能豊かで、教養もあり、明るく優しさも持ち合わせます。努力家な一面もあり、大切なものをしっかりと守ることができます。ユーモアセンスもあり、人の心を惹きつけられる人気者です。

み　明るく陽気でさっぱりとした性格

コミュニケーション能力に優れた、とても明るく陽気、楽観的な性格。ものごとに執着せずさっぱりとしています。流行に反応しやすく、好奇心旺盛で行動もあり人から慕われるでしょう。

む　ユニークな個性の頑張り屋さん

ユニークな個性があり、他人に惑わされること無くマイペースで進んでいけるタイプです。好奇心が旺盛なので、気に入ったものは勉強や努力を惜しまず取り組む頑張り屋さんです。

め　人を助けられる優しく情に厚い性格

困っている人には、手を差し出さずにはいられないような、情に厚く、心優しい素直な性格です。損得ぬきに行動する姿に人々は自然と惹きつけられてしまうでしょう。

も　金銭感覚にすぐれ実りある人生を行く

人と競争をすることを嫌い、自分の世界を楽しみたい、おっとりとした性格です。金銭感覚に優れており、マイペースながらも着実に実りある人生を前進することができるでしょう。

や行

や　落ち着きがあり夢を叶えられる

真面目な慎重派。落ち着きがあり、物事に動じないので、人に頼らず自分の足で道を切り開いていくことができるでしょう。芸術やスポーツなど、大きな夢を叶えられる性格です。

ゆ　やわらかな雰囲気に人が集まる

物腰がやわらかくおっとりとした雰囲気で、人が集まりやすく、誰とでも仲よくできます。堅実に考えることができるので、自分らしいスタイルで物事を進めていくことができるでしょう。

よ　冒険心と真面目さをあわせ持つ研究家

冒険心があり、自由に行動できる奔放さと、常識的に物を見られる真面目な一面とをあわせ持ちます。研究熱心で、興味を持ったことには熱中して取り組むことができるでしょう。

ら行

ら　華やかに活躍できる魅力あふれる行動派

刺激や変化を望み、落ち着くことを嫌う行動派です。華やかに動き回りつつも、冷静に物事を判断しながら進む姿は、周囲に魅力的に映るでしょう。社交的で、多くの友達に恵まれそうです。

り　プライドが高く責任感が強い

プライドがあり、妥協しない性格から、責任感を持って行動できるので、まわりから信頼され高い支持を受けます。人との調和を取りながらふるまえるので仕事で能力を発揮できるでしょう。

る　おっとりとした愛嬌で人を和ませる

人あたりがよく、おっとりとした性格です。自然体でふるまえ、持ち前のユーモアや愛嬌で、その場を和ませることができるでしょう。気配り上手で接客業に向いています。

れ　頭がよく観察力があり新情報に敏感

頭脳明晰、観察力があり冷静に物事を見つめて判断することができます。志が高く、新しい情報にも敏感、話し上手な一面もあるのでマスコミ業界などで活躍できるでしょう。

ろ　おおらかで自然体落ち着いて前進できる

おおらかで、いつでも自然体でふるまうことができます。面倒見もよく、あわてず冷静に行動する姿は、まわりには悠々と落ち着いて進むタイプに見られるでしょう。

わ行

わ　豪快でパワフル組織のトップに立てる

明るく元気で豪快、人の面倒見もよいので、トップとして人をまとめて動かす能力があります。和を大切にするので、まわりから信頼も厚く頼られる存在になるでしょう。

ん　決断力があり仲間を信じて前進する

真面目で誠実、自分の考えを持つことができ、決断力もあるので、迷わず進むことができるでしょう。家族や仲間を信じて、前向きに努力を積み重ねることができそうです。

column

ニックネームから名前を考えてみましょう

赤ちゃんの名づけには、様々な方法がありますが、赤ちゃんがうまれたら呼びたいニックネームを先に考えて、それを元に名前を考える方法もあります。例えば、「よっちゃん」と呼びたいニックネームを決めてしまえば、名前の最初の音が「よ」に絞られるので、スムーズに赤ちゃんの名づけを進めることができるでしょう。また、赤ちゃんがうまれる前にニックネームを決めておくと、ママのお腹の中にいる赤ちゃんに親しみを込めて呼びかけることができ、リラックスできるでしょう。妊娠中は、お腹の中にいる赤ちゃんに話しかけたくなるもの。親しみを込めて呼びかける方法に「胎児ネーム」もあります。出産して正式に命名するまでの仮のニックネームで「ベビちゃん」「まめちゃん」など、直観的に赤ちゃんを連想させる名前がよく使われます。「まめちゃん、今日は空がきれいだね」などと呼びかけると、話もはずみます。

お気に入りを見つけよう

響きから選ぶ名前リスト

① 響きから選ぶ名前リスト→P45

広く親しまれている響きから個性的な響きまで、厳選した名前を五十音順に掲載。画数と総画を併記してあるので、最高吉数にするための参考になります。

名前のもつイメージ

響きから受ける印象を解説しているほか、著名人の名前を挙げています。

最初の音

五十音順に並んでいます。

名前

読み方をひらがなで表記。ひらがなで書いたときの印象もわかります。

ローマ字表記

パスポートの氏名表記に用いられているヘボン式ローマ字を記載。

英 独 仏 伊

名前の読みと似ている各国の言葉の意味を載せています。

名前例

総画数順に並べてあります。

響きを決めてから漢字を選ぶときに役立つリストです。「うしろの音（止め字・添え字）から探すリスト」、「漢字の読み方から探すリスト」も活用ください。

② うしろの音から選ぶ名前リスト→P120

終わりにくる音（止め字・添え字）から決める方法も。伝統的な漢字以外にもたくさんあります。

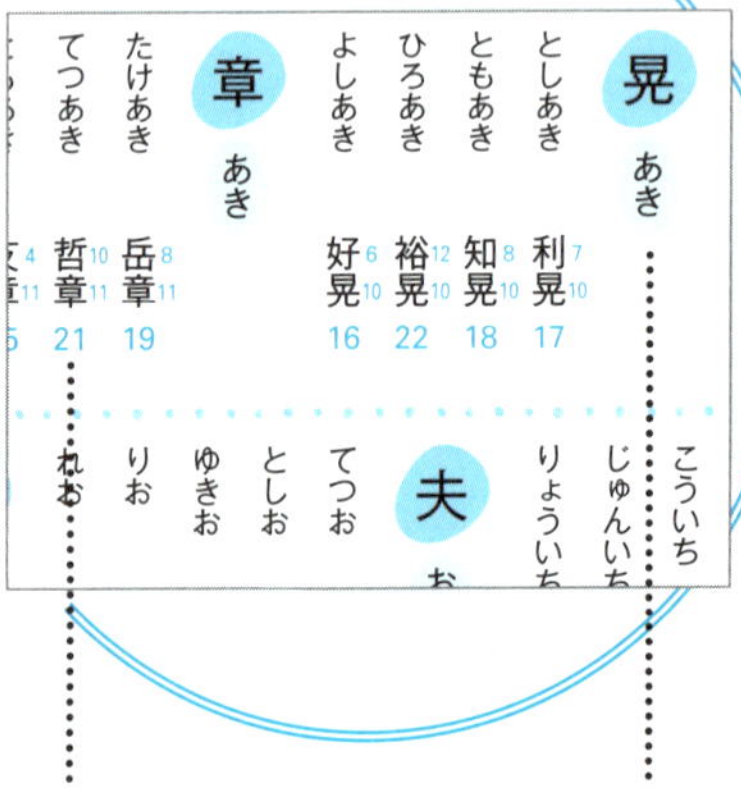

名前例

使用例としていくつか名前を挙げています。

うしろの音

うしろの音（止め字・添え字）におすすめの漢字を五十音順に並べています。

③ 読み方から選ぶ漢字リスト→P130

音から決めて、その音にどんな漢字が当てられるのか調べたいときに役立つよう、五十音順に並べました。

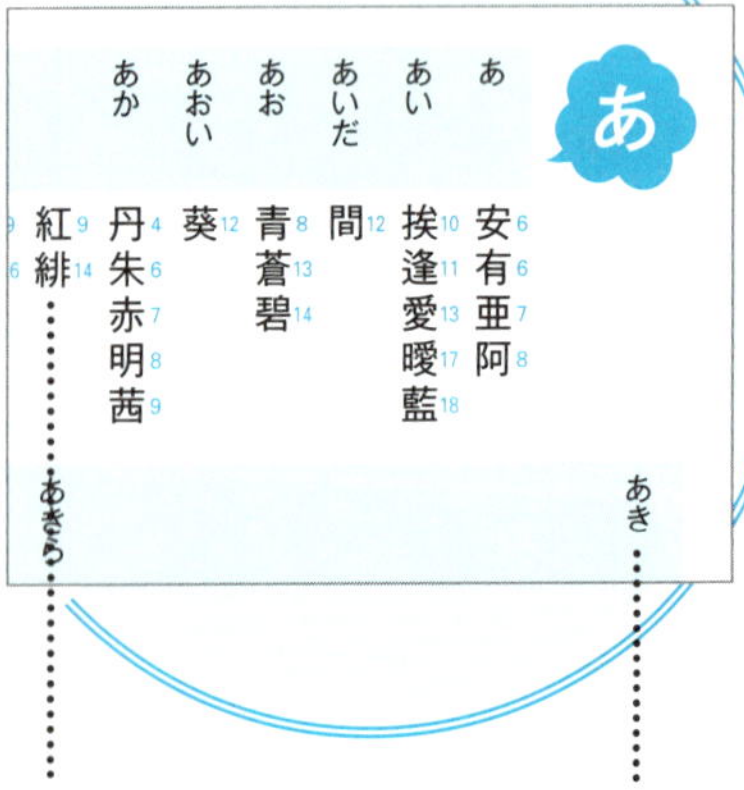

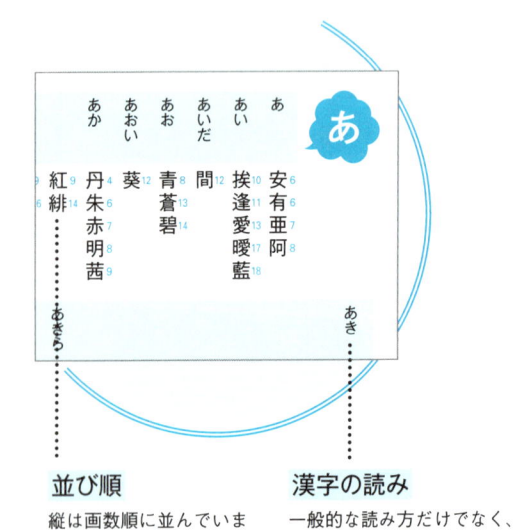

並び順

縦は画数順に並んでいます。

漢字の読み

一般的な読み方だけでなく、名乗り（名前特有の読み）でも探せます。

あいと
Aito

やわらかい響きの「あい」に、力強くきっぱりした印象の止め字の「と」を組み合わせた名前。

- 相9 仁4 13
- 安6 以5 人2 13
- 愛13 斗4 17
- 亜7 唯11 斗4 22
- 藍18 斗4 22

あいら
Aira

和やかに響く「あい」の音に、元気な印象の止め字「ら」を添えて、新鮮で耳に残る名前に。

- 愛13 良7 20
- 愛13 来7 20
- 藍18 良7 25
- 藍18 羅19 37

あいる
Airu

優しくやわらかい響きの「あい」に、軽やかな音の止め字「る」を合わせて、心地よい響きの名前に。

- 逢11 琉11 22
- 相9 瑠14 23
- 愛13 留10 23
- 愛13 瑠14 27
- 藍18 琉11 29

あおい
Aoi

母音の重なりが呼びやすく、男の子の名前としてもさわやかでスマートな印象を与える響き。

- 葵12 12
- 蒼13 13
- 蒼13 以5 18
- 碧14 生5 19
- 藍18 惟11 29
- 藍18 偉12 30

あおと
Aoto

さわやかさを感じさせる「あお」に、きっぱりとした止め字の「と」を添えて、明るく健康的なイメージ。

- 青8 杜7 15
- 蒼13 斗4 17
- 藍18 人2 20
- 碧14 都11 25
- 藍18 登12 30

あきお
Akio

明るく開けた響きの「あき」と、馴染み深い止め字「お」の組み合わせが安定感のある印象に。

- 旭6 生5 11
- 晃10 夫4 14
- 暁12 大3 15
- 明8 朗10 18
- 彰14 男7 21
- 輝15 雄12 27

あきちか
Akichika

はっきりした「あき」にリズム感のある「ちか」を組み合わせて、明るく活動的なイメージの響き。

- 明8 周8 16
- 亮9 近7 16
- 昭9 周8 17
- 彰14 近7 21
- 詮13 親16 29
- 顕18 親16 34

あきと
Akito

開放的なイメージの「あき」に、スピード感のある「と」を添えて、力強くさわやかな印象に。

- 明8 人2 10
- 晃10 人2 12
- 晟10 仁4 14
- 章11 斗4 15
- 亜7 紀9 斗4 20
- 顕18 登12 30

あきなり
Akinari

「なり」はやわらかさと同時に力強さを感じさせる響き。上田秋成（江戸時代の歌人）など。

- 晃10 也3 13
- 章11 也3 14
- 明8 成6 14
- 秋9 成6 15
- 昭9 成6 15
- 顕18 成6 24

あきのぶ
Akinobu

止め字の「のぶ」が開放的な「あき」を引き立てて、明るく伸びやかな印象の響き。

- 昭9 信9 18
- 晶12 伸7 19
- 彬11 宣9 20
- 彰14 展10 24
- 瞭17 伸7 24
- 顕18 信9 27

あきひと
Akihito

知的な「あき」と、力強くしっかりした響きの「ひと」の組み合わせで上品で落ち着いた名前に。

- 明8 仁4 12
- 昭9 仁4 13
- 章11 仁4 15
- 彰14 人2 16
- 聡14 人2 16
- 顕18 仁4 22

あきひろ
Akihiro

明るい印象の「あき」と「ひろ」で、スケールの大きさをイメージさせる。美輪明宏（歌手）など。

- 明8 弘5 13
- 晃10 宏7 17
- 昭9 博12 21
- 彬11 博12 23
- 彰14 浩10 24
- 聡14 寛13 27

あきふみ
Akifumi

知的な「あき」を、文章や学問をイメージさせる「ふみ」が引き立てて、さわやかで知的な響きに。

- 昭9 文4 13
- 明8 史5 13
- 亮9 史5 14
- 章11 文4 15
- 暁12 文4 16
- 亜7 希7 文4 18

あきみつ
Akimitsu

明るい「あき」と、豊かさをイメージさせる音「みつ」の組み合わせ。健康的で充実した印象を漂わせる。

- 昭9 光6 15
- 亮9 光6 15
- 彰14 充6 20
- 聡14 充6 20
- 明8 満12 20
- 晶12 満12 24

あきよし
Akiyoshi

軽やかな「あき」と、はっきりした「よし」との音の組み合わせ。親しみやすく呼びやすい響き。

明 8 良 7 15
晃 10 吉 6 16
彬 11 良 7 18
昭 9 義 13 22
彰 14 善 12 26
聡 14 義 13 27

あきら
Akira

明るい響きの「あき」に跳ねる音の止め字「ら」を添え、軽やかなリズムが感じられる名前。

旭 6 6
旺 8 8
亮 9 9
晟 10 10
彬 11 11
明 8 良 7 15

あさお
Asao

さわやかさや軽さをイメージさせる「あさ」と、止め字の「お」で、優しさ、柔軟性のある響きに。

旭 6 生 5 11
麻 11 生 5 16
旭 6 雄 12 18
阿 8 佐 7 夫 4 19
麻 11 雄 12 23
朝 12 雄 12 24

あさと
Asato

止め字「と」の組み合わせは、やわらかさと同時に強さも感じさせる。泉麻人（コラムニスト）など。

旭 6 杜 7 13
麻 11 人 2 13
朝 12 斗 4 16
亜 7 紗 10 人 2 19
亜 7 聡 14 21
朝 12 登 12 24

あさひ
Asahi

「あ」、「さ」、「ひ」の3語の響きはやわらかいが、元気の良さや勢いのある印象に。「朝日」と同音。

旭 6 6
旭 6 飛 9 15
朝 12 日 4 16
亜 7 佐 7 日 4 18
朝 12 陽 12 24

あすか
Asuka

「あす」に止め字の「か」を添え、古風で心地よい響きに。地名などの「飛鳥」と同音。

明 8 日 4 可 5 17
飛 9 鳥 11 20
明 8 日 4 佳 8 20
明 8 日 4 迦 9 21
安 6 寿 7 佳 8 21

あつお
Atsuo

温かみのある響き「あつ」を止め字「お」が引き立てて、誠実で努力を惜しまないイメージ。

温 12 夫 4 16
諄 15 央 5 20
諄 15 生 5 20
淳 11 雄 12 23
篤 16 男 7 23
惇 11 雄 12 23

あつき
Atsuki

「あつ」にきっぱりした止め字「き」を添えて、温かみや力強さと同時にシャープな印象に。

淳 11 生 5 16
惇 11 喜 12 23
敦 12 貴 12 24
醇 15 紀 9 24
厚 9 樹 16 25
篤 16 毅 15 31

あつし
Atsushi

落ち着いた音の「あつ」に「し」を添えることで、温かみと同時に強さも感じさせる。

厚 9 之 3 12
敦 12 12
淳 11 史 5 16
篤 16 16
諄 15 司 5 20
篤 16 志 7 23

あつと
Atsuto

風格ある響きの「あつ」に、きっぱりとした止め字「と」を添え、どっしりとした頼りがいのある印象。

温 12 人 2 14
淳 11 斗 4 15
篤 16 人 2 18
惇 11 杜 7 18
厚 9 音 9 18
斡 14 登 12 26

あつひろ
Atsuhiro

やわらかい響きの「ひろ」の組み合わせで、温かみとスケールの大きさを感じさせる。

温 12 広 5 17
淳 11 宏 7 18
厚 9 紘 10 19
篤 16 弘 5 21
敦 12 浩 10 22
惇 11 寛 13 24

あつや
Atsuya

馴染み深い響きの「あつ」に快活な印象の止め字の「や」を加えて、明るく親しみやすい名前に。

淳 11 也 3 14
温 12 矢 5 17
厚 9 哉 9 18
醇 15 也 3 18
惇 11 治 7 18
敦 12 弥 8 20

あつろう
Atsuro

温かみのある「あつ」に朗らかな印象の止め字「ろう」を添えた、呼びやすい響き。

厚 9 朗 10 19
淳 11 郎 9 20
温 12 郎 9 21
敦 12 朗 10 22
篤 16 郎 9 25
諄 15 朗 10 25

あと
Ato

はっきりとした響きの「あ」に、シャープな響きの止め字の「と」を合わせ、呼びやすい名前に。

有 6 斗 4 10
亜 7 斗 4 11
雅 13 斗 4 17
亜 7 都 11 18

あとむ
Atomu

「あ」、「と」、「む」の組み合わせが新鮮な響きとリズムを生んで、印象深い名前に。英 原子

安 6 富 12 18
亜 7 土 3 武 8 18
安 6 登 12 矛 5 23
亜 7 斗 4 夢 13 24
有 6 登 12 武 8 26
亜 7 翔 12 夢 13 32

あまね Amane

やわらかい音の重なりで、柔軟性と広がりをイメージさせる。西周（明治時代の思想家）など。

- 周(8) 8
- 遍(12) 12
- 天(4)音(9) 13
- 天(4)祢(9) 13
- 亜(7)麻(11)祢(9) 27

あもん Amon

ソフトな音の重なりは繊細な印象。止め字の「ん」が心地よく響く。宮本亜門（演出家）など。

- 安(6)文(4) 10
- 吾(7)文(4) 11
- 亜(7)門(8) 15
- 阿(8)門(8) 16
- 阿(8)紋(10) 18
- 吾(7)聞(14) 21

あやと Ayato

気品溢れる音の「あや」に止め字「と」を合わせて、しなやかでスピード感のある響きに。

- 文(4)斗(4) 8
- 郁(9)人(2) 11
- 紋(10)人(2) 12
- 彩(11)斗(4) 15
- 綾(14)人(2) 16
- 彩(11)都(11) 22

あゆむ Ayumu

やわらかく響く「あゆ」に力強い音の止め字「む」を添えることで、全体の印象が引き締まる。

- 歩(8) 8
- 歩(8)矛(5) 13
- 歩(8)武(8) 16
- 歩(8)務(11) 19
- 歩(8)夢(13) 21
- 鮎(16)夢(13) 29

あらし Arashi

開放的な「あら」を、しっかりした「し」が受け止めて力強い響きに。意志の強さをイメージさせる。

- 嵐(12) 12
- 嵐(12)士(3) 15
- 嵐(12)之(3) 15
- 嵐(12)司(5) 17
- 新(13)史(5) 18
- 新(13)志(7) 20

あらた Arata

突き抜けた響きの「あら」と、きっぱりした止め字「た」の組み合わせが印象的。井浦新（俳優）など。

- 改(7) 7
- 改(7)大(3) 10
- 更(7)太(4) 11
- 新(13) 13
- 新(13)太(4) 17
- 新(13)多(6) 19

あらん Aran

母音の「あ」と止め字の「らん」が共に明るく響き、大人びた印象の中にも遊び心のある響き。

- 亜(7)嵐(12) 19
- 亜(7)藍(18) 25
- 亜(7)蘭(19) 26
- 阿(8)蘭(19) 27
- 愛(13)蘭(19) 32

ありとも Aritomo

存在感のある「あり」と、親しみを感じさせる「とも」の組み合わせ。山縣有朋（明治時代の政治家）など。

- 有(6)友(4) 10
- 在(6)伴(7) 13
- 有(6)朋(8) 14
- 有(6)侶(9) 15
- 亜(7)利(7)友(4) 18
- 存(6)朝(12) 18

ありのり Arinori

広さを感じさせる音の「あり」にやわらかい響きの「のり」を添えて、知性的な広がりのある名前に。

- 有(6)礼(5) 11
- 在(6)則(9) 15
- 存(6)紀(9) 15
- 有(6)徳(14) 20
- 存(6)範(15) 21
- 有(6)憲(16) 22

ありひさ Arihisa

断定的な音の「あり」を優しさのある「ひさ」が受けて、しなやかな強さを感じさせる響きに。

- 有(6)久(3) 9
- 存(6)久(3) 9
- 在(6)寿(7) 13
- 有(6)尚(8) 14
- 在(6)悠(11) 17
- 有(6)比(4)佐(7) 17

あると Aruto

新鮮な響きの「ある」に、人気の止め字「と」をつけ、さわやかな印象に。英 アルト（声域）

- 有(6)斗(4) 10
- 在(6)斗(4) 10
- 有(6)音(9) 15
- 亜(7)瑠(14)人(2) 23
- 阿(8)琉(11)音(9) 28

あれん Aren

「ん」で終わることにより、やわらかくまとまりのある響きに。スマートで都会的な印象のある名前。

- 安(6)怜(8) 14
- 安(6)蓮(13) 19
- 亜(7)煉(13) 20
- 阿(8)蓮(13) 21
- 亜(7)漣(14) 21
- 阿(8)錬(16) 24

あんご Ango

やわらかい「あん」に力強く響く「ご」を添えて、堅実で実直な印象の名前。坂口安吾（作家）など。

- 安(6)吾(7) 13
- 按(9)冴(7) 16
- 杏(7)梧(11) 18
- 安(6)瑚(13) 19
- 晏(10)悟(10) 20
- 晏(10)梧(11) 21

あんじ Anji

優しさのある「あん」を謙虚な印象の「じ」が受け、穏やかで親しみのある響き。

- 安(6)治(8) 14
- 按(9)治(8) 17
- 安(6)滋(12) 18
- 晏(10)詞(12) 22
- 庵(11)滋(12) 23
- 晏(10)慈(13) 23

あんり Anri

やわらかい音の組み合わせで、優しさと知性を感じさせる響き。アンリ・ルソー（画家）など。

- 安(6)李(7) 13
- 安(6)里(7) 13
- 按(9)利(7) 16
- 庵(11)里(7) 18
- 杏(7)理(11) 18
- 晏(10)俐(9) 19

いあん

Ian

母音の連なりで、やわらかく優しい響き。最後の「ん」がまとまりを与える。都会的なイメージも。

巳(3)安(6) 9
伊(6)安(6) 12
依(8)按(9) 17
威(9)按(9) 18
惟(11)晏(10) 21
偉(12)晏(10) 22

いいち

Iichi

同じ音を重ねて、まとまりのある響き。「いち」のきっぱりとした音が力強さを印象付ける。

惟(11)一(1) 12
唯(11)一(1) 12
偉(12)一(1) 13
緯(16)一(1) 17
依(8)逸(11) 19

いお

Io

「い」と「お」の母音を重ねることにより、新鮮味があり、やわらかく、まとまりのある響きに。

威(9)生(5) 14
唯(11)王(4) 15
偉(12)夫(4) 16
尉(11)生(5) 16
惟(11)男(7) 18
維(14)夫(4) 18

いおり

Iori

「おり」の響きが大人っぽく落ち着いた印象を与え、静かな知性をイメージさせる名前。「庵」と同音。

庵(11) 11
伊(6)織(18) 24
伊(6)於(8)理(11) 25
惟(11)織(18) 29
偉(12)織(18) 30

いくお

Ikuo

穏やかな響きの「いく」に、落ち着きのある「お」を止め字に添え、大人びた響きに。

育(8)夫(4) 12
征(8)央(5) 13
郁(9)生(5) 14
郁(9)男(7) 16
幾(12)央(5) 17
育(8)朗(10) 18

いくま

Ikuma

広がりのある「いく」に、やわらかい響きの止め字「ま」を添えて、大きさをイメージさせる名前。

育(8)万(3) 11
征(8)馬(10) 18
伊(6)久(3)真(10) 19
幾(12)真(10) 22
郁(9)磨(16) 25
伊(6)玖(7)磨(16) 29

いくや

Ikuya

進むイメージの「いく」に、明るい印象の止め字「や」を添えて、明るく勢いのある響きに。

育(8)也(3) 11
伊(6)久(3)也(3) 12
育(8)弥(8) 16
幾(12)矢(5) 17
郁(9)哉(9) 18
伊(6)玖(7)弥(8) 21

いさお

Isao

勢いのある「いさ」に、雄々しい印象の止め字「お」の組み合わせで、活発な男の子らしい印象に。

功(5) 5
功(5)生(5) 10
勇(9)生(5) 14
勲(15) 15
伊(6)佐(7)夫(4) 17
勲(15)夫(4) 19

いさみ

Isami

やわらかい止め字の「み」が勢いのある「いさ」を受けて、スマートな印象の響きに。

勇(9) 9
勇(9)実(8) 17
勇(9)弥(8) 17
勇(9)美(9) 18
伊(6)紗(10)巳(3) 19
伊(6)佐(7)美(9) 22

いさむ

Isamu

強い響きの「いさ」を落ち着きのある音の止め字「む」が引き締めて、知的な印象の名前に。

武(8) 8
勇(9) 9
勇(9)矛(5) 14
勲(15) 15
伊(6)佐(7)武(8) 21
勲(15)武(8) 23

いずる

Izuru

出るを意味する「いず」と同音。「いず」に「る」を添えることにより、流れるような心地よい響きに。

出(5) 5
貫(11) 11
出(5)琉(11) 16
威(9)弦(8) 17
出(5)瑠(14) 19
伊(6)須(12)琉(11) 29

いたる

Itaru

強く響く「いた」を「る」がやわらかくまとめて、勢いと力強さのある、親しみやすい名前。

至(6) 6
周(8) 8
格(10) 10
極(12) 12
至(6)留(10) 16
伊(6)多(6)留(10) 22

いちた

Ichita

元気な男の子らしい勢いのある響きの「いち」に、強い止め字「た」を添えて、明るく元気の良い響きに。

一(1)大(3) 4
一(1)太(4) 5
一(1)多(6) 7
一(1)汰(7) 8
市(5)大(3) 8
市(5)太(4) 9

いちろう

Ichiro

力強い「いち」と朗らかな「ろう」の組み合わせで、いつの時代でも親しめ落ち着きを感じさせる名前。

一(1)良(7) 8
一(1)郎(9) 10
一(1)朗(10) 11
市(5)郎(9) 14
逸(11)郎(9) 20
伊(6)知(8)朗(10) 24

いつき
Itsuki

「いつ」に力強い響きの止め字「き」を添え、知性とともに個性を感じさせる印象的な名前。

- 一[1]希[7] 8
- 一[1]貴[12] 13
- 樹[16] 16
- 逸[11]貴[12] 23
- 逸[11]毅[15] 26
- 樹[16]喜[12] 28

いっき
Ikki

勢いよく跳ねるように響く「いっ」に、はっきりとした音の「き」を合わせ、男の子らしい名前に。

- 一[1]己[3] 4
- 一[1]喜[12] 13
- 一[1]暉[13] 14
- 一[1]輝[15] 16
- 一[1]毅[15] 16
- 一[1]騎[18] 19

いっけい
Ikkei

一つの計画を意味する「一計」と同音。強い「いっ」を「けい」がまとめて勢いのある響きに。

- 一[1]圭[6] 7
- 一[1]恵[10] 11
- 一[1]哲[10] 11
- 一[1]敬[12] 13
- 一[1]慧[15] 16
- 一[1]慶[15] 16

いっこう
Ikko

元気よく響く「いっ」の音を、落ち着きのある音の「こう」が受けて、まとまりのある印象に。

- 一[1]功[5] 6
- 一[1]昊[8] 9
- 一[1]昂[8] 9
- 一[1]晄[10] 11
- 一[1]航[10] 11
- 一[1]煌[13] 14

いっしん
Isshin

共に強く響く「いっ」と「しん」の組み合わせ。シャープな音だが、しっかりとまとまりがある。

- 一[1]心[4] 5
- 一[1]信[9] 10
- 一[1]真[10] 11
- 一[1]秦[10] 11
- 一[1]進[11] 12
- 一[1]新[13] 14

いっせい
Issei

その時代を意味する「一世」と同音。強い「いっ」と乾いた音の「せい」で、さっそうとした印象の響き。

- 一[1]生[5] 6
- 一[1]成[6] 7
- 一[1]星[9] 10
- 一[1]晟[10] 11
- 一[1]清[11] 12
- 一[1]誠[13] 14

いってつ
Ittetsu

共に強く乾いた音の「いっ」と「てつ」を並べることにより、力強さとシャープさを強く印象付ける響き。

- 一[1]鉄[13] 14
- 一[1]徹[15] 16
- 壱[7]哲[10] 17
- 壱[7]鉄[13] 20
- 壱[7]徹[15] 22

いぶき
Ibuki

明るい母音「い」と開放的な「ふき」の組み合わせで、元気の良いスピード感のある響きに。「息吹」と同音。

- 伊[6]吹[7] 13
- 威[9]吹[7] 16
- 息[10]吹[7] 17
- 偉[12]吹[7] 19
- 伊[6]武[8]貴[12] 26

いら
Ira

やわらかい「い」と開放的な「ら」を並べることにより、モダンで新鮮なイメージの響きに。英 時代

- 衣[6]良[7] 13
- 依[8]良[7] 15
- 偉[12]良[7] 19
- 維[14]良[7] 21
- 伊[6]羅[19] 25
- 威[9]羅[19] 28

いわお
Iwao

3音ともやわらかい母音だが、「いわ」は「岩」と同音のため、強固で雄々しいイメージの名前に。

- 岩[8]男[7] 15
- 巌[20] 20
- 岩[8]雄[12] 20
- 磐[15]男[7] 22
- 巌[20]夫[4] 24
- 磐[15]雄[12] 27

うい
Ui

共に明るく響く「う」と「い」を並べることにより、広がりのある毅然とした響きに。

- 初[7] 7
- 有[6]生[5] 11
- 宇[6]威[9] 15
- 佑[7]威[9] 16
- 宇[6]偉[12] 18

うきょう
Ukyo

やわらかい「う」と強く印象に残る「きょう」の組み合わせで、上品で知的なイメージに。

- 宇[6]匡[6] 12
- 右[5]京[8] 13
- 佑[7]京[8] 15
- 有[6]郷[11] 17
- 侑[8]恭[10] 18
- 宇[6]響[20] 26

うさみ
Usami

明るい「う」とはっきりと強く響く「さ」を「み」がやわらかく受けて、落ち着いた印象の名前に。

- 侑[8]沙[7]巳[3] 18
- 宇[6]佐[7]見[7] 20
- 宇[6]佐[7]美[9] 22
- 右[5]紗[10]実[8] 23

うみひこ
Umihiko

やわらかい音の「うみ」を明るい音の止め字「ひこ」が受けて、朗らかなイメージの響きに。

- 海[9]比[4]己[3] 16
- 宇[6]巳[3]彦[9] 18
- 海[9]彦[9] 18
- 海[9]日[4]呼[8] 21
- 宇[6]美[9]彦[9] 24
- 有[6]美[9]彦[9] 24

えい
Ei

アルファベットの「A」と同音。母音を並べることにより、親しみやすく呼びやすい響きの名前に。

永 5	5
英 8	8
栄 9	9
映 9	9
瑛 12	12
英 8 伊 6	14

えいいち
Eiichi

伸びやかな音の「えい」をきっぱりした響きの「いち」が引き締めて、明るく知的なイメージの名前。

英 8 一 1	9
栄 9 一 1	10
永 5 市 5	10
瑛 12 一 1	13
英 8 市 5	13
叡 16 一 1	17

えいきち
Eikichi

やわらかい「えい」とシャープな「きち」の音の組み合わせで、親しみやすくまっすぐなイメージに。

永 5 吉 6	11
英 8 吉 6	14
栄 9 吉 6	15
詠 12 吉 6	18
永 5 貴 12 知 8	25

えいご
Eigo

伸びやかな響きの「えい」に重量感のある音の止め字「ご」を添え、器の大きさを感じさせる名前に。

永 5 吾 7	12
栄 9 五 4	13
瑛 12 伍 6	18
英 8 悟 10	18
叡 16 吾 7	23
詠 12 梧 11	23

えいこう
Eiko

明るい音の「えい」に落ち着いた響きの止め字「こう」を添え、思慮深い響きに。「栄光」と同音。

英 8 功 5	13
栄 9 光 6	15
永 5 高 10	15
詠 12 巧 5	17
瑛 12 晃 10	22
叡 16 浩 10	26

えいさく
Eisaku

明るい「えい」と軽やかな響きの「さく」の組み合わせで、スマートで親しみやすい印象の名前。

永 5 作 7	12
永 5 朔 10	15
栄 9 作 7	16
英 8 策 12	20
瑛 12 佐 7 久 3	22

えいじ
Eiji

やわらかい「えい」を乾いた「じ」が受けて、モダンな外国風の名前をイメージさせる響き。英 世代

永 5 志 7	12
英 8 司 5	13
栄 9 司 5	14
英 8 治 8	16
瑛 12 次 6	18
叡 16 士 3	19

えいしん
Eishin

古風な響きの「しん」がおおらかな「えい」を引き締めて、落ち着きと思慮深さをイメージさせる。

永 5 進 11	16
詠 12 伸 7	19
叡 16 心 4	20
英 8 新 13	21
栄 9 慎 13	22
瑛 12 真 10	22

えいすけ
Eisuke

共に軽やかな響きの「えい」と「すけ」を組み合わせることによって、明るく親しみやすい響きに。

栄 9 介 4	13
永 5 亮 9	14
瑛 12 佐 7	19
叡 16 介 4	20
詠 12 祐 9	21
英 8 輔 14	22

えいた
Eita

きっぱりした止め字の「た」が、おおらかな「えい」を受け、さわやかさを感じさせる。

永 5 汰 7	12
英 8 太 4	12
栄 9 多 6	15
瑛 12 太 3	15
詠 12 大 3	15
叡 16 多 6	22

えいと
Eito

広がりのある音の「えい」を止め字「と」が引き締めて、スピード感と知性を感じさせる響きに。英 8

永 5 斗 4	9
英 8 斗 4	12
瑛 12 人 2	14
栄 9 杜 7	16
叡 16 人 2	18
鋭 15 斗 4	19

えいや
Eiya

おおらかな「えい」を勢いのある止め字「や」が受けて、やわらかい中に決然とした響きのある名前。

永 5 哉 9	14
瑛 12 也 3	15
英 8 弥 8	16
映 9 弥 8	17
栄 9 耶 9	18
叡 16 也 3	19

column

「胎児ネーム」で話しかけてみよう

妊娠中は、お腹の中にいる赤ちゃんに話しかけたくなるもの。より親しみを込めて呼びかける方法に「胎児ネーム」があります。出産して正式に命名するまでの仮のニックネームで「ベビちゃん」「まめちゃん」など、直観的に赤ちゃんを連想させる名前がよく使われます。「まめちゃん、今日は空がきれいだね」などと呼びかけると、話もはずみますね。

えつお
Etsuo

力強い「えつ」と止め字「お」の組み合わせで、親しみやすさと同時に頼もしさを感じさせる響き。

悦10夫4　14
悦10生5　15
越12央5　17
悦10郎9　19
越12男7　19
英8津9夫4　21

えつし
Etsushi

強い「えつ」に乾いた響きの止め字「し」を添えることで、知的でさっそうとしたイメージの名前に。

悦10士3　13
悦10史5　15
越12之3　15
悦10志7　17
越12司5　17
衛16津9士3　28

えつじ
Etsuji

控えめな「じ」が一歩前に出るイメージの「えつ」をまとめて、落ち着いた大人っぽい印象の響きに。

越12二2　14
悦10次6　16
越12示5　17
悦10児7　17
悦10治8　18
英8都11治8　27

えつや
Etsuya

やわらかい「や」が鋭く響く「えつ」を止めることにより、おおらかに広がりを感じさせる響きに。

越12也3　15
悦10弥8　18
悦10哉9　19
悦10耶9　19
越12冶7　19
恵10津9也3　22

えりや
Eriya

繊細な「えり」とやわらかい「や」の響きの組み合わせで、知性的で洗練されたイメージのある名前。

衿9也3　12
衿9哉9　18
永5李7弥8　20
映9里7矢5　21
英8理11也3　22
衛16里7也3　26

おういち
Oichi

分厚い響きの「おう」と親しみやすい音の「いち」を組み合わせて、力強くおおらかな響きに。

王4一1　5
匡6一1　7
旺8一1　9
桜10一1　11
凰11一1　12
應17一1　18

おうき
Oki

広がりのある「おう」をきっぱりした響きの「き」が受けて、おおらかな中に毅然とした印象の名前。

旺8希7　15
央5貴12　17
桜10紀9　19
皇9揮12　21
欧8毅15　23
凰11輝15　26

おうすけ
Osuke

朗らかな「おう」と控えめな「すけ」の響きを組み合わせて、温かみと親しみのある雰囲気に。

王4祐9　13
欧8丞6　14
桜10介4　14
旺8亮9　17
央5輔14　19
應17甫7　24

おうた
Ota

伸びやかな「おう」を元気な止め字「た」の音が受けて、明るく活発な少年をイメージさせる。

応7太4　11
旺8大3　11
央5汰7　12
皇9大3　12
桜10太4　14
應17汰7　24

おくと
Okuto

個性的な響きの「おく」に跳ねるような音の止め字「と」を添え、知性的な印象に。英 10月の略

奥12斗4　16
央5久3徒10　18
越12久3斗4　19
臆17人2　19
緒14久3登12　29

おさち
Osachi

和風で知的な響きだが、「おさ」と「さち」のどちらに注目するかで、印象の違う名前になる。

於8幸8　16
修10知8　18
緒14幸8　22
理11智12　23

おさのり
Osanori

力強さのある「おさ」とやわらかい「のり」の組み合わせで、落ち着いたまとまりのある雰囲気に。

治8則9　17
修10典8　18
理11典8　19
長8範15　23
修10憲16　26

おさみ
Osami

大人っぽい印象の「おさ」を温かみのある止め字「み」が受けて、おおらかで親しみやすい響きに。

修10巳3　13
長8実8　16
治8美9　17
理11見7　18
理11弥8　19

おさむ
Osamu

力強い「おさ」をしっかりとした印象の「む」が受けることにより、誠実で真面目なイメージの名前に。

治8　8
紀9　9
修10　10
敦12　12
統12　12
理11務11　22

おしみち
Oshimichi

意志の強さを感じさせる「おし」と、「道」と同音の「みち」の組み合わせで、一途にがんばる印象の響き。

- 忍7 倫10 17
- 央5 志7 軌9 21
- 忍7 実8 治8 23
- 緒14 志7 道12 33

おしゆき
Oshiyuki

力強い音の「おし」にスマートな「ゆき」を組み合わせることにより、しゃれた印象に。

- 忍7 之3 10
- 忍7 幸8 15
- 推11 征8 19
- 雄12 史5 之3 20
- 緒14 志7 之3 24

おとひこ
Otohiko

共に古風な響きの「おと」と「ひこ」の組み合わせだが、新鮮な印象を漂わせ、印象深い響き。

- 乙1 彦9 10
- 乙1 飛9 虎8 18
- 音9 彦9 18
- 央5 斗4 彦9 18
- 響20 彦9 29

おとふみ
Otofumi

古風な響きの「おと」と落ち着いた音の「ふみ」の組み合わせで、知性的で上品なイメージをもたせる。

- 乙1 史5 6
- 乙1 章11 12
- 音9 史5 14
- 央5 登12 史5 22
- 緒14 斗4 史5 23
- 響20 典8 28

おとや
Otoya

繊細な印象の「おと」に、やわらかさに満ちた「や」の音を添え、軽やかで洗練されたイメージに。

- 乙1 哉9 10
- 乙1 耶9 10
- 音9 弥8 17
- 響20 也3 23
- 緒14 斗4 弥8 26
- 雄12 登12 也3 27

かい
Kai

「か」と「い」が明るく、たくましく響く。発音しやすく、呼びやすいため、親しみを感じる。

- 快7 7
- 界9 9
- 桧10 10
- 開12 12
- 魁14 14
- 可5 偉12 17

がい
Gai

「が」の音が重厚に響き、「い」の明るい音を際立たせ、大人びた印象に。古風で印象に残る響き。

- 亥6 6
- 凱12 12
- 該13 13
- 峨10 伊6 16
- 我7 維14 21

かいき
Kaiki

元気で活発な印象の「かい」に落ち着いた響きの「き」を添えて、さわやかな印象を醸し出す名前。

- 快7 希7 14
- 介4 貴12 16
- 開12 紀9 21
- 快7 輝15 22
- 魁14 喜12 26

かいじ
Kaiji

元気な印象の「かい」に親しみやすい響きの「じ」を添えることで、和の雰囲気を漂わせる響きに。

- 快7 児7 14
- 開12 司5 17
- 可5 伊6 至6 17
- 魁14 次6 20
- 櫂18 治8 26

かいせい
Kaisei

明るい「かい」に、健やかな響きの「せい」を添える。元気でパワフルな印象の「快晴」と同音。

- 開12 世5 17
- 開12 成6 18
- 快7 誠13 20
- 快7 聖13 20
- 魁14 成6 20
- 可5 偉12 成6 23

かいた
Kaita

活発な印象を与える響きの「かい」と「た」が組み合わさり、力強い少年を印象付ける名前。

- 快7 太4 11
- 海9 大3 12
- 海9 太4 13
- 開12 太4 16
- 開12 多6 18
- 櫂18 汰7 25

かいと
Kaito

元気な印象の「かい」に、落ち着いた音の「と」を止め字に使用し、穏やかで健康的な印象に。英 凧

- 介4 斗4 8
- 界9 斗4 13
- 開12 人2 14
- 魁14 斗4 18
- 可5 偉12 人2 19
- 開12 徒10 22

かいへい
Kaihei

頼りがいのある男性をイメージさせる「海兵」と同音。「かい」と「へい」を合わせ、新鮮な響きに。

- 快7 平5 12
- 海9 平5 14
- 快7 兵7 14
- 界9 平5 14
- 開12 平5 17

かいや
Kaiya

陽気なイメージを漂わせる「かい」の音に、やわらかい音の止め字「や」を添えて、温かい印象に。

- 快7 也3 10
- 快7 矢5 12
- 可5 伊6 也3 14
- 開12 矢5 17
- 魁14 也3 17
- 開12 弥8 20

かいり
Kairi

男女に使用できる中性的な響きで、知的な印象を与える。海で用いる距離の単位「海里」と同音。

- 快7李7 14
- 快7利7 14
- 界9利7 16
- 魁14里7 21
- 可5以5理11 21

かいる
Kairu

欧米の男性名としても使用されているため、国際的な場で活躍できる可能性を秘めた名前に。

- 快7留10 17
- 海9琉11 20
- 開12琉11 23
- 開12瑠14 26

かおる
Kaoru

和をイメージさせる「香る」と同音。馴染み深い響きで、最後の「る」の音が優しさを感じさせる。

- 芳7 7
- 郁9 9
- 薫16 16
- 馨20 20
- 可5央5留10 20

かく
Kaku

明瞭に響く「か」と「く」の音の組み合わせから、知性や品格を漂わせるシンプルな名前に。

- 各6 6
- 可5久3 8
- 格10 10
- 覚12 12
- 加5来7 12
- 佳8来7 15

がく
Gaku

躍動感のある「が」の音に、落ち着いた印象の「く」を添えて、日本的で朗らかな印象に。

- 学8 8
- 岳8 8
- 我7久3 10
- 楽13 13
- 賀12久3 15
- 雅13久3 16

がくと
Gakuto

明るい「がく」に、穏やかな「と」を止め字に使用し、個性的な印象に。GACKT（歌手）など。

- 学8人2 10
- 学8斗4 12
- 岳8斗4 12
- 楽13斗4 17
- 学8登12 20
- 楽13徒10 23

かげき
Kageki

落ち着いた響きの「かげ」に、明るい響きの止め字「き」を添え、聡明なイメージを醸し出す名前に。

- 景12希7 19
- 景12紀9 21
- 景12基11 23
- 景12貴12 24
- 景12輝15 27
- 景12樹16 28

かける
Kakeru

生き生きとした男の子を感じさせる「駆ける」と同音。3つの音がリズミカルに心地よい響きの名前。

- 翔12 12
- 駆14 14
- 駈15 15
- 翔12琉11 23
- 可5蹴19 24

かずあき
Kazuaki

古風で男らしい印象の「かず」と、やわらかい響きの「あき」を連ね、落ち着きのある穏やかな印象に。

- 一1明8 9
- 一1秋9 10
- 一1章11 12
- 和8明8 16
- 和8晶12 20
- 数13明8 21

かずお
Kazuo

和風な響きの「かず」に、古典的でポピュラーな「お」を止め字に使用し、安定感のある印象を強調。

- 一1夫4 5
- 一1生5 6
- 和8生5 13
- 和8男7 15
- 佳8寿7生5 20
- 稼15頭16央5 36

かずき
Kazuki

馴染み深い響きの「かず」に現代的な響きの止め字「き」を添え、温かい親しみやすい雰囲気に。

- 一1希7 8
- 一1輝15 16
- 一1樹16 17
- 千3輝15 18
- 和8喜12 20
- 和8樹16 24

かずくに
Kazukuni

古風な響きの「かず」と「くに」を組み合わせ、重みのある男らしさに満ちた名前に。

- 一1州6 7
- 一1邦7 8
- 一1国8 9
- 和8州6 14
- 和8邦7 15
- 和8国8 16

かずし
Kazushi

落ち着いた印象の「かず」に、力強さを感じる「し」を添え、安定感のある気品に溢れた響きに。

- 一1史5 6
- 一1司5 6
- 一1志7 8
- 和8士3 11
- 和8志7 15
- 数13史5 18

かずしげ
Kazushige

古典的で親しみやすい「かず」と「しげ」を組み合わせ、温厚な印象に。長嶋一茂（タレント）など。

- 一1成6 7
- 一1茂8 9
- 一1重9 10
- 和8茂8 16
- 和8重9 17
- 数13茂8 21

かずたか
Kazutaka

伝統的な響きの「かず」に、気品を感じさせる「たか」を合わせて、クールで大人っぽい印象を受ける。

- 一1孝7 8
- 一1隆11 12
- 一1貴12 13
- 和8孝7 15
- 和8隆11 19
- 和8貴12 20

かずただ
Kazutada

落ち着いた響きの「かず」と重厚に響く「ただ」を組み合わせ、紳士的な印象を漂わせる名前に。

名前	画数	総画
一忠	1・8	9
和忠	8・8	16
和直	8・8	16
数忠	13・8	21
数直	13・8	21
数唯	13・11	24

かずとも
Kazutomo

安定感のある「かず」に、温和でやわらかい印象をもつ「とも」を組み合わせて、清々しい響きに。

名前	画数	総画
一友	1・4	5
和友	8・4	12
一智	1・12	13
主朋	5・8	13
和智	8・12	20

かずひさ
Kazuhisa

歯切れの良い音「かず」と優しい響きの「ひさ」を組み合わせることで、活発な印象を与える。

名前	画数	総画
一久	1・3	4
一尚	1・8	9
和久	8・3	11
一悠	1・11	12
和寿	8・7	15
紀尚	9・8	17

かずてる
Kazuteru

「かず」のもつ安定感のある響きと、明るい印象の「てる」を組み合わせ、はつらつとした印象に。

名前	画数	総画
一照	1・13	14
一輝	1・15	16
和照	8・13	21
和輝	8・15	23
数照	13・13	26
数輝	13・15	28

かずなり
Kazunari

共に強い響きの組み合わせから、安定感と強さを感じる名前。二宮和也(歌手)など。

名前	画数	総画
一也	1・3	4
千也	3・3	6
一成	1・6	7
万成	3・6	9
和也	8・3	11

かずひで
Kazuhide

「かず」のもつ落ち着いた響きと、知的な「ひで」の組み合わせが、知性と才能を印象付ける。

名前	画数	総画
一秀	1・7	8
一英	1・8	9
和任	8・6	14
寿英	7・8	15
和秀	8・7	15
和栄	8・9	17

かずと
Kazuto

落ち着きを秘めた「かず」とスマートな音の止め字「と」の組み合わせが、バランスの良い響きに。

名前	画数	総画
万斗	3・4	7
和十	8・2	10
一登	1・12	13
和音	8・9	17
和登	8・12	20
数杜	13・7	20

かずのぶ
Kazunobu

落ち着きと温厚な印象を与える「かず」と「のぶ」の組み合わせが、親しみやすく印象深い響きに。

名前	画数	総画
一伸	1・7	8
一信	1・9	10
一悦	1・10	11
万宣	3・9	12
和信	8・9	17
和展	8・10	18

かずひと
Kazuhito

共に落ち着いた響きの「かず」と「ひと」を組み合わせ、紳士的でスマートな印象を漂わせる名前に。

名前	画数	総画
一仁	1・4	5
和一	8・1	9
和仁	8・4	12
寿比斗	7・4・4	15
数仁	13・4	17

かずとき
Kazutoki

深みのある響きの「かず」と品よく響く「とき」を組み合わせることで、シャープな印象を受ける。

名前	画数	総画
一辰	1・7	8
一凱	1・12	13
和刻	8・8	16
和時	8・10	18
数時	13・10	23

かずのり
Kazunori

古風な響きの「かず」と生き生きとした音の「のり」の組み合わせが、安定感と力強さを感じさせる。

名前	画数	総画
一典	1・8	9
一祝	1・9	10
一徳	1・14	15
寿紀	7・9	16
一憲	1・16	17
和則	8・9	17

かずひろ
Kazuhiro

穏やかな「かず」に明るい「ひろ」を添えて、親しみのある印象に。清原和博(元プロ野球選手)など。

名前	画数	総画
一広	1・5	6
一博	1・12	13
和弘	8・5	13
寿宏	7・7	14
和浩	8・10	18
和展	8・10	18

かずとし
Kazutoshi

平穏な音の「かず」と真面目さを醸し出す「とし」の組み合わせが、知性と凛々しさを感じさせる。

名前	画数	総画
一利	1・7	8
一俊	1・9	10
和利	8・7	15
和俊	8・9	17
一駿	1・17	18
知駿	8・17	25

かずひこ
Kazuhiko

古風なイメージの「かず」に、ソフトな印象の「ひこ」を組み合わせ、静かで温和な印象の響きに。

名前	画数	総画
一彦	1・9	10
主彦	5・9	14
和彦	8・9	17
和比古	8・4・5	17
数彦	13・9	22
数比古	13・4・5	22

かずふみ
Kazufumi

平穏な響きの「かず」にしっとりとした風情のある響きの「ふみ」を組み合わせ、気品のある名前に。

名前	画数	総画
一文	1・4	5
一二三	1・2・3	6
一郁	1・9	10
和文	8・4	12
和史	8・5	13

かずほ
Kazuho

古風な印象の「かず」に、親しみのある「ほ」を止め字に添えることで、新鮮で個性的な印象に。

- 万(3)帆(6) 9
- 万(3)宝(8) 11
- 和(8)保(9) 17
- 寿(7)穂(15) 22
- 和(8)輔(14) 22
- 和(8)穂(15) 23

かずま
Kazuma

「かず」の安定した響きに、シャープで力強い印象の「ま」を添え、知性と行動力を印象付ける。

- 一(1)真(10) 11
- 一(1)眞(10) 11
- 一(1)馬(10) 11
- 一(1)麻(11) 12
- 和(8)馬(10) 18
- 和(8)磨(16) 24

かずまさ
Kazumasa

穏やかな「かず」と「まさ」の組み合わせが、優しさを感じさせる響きに。小田和正（歌手）など。

- 一(1)正(5) 6
- 和(8)正(5) 13
- 一(1)雅(13) 14
- 和(8)昌(8) 16
- 和(8)政(9) 17
- 和(8)将(10) 18

かずみ
Kazumi

親しみやすい、やわらかい音の「かず」に「み」を添えることにより、中性的な優しさを引き立てる。

- 一(1)実(8) 9
- 一(1)泉(9) 10
- 和(8)己(3) 11
- 和(8)巳(3) 11
- 一(1)望(11) 12
- 一(1)深(11) 12

かずみち
Kazumichi

安定を感じさせる「かず」に、スケール感溢れる「みち」を連ねて、大きく、パワフルな印象に。

- 一(1)満(12) 13
- 一(1)道(12) 13
- 寿(7)充(6) 13
- 和(8)倫(10) 18
- 和(8)道(12) 20
- 数(13)道(12) 25

かずや
Kazuya

古風な印象の「かず」に、明るく元気な印象の「や」を止め字に添えて、生き生きとした響きに。

- 一(1)八(2) 3
- 一(1)也(3) 4
- 一(1)矢(5) 6
- 和(8)也(3) 11
- 和(8)弥(8) 16
- 和(8)哉(9) 17

かずやす
Kazuyasu

やすらぎと安定感をもつ「かず」と「やす」の組み合わせが、優しさ溢れる響きをつくり出す。

- 一(1)保(9) 10
- 一(1)泰(10) 11
- 一(1)康(11) 12
- 和(8)保(9) 17
- 和(8)泰(10) 18
- 和(8)康(11) 19

かずゆき
Kazuyuki

古風で大人びた印象の「かず」と「ゆき」を並べ、呼びやすく心地よい、やわらかな響きの名前に。

- 一(1)之(3) 4
- 一(1)幸(8) 9
- 和(8)之(3) 11
- 和(8)征(8) 16
- 和(8)幸(8) 16
- 和(8)雪(11) 19

かずよし
Kazuyoshi

穏やかな印象の「かず」と「よし」のコンビが、温和で親しみのある印象に。斉藤和義（歌手）など。

- 一(1)孔(4) 5
- 一(1)好(6) 7
- 一(1)良(7) 8
- 一(1)善(12) 13
- 和(8)能(10) 18
- 和(8)義(13) 21

かつき
Katsuki

弾けるような響きの「かつ」に強い印象の止め字「き」を添え、活発で元気に満ちた名前に。

- 克(7)己(3) 10
- 克(7)生(5) 12
- 克(7)樹(16) 23
- 活(9)輝(15) 24
- 勝(12)輝(15) 27

かづき
Kazuki

強い響きの「か」に静かな印象の「づき」の音を組み合わせると、ミステリアスで耳に残る響きに。

- 可(5)月(4) 9
- 佳(8)月(4) 12
- 果(8)月(4) 12
- 香(9)月(4) 13
- 嘉(14)月(4) 18
- 賀(12)津(9)樹(16) 37

かつし
Katsushi

勇ましい響きの「かつ」に馴染むすっきりとした音の止め字「し」を添え、新鮮な印象に。

- 克(7)史(5) 12
- 克(7)志(7) 14
- 勝(12)士(3) 15
- 勝(12)史(5) 17
- 勝(12)司(5) 17
- 勝(12)志(7) 19

かつじ
Katsuji

力強い響きの「かつ」に、古典的な音の止め字「じ」を添えることで、実直な印象を受ける。

- 克(7)二(2) 9
- 克(7)司(5) 12
- 勝(12)士(3) 15
- 勝(12)児(7) 19
- 克(7)嗣(13) 20
- 勝(12)治(8) 20

column

名づけ体験談①　名字も名前も自然にちなんで

名字が森川なので、名前も「草」「空」などの自然にちなんだものがいいと思いました。「森」「川」とくれば「山」とも思いましたが、さすがにあんまりなので、それに近いイメージの「岳（がく）」に。画数を重視しながら、響きや呼びやすさも考慮して決めた名前です。雄々しく、強くたくましい子になってほしいという思いが込もっています。

かつたか
Katsutaka

歯切れの良い「かつ」と「たか」を組み合わせることで、豪快な男らしい印象を与える。

克考	7・6	13
克昂	7・8	15
勝孝	12・7	19
克貴	7・12	19
勝尚	12・8	20
勝貴	12・12	24

かつと
Katsuto

強い響きの「かつ」と、安定感をもつ「と」のコンビが、活動的でパワフルさをイメージさせる。

克斗	7・4	11
勝斗	12・4	16
加都人	5・11・2	18
活登	9・12	21
佳津斗	8・9・4	21
可都登	5・11・12	28

かつとし
Katsutoshi

力を感じさせる「かつ」に、知性を感じさせる「とし」を添えて、深みのある力強い名前に。

克利	7・7	14
活年	9・6	15
克敏	7・10	17
活俊	9・9	18
勝寿	12・7	19
勝智	12・12	24

かつなお
Katsunao

強い印象の「かつ」を知的な響きの「なお」と組み合わせることで、引き締まった印象になる。

克直	7・8	15
克尚	7・8	15
活尚	9・8	17
勝直	12・8	20
勝尚	12・8	20

かつのぶ
Katsunobu

重量感のある響きの「かつ」と「のぶ」の組み合わせが、知性と包容力を感じさせる。

克伸	7・7	14
克宣	7・9	16
克展	7・10	17
活信	9・9	18
勝宣	12・9	21
勝信	12・9	21

かつのり
Katsunori

力強い「かつ」と、知的な「のり」のコンビが、模範的で落ち着いた印象に。高橋克典（俳優）など。

且紀	5・9	14
克典	7・8	15
勝法	12・8	20
且範	5・15	20
克徳	7・14	21
勝範	12・15	27

かつひこ
Katsuhiko

切れの良い響きの「かつ」にソフトな響きの「ひこ」を合わせることで、知性溢れる響きに。

克彦	7・9	16
克比古	7・4・5	16
活彦	9・9	18
活比古	9・4・5	18
勝彦	12・9	21

かつひろ
Katsuhiro

活発で広い心の持ち主を感じさせる響き。古風な響きの名前ではあるものの、実直な印象を受ける。

克広	7・5	12
克弘	7・5	12
克宏	7・7	14
活広	9・5	14
活拓	9・8	17
勝浩	12・10	22

かつみ
Katsumi

力強い「かつ」に、中性的な「み」の音を添えることで、ソフトな印象に。強さと優しさを備えた響き。

克巳	7・3	10
且実	5・8	13
克実	7・8	15
勝巳	12・3	15
勝実	12・8	20
勝弥	12・8	20

かつや
Katsuya

パワフルな「かつ」に、古典的な「や」を添えて、快活な印象に。野村克也（元プロ野球選手）など。

甲也	5・3	8
且也	5・3	8
克也	7・3	10
克矢	7・5	12
勝也	12・3	15
佳津也	8・9・3	20

かつろう
Katsuro

強さを感じる「かつ」に、落ち着きのある「ろう」を添えることで、古風だが聡明な響きの名前に。

且朗	5・10	15
克郎	7・9	16
克朗	7・10	17
活朗	9・10	19
勝郎	12・9	21
佳津郎	8・9・9	26

かなた
Kanata

芸術を連想させる「かな」に、元気な印象の「た」の組み合わせが、心地よい響きをつくり出す。

叶多	5・6	11
奏太	9・4	13
哉太	9・4	13
奏汰	9・7	16
可那太	5・7・4	16
佳奈太	8・8・4	20

かなと
Kanato

穏やかな印象の「かな」に、対照的な鋭く響く止め字「と」を添えることにより、印象深い名前に。

乎人	5・2	7
奏人	9・2	11
哉人	9・2	11
奏斗	9・4	13
哉斗	9・4	13
奏音	9・9	18

かなめ
Kaname

頼れる力強い存在をイメージする「要」と同音。止め字の「め」がはっきりとした音で印象深く響く。

要	9	9
叶芽	5・8	13
奏芽	9・8	17
奏馬	9・10	19
可奈芽	5・8・8	21

かねと
Kaneto

知性を感じる響きの「かね」に、品のある響きの止め字「と」を添えることで、知識人を思わせる。

兼人	10・2	12
兼斗	10・4	14
佳音人	8・9・2	19
兼渡	10・12	22
嘉祢人	14・9・2	25

かもん
Kamon

英語のcome onに響きが似ているため、多くを受け入れる男らしさを感じる。

名前	画数	総画
佳文	8・4	12
加門	5・8	13
佳門	8・8	16
迦門	9・8	17
歌文	14・4	18
歌門	14・8	22

がもん
Gamon

独特の響きをもつ「が」と「もん」の組み合わせが、個性的な印象を受ける。河相我聞（俳優）など。

名前	画数	総画
我文	7・4	11
画文	8・4	12
我門	7・8	15
画門	8・8	16
雅文	13・4	17
雅門	13・8	21

かんじ
Kanji

古典的な雰囲気の「かん」と「じ」のコンビが、落ち着きのある深い印象を与える。

名前	画数	総画
完二	7・2	9
寛司	13・5	18
栞治	10・8	18
環治	17・8	25
幹嗣	13・13	26
鑑司	23・5	28

かんた
Kanta

独特のリズムのある「かん」に「た」をつなげることで、親しみやすく明るい印象を与える。

名前	画数	総画
栞太	10・4	14
貫太	11・4	15
勘太	11・4	15
幹太	13・4	17
寛太	14・4	18
環太	17・4	21

かんたろう
Kantaro

健やかな印象の「かんた」に、古風な「ろう」を添えることで、日本男児を思わせる大人びた印象に。

名前	画数	総画
完太朗	7・4・10	21
栞太郎	10・4・9	23
貫太郎	11・4・9	24
勘太郎	11・4・9	24
寛太朗	13・4・10	27
幹太朗	13・4・10	27

き

きいち
Kiichi

静かな響きの「き」に、落ち着いた「いち」を添えると、気品溢れる響きに。中井貴一（俳優）など。

名前	画数	総画
貴一	12・1	13
喜一	12・1	13
稀一	12・1	13
輝一	15・1	16
貴市	12・5	17
稀壱	12・7	19

ぎいち
Giichi

気品漂う古風な響きの「ぎ」と「いち」の組み合わせが、実直で落ち着いた雰囲気を印象付ける。

名前	画数	総画
宜一	8・1	9
祇一	9・1	10
祇市	9・5	14
義一	13・1	14
義市	13・5	18
誼市	15・5	20

きいちろう
Kiichiro

落ち着いた響きの「き」、「いち」、「ろう」を組み合わせることで、古風でありながら、新鮮な響きに。

名前	画数	総画
希一郎	7・1・9	17
紀一郎	9・1・9	19
貴一郎	12・1・9	22
喜一郎	12・1・9	22
樹一郎	16・1・9	26
喜市朗	12・5・10	27

きしょう
Kisyo

知性を感じる「き」と「しょう」の組み合わせが、格調高い響きに。黒川紀章（建築家）など。

名前	画数	総画
希生	7・5	12
基生	11・5	16
希奨	7・13	20
貴昌	12・8	20
輝菖	15・11	26
輝章	15・11	26

きしん
Kishin

静かな響きの「き」と、神々しさを感じる「しん」をつなげ、鋭い響きの名前に。篠山紀信（写真家）など。

名前	画数	総画
気芯	6・7	13
希進	7・11	18
紀信	9・9	18
希新	7・13	20
貴信	12・9	21
輝信	15・9	24

きすけ
Kisuke

古風な印象の「き」と馴染み深い響きの「すけ」の組み合わせが、知性と新鮮な印象を与える。

名前	画数	総画
喜介	12・4	16
貴助	12・7	19
毅介	15・4	19
輝祐	15・9	24
基輔	11・14	25
稀輔	12・14	26

きどう
Kido

清々しい響きの「き」と硬派な響きの「どう」の組み合わせが、誠実な印象を受ける。「軌道」と同音。

名前	画数	総画
稀童	12・12	24
貴道	12・12	24
喜童	12・12	24
輝道	15・12	27
毅道	15・12	27
騎童	18・12	30

きみあき
Kimiaki

落ち着いた響きの「きみ」に、明るく元気に響く「あき」をつけることで明朗活発な印象に。

名前	画数	総画
公明	4・8	12
君明	7・8	15
公章	4・11	15
君昭	7・9	16
紀実明	9・8・8	25
樹実明	16・8・8	32

きみお
Kimio

オーソドックスな響きの「きみ」と「お」の組み合わせは、硬派で頼りがいのある男らしさを感じる。

名前	画数	総画
公夫	4・4	8
公生	4・5	9
君勇	7・9	16
紀美央	9・9・5	23
喜美夫	12・9・4	25

きみたか
Kimitaka

上品な印象の「きみ」と「たか」の組み合わせが、品格のある大人の男性を思わせる。

- 公昂 4 8 12
- 公高 4 10 14
- 公峻 4 10 14
- 公崇 4 11 15
- 君尭 7 8 15
- 公貴 4 12 16

きみてる
Kimiteru

落ち着きのある「きみ」に、明るい印象の「てる」を添えて、健康的なイメージをアピール。

- 公晃 4 10 14
- 侯映 9 9 18
- 公輝 4 15 19
- 君瑛 7 12 19
- 君照 7 13 20
- 君輝 7 15 22

きみのり
Kiminori

落ち着いた響きの「きみ」と「のり」を重ねることで、模範的で知性溢れる男性を印象付ける。

- 公典 4 8 12
- 君法 7 8 15
- 君紀 7 9 16
- 公範 4 15 19
- 君徳 7 14 21
- 君憲 7 16 23

きみひろ
Kimihiro

古風な響きの「きみ」に、心の大きさを思わせる「ひろ」の組み合わせが、壮大な印象を与える。

- 公広 4 5 9
- 公弘 4 5 9
- 公博 4 12 16
- 君寛 7 13 20
- 希実広 7 8 5 20

きみや
Kimiya

大人びた響きの「きみ」に、元気な印象の止め字「や」を添えることで、現代的でクールな印象に。

- 公矢 4 5 9
- 君也 7 3 10
- 公椰 4 13 17
- 侯哉 9 9 18
- 紀実也 9 8 3 20
- 希実矢 7 8 5 20

きみゆき
Kimiyuki

静かな印象の「きみ」と「ゆき」の組み合わせが、知的で大人びた印象を与える。

- 公行 4 6 10
- 侯之 9 3 12
- 公征 4 8 12
- 君幸 7 8 15
- 君倖 7 10 17
- 希実幸 7 8 8 23

きゅうじ
Kyuji

動きのある響きの「きゅう」に、止め字の「じ」がリズムを生む。藤川球児（プロ野球選手）など。

- 久治 3 8 11
- 究至 7 6 13
- 玖児 7 7 14
- 究志 7 7 14
- 球児 11 7 18

きゅうま
Kyuma

強さを感じる「きゅう」に、明るく活発な印象の「ま」の組み合わせが、俊敏で快活な響きを印象付ける。

- 久眞 3 10 13
- 弓真 3 10 13
- 玖真 7 10 17
- 究真 7 10 17
- 球磨 11 16 27

きょういち
Kyoichi

共に知性を感じさせる「きょう」に「いち」を重ねることで、洗練された大人の男性をイメージする。

- 叶一 5 1 6
- 杏一 7 1 8
- 京一 8 1 9
- 香一 9 1 10
- 恭一 10 1 11
- 響一 20 1 21

きょうご
Kyogo

清々しさをイメージする「きょう」に「ご」を添えて、呼びやすい響きに。河口恭吾（歌手）など。

- 匡吾 6 7 13
- 杏胡 7 9 16
- 喬吾 12 7 19
- 恭梧 10 11 21
- 響伍 20 6 26
- 響吾 20 7 27

きょうしろう
Kyoshiro

古風で凛々しい日本男児をイメージする響きを重ねることで、知性と気品を印象付ける。

- 匡志郎 6 7 9 22
- 京史郎 8 5 9 22
- 杏志郎 7 7 9 23
- 喬士郎 12 3 9 24
- 京志朗 8 7 10 25
- 恭志朗 10 7 10 27

きょうすけ
Kyosuke

静かな印象の「きょう」に、懐かしい響きの「すけ」を組み合わせることで、品格を感じさせる。

- 叶介 5 4 9
- 共佑 6 7 13
- 杏丞 7 6 13
- 教介 11 4 15
- 京佑 8 7 15
- 享祐 8 9 17

きょうた
Kyota

大人びた響きの「きょう」に、元気な印象の「た」を添えることで、活発な少年をイメージする。

- 叶多 5 6 11
- 京太 8 4 12
- 強太 11 4 15
- 恭汰 10 7 17
- 郷汰 11 7 18
- 響太 20 4 24

きょうたろう
Kyotaro

落ち着いた音の「きょう」に、健康的なイメージの「たろう」を添えることで、力強い印象に。

- 京太郎 8 4 9 21
- 杏太朗 7 4 10 21
- 香太郎 9 4 9 22
- 教太郎 11 4 9 24
- 喬太朗 12 4 10 26
- 響太朗 20 4 10 34

きょうと
Kyoto

情緒のあるイメージの「京都」と同音。「きょう」にシャープな「と」の止め字を添え、心地よく響く名前。

- 京人 8 2 10
- 香人 9 2 11
- 恭人 10 2 12
- 京斗 8 4 12
- 響人 20 2 22
- 響斗 20 4 24

きょうのすけ
Kyonosuke

共に落ち着きのある音の組み合わせが、古典的で懐かしい響きをつくり出す。

- 京8之3介4 15
- 京8之3甫7 18
- 恭10乃2助7 19
- 喬12之3介4 19
- 響20乃2介4 26
- 郷11之3輔14 28

きょうへい
Kyohei

気品のある響きの「きょう」に、力強く響く「へい」を組み合わせることで、馴染みやすく清々しい印象に。

- 匡6平5 11
- 協8平5 13
- 恭10平5 15
- 恭10兵7 17
- 喬12平5 17
- 響20平5 25

きょうや
Kyoya

心地よく響く「きょう」に明るい響きの止め字「や」を添えることで、すっきりとした響きに。

- 京8也3 11
- 京8矢5 13
- 杏7哉9 16
- 恭10弥8 18
- 響20也3 23
- 響20弥8 28

きよし
Kiyoshi

オーソドックスな響きが、耳に馴染みやすく、温かく誠実な印象を受ける。氷川きよし（歌手）など。

- 圭6 6
- 清11 11
- 聖13 13
- 潔15 15
- 清11志7 18

きよたか
Kiyotaka

優しい響きの「きよ」に、気品ある「たか」を組み合わせることで、高潔で芯の強い男性を印象付ける。

- 清11孝7 18
- 清11崇11 22
- 潔15孝7 22
- 清11貴12 23
- 聖13貴12 25

きよと
Kiyoto

清らかな響きの音を組み合わせることで、クリーンなイメージをアピールする。

- 清11人2 13
- 雪11斗4 15
- 聖13人2 15
- 貴12与3人2 17
- 清11登12 23

きよはる
Kiyoharu

しとやかな音の「きよ」に、温もりのある響きの「はる」を組み合わせ、穏やかな人柄を感じさせる名前に。

- 浄9陽12 21
- 清11悠11 22
- 清11遥12 23
- 清11晴12 23
- 聖13陽12 25
- 貴12世5春9 26

きよま
Kiyoma

気品を感じる響きの「きよ」に、温厚で、落ち着いた響きの止め字「ま」を添え、頼りがいのある印象に。

- 清11馬10 21
- 清11真10 21
- 聖13馬10 23
- 紀9代5真10 24
- 澄15真10 25
- 清11磨16 27

ぎんが
Ginga

広大で、光り輝くイメージの「銀河」と同音。共に重厚な音の「ぎん」と「が」が、壮大に響く。

- 吟7河8 15
- 吟7芽8 15
- 銀14牙4 18
- 銀14河8 22
- 銀14雅13 27

きんや
Kinya

高らかに響く「きん」に、明るい音の止め字「や」を添え、耳に残る、古風な響きの名前に。

- 金8平5 13
- 勤12也3 15
- 欣8弥8 16
- 錦16也3 19
- 琴12弥8 20
- 琴12哉9 21

くうが
Kuga

やわらかく響く「くう」と強く響く「が」の組み合わせによって、耳に残り覚えやすい名前。

- 公4有6牙4 14
- 久3宇6我7 16
- 玖7右5我7 19
- 来7宇6我7 20
- 久3侑8雅13 24

くにお
Kunio

古風な男らしさを感じる「くに」と定番の止め字「お」の組み合わせが、凛とした力強さを印象付ける。

- 邦7夫4 11
- 州6生5 11
- 国8央5 13
- 邦7男7 14
- 洲9央5 14
- 訓10夫4 14

くにかず
Kunikazu

落ち着いた響きの組み合わせが、重みとしっとりとした印象を感じさせる。勝俣州和（タレント）など。

- 州6一1 7
- 邦7一1 8
- 国8一1 9
- 州6和8 14
- 邦7和8 15
- 国8和8 16

くにたか
Kunitaka

硬派な印象の「くに」に、高貴な「たか」を添えて、気品あるクールな印象に。

- 邦7昂8 15
- 国8孝7 15
- 邦7貴12 19
- 国8喬12 20
- 国8敬12 20

くにひこ
Kunihiko

強い響きの「くに」と、穏やかな「ひこ」をつなげて、大人びたソフトな印象に。

州彦	6・9	15
邦彦	7・9	16
久仁彦	3・4・9	16
国彦	8・9	17
国比古	8・4・5	17
訓彦	10・9	19

くにひと
Kunihito

歯切れの良い音の組み合わせが、相性よく耳に響く。主体性のある実直な人柄を思わせる。

州人	6・2	8
国人	8・2	10
公仁人	4・4・2	10
邦仁	7・4	11
訓人	10・2	12

くにひろ
Kunihiro

大きな人物を思わせる「くに」と「ひろ」の響きが、心の広さを表すような名前。

邦広	7・5	12
久丹広	3・4・5	12
訓弘	10・5	15
国宏	8・7	15
邦洋	7・9	16
国浩	8・10	18

くにみ
Kunimi

男性的な響きをもつ「くに」に、中性的な「み」を添えて、強さの中に優しさをプラス。

邦巳	7・3	10
国巳	8・3	11
邦海	7・9	16
邦満	7・12	19
國観	11・18	29

くにみち
Kunimichi

硬派な男性を思わせる「くに」と「みち」の響きが、古典的でありながら、意志の強さを感じる。

国充	8・6	14
邦宙	7・8	15
邦倫	7・10	17
呉満	7・12	19
国理	8・11	19
國道	11・12	23

くらのすけ
Kuranosuke

懐かしさ漂う響きを組み合わせ、日本古来の伝統的な男らしさを表現。佐々木蔵之介(俳優)など。

倉之助	10・3・7	20
鞍乃介	15・2・4	21
蔵之介	15・3・4	22
蔵之助	15・3・7	25
鞍之助	15・3・7	25
蔵之輔	15・3・14	32

くると
Kuruto

愛嬌があり、耳に残る「くる」の響きに、歯切れの良い音の止め字「と」を添え、テンポを感じる名前に。

来人	7・2	9
来斗	7・4	11
徠人	11・2	13
来都	7・11	18
玖流斗	7・10・4	21

くんぺい
Kumpei

愛らしい響きの「くん」に、パワフルな印象の「ぺい」をつけることで、明朗活発な印象に。

君平	7・5	12
訓平	10・5	15
勲平	15・5	20
薫平	16・5	21
薫兵	16・7	23

けい
Kei

「け」と「い」の2音がシンプルでソフトな響きをもちながら、慎ましく、誠実な印象を与える。

圭	6	6
佳	8	8
京	8	8
蛍	11	11
慧	15	15
慶	15	15

けいいち
Keiichi

静かな響きの「けい」に、落ち着きのある音の「いち」を添えて、実直な雰囲気を醸し出す名前に。

圭一	6・1	7
桂一	10・1	11
蛍一	11・1	12
圭壱	6・7	13
恵市	10・5	15
敬壱	12・7	19

けいいちろう
Keiichiro

優しく、安定感のある響きの「けい」「いち」「ろう」を組み合わせ、凛とした男らしさを表現。

圭一郎	6・1・9	16
京一郎	8・1・9	18
桂一郎	10・1・9	20
恵一郎	10・1・9	20
慧一朗	15・1・10	26
馨一朗	20・1・10	31

けいき
Keiki

落ち着きのある「けい」と止め字「き」のきっぱりとした響きから、真摯な男性のイメージを抱く。

啓希	11・7	18
圭輝	6・15	21
敬貴	12・12	24
恵樹	10・16	26
慶喜	15・12	27
慶輝	15・15	30

column

宮沢式開運名づけ：家を継いでほしいなら

会社や家業を継がせたい場合は、継承すべき祖父や父の名前から漢字一字をもらった名前がおすすめです。継続を表す「亜」「嗣」「継」といった漢字を使うのもよいでしょう。名前にパワーが宿り、名づけられた本人にも自覚が芽生えやすくなります。ただし、親を越えた活躍をしてほしい場合は、あまりおすすめしていません。

けいご
Keigo

実直な印象の「けい」に、元気な音の止め字「ご」を添えることで、さわやかさに満ちた名前に。

- 圭 6 吾 7 13
- 京 8 伍 6 14
- 啓 11 伍 6 17
- 敬 12 吾 7 19
- 啓 11 悟 10 21
- 慶 15 梧 11 26

けいじ
Keiji

古風な日本男児を思わせる「けい」と強く響く「じ」の組み合わせが、たくましい印象を与える。

- 圭 6 治 8 14
- 啓 11 司 5 16
- 圭 6 嗣 13 19
- 慶 15 次 6 21
- 慧 15 至 6 21
- 恵 10 路 13 23

けいじゅ
Keiju

古典的な響きの「けい」に、現代的な響きの「じゅ」を組み合わせることで、個性的な名前に。

- 圭 6 寿 7 13
- 桂 10 寿 7 17
- 景 12 寿 7 19
- 慧 15 寿 7 22
- 京 8 樹 16 24
- 慶 15 授 11 26

けいすけ
Keisuke

和風な印象の「けい」と親しみのある音の「すけ」の組み合わせで、涼やかな響きに。

- 啓 11 介 4 15
- 経 11 介 4 15
- 京 8 甫 7 15
- 啓 11 左 5 16
- 恵 10 助 7 17
- 圭 6 輔 14 20

けいた
Keita

大人びた印象の「けい」に、元気な音の止め字「た」を添えて、健康的な印象をイメージさせる。

- 啓 11 太 4 15
- 敬 12 太 4 16
- 渓 11 多 6 17
- 蛍 11 多 6 17
- 惠 12 汰 7 19
- 慶 15 太 4 19

けいたろう
Keitaro

誠実な印象の「けい」と伝統的な響きの「たろう」を組み合わせ、さわやかな日本男児を思わせる名前。

- 恵 10 太 4 郎 9 23
- 啓 11 太 4 郎 9 24
- 敬 12 太 4 郎 9 25
- 桂 10 多 6 朗 10 26
- 景 12 太 4 朗 10 26
- 慶 15 太 4 朗 10 29

けいと
Keito

やわらかく響く「けい」にシャープな音の止め字「と」を添え、中性的な印象を醸し出す。

- 圭 6 斗 4 10
- 敬 12 人 2 14
- 圭 6 音 9 15
- 蛍 11 斗 4 15
- 慶 15 人 2 17
- 慧 15 人 2 17

けいま
Keima

将棋の駒の一つ「桂馬」と同音。「けい」と「ま」が、やわらかく響き、優しい雰囲気の名前に。

- 恵 10 馬 10 20
- 桂 10 馬 10 20
- 敬 12 真 10 22
- 啓 11 麻 11 22
- 京 8 磨 16 24
- 慶 15 馬 10 25

けん
Ken

欧米でも使用されている名前。馴染み深い響きで、国際的な印象が強い。平井堅（歌手）など。

- 建 9 9
- 拳 10 10
- 剣 10 10
- 健 11 11
- 堅 12 12
- 賢 16 16

げん
Gen

はっきりと耳に伝わる、強い響きの「げ」と「ん」のコンビは、親しみやすさをアピール。

- 元 4 4
- 玄 5 5
- 彦 9 9
- 現 11 11
- 源 13 13
- 厳 17 17

けんいち
Kenichi

ポピュラーな印象の「けん」と「いち」の組み合わせは、耳に馴染みやすい響きをもつ。

- 研 9 一 1 10
- 建 9 一 1 10
- 堅 12 一 1 13
- 健 11 市 5 16
- 健 11 壱 7 18
- 顕 18 一 1 19

げんき
Genki

健康的な印象の「元気」と同音。「げん」が強く響き、止め字「き」がきっぱりした音でまとめる。

- 元 4 気 6 10
- 元 4 暉 13 17
- 玄 5 貴 12 17
- 舷 11 希 7 18
- 弦 8 輝 15 23
- 厳 17 樹 16 33

けんご
Kengo

健やかな印象の「けん」と「ご」の組み合わせが、フレッシュな印象を与える。隈研吾（建築家）など。

- 研 9 吾 7 16
- 建 9 吾 7 16
- 健 11 吾 7 18
- 憲 16 呉 7 23
- 賢 16 冴 7 23
- 憲 16 梧 11 27

けんこう
Kenko

「健康」と同音。響きからパワーとさわやかな印象を与える。吉田兼好（鎌倉時代の随筆家）など。

- 健 11 公 4 15
- 兼 10 好 6 16
- 兼 10 行 6 16
- 剣 10 幸 8 18
- 賢 16 考 6 22
- 顕 18 康 11 29

けんさく
Kensaku

さわやかな響きをもつ「けん」と「さく」、2つの音の組み合わせが、朗らかな印象に。

- 研 9 作 7 16
- 健 11 作 7 18
- 謙 17 作 7 24
- 賢 16 咲 9 25
- 賢 16 佐 7 久 3 26
- 憲 16 朔 10 26

けんし
Kenshi

凛々しい響きの「けん」と素直な響きの止め字「し」のコンビが、日本男児の気品を感じさせる。

研士	9 3	12
健志	11 7	18
謙之	17 3	20
健史	11 5	16
憲士	16 3	19
賢志	16 7	23

けんじ
Kenji

清々しい印象の「けん」と「じ」の組み合わせは、風格ある男らしい響き。宮沢賢治（作家）など。

研司	9 5	14
健至	11 6	17
顕二	18 2	20
建治	9 8	17
健児	11 7	18
賢治	16 8	24

けんしろう
Kenshiro

強く弾いたような響きの「けん」に古風な「しろう」を組み合わせ、ワイルドな男性を連想させる。

剣士朗	10 3 10	23
健志郎	11 7 9	27
謙四郎	17 5 9	31
健士郎	11 3 9	23
憲司郎	16 5 9	30
顕士朗	18 3 10	31

けんしん
Kenshin

主張の強い音の「けん」と「しん」の組み合わせが、意志の強さを表す。川上憲伸（プロ野球選手）など。

研心	9 4	13
絢真	12 10	22
謙信	17 9	26
堅心	12 4	16
憲伸	16 7	23
賢進	16 11	27

けんすけ
Kensuke

力強い響きの「けん」に、古風な印象の「すけ」を添えて、古典的な男らしさを醸し出す名前に。

拳介	10 4	14
健丞	11 6	17
賢佑	16 7	23
健介	11 4	15
憲甫	16 7	23
謙亮	17 9	26

けんた
Kenta

元気な印象の「けん」と「た」のコンビが、健康的で陽気なイメージをアピール。

建太	9 4	13
健多	11 6	17
賢汰	16 7	23
兼太	10 4	14
謙太	17 4	21
憲汰	16 7	23

けんたろう
Kentaro

勢いのある音の「けん」に懐かしい響きの「たろう」を添え、聡明で風格のある印象に。

剣太郎	10 4 9	23
憲太朗	16 4 10	30
謙多郎	17 6 9	32
堅太郎	12 4 9	25
憲田郎	16 5 9	30
顕太朗	18 4 10	32

けんと
Kento

洋風な響きの名前。欧米でも使用されているため、グローバルな印象が強い。

健人	11 2	13
賢人	16 2	18
健徒	11 10	21
拳斗	10 4	14
建都	9 11	20
謙登	17 12	29

けんま
Kemma

さわやかに響く「けん」に、やわらかさと男らしさを兼ね備えた止め字「ま」を添え、堅実な印象に。

剣真	10 10	20
賢馬	16 10	26
顕馬	18 10	28
健真	11 10	21
謙麻	17 11	28

けんや
Kenya

明るい印象をもつ「けん」に勢いのある響きの止め字「や」を添え、弾むような力強さをアピール。

拳也	10 3	13
見弥	7 8	15
謙也	17 3	20
健也	11 3	14
絢矢	12 5	17
賢哉	16 9	25

こう
Ko

発音しやすい響きの「こ」と「う」の組み合わせ。ゆったりとした優しい響きで親しみやすい名前。

公	4	4
厚	9	9
耕	10	10
昂	8	8
航	10	10
康	11	11

ごう
Go

豪快な響きの「ご」と「う」の組み合わせが、勇ましく風格のある印象を与える。英 行く、進む

剛	10	10
強	11	11
豪	14	14
郷	11	11
吾宇	7 6	13
轟	21	21

こういち
Koichi

オーソドックスな響きの「こう」と「いち」は奥ゆかしい印象に。4音にリズムも生まれ、呼びやすい名前。

公一	4 1	5
昊一	8 1	9
晃一	10 1	11
弘一	5 1	6
浩一	10 1	11
航市	10 5	15

こういちろう
Koichiro

馴染み深い「こう」「いち」「ろう」の組み合わせが、古風で粋な魅力をアピール。

公一郎	4 1 9	14
航一朗	10 1 10	21
煌一郎	13 1 9	23
昂一郎	8 1 9	18
康一郎	11 1 9	21
晃市郎	10 5 9	24

こうが
Koga

強い響きの「こう」と「が」の組み合わせが印象的。スケール感を漂わせる中国の河川「黄河」と同音。

- 宏7 牙4 11
- 昂8 牙4 12
- 亘6 我7 13
- 光6 河8 14
- 恒9 芽8 17
- 煌13 雅13 26

こうき
Koki

安定した響きの「こう」に切れの良い音の止め字「き」を添え、男らしい強さを引き立たせる名前に。

- 公4 暉13 17
- 工3 輝15 18
- 煌13 希7 20
- 康11 基11 22
- 幸8 輝15 23
- 幸8 樹16 24

ごうき
Goki

パワーのある音の「ごう」にすっきりとした響きの「き」を組み合わせ、清潔感のあるたくましい印象に。

- 豪14 己3 17
- 強11 希7 18
- 剛10 基11 21
- 剛10 輝15 25
- 豪14 暉13 27

こうけん
Koken

「こう」のもつ落ち着いた響きに、さわやかな「けん」を重ね、まとまりのある名前に。知性溢れる印象。

- 広5 見7 12
- 公4 研9 13
- 孝7 健11 18
- 浩10 健11 21
- 航10 堅12 22
- 幸8 謙17 25

こうさく
Kosaku

耳に馴染む音の「こう」と「さく」の響きが、ノスタルジックな男らしさをイメージさせる。

- 公4 朔10 14
- 幸8 作7 15
- 航10 作7 17
- 康11 作7 18
- 煌13 作7 20
- 興16 作7 23

こうじ
Koji

大人の雰囲気を漂わせる「こう」に重みのある止め字「じ」の響きがマッチしてまとまりのある名前に。

- 弘5 次6 11
- 浩10 二2 12
- 幸8 司5 13
- 航10 至6 16
- 晃10 児7 17
- 耕10 治8 18

こうしろう
Koshiro

古典的な響きの組み合わせが、格調高い印象を与える。松本幸四郎（歌舞伎俳優）など。

- 孔4 子3 郎9 16
- 光6 司5 郎9 20
- 幸8 四5 郎9 22
- 浩10 士3 朗10 23
- 晃10 史5 郎9 24
- 煌13 士3 郎9 25

こうすけ
Kosuke

落ち着いた響きの「こう」に和風な「すけ」を合わせ、さわやかさと活発さを演出。

- 功5 佑7 12
- 公4 亮9 13
- 康11 介4 15
- 昂8 典8 16
- 煌13 介4 17
- 航10 輔14 24

こうせい
Kosei

大人びた「こう」に静かな響きの「せい」を添え、清々しさを表現。井上康生（柔道指導者）など。

- 公4 生5 9
- 航10 生5 15
- 康11 世5 16
- 幸8 星9 17
- 煌13 成6 19
- 幸8 誠13 21

こうた
Kota

呼びやすい「こう」に愛らしい「た」を組み合わせ、やわらかさと親しみやすさを表現。

- 公4 太4 8
- 広5 大3 8
- 巧5 太4 9
- 昂8 太4 12
- 倖10 多6 16
- 煌13 太4 17

ごうた
Gota

重厚に響き印象深い「ごう」に親しみやすい「た」を添えて、強さのなかに優しさをプラス。

- 剛10 大3 13
- 剛10 太4 14
- 強11 大3 14
- 郷11 大3 14
- 豪14 太4 18
- 豪14 多6 20

こうだい
Kodai

安定感のある「こう」と「だい」の響きが、心の広さを思わせる。器の大きさを感じさせる「広大」と同音。

- 巧5 大3 8
- 広5 大3 8
- 岬8 大3 11
- 航10 大3 13
- 煌13 大3 16

こうたろう
Kotaro

男性名ではポピュラーな響きの組み合わせが、フレッシュな印象に。小泉孝太郎（俳優）など。

- 考6 太4 郎9 19
- 向6 太4 朗10 20
- 幸8 太4 郎9 21
- 昂8 太4 郎9 21
- 耕10 太4 郎9 23
- 煌13 多6 郎9 28

ごうたろう
Gotaro

パワーのある「ごう」の響きに和風な「たろう」を組み合わせ、個性的で耳に残る響きに。

- 剛10 太4 郎9 23
- 郷11 太4 郎9 24
- 強11 太4 郎9 24
- 業13 太4 朗10 27
- 豪14 大3 朗10 27
- 轟21 太4 郎9 34

こうのすけ
Konosuke

親しみある響きの組み合わせが、懐かしさと奥ゆかしさを感じさせる。松下幸之助（実業家）など。

- 公4 之3 介4 11
- 考6 之3 助7 16
- 幸8 之3 助7 18
- 煌13 之3 介4 20
- 鴻17 之3 佑7 27
- 康11 之3 輔14 28

こうへい
Kohei

男性名では定番の「こう」と「へい」の組み合わせが、落ち着きとゆとりを感じさせる響きに。

- 巧5平5 10
- 幸8平5 13
- 航10平5 15
- 耕10平5 15
- 晃10平5 15
- 康11平5 16

こうや
Koya

大人びた響きの「こう」と突き抜けた響きの止め字「や」を組み合わせ、神秘的なイメージに。

- 弘5也3 8
- 光6也3 9
- 航10矢5 15
- 煌13也3 17
- 昂8哉9 17
- 晄10弥8 18

こうよう
Koyo

親しみのある響きの「こう」と「よう」の組み合わせ。神秘的で清らかさをイメージする「紅葉」と同音。

- 公4要9 13
- 向6洋9 15
- 広5陽12 17
- 光6陽12 18
- 向6遥12 18
- 煌13陽12 25

こたろう
Kotaro

愛らしさを感じる響きの「こ」と「たろう」の組み合わせが、親しみやすい印象をつくり出す。

- 乎5太4朗10 19
- 虎8太4郎9 21
- 虎8多6郎9 23
- 胡9太4朗10 23
- 湖12太4朗10 26
- 瑚13太4朗10 27

こなん
Konan

発音しやすい、まとまりの良い響きの組み合わせ。先頭の「こ」の音が独特の雰囲気とリズムを生む。

- 虎8南9 17
- 胡9南9 18
- 琥12南9 21
- 鼓13南9 22
- 瑚13南9 22

これきよ
Korekiyo

「これ」と「きよ」、上品な音の組み合わせが、清らかに流れるように響く。風情を漂わせる名前。

- 此6清11 17
- 是9清11 20
- 是9希7世5 21
- 是9聖13 22
- 惟11清11 22
- 惟11潔15 26

これひと
Korehito

耳に静かに響く「これ」と、「ひと」の落ち着いた響きが気品漂う風格を感じさせる。

- 伊6仁4 10
- 是9一1 10
- 惟11人2 13
- 惟11仁4 15
- 是9等12 21
- 惟11等12 23

ごろう
Goro

強い意志を感じる「ご」と「ろう」の響きが、古典的でありながら、新鮮な男らしさを感じる。

- 五4郎9 13
- 伍6郎9 15
- 吾7朗10 17
- 冴7朗10 17
- 悟10郎9 19
- 梧11朗10 21

さいた
Saita

囁くような優しい「さい」を、「た」で力強く受け止める。優しくも芯の強い人柄を思わせる。

- 才3多6 9
- 幸8太4 12
- 幸8多6 14
- 彩11太4 15
- 祭11多6 17
- 菜11汰7 18

さいと
Saito

優しい響きの「さい」に、止め字「と」を加え、一本筋の通った意志の強さを感じさせる名前に。

- 才3人2 5
- 彩11斗4 15
- 最12杜7 19
- 彩11音9 20
- 幸8登12 20

さいや
Saiya

人を自然と思いやれる、心優しい印象の名前。止め字の「や」が少年らしい快活さを物語る。

- 才3矢5 8
- 才3弥8 11
- 才3哉9 12
- 幸8矢5 13
- 彩11也3 14
- 彩11哉9 20

さかき
Sakaki

古くから神事に用いられた「榊」を思わせる、神聖な名前。鋭い響きが、澄んだ知性を感じさせる。

- 咲9己3 12
- 栄9希7 16
- 左5加5希7 17
- 栄9貴12 21
- 栄9輝15 24

column

名づけ体験談②　名づけ旅行もよい思い出に

京都にある名づけゆかりの神社に相談。いろいろな話をし、産後には生まれた日時や場所なども伝えて姓名判断していただき、候補をしぼりました。その中から、わかりやすくインパクトもあるということで「仁(じん)」に決定。ほぼ直感でした。グローバルな人になってほしいので、外国人でも発音しやすい名前に。逆境に強い子に育ってほしいという願いも込めています。

さきと
Sakito

明るい響きの「さき」がみずみずしいイメージを与える。斬新な発想で道をつくる、先駆者的な印象。

咲人	9 2	11
咲大	9 3	12
崎斗	11 4	15
彩響人	11 20 2	33

さきょう
Sakyo

日本的な穏やかな響きが、品性と知性に富んだ人柄を思わせる。情緒豊かな美しい名前。

左京	5 8	13
左享	5 8	13
冴京	7 8	15
彩享	11 8	19
早響	6 20	26
彩響	11 20	31

さくじろう
Sakujiro

「さく」「じろう」というリズミカルな音を重ね、活発で人懐っこい、男の子らしい印象を与える。

作次郎	7 6 9	22
咲仁郎	9 4 9	22
咲司朗	9 5 10	24
朔次郎	10 6 9	25
朔四朗	10 5 10	25
策治郎	12 8 9	29

さくや
Sakuya

個性的な「さく」の響きが、独特の光る感性を感じさせる。感受性豊かで芸術家肌なイメージ。

朔也	10 3	13
咲矢	9 5	14
作哉	7 9	16
咲弥	9 8	17
彩久也	11 3 3	17
冴久哉	7 3 9	19

さこん
Sakon

古風で男らしい響きでありながら、洗練された柔和さをも感じさせる。凛とした印象の名前。

左近	5 7	12
佐近	7 7	14
作近	7 7	14
彩今	11 4	15
早紺	6 11	17
紗紺	10 11	21

さすけ
Sasuke

さわやかで優しい響きをもち、かつ正義感の強さが感じられる響き。親しみやすくしなやかな印象。

佐介	7 4	11
佐助	7 7	14
紗介	10 4	14
沙祐	7 9	16
早輔	6 14	20
颯亮	14 9	23

さだお
Sadao

力強い「さだ」の響きが、努力家で負けず嫌いなイメージを醸し出す。阿部サダヲ(俳優)など。

定生	8 5	13
貞夫	9 4	13
貞央	9 5	14
貞男	9 7	16
定雄	8 12	20
禎男	13 7	20

さだはる
Sadaharu

力強い「さだ」に、清らかな「はる」で親しみやすさを加える。王貞治(元プロ野球選手)など。

完春	7 9	16
貞治	9 8	17
定悠	8 11	19
定晴	8 12	20
定遥	8 12	20
禎陽	13 12	25

さちお
Sachio

「さち」の愛らしさ溢れる響きに、「お」が力強い印象を加える。覚えやすく、心地よい響き。

幸生	8 5	13
幸央	8 5	13
左千男	5 3 7	15
佐千郎	7 3 9	19
佐千雄	7 3 12	22
祥雄	10 12	22

さつき
Satsuki

中性的だが、生き生きとした活発な少年らしさを感じさせる。疾走感溢れるさわやかな響き。

皐	11	11
爽月	11 4	15
幸貴	8 12	20
颯希	14 7	21
颯季	14 8	22
紗槻	10 15	25

さつま
Satsuma

さわやかな響きの「さつ」に、「ま」がたくましさを加える。揺るぎない信念と情熱を感じさせる名前。

早津茉	6 9 8	23
颯馬	14 10	24
颯麻	14 11	25
薩馬	17 10	27
彩都馬	11 11 10	32

さとき
Satoki

物怖じせず落ち着いたイメージで、先を見通す澄んだ瞳を思わせる響き。知的で物柔らかな印象。

知希	8 7	15
慧己	15 3	18
悟基	10 11	21
哲輝	10 15	25
聡貴	14 12	26
聖樹	13 16	29

さとし
Satoshi

知的なイメージの「さと」と、しっかりとした「し」の響きが活躍を期待させる名前。大野智(歌手)など。

暁	12	12
智	12	12
聖士	13 3	16
聡司	14 5	19
賢士	16 3	19
諭志	16 7	23

さとみ
Satomi

中性的でやわらかく、軽やかに弾むような音をもつ。温もりのある「み」が優しさを醸し出す。

悟己	10 3	13
理巳	11 3	14
怜実	8 8	16
里海	7 9	16
聖己	13 3	16
敏満	10 12	22

さとり
Satori

柔和で穏やか、そして聡明な響き。常に素直に物事と向き合う、心の豊かさを感じさせる。

覚	12	12
慧	15	15
悟利	10 7	17
聖里	13 7	20
聡李	14 7	21
智理	12 11	23

さとる
Satoru

実直で自然体な、好人物を思わせる名前。止め字「る」が心地よい透明感を響かせている。

名前	画数	総画
了	2	2
知	8	8
哲	10	10
覚	12	12
惺	12	12
聡留	14・10	24

さなや
Sanaya

素直な「さな」の音と、律儀さを秘めた「や」の音が耳に心地よく響く。真面目で謙虚な印象。

名前	画数	総画
真也	10・3	13
左那矢	5・7・5	17
真弥	10・8	18
彩名也	11・6・3	20
佐奈哉	7・8・9	24

さねゆき
Saneyuki

「さね」「ゆき」という伝統的な音を重ね、日本的な情趣を感じさせる。やわらかくしなやかな印象。

名前	画数	総画
実之	8・3	11
実行	8・6	14
実征	8・8	16
真幸	10・8	18
真雪	10・11	21
真有樹	10・6・16	32

さぶろう
Saburo

「さぶ」と「ろう」、伝統的な音の組み合わせが、志の高さを感じさせる。北島三郎（歌手）など。

名前	画数	総画
三良	3・7	10
三郎	3・9	12
三朗	3・10	13
佐武郎	7・8・9	24
佐武朗	7・8・10	25
紗歩郎	10・8・9	27

さむ
Samu

さわやかで明るい「さ」と、落ち着きのある「む」がバランスよく馴染む。海外でも人気のある名前。

名前	画数	総画
沙武	7・8	15
紗武	10・8	18
作夢	7・13	20
珊夢	9・13	22
咲夢	9・13	22

さやと
Sayato

優しい響きの「さや」に、少年らしい「と」を加えた、飾り気のない誠実さを印象付ける名前。

名前	画数	総画
彩人	11・2	13
爽斗	11・4	15
彩也人	11・3・2	16
爽矢人	11・5・2	18
彩都	11・11	22

さわや
Sawaya

そよ風の吹くような、さわやかで心地よい響き。自由な発想で人生を切り開く人物を連想させる。

名前	画数	総画
爽也	11・3	14
沢哉	7・9	16
爽矢	11・5	16
彩和也	11・8・3	22
佐和弥	7・8・8	23

さんご
Sango

珊瑚礁の輝く青い海を思わせる、明るく清々しい名前。「ご」の止め字が力強さを強調している。

名前	画数	総画
三胡	3・9	12
山悟	3・10	13
珊吾	9・7	16
賛五	15・4	19
珊瑚	9・13	22

さんじ
Sanji

頼りがいのある印象の名前。「じ」が、勇気をもって未来をつくりあげる、意志の強さを醸し出す。

名前	画数	総画
山次	3・6	9
三治	3・8	11
珊児	9・7	16
賛示	15・5	20
参嗣	8・13	21
讃二	22・2	24

さんた
Santa

サンタクロースを連想させる、誰からも好まれるかわいらしい名前。溢れるほどの愛に恵まれるイメージ。

名前	画数	総画
三太	3・4	7
三汰	3・7	10
珊多	9・6	15
燦太	17・4	21
賛汰	15・7	22

じえい
Jiei

鋭い音の「じ」とさっぱりとした「えい」の音を重ね、個性的な印象に。川平慈英（タレント）など。

名前	画数	総画
次映	6・9	15
治栄	8・9	17
慈永	13・5	18
慈英	13・8	21
滋詠	12・12	24

しおん
Shion

「し」と「おん」というやわらかな音の重なりが、音楽のように温もりを感じさせる名前。

名前	画数	総画
志温	7・12	19
紫苑	12・8	20
史穏	5・16	21
詩音	13・9	22

しき
Shiki

静かに響くイ段の「し」と「き」を組み合わせ、スマートな印象の名前に。正岡子規（歌人）など。

名前	画数	総画
四季	5・8	13
子規	3・11	14
志暉	7・13	20
志輝	7・15	22
士騎	3・18	21
詩樹	13・16	29

しげき
Shigeki

和やかな人物を思わせる、深みのある響き。細川茂樹（俳優）、丸山茂樹（プロゴルファー）など。

名前	画数	総画
茂季	8・8	16
茂樹	8・16	24
滋喜	12・12	24
繁紀	16・9	25
重樹	9・16	25
繁暉	16・13	29

しげひろ
Shigehiro

懐の深さを感じさせる「しげ」を、おおらかな「ひろ」が受け、頼りがいのあるたくましいイメージに。

成6 央5 11
重9 弘5 14
慈13 大3 16
恵10 宏7 17
茂8 啓11 19
繁16 裕12 28

しげふみ
Shigefumi

「しげ」のもつ安心感と、「ふみ」の気さくな愛らしさとが相まって、誰からも親しまれる名前に。

成6 史5 11
茂8 文4 12
慈13 史5 18
繁16 文4 20
重9 章11 20

しげる
Shigeru

豊かな人間性を思わせる上品な響きで、誠実な印象。水木しげる(漫画家)、城島茂(歌手)など。

秀7 7
滋12 12
慈13 13
樹16 16
繁16 16
茂8 瑠14 22

じげん
Jigen

「じ」と「げん」。はっとするような重厚感をもつ音を重ねた、独自性を発揮する印象深い名前。

次6 元4 10
司5 絃11 16
示5 現11 16
治7 彦9 16
嗣13 元4 17

しずか
Shizuka

冷静さを秘めた高貴な響き。クールな中にも愛嬌が光る。伊集院静(作家)など。

玄5 5
閑12 12
志7 津9 可5 21
静14 夏10 24
志7 頭16 可5 28

しずき
Shizuki

みずみずしさを湛えた「しず」音を、穏やかな「き」音がやんわり受け止める。詩的で美しい響き。

玄5 祈8 13
寧14 生5 19
静14 稀12 26
士3 津9 輝15 27
静14 樹16 30
志7 津9 樹16 32

しずま
Shizuma

涼やかで落ち着いた「しず」に、「ま」のもつ凛々しさをそっと添え、緩やかなまとまりをつくる。

士3 津9 馬10 22
静14 真10 24
志7 寿7 真10 24
寧14 麻11 25
静14 磨16 30
志7 津9 摩15 31

しどう
Shido

静かな音の「し」と、強く響く「どう」とのバランスがとれた名前。中村獅童(歌舞伎俳優)など。

士3 道12 15
至6 堂11 17
志7 道12 19
獅13 童12 25
嗣13 道12 25

しひろ
Shihiro

「し」のもつ思慮深いイメージと、「ひろ」の伸びのある開放感が馴染み、ゆったりした雰囲気に。

志7 大3 10
枝8 広5 13
至6 洋9 15
梓11 弘5 16
史5 尋12 17
詩13 祐9 22

しもん
Shimon

「し」と「もん」、趣のある音同士が連なって、洗練された情趣に満たされている。洋風な名前。

士3 門8 11
志7 文4 11
獅13 文4 17
侍8 紋10 18
紫12 門8 20

しゃらく
Sharaku

古典的でリズミカルな流れに、洒脱な音がよく合う。東洲斎写楽(江戸時代の浮世絵師)など。

沙7 洛9 16
写5 絡12 17
写5 楽13 18
舎8 楽13 21
紗10 羅19 久3 32

しゅう
Shu

愛らしさ抜群の、風が流れるような響きをもつ名前。疾走感の中に、素直さをそっとのぞかせる。

秀7 7
周8 8
柊9 9
朱6 羽6 12
愁13 13
珠10 生5 15

しゅうが
Shuga

「しゅう」の明るいさわやかさに、「が」が芯の強さをプラスする。健気で真面目な印象を漂わせる。

宗8 牙4 12
修10 我7 17
脩11 芽8 19
秋9 駕15 24
習11 雅13 24
鷲23 雅13 36

しゅうご
Shugo

勢いのある「しゅう」音と、止め字「ご」の落ち着きが合わさり、張りのある実直な雰囲気に。

周8 五4 12
秀7 伍6 13
柊9 吾7 16
宗8 胡9 17
修10 梧11 21
愁13 悟10 23

しゅうじ
Shuji

勇ましさを感じさせる「じ」音が強いアクセントとなり、軽やかな「しゅう」音を優しく包み込む。

秋9 二2 11
秀7 史5 12
周8 次6 14
崇11 司5 16
柊9 路13 22

しゅうすけ
Shusuke

「すけ」特有のしなやかさが、「しゅう」の柔軟さとよく合った、さわやかでバランスの良い名前。

秀介	7・4	11
柊介	9・4	13
秀佑	7・7	14
集介	12・4	16
脩助	11・7	18
修亮	10・9	19

しゅうせい
Shusei

格調高く、ミステリアスで味わい深い響き。現代的な止め字「せい」が、神秘的な魅力を醸し出す。

周正	8・5	13
周生	8・5	13
柊成	9・6	15
秀星	7・9	16
秋晴	9・12	21
宗聖	8・13	21

しゅうぞう
Shuzo

「しゅう」の軽快さと、重厚な「ぞう」とのコントラストが絶妙。松岡修造(元プロテニス選手)など。

周三	8・3	11
就三	12・3	15
周造	8・10	18
柊造	9・10	19
修造	10・10	20
秀蔵	7・15	22

しゅうと
Shuto

英語の「シュート」と同音の、スピード感溢れる名前。「と」が、さわやかさをより強調させる。

柊斗	9・4	13
集人	12・2	14
修仁	10・4	14
柊杜	9・7	16
秀登	7・12	19
秋都	9・11	20

しゅうへい
Shuhei

日本古来の精かんさを感じさせる「へい」が、堂々とした印象を演出する。藤沢周平(作家)など。

周平	8・5	13
宗平	8・5	13
柊平	9・5	14
修平	10・5	15
就平	12・5	17
鷲平	23・5	28

しゅうま
Shuma

爽快な「しゅう」に、人気の止め字「ま」が明るく寄り添い、自然体で飾らない印象を形づくる。

州眞	6・10	16
柊馬	9・10	19
周麻	8・11	19
秋真	9・10	19
修馬	10・10	20
秀磨	7・16	23

じゅたろう
Jutaro

新鮮な彩りをもつ「じゅ」を、伝統的な「たろう」が受け、ほっとするような温かみのある印象に。

寿太郎	7・4・9	20
寿多朗	7・6・10	23
珠多郎	10・6・9	25
授太朗	11・4・10	25
樹太郎	16・4・9	29
鷲太朗	23・4・10	37

じゅり
Juri

鈴が鳴るような「り」の音が、「じゅ」の麗しい響きを包み込み、潤いと透明感に満ちた雰囲気に。

寿利	7・7	14
寿理	7・11	18
樹里	16・7	23
樹李	16・7	23
珠璃	10・15	25

しゅん
Shun

快活でスピーディー、かつ鮮やかな響きをもち、同時に聡明な空気をまとう。小栗旬(俳優)など。

旬	6	6
春	9	9
俊	9	9
隼	10	10
駿	17	17
瞬	18	18

じゅん
Jun

小気味よい音の弾みが、心地よいみずみずしさと余韻を響かせている。松本潤(歌手)など。 英 6月

巡	6	6
隼	10	10
純	10	10
淳	11	11
順	12	12
潤	15	15

じゅんいち
Junichi

一途な印象の「いち」が、謙虚な「じゅん」を支える。岡田准一(歌手)、石田純一(タレント)など。

准一	10・1	11
純一	10・1	11
淳一	11・1	12
惇市	11・5	16
潤市	15・5	20
準壱	13・7	20

じゅんき
Junki

「じゅん」の響きが気さくなリズムをもち、「き」がきらりと輝きをみせる。親しみやすい印象。

隼己	10・3	13
純希	10・7	17
旬貴	6・12	18
准基	10・11	21
潤季	15・8	23
潤輝	15・15	30

しゅんご
Shungo

のびのびとした清涼感溢れる「しゅん」に、「ご」の濁音が新鮮な彩りを添える。

俊吾	9・7	16
隼吾	10・7	17
峻胡	10・9	19
舜吾	13・7	20
瞬伍	18・6	24
駿悟	17・10	27

しゅんさく
Shunsaku

なめらかに踊るような「しゅん」と、素朴な温もりをもつ「さく」が、耳触りよく情趣を残す。

俊作	9・7	16
春咲	9・9	18
俊佐久	9・7・3	19
舜作	13・7	20
隼朔	10・10	20

じゅんじ
Junji

堂々とした「じ」を重ね、一本気な人柄の印象。高田純次(タレント)、稲川淳二(タレント)など。

順二	12・2	14
純次	10・6	16
淳司	11・5	16
準治	13・8	21
潤時	15・10	25

しゅんすい
Shunsui

清々しい「しゅん」と、緩やかな流れを思わせる「すい」が、しみじみとした味わい深さを生む。

- 旬6 水4 10
- 春9 水4 13
- 俊9 彗11 20
- 舜13 翠14 27
- 駿17 翠14 31

しゅんすけ
Shunsuke

軽快で少年らしい「すけ」の響きが、勢いのある「しゅん」と好相性。中村俊輔（プロサッカー選手）など。

- 旬6 介4 10
- 峻10 佑7 17
- 春9 祐9 18
- 舜13 亮9 22
- 俊9 輔14 23
- 駿17 助7 24

しゅんた
Shunta

さわやかな「しゅん」に添えた、素朴な温もりをもつ「た」が、天真爛漫な魅力を感じさせる。

- 俊9 太4 13
- 春9 太4 13
- 隼10 太4 14
- 淳11 多6 17
- 瞬18 汰7 25

じゅんたろう
Juntaro

フレッシュな印象の「じゅん」に、代表的な男子名「たろう」を加え、モダンな輝きを放つ名前に。

- 巡6 汰7 郎9 22
- 純10 太4 郎9 23
- 淳11 太4 郎9 24
- 准10 多6 郎9 25
- 準13 太4 朗10 27
- 潤15 太4 朗10 29

しゅんと
Shunto

スピード感のある「しゅん」と、「と」の奔放な印象のシャープさが、実行力ある人柄を思わせる。

- 春9 斗4 13
- 俊9 斗4 13
- 旬6 杜7 13
- 隼10 徒10 20
- 竣12 都11 23
- 舜13 徒10 23

じゅんぺい
Jumpei

「ぺい」のエネルギッシュな響きが、「じゅん」の新鮮な印象を強調する。溝端淳平（俳優）など。

- 純10 平5 15
- 淳11 平5 16
- 順12 平5 17
- 潤15 平5 20

じゅんや
Junya

重みのある「じゅん」の弾みを、優しい「や」がしっかり受け止めた、包容力を感じさせる響き。

- 淳11 也3 14
- 順12 也3 15
- 准10 弥8 18
- 純10 哉9 19
- 隼10 耶9 19
- 諄15 矢5 20

しゅんり
Shunri

生き生きとした「しゅん」に、心の奥ゆきを感じさせる「り」をそっと添え、洗練された印象に。

- 旬6 里7 13
- 春9 里7 16
- 隼10 吏6 16
- 俊9 理11 20
- 竣12 璃15 27
- 瞬18 理11 29

しょう
Sho

聡明さと落ち着きを感じる響き。やわらかくスマートな印象。櫻井翔（歌手）、哀川翔（俳優）など。

- 生5 5
- 昌8 8
- 晶12 12
- 勝12 12
- 湘12 12
- 彰14 14

じょういちろう
Joichiro

「じょう」の渋みを素朴な「いちろう」で受け、風格ある名前に。辰吉丈一郎（元プロボクサー）など。

- 丈3 一1 郎9 13
- 条7 一1 郎9 17
- 城9 一1 朗10 20
- 常11 市5 郎9 25
- 乗9 壱7 朗10 26
- 穣18 一1 朗10 29

しょうご
Shogo

清々しさに満ちた「しょう」と、エネルギッシュな「ご」を組み合わせ、自信みなぎるイメージに。

- 昌8 胡9 17
- 章11 吾7 18
- 将10 梧11 21
- 晶12 悟10 22
- 昇8 護20 28

しょうさく
Shosaku

「しょう」の利発さと、「さく」の愛くるしい響きとを重ねた、チャーミングな印象の名前。

- 省9 作7 16
- 昭9 作7 16
- 正5 策12 17
- 昌8 咲9 17
- 章11 朔10 21

しょうじ
Shoji

人気の「しょう」と、陽気で堂々とした「じ」との重なりが、気骨のある人柄を思わせる。

- 昭9 司5 14
- 昌8 治8 16
- 章11 児7 18
- 荘9 時10 19
- 彰14 司5 19

じょうじ
Joji

豪快な音同士が、親分肌でスケールの大きな印象に。海外でも人気の名前。山本譲二（歌手）など。

- 丈3 二2 5
- 城9 士3 12
- 城9 司5 14
- 成6 慈13 19
- 穣18 司5 23
- 譲20 治8 28

しょうせい
Shosei

しなやかな「せい」が、柔和な「しょう」を穏やかに包み込む。流れるような心地よい響き。

- 昌8 生5 13
- 昇8 成6 14
- 菖11 正5 16
- 章11 正5 16
- 湘12 生5 17
- 将10 星9 19

しょうぞう
Shozo

「ぞう」のたくましさと、「しょう」の温厚な音とのバランスが見事。林家正蔵（落語家）など。

昇8三3 11
彰14三3 17
昭9造10 19
勝12造10 22
昌8蔵15 23
唱11蔵15 26

しょうた
Shota

少年らしい音同士の、さわやかでわんぱくな印象の名前。松田翔太（俳優）、春風亭昇太（落語家）など。

昇8太4 12
昌8太4 12
昭9太4 13
将10太4 14
章11汰7 18
晶12多6 18

じょうのすけ
Jonosuke

長年愛されてきた「のすけ」の響きが、滋味溢れる「じょう」に伝統的な親しみやすさを加える。

条7之3介4 14
常11ノ1介4 16
丈3ノ1輔14 18
城9乃2甫7 18
穣18乃2祐9 29
譲20之3助7 30

しょうへい
Shohei

清らかで理知的な「しょう」に、「へい」が自然な安定感を漂わせる。きりりとした凛々しい印象。

承8平5 13
庄6兵7 13
勝12平5 17
祥10兵7 17

しょうま
Shoma

「しょう」の緩やかなテンポに、「ま」で力強い意志を込める。控えめながらもパワフルな名前。

尚8麻11 19
渉10馬10 20
将10真10 20
紹11眞10 21
翔12馬10 22
匠6磨16 22

しょうや
Shoya

「しょう」の流れるような響きに、人気の止め字「や」が好相性。心地よい和風の余韻が残る。

正5也3 8
昌8也3 11
将10矢5 15
省9哉9 18
菖11弥8 19
章11耶9 20

しょうよう
Shoyo

伸びやかな「しょう」に、モダンで眩しい「よう」を添えて、洒脱な味わいを存分ににじませる。

将10洋9 19
将10要9 19
昇8陽12 20
昌8遥12 20
笑10陽12 22
晶12葉12 24

しょうり
Shori

新鮮な印象の「しょう」に、「り」の夢幻的な魅力が重なる。流麗な響きをもつ神秘的な名前。

尚8李7 15
勝12利7 19
勝12里7 19
祥10理11 21
彰14利7 21
昭9璃15 24

しろう
Shiro

古典的な響きが、信頼感とやすらぎを表現する。伊東四朗（タレント）、鈴木史朗（アナウンサー）など。

司5郎9 14
四5朗10 15
志7朗10 17
紫12郎9 21
詩13郎9 22
獅13朗10 23

じん
Jin

どこか野性的な魅力を醸し出す、心にずしりと響く音。凛々しく勇壮な人物をイメージさせる名前。

壬4 4
仁4 4
迅6 6
臣7 7
甚9 9
陣10 10

しんいち
Shinichi

好感度の高い音同士の組み合わせ。誠実な印象。星新一（作家）、羽鳥慎一（アナウンサー）など。

心4一1 5
真10一1 11
伸7市5 12
新13一1 14
信9市5 14
晋10壱7 17

しんが
Shinga

健やかな「しん」に、意志の強さを感じさせる「が」が眩しく響く。都会的でスマートな音。英 歌手

心4我7 11
信9牙4 13
真10我7 17
晋10芽8 18
新13芽8 21
新13雅13 26

しんご
Shingo

「しん」と「ご」。無邪気な音が連なり、愛嬌を演出。香取慎吾（歌手）、鶴見辰吾（俳優）など。

心4冴7 11
伸7伍6 13
慎13吾7 20
眞10悟10 20
森12胡9 21
芯7護20 27

しんじ
Shinji

「しん」音の健康的な流れに、「じ」が躍動感をもって調和する。香川真司（プロサッカー選手）など。

伸7二2 9
信9士3 12
紳11至6 17
新13司5 18
慎13治8 21
晋10爾14 24

しんすけ
Shinsuke

潔い印象の「すけ」が、元気いっぱいな「しん」と重なった、朗らかで開放的な明るい響き。

伸7介4 11
信9助7 16
真10甫7 17
進11佑7 18
慎13祐9 22
新13輔14 27

しんぞう Shinzo

天真爛漫な「しん」に、重量感のある静かな「ぞう」を添えて、控えめで大人びたイメージに。

- 真10三3 13
- 晋10三3 13
- 辰7造10 17
- 深11造10 21
- 秦10蔵15 25

しんぽ Shimpo

個性的で愛嬌のある「ぽ」が、「しん」のまっすぐな響きを華やかに彩る。誠実な人柄を思わせる。

- 眞10甫7 17
- 心4輔14 18
- 晋10歩8 18
- 真10保9 19
- 進11歩8 19
- 新13歩8 21

しんた Shinta

飾り気のない素朴な「しん」が、小粋な印象の「た」と結びついた、愛くるしさ満点の名前。

- 芯7太4 11
- 眞10太4 14
- 晋10太4 14
- 進11太4 15
- 新13太4 17
- 榛14汰7 21

じんま Jimma

重みのある「じん」に、しっとりとした響きの「ま」を加えることで、まとまりのあるたくましい名前に。

- 仁4真10 14
- 尽6真10 16
- 秦10麻11 21
- 迅6磨16 22
- 神9摩15 24

すいせい Suisei

「すい」と「せい」、清らかな流れをもつ音を連ねて、透きとおったピュアなイメージを形づくる。

- 粋10正5 15
- 師10正5 15
- 彗11星9 20
- 穂15生5 20
- 翠14青8 22
- 翠14星9 23

しんのすけ Shinnosuke

愛らしい「しん」に、古風な印象「のすけ」を合わせ、親しみやすく。阿部慎之助（プロ野球選手）など。

- 伸7之3介4 14
- 紳11之3丞6 20
- 心4之3輔14 21
- 慎13之3助7 23
- 新13之3助7 23
- 芯7之3輔14 24

しんや Shinya

愛らしい「しん」が、「や」の無垢な優しさと共鳴。上田晋也（芸人）、大和田伸也（俳優）など。

- 臣7矢5 12
- 晋10也3 13
- 心4哉9 13
- 深11矢5 16
- 真10弥8 18
- 進11哉9 20

すぐる Suguru

シャープなイメージを与える。聡明な印象の馴染み深い名前。最後に添えられた「る」が心地よく響く。

- 克7 7
- 英8 8
- 卓8 8
- 俊9 9
- 勝12 12
- 優17瑠14 31

しんぺい Shimpei

躍動感溢れる「ぺい」が、「しん」の明るく心地よい響きに共鳴する。草野心平（詩人）など。

- 心4平5 9
- 眞10平5 15
- 秦10平5 15
- 信9兵7 16
- 真10兵7 17
- 新13平5 18

しんり Shinri

豊かな心を感じさせる、神秘的な響き。止め字「り」がファンタジックな音となり美しくまとめる。

- 芯7利7 14
- 心4理11 15
- 眞10李7 17
- 進11吏6 17
- 真10理11 21
- 新13璃15 28

すずと Suzuto

「すず」のもつ透明感と、少年らしい「と」を合わせ、気高い印象に。涼しげで心地よい響き。

- 涼11人2 13
- 鈴13斗4 17
- 涼11杜7 18
- 鈴13音9 22
- 珠10洲9斗4 23
- 鈴13都11 24

すずのすけ Suzunosuke

涼やかな「すず」に続く「のすけ」の勇ましく堂々とした音が、古風でありながら新鮮な印象に。

- 涼11ノ1介4 16
- 鈴13乃2介4 19
- 鈴13ノ1甫7 21
- 涼11乃2祐9 22
- 鈴13之3助7 23
- 涼11之3輔14 28

column

名づけ体験談③　画数は意外にあなどれず……

海のように青く澄んだ、おおらかな人になるようにという願いを込めて「蒼（そう）」と名づけました。好きな漢字をピックアップしていき、そこから画数や響きなど、全体的なバランスを考えて決めた名前です。実は候補に出たものはことごとく画数が悪く、あまり気にするまいと思いつつ、ついつい気にしてしまい……本当の決め手は画数なのかもしれません。

すすむ
Susumu

自信に満ちた、前向きな印象の響き。「す」の音が重なることにより、アグレッシブなイメージに。

- 丞(6) 6
- 奏(9) 9
- 進(11) 11
- 奨(13) 13
- 将(10)武(8) 18
- 晋(10)夢(13) 23

すなお
Sunao

おおらかで純真な雰囲気の名前。ふんわりとした優しい響きが、物柔らかな人柄をイメージさせる。

- 朴(6) 6
- 直(8) 8
- 淳(11) 11
- 淑(11) 11
- 素(10)直(8) 18
- 素(10)奈(8)生(5) 23

すばる
Subaru

勢いのある響きの「す」、「ば」、「る」の3音が、雄大な心をもつ男らしさをイメージさせる。

- 昴(9) 9
- 昴(9)琉(11) 20
- 素(10)陽(12) 22
- 澄(15)晴(12) 27

すみき
Sumiki

純粋な印象の「すみ」に加えた鋭い響きの「き」がアクセントに。個性的な響きにまとまった名前。

- 純(10)希(7) 17
- 澄(15)己(3) 18
- 清(11)季(8) 19
- 純(10)基(11) 21
- 澄(15)輝(15) 30

すみや
Sumiya

やわらかな「や」が、無邪気な印象の「すみ」により優しさを与える。心の豊かさを感じさせる響き。

- 清(11)矢(5) 16
- 澄(15)也(3) 18
- 純(10)弥(8) 18
- 純(10)耶(9) 19
- 清(11)哉(9) 20
- 澄(15)矢(5) 20

せい
Sei

清らかで、明るい音。ひと息での発音が呼びやすく、軽快なイメージとなっている。英 言う

- 生(5) 5
- 成(6) 6
- 政(9) 9
- 晟(10) 10
- 晴(12) 12
- 惺(12) 12

せいあ
Seia

止め字に「あ」がつくことで、やわらかい印象に。「せい」に勢いがありバランスの良い響きに。

- 成(6)明(8) 14
- 青(8)亜(7) 15
- 政(9)亜(7) 16
- 星(9)亜(7) 16
- 星(9)明(8) 17
- 誠(13)明(8) 21

せいが
Seiga

清々しい響きの「せい」に止め字の「が」が合わさり、おおらかで度量の広さを感じさせる。

- 星(9)牙(4) 13
- 星(9)河(8) 17
- 聖(13)牙(4) 17
- 正(5)雅(13) 18
- 成(6)雅(13) 19
- 晴(12)雅(13) 25

せいご
Seigo

発音しやすくリズムが良いので親しみやすい。止め字に濁音を用いたことで潔いイメージに。

- 成(6)吾(7) 13
- 正(5)悟(10) 15
- 晟(10)吾(7) 17
- 征(8)悟(10) 18
- 誠(13)悟(10) 23
- 清(11)碁(13) 24

せいごう
Seigo

静と動の響きが合わさり落ち着いた力強い響き。楢崎正剛（プロサッカー選手）など。

- 正(5)剛(10) 15
- 星(9)剛(10) 19
- 成(6)豪(14) 20
- 清(11)剛(10) 21
- 征(8)豪(14) 22
- 星(9)豪(14) 23

せいじ
Seiji

誠実な印象の「せい」の響きと力強さを感じる「じ」の響きの組み合わせで、大人らしい雰囲気に。

- 征(8)二(2) 10
- 成(6)志(7) 13
- 晟(10)士(3) 13
- 正(5)路(13) 18
- 誠(13)司(5) 18
- 青(8)路(13) 21

せいじゅうろう
Seijuro

清く潔く響く「せい」に、落ち着きがあり古風に響く「じゅうろう」が心地よく流れるような音に。

- 正(5)十(2)郎(9) 16
- 正(5)充(6)朗(10) 21
- 成(6)充(6)郎(9) 21
- 勢(13)十(2)郎(9) 24
- 清(11)充(6)郎(9) 26
- 誠(13)充(6)朗(10) 29

せいしろう
Seishiro

和の静かさと、たくましさが感じられる気品のある響き。リズミカルな発音が明るさをプラス。

- 正(5)志(7)郎(9) 21
- 星(9)士(3)郎(9) 21
- 征(8)四(5)郎(9) 22
- 成(6)志(7)朗(10) 23
- 聖(13)士(3)郎(9) 25
- 清(11)志(7)郎(9) 27

せいぞう
Seizo

まとまりがあり親しみやすい響き。「ぞう」がたくましさとかわいらしさを感じさせる。

- 誠(13)三(3) 16
- 征(8)造(10) 18
- 星(9)造(10) 19
- 正(5)蔵(15) 20
- 成(6)蔵(15) 21
- 清(11)蔵(15) 26

せいだい
Seidai

「い」の響きが全体をやわらげながらも正義感があり、広い心をもつ男の子をイメージさせる。

正5 大3　8
成6 大3　9
星9 大3　12
晟10 大3　13
晴12 大3　15
惺12 大3　15

せいたろう
Seitaro

シンプルな「せい」の響きに、馴染みのある「たろう」がつくことで、快活で愛らしい印象に。

正5 太4 朗10　19
成6 太4 郎9　19
晟10 太4 朗10　24
清11 太4 郎9　24
晴12 太4 郎9　25
聖13 太4 朗10　27

せいと
Seito

すっきりした響きの「せい」に「と」を組み合わせ、さわやかで明るい雰囲気を醸し出している。

政9 人2　11
星9 斗4　13
政9 斗4　13
晴12 人2　14
清11 斗4　15

せいのすけ
Seinosuke

「すけ」が凛々しい印象に。「せい」と「すけ」の間に「の」を入れ、男らしさを強調させる。

正5 ノ1 助7　13
清11 乃2 介4　17
聖13 乃2 介4　19
晴12 ノ1 助7　20
正5 之3 輔14　22
誠13 之3 輔14　30

せいや
Seiya

静かな音の「せい」に愛嬌のある「や」を組み合わせて、勢いのあるイメージに。

正5 也3　8
成6 也3　9
星9 矢5　14
惺12 也3　15
聖13 矢5　18
晴12 弥8　20

せいりゅう
Seiryu

「せい」がさわやかに響き、「りゅう」の響きが全体をすっきりとさせながらも力強くまとめている。

惺12 立5　17
盛11 竜10　21
成6 龍16　22
聖13 流10　23
盛11 龍16　27
正5 瀧19　24

せお
Seo

静かなイメージの「せ」を「お」で受けることによって、凛々しくたくましい印象をプラス。

世5 央5　10
世5 音9　14
世5 雄12　17
瀬19 央5　24
瀬19 音9　28
瀬19 雄12　31

せきと
Sekito

落ち着いた響きの「せき」に、安定感のある音の止め字「と」を合わせ、上品さをもつ名前に。

隻10 人2　12
隻10 斗4　14
関14 人2　16
関14 斗4　18

せつや
Setsuya

「せつ」の明るい音の後にやわらかい「や」を添えて、まとまりのある古風な響きに。

雪11 矢5　16
世5 津9 八2　16
摂13 也3　16
節13 也3　16
節13 矢5　18
勢13 津9 八2　24

せな
Sena

シンプルな「せ」と深みのある「な」が合わさり、落ち着きの中に華やかさのある個性的な名前に。

世5 那7　12
世5 奈8　13
世5 南9　14
勢13 那7　20
勢13 奈8　21
瀬19 那7　26

せんいち
Senichi

重みのある「せん」を、軽く明るい「いち」で受けることで、親しみやすさが際立つ。

千3 一1　4
仙5 一1　6
泉9 一1　10
宣9 一1　10
専9 市5　14

せんた
Senta

「せん」の品の良い響きを元気で愛らしい響きの止め字「た」で引き立たせている。英中心

千3 多6　9
仙5 太4　9
千3 汰7　10
宣9 太4　13
泉9 多6　15
栓10 汰7　17

せんり
Senri

落ち着いた印象の「せん」に、明るい「り」が効果的に響く。大江千里（歌手）など。

千3 里7　10
千3 利7　10
仙5 吏6　11
仙5 李7　12
扇10 利7　17
泉9 理11　20

column

双子や三つ子は個性を尊重してあげて

双子や三つ子を名づける場合、同じ漢字を使ったり語呂を合わせたりしたくなるものですが、あまり似た名前にしないほうがよいでしょう。特に響きが似てしまうと、呼ぶ側も呼ばれた側も混乱しやすくなります。ひとりひとりを大切に思うなら、それぞれに個性を感じられる名前をつけるようにしましょう。子どもたちの自立心も育ちやすくなります。

そういち
Soichi

素直な響きの「そう」を、潔い響きの止め字「いち」が受け、しっくりと馴染む組み合わせ。

- 爽一 11 1 12
- 装一 12 1 13
- 惣一 12 1 13
- 爽市 11 5 16
- 装市 12 5 17
- 惣市 12 5 17

そういちろう
Soichiro

軽やかな「そう」に、古風な「いちろう」をつけて男らしい名前に。本田宗一郎（実業家）など。

- 壮一朗 6 1 10 17
- 宗一郎 8 1 9 18
- 奏一朗 9 1 10 20
- 創一郎 12 1 9 22
- 総一郎 14 1 9 24
- 爽市朗 11 5 10 26

そうが
Soga

力強い響きの「が」を止め字にすることで、軽やかで、意志を感じさせる響きに。

- 壮我 6 7 13
- 想牙 13 4 17
- 奏河 9 8 17
- 荘駕 9 15 24
- 創雅 12 13 25
- 聡雅 14 13 27

そうき
Soki

軽やかな響きの「そう」に、きっぱりと強く響く止め字「き」を合わせ、さわやかな印象の名前に。

- 宗紀 8 9 17
- 壮暉 6 13 19
- 奏喜 9 12 21
- 奏貴 9 12 21
- 宗輝 8 15 23
- 創基 12 11 23

そうご
Sogo

軽やかな「そう」を、重みのある止め字「ご」で受けている、バランスの良い名前。

- 荘伍 9 6 15
- 草吾 9 7 16
- 壮瑚 6 13 19
- 想吾 13 7 20
- 檜伍 14 6 20
- 奏瑚 9 13 22

そうし
Soshi

スマートに響く「そう」と、穏やかな響きの止め字「し」を組み合せ、品のある印象に。

- 宗士 8 3 11
- 奏士 9 3 12
- 壮志 6 7 13
- 爽之 11 3 14
- 創史 12 5 17
- 湊司 12 5 17

そうじ
Soji

「そう」の軽やかさを、重みのある止め字「じ」がどっしりと受け止め、落ち着きのある雰囲気に。

- 壮児 6 7 13
- 宗次 8 6 14
- 操二 16 2 18
- 蒼治 13 8 21
- 想路 13 13 26

そうすけ
Sosuke

聡明さと親しみを感じさせる「すけ」に支えられることで、「そう」の音に重みが出ている。

- 奏介 9 4 13
- 爽介 11 4 15
- 宗甫 8 7 15
- 荘亮 9 9 18
- 蒼甫 13 7 20
- 創亮 12 9 21

そうた
Sota

軽やかで、かわいらしさのある名前。昔ながらの「た」の響きが、全体をまとめている。

- 壮太 6 4 10
- 宗太 8 4 12
- 奏太 9 4 13
- 荘汰 9 7 16
- 創太 12 4 16
- 爽汰 11 7 18

そうたろう
Sotaro

愛嬌のある響きの「たろう」を組み合わせ、「そう」の軽快なリズムを引き立たせる名前。

- 壮太郎 6 4 9 19
- 荘太郎 9 4 9 22
- 宗太朗 8 4 10 22
- 爽太郎 11 4 9 24
- 惣太朗 12 4 10 26

そうてつ
Sotetsu

さわやかな「そう」の響きを、重厚な音の止め字「てつ」で受け、気品あるイメージに。

- 奏哲 9 10 19
- 壮徹 6 15 21
- 宗鉄 8 13 21
- 爽哲 11 10 21
- 奏鉄 9 13 22
- 創徹 12 15 27

そうへい
Sohei

軽快な音の「そう」に、親しみのわく「へい」を添え、全体的にさわやかで明るい雰囲気が漂う。

- 壮平 6 5 11
- 宗平 8 5 13
- 奏平 9 5 14
- 湊平 12 5 17
- 創平 12 5 17
- 総平 14 5 19

そうま
Soma

利発なイメージの「そう」と明るい響きの「ま」の組み合わせが、優しい雰囲気を醸し出す名前。

- 壮馬 6 10 16
- 宗馬 8 10 18
- 奏真 9 10 19
- 爽真 11 10 21
- 綜馬 14 10 24
- 創磨 12 16 28

そうりん
Sorin

明るく響く「そう」に、品よく響く「りん」の音を合わせ、古風で男らしい印象に。

- 宗倫 8 10 18
- 宗琳 8 12 20
- 創林 12 8 20
- 奏凜 9 15 24
- 総鈴 14 13 27

たいし Taishi

「たい」と「し」の落ち着きのある力強さが、強い信念と意志を感じさせる。希望を表す「大志」と同音。

大司（3・5）8
大史（3・5）8
大志（3・7）10
泰史（10・5）15
太紫（4・12）16
太獅（4・13）17

だいすけ Daisuke

重厚に響く「だい」に親しみのある響きの止め字「すけ」を添え、明るく好印象に。

大介（3・4）7
大佑（3・7）10
大助（3・7）10
大亮（3・9）12
大資（3・13）16
大輔（3・14）17

だい Dai

2音のもつパワフルな響きが、ポジティブな印象に。器の大きさを感じさせる「大」と同音。

大（3）3
太（4）4
大衣（3・6）9
泰（10）10
悌（10）10
醍（16）16

たいじ Taiji

「たい」と「じ」の抑えのきいた響きから、安定した大人の男性をイメージする。

太司（4・5）9
太地（4・6）10
太治（4・8）12
泰次（10・6）16
泰治（10・8）18
鯛次（19・6）25

たいせい Taisei

勢いのある響きの「たい」と、さわやかな音の「せい」を合わせることで、みずみずしいイメージに。

大世（3・5）8
大生（3・5）8
大成（3・6）9
大晴（3・12）15
泰聖（10・13）23
泰誠（10・13）23

たいが Taiga

「たい」と「が」のダイナミックな響きから、度量の広い、おおらかな印象を受ける。英 虎

大牙（3・4）7
大我（3・7）10
大河（3・8）11
大賀（3・12）15
大雅（3・13）16
泰河（10・8）18

だいし Daishi

「だい」のもつパワーと、「し」の知性溢れる響きから、明朗活発な日本男児を印象付ける。

大士（3・3）6
大至（3・6）9
大志（3・7）10
大思（3・9）12
醍史（16・5）21
醍至（16・6）22

たいぞう Taizo

「たい」のもつ安定感ある響きと、古典的な止め字「ぞう」の組み合わせが、温厚な人柄を思わせる。

泰三（10・3）13
大蔵（3・15）18
太蔵（4・15）19
泰造（10・10）20
泰蔵（10・15）25
泰藏（10・17）27

だいき Daiki

明るい「だい」に、気品ある止め字「き」の響きを添えると、たくましさと知性を兼ね備えた印象に。

大希（3・7）10
大紀（3・9）12
大貴（3・12）15
大輝（3・15）18
大毅（3・15）18
大樹（3・16）19

だいじゅ Daiju

「だい」のもつ力強さと、「じゅ」のもつ神秘的な響きがミックスされ、際立つ個性をアピール。

大寿（3・7）10
大授（3・11）14
大樹（3・16）19
悌樹（10・16）26

たいち Taichi

「たい」と「ち」の歯切れの良い音が、明朗な印象につながる。国分太一（歌手）など。

太一（4・1）5
汰一（7・1）8
太治（4・8）12
泰地（10・6）16
泰知（10・8）18
太意智（4・13・12）29

だいご Daigo

「だい」と「ご」、どちらも力強く、健康的な響きをもつ。アクティブなイメージをアピール。

大吾（3・7）10
大悟（3・10）13
太悟（4・10）14
内悟（4・10）14
大湖（3・12）15

たいしゅう Taisyu

大きな男を思わせる「たい」と「しゅう」の響きから、ロマン溢れる男らしさを感じる。

太舟（4・6）10
大周（3・8）11
大宗（3・8）11
泰秀（10・7）17
泰洲（10・9）19
泰秋（10・9）19

だいち Daichi

存在感のある響きの「だい」に切れの良い音の止め字「ち」の響きが、寛大な心とスケールを感じさせる。

大地（3・6）9
大知（3・8）11
大治（3・8）11
大致（3・10）13
大智（3・12）15
泰馳（10・13）23

だいと
Daito

強い響きの「だい」に、大人びた印象の止め字「と」を添えると、スマートなイメージの名前に。

名前	画数	総画
大斗	3・4	7
大杜	3・7	10
大留	3・10	13
大徒	3・10	13
醍人	16・2	18
醍富	16・12	28

たかお
Takao

知性を印象付ける「たか」に、古風で親しみ深い響きの止め字「お」を添えて、品格を漂わせる。

名前	画数	総画
宇央	6・5	11
昂生	8・5	13
孝男	7・7	14
高夫	10・4	14
隆生	11・5	16
貴央	12・5	17

たかのぶ
Takanobu

大人びた印象の「たか」に、温もりのある響きの「のぶ」を組み合わせ、味わいのある雰囲気に。

名前	画数	総画
孝信	7・9	16
高伸	10・7	17
能信	10・9	19
貴伸	12・7	19
敬宣	12・9	21
嵩宣	13・9	22

だいもん
Daimon

「だい」と「もん」の重厚な響きが、頼りがいのある男性をイメージさせる。

名前	画数	総画
大文	3・4	7
大門	3・8	11
大紋	3・10	13
大聞	3・14	17
醍紋	16・10	26

たかき
Takaki

「たか」と「き」のもつ都会的な響きが、洗練された雰囲気を漂わせる。止め字「き」が効果的に響く。

名前	画数	総画
宇紀	6・9	15
昂希	8・7	15
孝基	7・11	18
貴喜	12・12	24
高輝	10・15	25
貴樹	12・16	28

たかはる
Takaharu

「たか」のもつ聡明な響きと、朗らかな印象の「はる」が、相手に安心感を与える。

名前	画数	総画
天晴	4・12	16
高春	10・9	19
隆治	11・8	19
高遥	10・12	22
貴温	12・12	24
貴陽	12・12	24

たいよう
Taiyo

元気で頼りがいのある印象の「太陽」と同音。名前の響きから、常に光り輝く、温かい人柄を思わせる。

名前	画数	総画
太要	4・9	13
太洋	4・9	13
太勇	4・9	13
太陽	4・12	16
太遥	4・12	16
大燿	3・18	21

たかし
Takashi

気品を感じる「たか」と静かに響く止め字「し」の組み合わせが、崇高なイメージを引き出す。

名前	画数	総画
孝	7	7
崇	11	11
喬	12	12
敬	12	12
高志	10・7	17
多賀史	6・12・5	23

たかひさ
Takahisa

「たか」と「ひさ」のもつ、切れの良い響きから、スマートな印象を受ける。

名前	画数	総画
高久	10・3	13
孝尚	7・8	15
敬久	12・3	15
崇永	11・5	16
尊寿	12・7	19
鷹久	24・3	27

たいら
Taira

「たい」のスマートな音の印象に、新鮮な響きの止め字「ら」を添え、個性が際立つ響きの名前に。

名前	画数	総画
大良	3・7	10
太良	4・7	11
泰良	10・7	17
大羅	3・19	22

たかしげ
Takashige

鋭い響きの「たか」に、温もりのある「しげ」をプラスし、信頼性を感じる落ち着いた印象に。

名前	画数	総画
孝成	7・6	13
高茂	10・8	18
貴茂	12・8	20
尊重	12・9	21
敬重	12・9	21
貴繁	12・16	28

たかひと
Takahito

「たか」と「ひと」のシャープな響きに、才知にたけた男性を思い浮かべる。

名前	画数	総画
昂人	8・2	10
尊人	12・2	14
隆仁	11・4	15
章史	11・5	16
喬仁	12・4	16
敬仁	12・4	16

たかあき
Takaaki

耳に強く残る「たか」と「あき」の響きの組み合わせが、味わい深く、安定感のある印象に。

名前	画数	総画
天明	4・8	12
孝明	7・8	15
高明	10・8	18
喬明	12・8	20
貴亮	12・9	21
敬章	12・11	23

たかと
Takato

シャープな印象の「たか」と「と」を重ね、誇り高い、凛としたイメージに。

名前	画数	総画
孝人	7・2	9
昂人	8・2	10
高人	10・2	12
敬斗	12・4	16
喬斗	12・4	16
貴徒	12・10	22

たかひろ
Takahiro

気高い雰囲気の「たか」に、寛大さをイメージする「ひろ」を組み合わせ、上品で落ち着いた印象に。

名前	画数	総画
昂大	8・3	11
高大	10・3	13
宇宙	6・8	14
隆弘	11・5	16
貴寛	12・13	25
貴比呂	12・4・7	23

たかふみ
Takafumi

「たか」の気品ある響きと、「ふみ」のやわらかな印象が重なり、温順なイメージに。

- 孝7文4　11
- 崇11文4　15
- 隆11文4　15
- 貴11文4　15
- 敬12史5　17
- 隆11典8　19

たかまさ
Takamasa

「たか」と「まさ」のもつ明哲な雰囲気から、何事にも怯まず、まっすぐ突き進む印象を受ける。

- 孝7正5　12
- 昂8長8　16
- 尚8昌8　16
- 貴12将10　22
- 隆11聖13　24
- 崇11雅13　24

たかみち
Takamichi

品格を備えた「たか」と「みち」の響きが、落ち着いた気品漂う大人の印象の名前に。

- 隆11充6　17
- 崇11径8　19
- 飛9道12　21
- 隆11通10　21
- 高10道12　22
- 鷹24通10　34

たかや
Takaya

ストレートな印象を受ける「たか」と「や」の響きが、素直な人柄を思わせる。

- 宇6也3　9
- 宝8也3　11
- 高10矢5　15
- 隆11冶7　18
- 高10哉9　19
- 隆11弥8　19

たかゆき
Takayuki

率直な印象の「たか」を、柔和な響きの「ゆき」に重ね、高尚な雰囲気に。

- 孝7之3　10
- 隆11之3　14
- 隆11征8　19
- 貴12幸8　20
- 尊12雪11　23
- 尊12由5紀9　26

たく
Taku

「た」と「く」の耳に残る愛らしい響きが、親近感とやすらぎを与える。シンプルで活発な響きの名前。

- 太4久3　7
- 卓8　8
- 拓8　8
- 託10　10
- 琢11　11
- 櫂18　18

たくと
Takuto

元気な男の子を連想させる「たく」と「と」の響きが、爽快感を与える。

英 機転

- 巧5人2　7
- 巧5斗4　9
- 拓8斗4　12
- 琢11人2　13
- 卓8音9　17

たくま
Takuma

明るく響く「たく」に、やわらかい印象の止め字「ま」を添え、器の大きさを漂わせる響きに。

- 巧5馬10　15
- 拓8真10　18
- 卓8真10　18
- 託10眞10　20
- 卓8摩15　23
- 拓8磨16　24

たくみ
Takumi

卓越した技能を身に着けた器用さを感じる「巧」と同音。3音のバランスが良く、「み」がきれいに響く。

- 工3　3
- 巧5　5
- 匠6　6
- 巧5実8　13
- 琢11己3　14
- 拓8海9　17

たくや
Takuya

活発な印象の「たく」に、陽気な印象の「や」をつなげ、軽快なイメージに。木村拓哉（歌手）など。

- 卓8也3　11
- 拓8矢5　13
- 啄10也3　13
- 琢11也3　14
- 宅6哉9　15
- 拓8哉9　17

たくろう
Takuro

快活な響きの「たく」と、和風な印象の「ろう」の響きが、親しみと愛らしさを漂わせる。

- 太4久3郎9　16
- 卓8郎9　17
- 拓8朗10　18
- 卓8朗10　18
- 琢11郎9　20

たけあき
Takeaki

すっきりとした印象の「たけ」と、朗らかな響きの「あき」がミックスされ、涼やかな印象に。

- 丈3明8　11
- 竹6秋9　15
- 建9明8　17
- 岳8章11　19
- 武8陽12　20
- 猛11章11　22

たけお
Takeo

「たけ」と「お」の古典風な音の組み合わせが、責任感のある男らしさを引き立てる。

- 竹6生5　11
- 威9男7　16
- 猛11生5　16
- 武8雄12　20
- 剛10雄12　22
- 毅15郎9　24

たけし
Takeshi

勇ましい印象の音を組み合わせ、スケール感をもたせる。北野武（映画監督）など。

- 剛10　10
- 猛11　11
- 豪14　14
- 毅15　15
- 武8志7　15

たけと
Taketo

清涼感のある響きの「たけ」に、安定感のある止め字「と」を合わせ、勇敢な男の子の印象に。

- 丈3十2　5
- 岳8人2　10
- 武8斗4　12
- 健11人2　13
- 猛11斗4　15
- 武8登12　20

たけとし
Taketoshi

清々しく響く「たけ」に、和風な印象の「とし」を組み合わせ、清潔感をアピール。

丈俊	3・9	12
武俊	8・9	17
猛年	11・6	17
健利	11・7	18
猛敏	11・10	21

たけのぶ
Takenobu

実直な印象の「たけ」と「のぶ」を組み合わせることで、一本気な男らしさを表現。

丈信	3・9	12
竹伸	6・7	13
武伸	8・7	15
武信	8・9	17
健更	11・7	18

たけのり
Takenori

「たけ」のもつ清らかな印象に、「のり」の誠実な響きが加わり、慎ましい雰囲気に。

武則	8・9	17
丈範	3・15	18
健典	11・8	19
武徳	8・14	22
健統	11・12	23
猛憲	11・16	27

たけひこ
Takehiko

涼を感じさせる響きの「たけ」に、柔和な響きの「ひこ」を加え、シックで大人びた印象に。

丈彦	3・9	12
竹彦	6・9	15
岳彦	8・9	17
武比古	8・4・5	17
猛彦	11・9	20
健彦	11・9	20

たけひろ
Takehiro

共にすっきりとした「たけ」と「ひろ」のもつ理知的な響きが、至誠な印象を与える。

丈広	3・5	8
丈弘	3・5	8
長大	8・3	11
岳大	8・3	11
武大	8・3	11
剛浩	10・10	20

たけま
Takema

精かんな印象の「たけ」に、落ち着きのある響きの止め字「ま」を添え、勇敢さをイメージさせる。

丈馬	3・10	13
武真	8・10	18
剛真	10・10	20
剛麻	10・11	21
健眞	11・10	21
岳磨	8・16	24

たける
Takeru

「たけ」のまっすぐな印象に、軽快な響きの止め字「る」を添え、愛らしい印象に。佐藤健（俳優）など。

丈	3	3
壮	6	6
猛	11	11
武留	8・10	18
剛琉	10・11	21

たすく
Tasuku

クラシカルな印象の「たす」と「く」の響きから、礼儀正しい男性をイメージする。

丞	6	6
佐	7	7
佑	7	7
祐	9	9
亮	9	9
輔	14	14

ただし
Tadashi

「ただ」と「し」の落ち着いた響きの印象から、折り目正しい青年を想像させる。

正	5	5
匡	6	6
直	8	8
雅	13	13
義	13	13

ただのぶ
Tadanobu

ソフトな響きの「ただ」と「のぶ」が重なると、古風で実直な印象に。浅野忠信（俳優）など。

公信	4・9	13
忠伸	8・7	15
直信	8・9	17
唯延	11・8	19
惟宣	11・9	20
端信	14・9	23

たつお
Tatsuo

重みのある「たつ」と「お」の響きが、日本男児のもつ威厳と誇りを感じさせる。

辰夫	7・4	11
竜夫	10・4	14
辰雄	7・12	19
達男	12・7	19
龍央	16・5	21
龍生	16・5	21

たつき
Tatsuki

頼もしい印象の「たつ」に、精かんな印象の止め字「き」の響きが、精神力の強さを感じさせる。

樹	16	16
辰喜	7・12	19
竜城	10・9	19
達希	12・7	19
龍基	16・11	27
龍貴	16・12	28

たつのり
Tatsunori

「たつ」のパワーを、重量感のある「のり」につなげ、意欲溢れる印象に。原辰徳（元プロ野球選手）など。

辰礼	7・5	12
辰則	7・9	16
竜法	10・8	18
達紀	12・9	21
龍典	16・8	24
建憲	9・16	25

たつひこ
Tatsuhiko

鋭く響き、精かんな印象の「たつ」に、マイルドな響きの止め字「ひこ」を添え、気高い印象に。

立彦	5・9	14
辰彦	7・9	16
竜彦	10・9	19
達彦	12・9	21
龍比古	16・4・5	25
樹彦	16・9	25

たつひろ
Tatsuhiro

歯切れの良い響きの「たつ」と、「ひろ」のもつ洗練された響きが、勇壮な雰囲気を引き出す。

立央	5・5	10
竜大	10・3	13
辰宏	7・7	14
辰紀	7・9	16
達広	12・5	17
龍弘	16・5	21

たつま
Tatsuma

研ぎ澄まされたシャープな印象の「たつ」と「ま」の響きから、ダイナミックな印象を受ける。

- 立(5)馬(10) 15
- 辰(7)馬(10) 17
- 建(9)眞(10) 19
- 竜(10)真(10) 20
- 達(12)馬(10) 22
- 龍(16)磨(16) 32

たつまさ
Tatsumasa

「たつ」と「まさ」のもつ、堂々たる雰囲気が、勇壮な印象を与える。男らしい重厚な響きの名前。

- 立(5)正(5) 10
- 辰(7)正(5) 12
- 辰(7)昌(8) 15
- 竜(10)尚(8) 18
- 達(12)将(10) 22
- 龍(16)征(8) 24

たつみ
Tatsumi

豪快な響きの「たつ」に、中性的な音の止め字「み」を添えることで、強さが中和され、粋な雰囲気に。

- 辰(7)巳(3) 10
- 巽(12) 12
- 達(12)実(8) 20
- 龍(16)光(6) 22
- 龍(16)海(9) 25

たつや
Tatsuya

野性的な雰囲気の「たつ」と「や」をつなげることで、豪壮な男らしさをアピール。

- 辰(7)也(3) 10
- 辰(7)弥(8) 15
- 達(12)矢(5) 17
- 竜(10)哉(9) 19
- 龍(16)也(3) 19
- 龍(16)彌(17) 33

たつろう
Tatsuro

勇ましい響きの「たつ」に、和風な「ろう」をつなげ、日本男児のもつ風格を表す。山下達郎（歌手）など。

- 立(5)朗(10) 15
- 辰(7)郎(9) 16
- 起(10)郎(9) 19
- 達(12)朗(10) 22
- 龍(16)郎(9) 25
- 樹(16)朗(10) 26

たまき
Tamaki

ノスタルジックな雰囲気の「たま」と「き」の組み合わせが、包容力を感じる。

- 環(17) 17
- 珠(10)希(7) 17
- 球(11)紀(9) 20
- 珠(10)樹(16) 26
- 環(17)喜(12) 29

たみお
Tamio

ゆったりと響く「たみ」が、温厚な人柄を醸し出す。奥田民生（歌手）など。

- 民(5)夫(4) 9
- 民(5)生(5) 10
- 民(5)央(5) 10
- 民(5)男(7) 12
- 民(5)雄(12) 17
- 多(6)美(9)男(7) 22

たもつ
Tamotsu

3音の響きから、優しさと強さの両方を感じさせる。忍耐強く、心の広さを思わせる「保つ」と同音。

- 有(6) 6
- 全(6) 6
- 完(7) 7
- 保(9) 9
- 保(9)津(9) 18
- 保(9)都(11) 20

たろう
Taro

「た」に「ろう」を加えることで懐かしさを感じる響きに。ポピュラーな印象だが、覚えやすく愛着をもつ。

- 太(4)郎(9) 13
- 太(4)朗(10) 14
- 多(6)郎(9) 15
- 多(6)朗(10) 16
- 汰(7)郎(9) 16

だん
Dan

欧米の男性名や愛称としても馴染み深い響き。国際的な名前でありながら、潔い印象も兼ね備える。

- 団(6) 6
- 男(7) 7
- 段(9) 9
- 弾(12) 12
- 暖(13) 13
- 壇(16) 16

ちあき
Chiaki

知的な響きの「ち」と、明るい印象の「あき」の組み合わせが、健康的なイメージにつながる。

- 千(3)明(8) 11
- 千(3)秋(9) 12
- 千(3)亮(9) 12
- 千(3)晶(12) 15
- 千(3)陽(12) 15
- 知(8)明(8) 16

ちかお
Chikao

愛らしい響きの「ちか」に、古風な音の止め字「お」を添えて、親しみやすさをアピール。

- 進(11)夫(4) 15
- 近(7)雄(12) 19
- 周(8)雄(12) 20

ちかし
Chikashi

中性的な「ちか」の響きに、強い音の止め字「し」を添えることで、際立つ個性を感じさせる。

- 周(8)史(5) 13
- 盟(13)士(3) 16
- 誓(14)士(3) 17
- 千(3)佳(8)志(7) 18
- 愛(13)志(7) 20
- 誓(14)志(7) 21

ちから
Chikara

パワーそのものを感じる「力」と同音。強い響き。健康的で、たくましいイメージをアピールする。

- 力(2) 2
- 力(2)良(7) 9
- 近(7)良(7) 14
- 周(8)良(7) 15

ちさと
Chisato

中性的な印象のある響き。ミステリアスな雰囲気と、インテリジェンスを感じさせる。

- 千(3)里(7) 10
- 千(3)郷(11) 14
- 治(8)里(7) 15
- 知(8)聡(14) 22
- 千(3)佐(7)登(12) 22
- 智(12)聡(14) 26

ちはや
Chihaya

知性を感じさせる「ち」に、スピード感のある響きの「はや」を重ね、スマートな印象に。

- 千(3)早(6) 9
- 知(8)早(6) 14
- 智(12)快(7) 19
- 馳(13)早(6) 19
- 智(12)隼(10) 22
- 馳(13)隼(10) 23

ちはる
Chiharu

温かみを感じる「ち」と「はる」の響きから、柔和な印象に。松山千春(歌手)など。

- 千(3)治(8) 11
- 千(3)春(9) 12
- 千(3)晴(12) 15
- 知(8)陽(12) 20
- 智(12)陽(12) 24
- 智(12)遙(14) 26

ちひろ
Chihiro

ソフトな印象の「ち」に、温厚な響きの「ひろ」を組み合わせ、優しさと信頼感を感じる名前に。

- 千(3)大(3) 6
- 地(6)広(5) 11
- 千(3)浩(10) 13
- 千(3)尋(12) 15
- 千(3)寛(13) 16
- 知(8)比(4)呂(7) 19

ちゅうや
Chuya

古典的な響きの「ちゅう」と「や」が重なることで、神秘性を引き出す。中原中也(詩人)など。

- 中(4)也(3) 7
- 忠(8)也(3) 11
- 中(4)弥(8) 12
- 中(4)哉(9) 13
- 宙(8)矢(5) 13
- 宙(8)哉(9) 17

つかき
Tsukaki

愛らしい「つか」の響きに、気品ある「き」の音を合わせ、知性溢れるイメージをアピール。

- 司(5)希(7) 12
- 司(5)紀(9) 14
- 司(5)喜(12) 17
- 司(5)毅(15) 20
- 司(5)輝(15) 20
- 都(11)佳(8)希(7) 26

つかさ
Tsukasa

さわやかな「つか」と「さ」の組み合わせは、やわらかな雰囲気に。古代日本の官司の等級「司」と同音。

- 士(3) 3
- 司(5) 5
- 主(5) 5
- 典(8) 8
- 宰(10) 10
- 津(9)加(5)佐(7) 21

つぎし
Tsugishi

重厚に響く「つぎ」の音をすっきりとした音の止め子「し」が受け、音のバランスのとれた名前。

- 次(6)士(3) 9
- 亜(7)至(6) 13
- 嗣(13)之(3) 16
- 嗣(13)史(5) 18
- 継(13)志(7) 20

つきや
Tsukiya

神秘性のある「つき」の響きに、明るい印象の「や」を添えて、都会的なイメージに。

- 月(4)也(3) 7
- 月(4)矢(5) 9
- 月(4)弥(8) 12
- 津(9)希(7)也(3) 19
- 槻(15)哉(9) 24
- 都(11)貴(12)也(3) 26

つぐお
Tsuguo

古風な響きの「つぐ」と「お」の組み合わせは、心地よさと安定感を与える。

- 次(6)夫(4) 10
- 次(6)央(5) 11
- 継(13)男(7) 20
- 貢(10)雄(12) 22
- 嗣(13)雄(12) 25
- 継(13)緒(14) 27

つぐとし
Tsugutoshi

懐かしい響きの「つぐ」に、知的なイメージの「とし」をプラスすると、聡明さに満ちた名前に。

- 次(6)利(7) 13
- 次(6)敏(10) 16
- 続(13)利(7) 20
- 嗣(13)寿(7) 20
- 継(13)稔(13) 26
- 継(13)駿(17) 30

つぐはる
Tsuguharu

厳格な印象の「つぐ」の響きに、やわらかく響く「はる」を合わせ、絶妙な音のバランスのとれた名前に。

- 司(5)春(9) 14
- 次(6)春(9) 15
- 次(6)晴(12) 18
- 嗣(13)治(8) 21
- 継(13)栄(9) 22
- 嗣(13)温(12) 25

つとむ
Tsutomu

素直な印象の「つと」と「む」の響きが、勤勉な青年のイメージを彷彿させる。

- 努(7) 7
- 孜(7) 7
- 勉(10) 10
- 務(11) 11
- 勤(12) 12
- 努(7)武(8) 15

つなゆき
Tsunayuki

古風で落ち着いた響きの「つな」に、優雅な印象の「ゆき」を合わせ、気品溢れる、しっとりとした名前に。

- 綱(14)之(3) 17
- 紘(10)幸(8) 18
- 綱(14)弘(5) 19
- 綱(14)行(6) 20
- 紘(10)雪(11) 21
- 繫(19)幸(8) 27

つねお
Tsuneo

抑えた印象の響き「つね」と「お」の組み合わせは、何が起きても動じない強さを感じさせる。

恒男	9 7	16
常生	11 5	16
恆郎	9 9	18
経郎	11 9	20
庸郎	11 9	20
津祢生	9 9 5	23

つねと
Tsuneto

落ち着いた響きの「つね」に、きっぱりとした音の止め字「と」を合わせ、風格のある名前に。

恒斗	9 4	13
常斗	11 4	15
恒登	9 12	21
常征	11 8	19

つねひこ
Tsunehiko

貫禄のある響きの「つね」と、ソフトな印象の「ひこ」の響きを重ね、素直なイメージに。

恒彦	9 9	18
恆彦	9 9	18
常彦	11 9	20
庸彦	11 9	20
都祢彦	11 9 9	29

つねひろ
Tsunehiro

古風な響きの「つね」に、元気な響きの「ひろ」を合わせることで、穏やかな印象を醸し出す。

玄洋	5 9	14
恒広	9 5	14
常大	11 3	14
庸弘	11 5	16
常寛	11 13	24

つねみち
Tsunemichi

端然とした雰囲気の「つね」と「みち」の響きが、厳かなイメージを抱かせる。

唐充	10 6	16
恒通	9 10	19
常径	11 8	19
常通	11 10	21
常道	11 12	23
庸路	11 13	24

つねやす
Tsuneyasu

寛容な印象を受ける「つね」の響きと、温かみのある「やす」の響きから、威厳を感じる。

恆康	9 11	20
常泰	11 10	21
常恭	11 10	21
恒靖	9 13	22
恒寧	9 14	25
鎮泰	18 10	28

つねゆき
Tsuneyuki

悠然とした雰囲気の「つね」に、品格のある「ゆき」の響きを合わせ、スマートな印象に。

恒之	9 3	12
恒幸	9 8	17
常志	11 7	18
庸幸	11 8	19
常由紀	11 5 9	25

つゆき
Tsuyuki

風流で艶やかな印象を抱く「つゆ」と「き」の響きの組み合わせは、きりりとした粋な印象に。

津友紀	9 4 9	22
露希	21 7	28
都有樹	11 6 16	33
露輝	21 15	36
露樹	21 16	37

つよき
Tsuyoki

「つよ」と「き」のもつ力強い響きが、崇高な雰囲気を漂わせる。精神美を漂わせる「強気」と同音。

健希	11 7	18
強貴	11 12	23
豪基	14 11	25
健輝	11 15	26
強輝	11 15	26
豪貴	14 12	26

つよし
Tsuyoshi

「つよ」と「し」のもつパワフルな響きから、アクティブなイメージに。親しみやすく、呼びやすい。

侃	8	8
剛	10	10
強	11	11
豪	14	14
毅	15	15
強志	11 7	18

てつ
Tetsu

はっきりと耳に届く「てつ」の音が、元気な印象を与える。強靭な精神をイメージする「鉄」と同音。

哲	10	10
鉄	13	13
徹	15	15
天都	4 11	15

てつあき
Tetsuaki

「てつ」のもつ強い響きが、大人びた響きの「あき」と合わせることで、知性を醸し出す。

哲明	10 8	18
哲昭	10 9	19
哲章	10 11	21
鉄明	13 8	21
徹秋	15 9	24
徹章	15 11	26

てつお
Tetsuo

勇ましい「てつ」の響きに、和やかな響きの止め字「お」を添え、古風な日本男児の印象に。

哲夫	10 4	14
鉄夫	13 4	17
鉄央	13 5	18
哲勇	10 9	19
徹男	15 7	22
鉄雄	13 12	25

てつし
Tetsushi

「てつ」のもつ強さを、静かな響きの止め字「し」が受け止め、精神的な強さを醸し出す名前。

哲士	10 3	13
哲志	10 7	17
鉄史	13 5	18
鉄至	13 6	19
徹司	15 5	20
天通志	4 10 7	21

てつじ
Tetsuji

どちらもパワフルな印象の「てつ」と「じ」の響きを重ね、躍動的な印象に。

- 哲二（10・2）12
- 哲次（10・6）16
- 鉄司（13・5）18
- 鉄治（13・8）21
- 徹滋（15・12）27
- 徹爾（15・14）29

てつた
Tetsuta

重厚な響きの「てつ」と「た」の組み合わせが、生き生きとした印象を与える。

- 哲太（10・4）14
- 哲多（10・6）16
- 鉄太（13・4）17
- 徹太（15・4）19
- 哲泰（10・10）20
- 鉄汰（13・7）20

てつと
Tetsuto

パワーのある「てつ」に、落ち着きのある止め字「と」を添えて、力と知性をアピール。

- 哲斗（10・4）14
- 鉄斗（13・4）17
- 鉄徒（13・10）23
- 徹都（15・11）26
- 徹登（15・12）27

てつなり
Tetsunari

貫禄のある音の「てつ」に、懐かしさ漂う響きの「なり」を合わせ、品格を醸し出す。

- 哲也（10・3）13
- 哲斉（10・8）18
- 徹也（15・3）18
- 鉄成（13・6）19
- 鉄斉（13・8）21
- 哲就（10・12）22

てつはる
Tetsuharu

頼もしい「てつ」の響きに、優しい印象の「はる」をプラスし、エネルギッシュな印象に。

- 哲治（10・8）18
- 哲温（10・12）22
- 鉄春（13・9）22
- 鉄陽（13・12）25
- 徹晴（15・12）27

てつひろ
Tetsuhiro

たくましい音の「てつ」に、おおらかな印象の「ひろ」を組み合わせると、ダイナミックなイメージに。

- 哲広（10・5）15
- 哲央（10・5）15
- 徹大（15・3）18
- 徹弘（15・5）20
- 鉄浩（13・10）23
- 鉄尋（13・12）25

てっぺい
Teppei

勇壮なイメージ「てつ」と馴染み深い響きの「ぺい」の響きの組み合わせが、明朗活発な印象につながる。

- 哲平（10・5）15
- 哲兵（10・7）17
- 鉄平（13・5）18
- 鉄兵（13・7）20
- 徹平（15・5）20

てつや
Tetsuya

健康的な印象の「てつ」に、潔さを感じる「や」の響きを重ね、聡明さをアピール。

- 哲也（10・3）13
- 哲矢（10・5）15
- 鉄弥（13・8）21
- 鉄哉（13・9）22
- 徹冶（15・7）22
- 徹耶（15・9）24

てつろう
Tetsuro

オーソドックスな印象の「てつ」と「ろう」の響きが重なり、崇高なイメージに。

- 哲郎（10・9）19
- 哲朗（10・10）20
- 鉄郎（13・9）22
- 鉄朗（13・10）23
- 天通朗（4・10・10）24

てる
Teru

明るい様を意味する「照る」と同音。「て」と「る」の組み合わせが、かわいらしい響きに。英 告げる

- 映（9）9
- 晄（10）10
- 瑛（12）12
- 照（13）13
- 輝（15）15
- 耀（20）20

てるあき
Teruaki

華やかな印象の「てる」の響きに、抑えのきいた響き「あき」を合わせると、気高い印象に。

- 旭明（6・8）14
- 光明（6・8）14
- 輝旭（15・6）21
- 晃彰（10・14）24
- 暉章（13・11）24
- 輝陽（15・12）27

てるき
Teruki

「てる」のもつ中性的な響きが、元気な少年を思わせる「き」と重なり、朗らかな印象に。

- 照希（13・7）20
- 旭輝（6・15）21
- 瑛貴（12・12）24
- 輝喜（15・12）27
- 耀希（20・7）27
- 輝樹（15・16）31

てるひこ
Teruhiko

陽気な印象の「てる」に、ソフトな響きの「ひこ」を合わせると、のどかな印象を醸し出す。

- 光彦（6・9）15
- 旭彦（6・9）15
- 瑛彦（12・9）21
- 暉彦（13・9）22
- 輝彦（15・9）24
- 輝比古（15・4・5）24

てるひと
Teruhito

「てる」のもつ艶やかな響きを、安心感のある「ひと」が受け止め、個性的な印象に。

- 瑛人（12・2）14
- 照一（13・1）14
- 暉人（13・2）15
- 輝人（15・2）17
- 輝飛斗（15・9・4）28

てるみ
Terumi

「てる」のもつ気高い響きが、中性的な響きの「み」と組み合わせることで、神秘性を漂わせる。

- 瑛巳（12・3）15
- 照実（13・8）21
- 耀巳（20・3）23
- 輝海（15・9）24
- 耀実（20・8）28

てるや
Teruya

「てる」のもつ明快な印象の響きに、元気な音の止め字「や」を添えると、さわやかなイメージに。

名前	画数	総画
瑛也	12・3	15
瑛矢	12・5	17
輝矢	15・5	20
照弥	13・8	21
照哉	13・9	22
輝耶	15・9	24

てんち
Tenchi

ピュアな印象の「てん」の響きに、やすらぎのある「ち」の響きが重なり、柔和な雰囲気に。

名前	画数	総画
天千	4・3	7
天智	4・12	16
典知	8・8	16
展治	10・8	18
典智	8・12	20
展智	10・12	22

てるゆき
Teruyuki

健やかな響きの「てる」に、静を感じさせる「ゆき」の音が重なると、澄んだ印象に。

名前	画数	総画
映之	9・3	12
旭幸	6・8	14
陽行	12・6	18
照征	13・8	21
輝門	15・8	23
輝往	15・8	23

てんま
Temma

愛らしい「てん」の響きに、芯の強さを感じさせる止め字「ま」を添え、行動的、活動的な印象に。

名前	画数	総画
天万	4・3	7
天真	4・10	14
天馬	4・10	14
典眞	8・10	18
展満	10・12	22
展磨	10・16	26

とうい
Toi

やわらかな音の「とう」に、知的な響きの止め字「い」を添えて、穏やかな印象に。個性的な響きの名前。

名前	画数	総画
董伊	12・6	18
東惟	8・11	19
董威	12・9	21

てんしん
Tenshin

耳に優しく響く「てん」と「しん」の音が、穏やかな人柄を思わせる。天真爛漫の「天真」と同音。

名前	画数	総画
天心	4・4	8
天真	4・10	14
展心	10・4	14
天進	4・11	15
典信	8・9	17

てんむ
Temmu

「てん」と「む」のソフトな印象の響きが、気品を感じさせる名前。飛鳥時代の天皇「天武」と同音。

名前	画数	総画
天武	4・8	12
典武	8・8	16
天夢	4・13	17
展武	10・8	18

とうき
Toki

気品漂う「とう」と「き」の響きが重なると、格調高い印象の名前に。止め字「き」が、印象的に響く。

名前	画数	総画
冬貴	5・12	17
桐希	10・7	17
董希	12・7	19
東騎	8・18	26
透樹	10・16	26
橙貴	16・12	28

てんせい
Tensei

クリアな印象の「てん」と「せい」の響きが、精神の強さを感じさせる。神秘さを漂わせる「天声」と同音。

名前	画数	総画
天成	4・6	10
天青	4・8	12
天惺	4・12	16
典靖	8・13	21
典聖	8・13	21
展晴	10・12	22

てんりゅう
Tenryu

エキゾチックで流れるような「てん」と「りゅう」の響きは、パワー溢れるオリエンタルなイメージ。

名前	画数	総画
天流	4・10	14
天竜	4・10	14
典隆	8・11	19
展竜	10・10	20
展琉	10・11	21
典龍	8・16	24

とうご
Togo

気高い印象の「とう」の響きに、勇ましい響きの止め字「ご」を合わせると、存在感が増す名前に。

名前	画数	総画
冬吾	5・7	12
東吾	8・7	15
桐胡	10・9	19
董悟	12・10	22
橙吾	16・7	23
瞳吾	17・7	24

とうじ
Toji

二十四節気の一つである「冬至」と同音。「とう」が、止め字「じ」と合わさり、奥ゆかしさを醸し出す。

名前	画数	総画
冬二	5・2	7
灯示	6・5	11
冬嗣	5・13	18
桐治	10・8	18
藤次	18・6	24

column

名づけ体験談④　名前はよく調べるべし！

候補の名前のひとつに「蒼龍（そうりゅう）」がありました。が、よくよく調べてみると息子の予定日である12月8日は真珠湾攻撃の日で、奇襲をかけた母艦が「蒼龍」だとか。これはいかん！と却下になりました。なにはともあれ、予定日10日前に行きつけのお好み焼き屋に名づけの本を持ちこみ、なんだかんだと言い合ったのは楽しい思い出です。

どうし
Doshi

躍動感のある「どう」の響きに、穏やかな響きの止め字「し」を添えることで、個性的な印象に。

道至	12 6	18
童志	12 7	19
道志	12 7	19
憧史	15 5	20
憧司	15 5	20
瞳司	17 5	22

とうた
Tota

共にクリアな印象の「とう」と「た」の音を並べて、新鮮な響きに。止め字「た」が、跳ねるように響く。

透太	10 4	14
桐太	10 4	14
統太	12 4	16
董汰	12 7	19
登汰	12 7	19
藤汰	18 7	25

とうま
Toma

シャープな印象の「とう」にきっぱりとした止め字「ま」の響きを重ねて、情熱的なイメージに。

冬馬	5 10	15
桐真	10 10	20
董真	12 10	22
桃麻	10 11	21
兜馬	11 10	21
登満	12 12	24

とうや
Toya

どちらもストレートな印象の「とう」と「や」の響きから、前向きな印象を受ける。

十矢	2 5	7
桐也	10 3	13
冬哉	5 9	14
董也	12 3	15
透冶	10 7	17
統矢	12 5	17

とおる
Toru

清らかな響きの「とお」と「る」の組み合わせは、透きとおるようなピュアな印象に。

亨	7	7
利	7	7
通	10	10
透	10	10
貫	11	11
徹	15	15

ときお
Tokio

はっきりとした響きの「とき」に、落ち着いた止め字「お」の音を添え、古典的な力強さを感じる響きに。

季央	8 5	13
祝生	9 5	14
季牡	8 7	15
時生	10 5	15
時勇	10 9	19
登喜夫	12 12 4	28

ときひこ
Tokihiko

都会的な印象の「とき」に、ソフトな響きの「ひこ」を合わせると、繊細さを漂わせる名前に。

季彦	8 9	17
季比古	8 4 5	17
祝彦	9 9	18
祝比古	9 4 5	18
時彦	10 9	19
時比古	10 4 5	19

ときや
Tokiya

大人びた響きの「とき」に、元気に響く止め字「や」を添えると、健康的なイメージに。

季也	8 3	11
時矢	10 5	15
時哉	10 9	19
斗貴矢	4 12 5	21
透希矢	10 7 5	22
登輝也	12 15 3	30

とくま
Tokuma

たくましい印象の「とく」と「ま」の音の組み合わせは、好奇心の強さを感じさせる。

斗久真	4 3 10	17
篤万	16 3	19
徳真	14 10	24
徳馬	14 10	24
篤満	16 12	28
豊久満	13 3 12	28

とくや
Tokuya

古風な響きの「とく」に、明るい音の止め字「や」を添え、温かみのある、呼びやすい名前に。

十久矢	2 3 5	10
徳也	14 3	17
篤也	16 3	19
篤矢	16 5	21
徳弥	14 8	22
徳哉	14 9	23

としあき
Toshiaki

オーソドックスな印象の「とし」と「あき」の響きの組み合わせは、親しみを感じる。

利明	7 8	15
寿昭	7 9	16
利晃	7 10	17
俊明	9 8	17
敏彰	10 14	24
駿章	17 11	28

としお
Toshio

安定感のある「とし」と「お」の音を組み合わせると、懐かしさを漂わせる、親しみのある名前に。

俊夫	9 4	13
寿男	7 7	14
年勇	6 9	15
敏央	10 5	15
駿央	17 5	22
登志央	12 7 5	24

としかず
Toshikazu

和風な響きの「とし」に、さわやかな響きの「かず」の組み合わせは、和やかな雰囲気に。

稔一	13 1	14
亨和	7 8	15
利知	7 8	15
寿和	7 8	15
駿和	17 8	25

としき
Toshiki

理知的なイメージの「とし」に、きっぱりとした響きの止め字「き」を添え、さわやかなイメージの響きに。

寿来	7 7	14
利紀	7 9	16
俊暉	9 13	22
稔基	13 11	24
俊樹	9 16	25
敏輝	10 15	25

としぞう
Toshizo

知性を感じさせる「とし」の響きに、和の印象が強い「ぞう」を合わせると、勢いのある響きの名前に。

利三	7 3	10
敏造	10 10	20
寿蔵	7 15	22
稔造	13 10	23
俊蔵	9 15	24
駿造	17 10	27

としなお
Toshinao

落ち着きある音の「とし」に、温かみのある響きの「なお」を重ねると、柔和なイメージに。

- 利7直8 15
- 俊9直8 17
- 敏10尚8 18
- 俊9奈8生5 22
- 駿17尚8 25

としひこ
Toshihiko

スマートな印象の響きをもつ「とし」に、優しい「ひこ」の響きを重ね、健やかな印象に。

- 寿7彦9 16
- 俊9彦9 18
- 敏10彦9 19
- 駿17彦9 26
- 登12志7彦9 28

としひさ
Toshihisa

「とし」の穏やかな響きに、「ひさ」のもつ情緒ある響きが重なると、凛々しさが増す。

- 寿7久3 10
- 利7永5 12
- 敏10久3 13
- 俊9尚8 17
- 稔13尚8 21
- 稔13弥8 21

としひろ
Toshihiro

素直さを感じる「とし」の響きに、おおらかな「ひろ」の響きを重ねると、潔い印象に。

- 利7大3 10
- 利7弘5 12
- 俊9洋9 18
- 駿17大3 20
- 敏10博12 22
- 駿17浩10 27

としまさ
Toshimasa

風格漂う「とし」とやわらかい響きの「まさ」を組み合わせると、古典的な男らしさを醸し出す。

- 利7正5 12
- 寿7匡6 13
- 俊9正5 14
- 寿7昌8 15
- 敏10政9 19
- 敏10雅13 23

としみ
Toshimi

耳に馴染む「とし」の響きと、中性的で優しい音の止め字「み」の組み合わせは、親近感をもつ響き。

- 年6巳3 9
- 稔13巳3 16
- 俊9実8 17
- 敏10海9 19
- 駿17実8 25
- 都11志7実8 26

としみち
Toshimichi

細やかな「とし」の響きに、凛とした音の「みち」が重なり、澄んだ印象の名前に。

- 利7充6 13
- 俊9充6 15
- 利7通10 17
- 俊9満12 21
- 敏10理11 21
- 稔13道12 25

としや
Toshiya

清々しさを感じる「とし」と「や」の響きの組み合わせは、はつらつとしたイメージに。

- 利7也3 10
- 寿7矢5 12
- 俊9弥8 17
- 敏10耶9 19
- 稔13哉9 22
- 登12志7也3 22

としゆき
Toshiyuki

凛々しさを感じる「とし」と「ゆき」の響きの組み合わせは、きりりとした印象に。

- 俊9之3 12
- 利7行6 13
- 敏10之3 13
- 寿7幸8 15
- 敏10路13 23
- 駿17行6 23

としろう
Toshiro

すっきりとした「とし」と、古典的な「ろう」の響きの組み合わせは、清潔感を醸し出す。

- 寿7郎9 16
- 利7朗10 17
- 俊9朗10 19
- 稔13郎9 22
- 都11司5郎9 25
- 登12志7朗10 29

とむ
Tomu

欧米でも名前や愛称として使用されている。耳に馴染む、ポップな響き。終わりの「む」が印象的。

- 富12 12
- 斗4夢13 17
- 渡12武8 20
- 登12夢13 25

ともあき
Tomoaki

明るい印象の「とも」と「あき」の響きの組み合わせは、やわらかく響き、聡明な印象につながる。

- 友4明8 12
- 朋8昭9 17
- 知8晃10 18
- 朋8陽12 20
- 朋8瑛12 20
- 智12章11 23

ともあつ
Tomoatsu

元気な印象の「とも」と「あつ」の風格ある響きの組み合わせは、明朗なイメージに。

- 友4厚9 13
- 朋8敦12 20
- 朋8温12 20
- 智12厚9 21
- 知8篤16 24
- 朝12篤16 28

ともお
Tomoo

温もりある「とも」の響きに、日本男児を思わせる止め字「お」を添え、重厚感ある響きに。

- 友4生5 9
- 伴7夫4 11
- 知8央5 13
- 朝12生5 17
- 智12男7 19
- 朋8緒14 22

ともかず
Tomokazu

癒しを与えるような響きの「とも」とさわやかな「かず」の響きの組み合わせは、やすらぎを与える。

- 朋8一1 9
- 友4和8 12
- 智12一1 13
- 知8寿7 15
- 朝12和8 20
- 智12和8 20

ともき
Tomoki

心温まる「とも」の響きに、品を感じさせる「き」の音がプラスされ、崇高なイメージに。

友希	4・7	11
知基	8・11	19
友輝	4・15	19
朋貴	8・12	20
智喜	12・12	24
朝樹	12・16	28

ともちか
Tomochika

中性的な印象もある「とも」と「ちか」の組み合わせは、印象的で、安堵感を与える響き。

友周	4・8	12
知近	8・7	15
朋近	8・7	15
智周	12・8	20
倶親	10・16	26

とものぶ
Tomonobu

「とも」と「のぶ」のもっている調和のとれたやわらかい響きが重なり、ホットな印象に。

友伸	4・7	11
与信	3・9	12
朋延	8・8	16
伴悦	7・10	17
朝信	12・9	21
智暢	12・14	26

とものり
Tomonori

平穏な印象の「とも」の響きに、はっきりとした音「のり」をつなげ、寛容な印象を受ける。

友典	4・8	12
公紀	4・9	13
比規	4・11	15
朋法	8・8	16
知徳	8・14	22
智教	12・11	23

ともはる
Tomoharu

伸びやかな印象の「とも」と、やわらかく響く「はる」の組み合わせは、包容力を醸し出す名前。

友治	4・8	12
友栄	4・9	13
知晴	8・12	20
朋陽	8・12	20
智春	12・9	21
朝陽	12・12	24

ともひさ
Tomohisa

愛らしい「とも」の響きに、落ち着きを感じる「ひさ」を重ねると、のびのびとした印象に。

友久	4・3	7
友永	4・5	9
伴久	7・3	10
朝久	12・3	15
朋恒	8・9	17
智寿	12・7	19

ともひろ
Tomohiro

穏健な印象の「とも」と、伸びのある響きの「ひろ」の組み合わせは、心の豊かさを感じさせる名前に。

友大	4・3	7
友広	4・5	9
伴弘	7・5	12
倶宏	10・7	17
知浩	8・10	18
朋尋	8・12	20

ともみ
Tomomi

かわいらしい「とも」と「み」の響きは、中性的な印象でありながら、リベラルなイメージも。

知実	8・8	16
共望	6・11	17
朋海	8・9	17
具視	8・11	19
智実	12・8	20
朝望	12・11	23

ともや
Tomoya

ほのぼのとした「とも」に、明るい音の止め字「や」を添えて、フレッシュな印象に。

友也	4・3	7
友弥	4・8	12
伴矢	7・5	12
共哉	6・9	15
智也	12・3	15
朝治	12・7	19

とよみ
Toyomi

はっきりとした響きの「とよ」に、中性的で、やわらかい止め字「み」を添え、まとまりのある響きに。

豊三	13・3	16
豊実	13・8	21
豊弥	13・8	21
豊海	13・9	22
豊穂	13・15	28

ないき
Naiki

ギリシャ神話の勝利の女神「Nike（ニケ）」の英語読みと同音。個性的で洋風な響きの名前。

乃希	2・7	9
那生	7・5	12
乃輝	2・15	17
那伊生	7・6・5	18
奈伊暉	8・6・13	27

ないと
Naito

なめらかに響く「ない」の音に、きっぱりとした止め字「と」が続き、心地よい流れの名前。英 騎士

乃斗	2・4	6
奈伊斗	8・6・4	18
那偉人	7・12・2	21

なおあき
Naoaki

穏やかに、やわらかく響く「なお」に、明るい印象の「あき」を組み合わせ、素直な印象の名前に。

直明	8・8	16
直昭	8・9	17
尚秋	8・9	17
尚晟	8・10	18
直彬	8・11	19
直瑛	8・12	20

なおかず
Naokazu

素直な響きの「なお」に、落ち着きのある「かず」の音を加え、安心感をプラス。聡明さ漂う名前。

直一	8・1	9
直和	8・8	16
尚順	8・12	20
尚数	8・13	21
奈緒和	8・14・8	30

なおき
Naoki

優しく響く「なお」と、明快な音の止め字「き」が好相性で、温厚で器の大きさを醸し出す名前。

眞10己3　13
尚8紀9　17
真10希7　17
直8輝15　23
尚8毅15　23
直8樹16　24

なおたろう
Naotaro

「なお」の柔和さに、伝統的な「たろう」を添え、親しみやすい印象に。森山直太朗（歌手）など。

尚8太4郎9　21
治8太4郎9　21
直8太4朗10　22
直8多6郎9　23
治8多6朗10　24
尚8汰7朗10　25

なおと
Naoto

「なお」のやわらかく純朴な音に、はっきりとした「と」の音が凛々しく響く。竹中直人（俳優）など。

直8人2　10
直8斗4　12
那7音9　16
尚8都11　19
夏10音9　19
奈8緒14人2　24

なおはる
Naoharu

温もりのある「なお」に添えた、くせのない「はる」の音が明るく響く。開放的な印象の名前。

直8春9　17
尚8陽12　20
尚8晴12　20
名6緒14春9　29

なおや
Naoya

穏やかな空気をまとう「なお」の音に、止め字「や」が無邪気な少年らしさを添える。穏和な響き。

直8也3　11
直8弥8　16
尚8夜8　16
奈8央5也3　16
尚8哉9　17

ながひろ
Nagahiro

落ち着きのある響きの「なが」と、心豊かな人柄を思わせる「ひろ」との組み合わせ。懐の深いイメージ。

長8広5　13
長8弘5　13
眺11大3　14
永5尋12　17
永5廣15　20

なぎさ
Nagisa

独特の重厚感をもつ響き。力強くもさわやかな印象。清々しい、波打ちぎわをイメージする「渚」と同音。

汀5　5
渚11　11
凪6早6　12
汀5紗10　15
和8沙7　15
渚11左5　16

なぎと
Nagito

心地よい重みを放つ「なぎ」の響きと、「と」の寛大さが相まって、人情味のある温かみに満ちた名前に。

凪6人2　8
汀5斗4　9
渚11斗4　15
和8杜7　15
凪6翔12　18
渚11都11　22

なごみ
Nagomi

物柔らかなまとまりをもった、ほのぼのとしたイメージの名前。ソフトな安心感を与える響き。

和8　8
和8己3　11
和8水4　12
な5ご4み3　12
和8深11　19
奈8胡9実8　25

なつお
Natsuo

情熱的な「なつ」の音に、エネルギッシュな止め字「お」を添えることで、堂々とした男気溢れる印象に。

夏10央5　15
夏10生5　15
夏10雄12　22
奈8都11夫4　23
奈8津9雄12　29

ななき
Nanaki

愛らしく無邪気な「なな」を、「き」の鋭さがしっかり受け止めた、気さくな中にも気品漂う響き。

七2季8　10
七2輝15　17
七2樹16　18
夏10々3生5　18
那7々3基11　21
奈8々3貴12　23

ななみ
Nanami

穏和な音の重なりが、ゆったりとした心地よいリズムを生む。静かで優しい流れを感じさせる。

七2己3　5
七2実8　10
七2海9　11
名6波8　14
那7波8　15
菜11々3実8　22

なみと
Namito

穏やかな空気をまとう「なみ」の音と、意志の強さを感じさせる「と」が美しく調和する名前。

浪10斗4　14
成6実8人2　16
波8音9　17
浪10杜7　17
波8都11　19
南9海9斗4　22

column

名づけ体験談⑤　最終決定は「顔」を見て

海のように深い懐を持った優しい人になってほしいという願いを込めて、「碧人（あおと）」と名づけました。濃い「碧（あお）」色は海のイメージです。生まれる前に決めてはいましたが、最終的には「顔」を見て決定。色白で優しい顔つきだったので名前も優しい漢字にしましたが、もし強そうだったり古風な雰囲気の子だったりしたら違う名前をつけたと思います。

なゆた
Nayuta

極めて大きな数量を意味する「那由他」と同音。3音がゆったりとしたリズムを出し、温厚な印象の名前に。

- 奈由太（8・5・4）17
- 那由多（7・5・6）18
- 奈弓汰（8・3・7）18
- 那由汰（7・5・7）19
- 菜由太（11・5・4）20

なりひで
Narihide

日本的な精かんさを感じる「なり」の音に、きりりとした「ひで」が寄り添い、たくましい印象。

- 也英（3・8）11
- 也日出（3・4・5）12
- 成秀（6・7）13
- 成英（6・8）14
- 作英（7・8）15
- 斉秀（8・7）15

なると
Naruto

芯の強さを感じさせる「なる」に、安定感のある止め字「と」を添え、和風なまとまりをもたせる。

- 成斗（6・4）10
- 也音（3・9）12
- 鳴人（14・2）16
- 鳴門（14・8）22

なるひろ
Naruhiro

「なる」の明朗な響きと、「ひろ」のおおらかさとを組み合わせ、スケールの大きな人柄を思わせる。

- 成弘（6・5）11
- 成洋（6・9）15
- 鳴祐（14・9）23
- 為廣（9・15）24
- 鳴尋（14・12）26

なるみ
Narumi

陽気に鳴り響く「なる」の音を、「み」が朗らかに包み込む。温もりを感じさせる柔和な印象。

- 成実（6・8）14
- 成海（6・9）15
- 那留巳（7・10・3）20
- 奈留己（8・10・3）21
- 鳴海（14・9）23
- 鳴美（14・9）23

にいお
Niio

新鮮な響きの「にい」が穏やかさを醸し出し、馴染み深い音の止め字「お」が、しっかりとまとめる。

- 新夫（13・4）17
- 新生（13・5）18
- 新央（13・5）18
- 新青（13・8）21
- 新音（13・9）22
- 新雄（13・12）25

にき
Niki

スタイリッシュな「に」の音と、クールな「き」の音。現代的な音同士を組み合わせた、新鮮な名前。

- 仁季（4・8）12
- 二貴（2・12）14
- 丹輝（4・15）19
- 爾生（14・5）19
- 仁樹（4・16）20
- 爾希（14・7）21

にしき
Nishiki

イ段の音が3拍連なり、聡明で研ぎ澄まされた印象の名前に。和の情緒漂う、美しい響き。

- 丹志己（4・7・3）14
- 錦（16）16
- 西稀（6・12）18
- 仁志輝（4・7・15）26

にじのすけ
Nijinosuke

神秘的な印象の「にじ」の音に、「すけ」が日本古来の凛々しさを表現する。美しく謙虚なイメージ。

- 虹之介（9・3・4）16
- 虹ノ甫（9・1・7）17
- 虹乃佑（9・2・7）18
- 虹之助（9・3・7）19
- 虹乃輔（9・2・14）25

にすけ
Nisuke

ほっこりとした印象の「に」に、古風で、落ち着いた響きの「すけ」を合わせ、風情を感じさせる名前に。

- 二助（2・7）9
- 仁丞（4・6）10
- 弐丞（6・6）12
- 仁輔（4・14）18
- 丹輔（4・14）18
- 爾介（14・4）18

にちか
Nichika

親しみを覚える「ちか」に、「に」が個性的なアクセントを添える。明るく弾ける、さわやかな響き。

- 日架（4・9）13
- 日夏（4・10）14
- 二誓（2・14）16
- 二千翔（2・3・12）17
- 二智可（2・12・5）19

にひろ
Nihiro

謙虚な印象の「に」の音に、「ひろ」がおおらかな広がりをみせる。ほほえましく穏やかな響き。

- 丹弘（4・5）9
- 二尋（2・12）14
- 弐洋（6・9）15
- 弐浩（6・10）16
- 二廣（2・15）17
- 爾宏（14・7）21

column

「初節句」は家族みんなでお祝い

赤ちゃんにとっての初めての節句を「初節句」といい、健やかな成長を願ってお祝いする日となります。男の子の場合、5月5日の端午の節句（こどもの日）で、通常1か月前からこいのぼりを飾ります。地域差はありますが、こいのぼりは母方の実家から贈るのが古い習わしです。当日は、家族や近しい人も招き、カツオのたたき、ちまき、柏餅などを用意して、いただきます。

ねいと
Neito

斬新な「ねい」の音が個性を発揮し、流行の止め字「と」が穏やかに受け止める。調和のとれた名前。

寧14人2 16
寧14斗4 18
音9依8人2 19
祢9衣6都11 26

ねお
Neo

「ね」の近代的な響きが、「お」の洒脱な音と合わさり、スマートで都会的なイメージを生む。

祢9央5 14
音9央5 14
祢9音9 18
寧14旺8 22
寧14音9 23

ねろ
Nero

「ね」と「ろ」。洋風な音同士を重ねて、モダンな印象の響きに。独創的な印象の名前。

祢9炉8 17
寧14呂7 21
音9路13 22
音9櫓19 28

ねんじ
Nenji

明るい響きの「ねん」に、きりっとした潔さをもつ「じ」の音を合わせ、落ち着いた、誠実さ漂う響きに。

念8司5 13
稔13二2 15
念8治8 16
年6慈13 19
稔13時10 23

のあ
Noa

「の」と「あ」。柔軟な音を組み合わせ、現代的な雰囲気に。ノアの方舟の「ノア」と同音。

乃2亜7 9
乃2阿8 10
之3庵11 14
乃2愛13 15
能10吾7 17
野11亜7 18

のう
No

「の」の和やかな響きに添えた、独創的な「う」の音が、強いインパクトと個性を表現している。

王4 4
応7 7
乃2宇6 8
乃2有6 8
能10 10
納10 10

のぞむ
Nozomu

前向きな強い意志を感じさせる、凛とした印象の名前。すんなりと耳に入る、まとまりのある響き。

希7 7
望11 11
臨18 18
望11武8 19
望11夢13 24

のぶき
Nobuki

ゆったりと温厚な印象の「のぶ」に、きっぱりとした響きの止め字「き」を添え、メリハリのある名前に。

信9希7 16
延8軌9 17
伸7喜12 19
暢14生5 19
伸7樹16 23
展10輝15 25

のぶしげ
Nobushige

親しみやすい「しげ」の音が、「のぶ」の穏やかな温もりを強調する。頼りがいのある男らしい名前。

伸7重9 16
延8重9 17
展10茂8 18
允4繁16 20
暢14茂8 22
信9繁16 25

のぶたけ
Nobutake

大胆な「のぶ」の音と、「たけ」の精かんな響きが相まって、エネルギッシュで勢いのある印象に。

延8丈3 11
伸7武8 15
伸7岳8 15
展10長8 18
信9剛10 19
暢14竹6 20

のぶてる
Nobuteru

風格のある「のぶ」の音に、はつらつとした「てる」の音が重なりあい、元気なイメージを醸し出す。

允4照13 17
宣9瑛12 21
延8照13 21
展10瑛12 22
伸7輝15 22
信9輝15 24

のぶとし
Nobutoshi

温かい雰囲気の「のぶ」に、控えめな響きの「とし」を添えて。朗らかで人当たりの良い人物を思わせる。

延8年6 14
宜8俊9 17
信9俊9 18
信9敏10 19
信9慧15 24
暢14歳13 27

のぶはる
Nobuharu

澄みきった明るい「はる」が、重厚な「のぶ」の音に連なる。冷静さと愛らしさを兼ね備えた響き。

延8治8 16
伸7春9 16
宣9春9 18
宣9晴12 21
信9陽12 21
暢14陽12 26

のぶや
Nobuya

「のぶ」のゆったりとした流れに、真摯なイメージの止め字「や」が重なり、品の良いまとまりを生む。

- 延(8)也(3) 11
- 信(9)也(3) 12
- 伸(7)弥(8) 15
- 宣(9)哉(9) 18
- 展(10)耶(9) 19
- 暢(14)矢(5) 19

のぼる
Noboru

前向きな気持ちが漂う、意志の強さを感じさせる響き。さわやかで好感度が高く、馴染み深い名前。

- 昇(8) 8
- 登(12) 12
- 暢(14) 14
- 徳(14) 14
- 昇(8)琉(11) 19
- 徳(14)留(10) 24

のりあき
Noriaki

「あき」の明るい柔和さが、おっとり響く「のり」に連なった、打ち解けた印象のソフトな名前。

- 典(8)明(8) 16
- 紀(9)信(9) 18
- 規(11)秋(9) 20
- 則(9)彰(14) 23
- 徳(14)亮(9) 23
- 憲(16)昭(9) 25

のりお
Norio

ほっとするような温かい「のり」に、古風な止め字「お」が力強く響き、バランスよく共鳴する。

- 紀(9)夫(4) 13
- 典(8)生(5) 13
- 則(9)郎(9) 18
- 則(9)雄(12) 21
- 範(15)男(7) 22

のりき
Noriki

優しい「のり」の響きに、「き」の切れの良さが合わさって、ほのぼのとしたイメージを与える名前に。

- 矩(10)己(3) 13
- 典(8)記(10) 18
- 憲(16)己(3) 19
- 法(8)輝(15) 23
- 憲(16)基(11) 27
- 規(11)樹(16) 27

のりたか
Noritaka

温もりのある「のり」に、パワフルな「たか」の音を加える。柔和ながらも誇りの高さを感じさせる。

- 紀(9)孝(7) 16
- 法(8)高(10) 18
- 則(9)崇(11) 20
- 徳(14)尭(8) 22
- 憲(16)貴(12) 28
- 典(8)鷹(24) 32

のりたけ
Noritake

優しく響く「のり」に、厳格な印象の「たけ」を合わせ、バランスが良い名前に。木梨憲武（芸人）など。

- 法(8)武(8) 16
- 則(9)武(8) 17
- 紀(9)剛(10) 19
- 典(8)貴(12) 20
- 憲(16)武(8) 24
- 憲(16)岳(8) 24

のりと
Norito

「のり」の柔軟さが、知的な印象の止め字「と」と響き合う、心地よい名前。友好的な穏やかさが好印象。

- 礼(5)人(2) 7
- 規(11)斗(4) 15
- 紀(9)徒(10) 19
- 憲(16)斗(4) 20
- 則(9)都(11) 20
- 徳(14)登(12) 26

のりまさ
Norimasa

穏和な「のり」の音に、落ち着きを感じさせる「まさ」がよく合う。人情味ある人柄を思わせる。

- 典(8)允(4) 12
- 法(8)匡(6) 14
- 則(9)政(9) 18
- 範(15)正(5) 20
- 典(8)雅(13) 21
- 徳(14)昌(8) 22

のりやす
Noriyasu

温厚な響きの「のり」を、「やす」の優しさがふんわりと包み込む。悠然とした印象。

- 典(8)安(6) 14
- 紀(9)泰(10) 19
- 則(9)康(11) 20
- 典(8)靖(13) 21
- 規(11)恭(10) 21
- 憲(16)保(9) 25

のりゆき
Noriyuki

やわらかい響きの「のり」に、クラシカルな「ゆき」を添えて。洗練された雰囲気を強調させている。

- 紀(9)之(3) 12
- 典(8)幸(8) 16
- 則(9)志(7) 16
- 紀(9)雪(11) 20
- 範(15)行(6) 21
- 憲(16)倖(10) 26

のりよし
Noriyoshi

気さくな響きの「のり」に連ねた、心豊かな人柄を思わせる「よし」が、親しみやすい魅力をより深める。

- 礼(5)佳(8) 13
- 矩(10)由(5) 15
- 訓(10)吉(6) 16
- 法(8)義(13) 21
- 徳(14)良(7) 21
- 典(8)禎(13) 21

のわ
Nowa

「の」と「わ」という、意外性のある新鮮な組み合わせ。調和のとれた、美しい雰囲気を奏でる。

- 乃(2)和(8) 10
- 乃(2)輪(15) 17
- 野(11)和(8) 19
- 埜(11)輪(15) 26
- 能(10)環(17) 27

column

名づけ体験談⑥　ママには内緒？

名づけは夫に頼んでいました。妊娠6～7か月になって「名前は決まった？」と聞いても「いや～」と答えていたのに対し、夫の友人から聞かれると「翔太か大和」と答えたので「はっ??」とびっくりしました。夫の頭の中にはずっと候補があったみたいです。その2つのうち、生まれた顔を見て「翔太（しょうた）」に決めました。“元気な感じ”をイメージしています。

ばく
Baku

印象に強く残る「ば」と「く」の響きから、個性的なイメージを抱く。想像上の生物「獏」と同音。

- 麦 7 　7
- 芭 7 久 3 　10
- 幕 13 　13
- 莫 10 　10
- 博 12 　12
- 漠 13 　13

はくと
Hakuto

透明感のある音の「はく」に、清涼感のある止め字「と」を添え、紳士的な男性を思わせる名前に。

- 珀 9 斗 4 　13
- 博 12 斗 4 　16
- 船 11 杜 7 　18
- 博 12 人 2 　14
- 拍 8 音 9 　17
- 船 11 都 11 　22

はじめ
Hajime

はっきりとした響きをつなげることで、フレッシュな印象に。物事の起こりを意味する「始め」と同音。

- 一 1 　1
- 元 4 　4
- 創 12 　12
- 大 3 　3
- 初 7 　7
- 肇 14 　14

はやお
Hayao

速度を感じる「はや」に、古風な音の「お」を重ねると、俊敏さが際立つ。宮崎駿（映画監督）など。

- 迅 6 夫 4 　10
- 隼 10 生 5 　15
- 早 6 雄 12 　18
- 速 10 夫 4 　14
- 駿 17 　17
- 逸 11 男 7 　18

はやき
Hayaki

軽やかな響きの「はや」と、きっぱりとした響きの止め字「き」の組み合わせは、頭脳明晰な印象に。

- 隼 10 希 7 　17
- 早 6 輝 15 　21
- 駿 17 基 11 　28
- 速 10 紀 9 　19
- 逸 11 喜 12 　23
- 駿 17 喜 12 　29

はやた
Hayata

知性漂う「はや」に、元気な響きの止め字「た」を添え、親近感をもつ響きに。

- 早 6 太 4 　10
- 駿 17 太 4 　21
- 駿 17 汰 7 　24
- 羽 6 矢 5 太 4 　15
- 杷 8 耶 9 多 6 　23

はやと
Hayato

シャープな響きの「はや」に、明るい音の止め字「と」を添えると、健康的な印象につながる。

- 隼 10 　10
- 剣 10 人 2 　12
- 颯 14 斗 4 　18
- 勇 9 人 2 　11
- 波 8 也 3 人 2 　13
- 駿 17 斗 4 　21

はやま
Hayama

流れを感じる「はや」の響きに、たくましく響く止め字「ま」を添えると、アクティブな印象に。

- 早 6 麻 11 　17
- 隼 10 馬 10 　20
- 羽 6 矢 5 真 10 　21
- 隼 10 真 10 　20
- 逸 11 真 10 　21
- 駿 17 磨 16 　33

はりま
Harima

はっきりとした音を重ね、力強い印象に。兵庫県南西部にかつて存在した地名「播磨」と同音。

- 張 11 真 10 　21
- 波 8 里 7 真 10 　25
- 播 15 馬 10 　25
- 播 15 磨 16 　31

はる
Haru

温かく、ほのぼのとしたイメージの「春」と同音。温もりのある「は」と「る」の響きが、心地よく響く。

- 春 9 　9
- 晴 12 　12
- 春 9 瑠 14 　23
- 陽 12 　12
- 葉 12 留 10 　22
- 晴 12 瑠 14 　26

はるあき
Haruaki

やわらかい響きの「はる」に、明るい「あき」の音を重ね、穏やかな印象の響きに。

- 春 9 明 8 　17
- 遥 14 映 9 　23
- 晴 12 暁 12 　24
- 陽 12 明 8 　20
- 榛 14 明 8 　22

はるお
Haruo

郷愁を誘う「はる」と「お」の響きの組み合わせは、ノスタルジックな雰囲気を漂わせる。

- 春 9 夫 4 　13
- 晴 12 央 5 　17
- 遥 14 緒 14 　28
- 治 8 男 7 　15
- 晴 12 男 7 　19

はるか
Haruka

うららかな印象の「はる」と「か」の響きの組み合わせは、朗らかな雰囲気を醸し出す。

- 永 5 　5
- 遥 14 　14
- 春 9 河 8 　17
- 悠 11 　11
- 大 3 歌 14 　17
- 遥 14 可 5 　19

はるかず
Harukazu

優しい響きの「はる」と「かず」の組み合わせは、温かい人柄を思わせる。

- 春 9 一 1 　10
- 晴 12 一 1 　13
- 遥 14 紀 9 　23
- 治 8 主 5 　13
- 陽 12 和 8 　20
- 晴 12 数 13 　25

はるき
Haruki

さわやかな「はる」と「き」の組み合わせは、耳に心地よい響きを残す。村上春樹（作家）など。

治希	8・7	15
晴生	12・5	17
陽気	12・6	18
日輝	4・15	19
明喜	8・12	20
春樹	9・16	25

はるく
Haruku

健やかな「はる」の響きに、すっきりとした音の「く」を合わせ、新鮮な印象に。

春久	9・3	12
遙久	14・3	17
春駒	9・15	24
晴駆	12・14	26

はるたか
Harutaka

明朗な印象を受ける「はる」と「たか」の響きを組み合わせ、気品を漂わせる。

遥孝	12・7	19
治貴	8・12	20
春隆	9・11	20
晴空	12・8	20
悠高	11・10	21
陽飛	12・9	21

はると
Haruto

朗らかな印象の「はる」の響きに、元気な男の子を印象付ける「と」を重ね、きりっとした印象に。

治人	8・2	10
春人	9・2	11
春斗	9・4	13
温人	12・2	14
玄登	5・12	17
明音	8・9	17

はるのぶ
Harunobu

陽気な響きの「はる」に、優しさを感じる「のぶ」の音を重ねると、ポジティブな印象に。

春伸	9・7	16
治信	8・9	17
春延	9・8	17
陽悦	12・10	22
晴経	12・11	23
晴暢	12・14	26

はるひ
Haruhi

温かな印象を漂わせる「はる」と、耳に印象的に残る音の「ひ」を組み合わせ、安心感を与える。

春日	9・4	13
陽日	12・4	16
遙日	14・4	18
陽飛	12・9	21
悠陽	11・12	23
晴陽	12・12	24

はるひこ
Haruhiko

やわらかく響く「はる」と「ひこ」の響きの組み合わせは、清々しいイメージにつながる。

治彦	8・9	17
春彦	9・9	18
陽比己	12・4・3	19
悠彦	11・9	20
温彦	12・9	21
遙彦	14・9	23

はるひさ
Haruhisa

穏やかな「はる」の響きに、知的な「ひさ」の響きを組み合わせ、清潔感を印象付ける。

春久	9・3	12
温久	12・3	15
春恒	9・9	18
陽寿	12・7	19
晴尚	12・8	20
陽悠	12・11	23

はるま
Haruma

おおらかな「はる」に、パワーのある「ま」を合わせ、きっぱりとした響きに。三浦春馬（俳優）など。

治馬	8・10	18
春馬	9・10	19
春真	9・10	19
悠真	11・10	21
温摩	12・15	27
晴磨	12・16	28

はるや
Haruya

柔和な「はる」の響きに、勇ましく響く止め字「や」を添え、温厚で、頼りがいのある印象に。

春也	9・3	12
華也	10・3	13
悠也	11・3	14
治哉	8・9	17
春弥	9・8	17
晴夜	12・8	20

ばん
Ban

「ば」と「ん」を合わせ、弾けるような勢いのある響きに。「ん」で終わることで、きっぱりとまとまる。

判	7	7
伴	7	7
萬	12	12
磐	15	15
蕃	15	15
播	15	15

ばんしょう
Bansyo

印象深い「ばん」と「しょう」の響きは、風格を漂わせる。あらゆる物事を意味する「万象」と同音。

万昌	3・8	11
万勝	3・12	15
伴章	7・11	18
絆将	11・10	21
萬翔	12・12	24
萬晶	12・12	24

ばんり
Banri

潔い「ばん」と、知性漂う「り」の組み合わせは、エキゾチックな響き。万里の長城（建築物）など。

万里	3・7	10
万哩	3・10	13
絆吏	11・6	17
伴理	7・11	18
萬利	12・7	19
萬理	12・11	23

column

名づけ体験談⑦　お腹を蹴って返事？

世界の舞台で、自分の信じたことを成し遂げてもらいたいという思いを込めて「恒生（こうせい）」と名づけました。また、自ら輝く「恒星」の音ともかけています。まだ、いくつかの候補があり迷っていた時期に、この名前をお腹に呼びかけた時だけお腹を蹴って反応してくれたので、「この名前が気に入ってくれたのかな？」と思い、決定に至りました。

ひかり
Hikari

華やかな印象の響き「ひか」と「り」が重なり、アクティブなイメージに。太田光（芸人）など。

光	6	6
景	12	12
暉	13	13
曜	18	18
燿	18	18
耀	20	20

ひかる
Hikaru

主張のある「ひか」と「る」の響きが個性を放つ。華やかで、勢いを感じる「光る」と同音。

光	6	6
晃	10	10
晄	10	10
輝	15	15
光瑠	6・14	20
輝瑠	15・14	29

ひさお
Hisao

抑制のきいた「ひさ」と「お」の響きの組み合わせは、慎ましさと清潔感を印象付ける。

長生	8・5	13
尚生	8・5	13
寿男	7・7	14
日佐夫	4・7・4	15
比佐央	4・7・5	16
久緒	3・14	17

ひさき
Hisaki

落ち着きのある「ひさ」の響きに、健康的な印象の止め字「き」を添え、芯の強さをアピール。

久希	3・7	10
尚生	8・5	13
寿紀	7・9	16
永喜	5・12	17
寿貴	7・12	19
弥輝	8・15	23

ひさし
Hisashi

静かな「ひさ」と「し」の響きの組み合わせは、清らかな印象を与える親しみのある名前に。

久	3	3
寿	7	7
尚	8	8
恒	9	9
久志	3・7	10
比佐史	4・7・5	16

ひさと
Hisato

クリアな印象の「ひさ」と「と」の組み合わせは、清々しい響きを生む。佐藤寿人（プロサッカー選手）など。

久斗	3・4	7
寿斗	7・4	11
尚仁	8・4	12
日佐人	4・7・2	13
陽人	12・2	14
久登	3・12	15

ひさのり
Hisanori

涼しい印象の「ひさ」に、きりりとした「のり」の音を重ね、勢いのある響きに。

久則	3・9	12
永教	5・11	16
尚典	8・8	16
久徳	3・14	17
恒紀	9・9	18
尚憲	8・16	24

ひさみち
Hisamichi

「ひさ」のもつ安定感に、勇ましい「みち」の響きを重ね、潔さを感じさせる。

久径	3・8	11
久宙	3・8	11
尚充	8・6	14
寿通	7・10	17
寿満	7・12	19
尚道	8・12	20

ひさや
Hisaya

控えめながら底力を感じる「ひさ」の響きに、元気な音の止め字「や」を添え、聡明な印象に。

久也	3・3	6
久哉	3・9	12
尚矢	8・5	13
比佐也	4・7・3	14
寿弥	7・8	15
久彌	3・17	20

ひだか
Hidaka

力強い響きの「ひ」と、品よく響く「だか」の組み合わせは、凛々しい日本男児を思わせる。

飛高	9・10	19
陽孝	12・7	19
陽貴	12・12	24
日鷹	4・24	28
飛鷹	9・24	33

ひであき
Hideaki

知性漂う「ひで」と「あき」の響きの組み合わせは、都会的な雰囲気を漂わせる。

秀旭	7・6	13
秀和	7・8	15
季明	8・8	16
英明	8・8	16
英朗	8・10	18
豪昌	14・8	22

ひでお
Hideo

シックな響きの「ひで」に、古風な音の「お」を添え、古典的な男らしさを感じる響きに。

秀生	7・5	12
日出男	4・5・7	16
秀朗	7・10	17
偉男	12・7	19
英雄	8・12	20
豪雄	14・12	26

ひでかず
Hidekazu

清涼感のある「ひで」の響きに、健やかな音の「かず」を合わせ、親近感のある名前に。

秀一	7・1	8
英一	8・1	9
日出一	4・5・1	10
栄主	9・5	14
英和	8・8	16
栄和	9・8	17

ひでかつ
Hidekatsu

耳に残る「ひで」と、歯切れの良い響きの「かつ」を組み合わせ、きっぱりとした潔さを感じる名前に。

秀一	7・1	8
英克	8・7	15
秀活	7・9	16
日出克	4・5・7	16
英勝	8・12	20
栄勝	9・12	21

ひでき
Hideki

理知的な「ひで」と「き」の響きの組み合わせは、スマートな印象につながる。松井秀喜（元プロ野球選手）。

英8生5 13
秀7喜12 19
秀7輝15 22
英8紀9 17
任6樹16 22
日4出5樹16 25

ひでたか
Hidetaka

軽やかな響きの「ひで」に、高貴な響きの「たか」をつなげることで、崇高な紳士をイメージさせる。

秀7孝7 14
英8隆11 19
英8鷹24 32
秀7貴12 19
日4出5貴12 21

ひでただ
Hidetada

切れのある響きの「ひで」と、安定感のある「ただ」の組み合わせは、重厚感のある響き。

秀7正5 12
秀7忠8 15
英8唯11 19
栄9正5 14
栄9匡6 15
英8惟11 19

ひでと
Hideto

機敏な印象の「ひで」に、軽やかな音の止め字「と」を添え、軽快な響きの名前に。

秀7人2 9
英8斗4 12
日4出5都11 20
英8人2 10
秀7翔12 19
日4出5登12 21

ひでとし
Hidetoshi

ポピュラーな印象の「ひで」と「とし」の組み合わせは、すっきりと耳に馴染む響き。

秀7利7 14
英8寿7 15
栄9敏10 19
英8年6 14
秀7俊9 16
栄9駿17 26

ひでとも
Hidetomo

格調高い響き「ひで」に、やわらかな「とも」の響きを合わせ、親しみやすさを醸し出す。

秀7友4 11
栄9共6 15
栄9朋8 17
秀7朋8 15
英8知8 16
英8智12 20

ひでのり
Hidenori

きりっとした響きの「ひで」と「のり」の響きの組み合わせは、凛とした風格を漂わせる。

秀7典8 15
栄9則9 18
英8憲16 24
秀7紀9 16
栄9規11 20

ひでみ
Hidemi

クールな印象を抱かせる「ひで」に、温もりのある「み」を添え、調和のとれた響きに。

秀7巳3 10
英8充6 14
栄9実8 17
栄9巳3 12
秀7実8 15
英8深11 19

ひでや
Hideya

鋭い響きの「ひで」と「や」を組み合わせることで、情熱的な雰囲気を醸し出す。

秀7也3 10
秀7冶7 14
英8哉9 17
英8矢5 13
日4出5矢5 14
豪14弥8 22

ひでゆき
Hideyuki

利口さをイメージさせる「ひで」に、マイルドな「ゆき」をつなげることで、響きに和みを与える。

英8之3 11
秀7幸8 15
英8倖10 18
秀7行6 13
栄9幸8 17
栄9雪11 20

ひでよ
Hideyo

才智を感じる「ひで」に、中性的な止め字「よ」を合わせ、モダンな印象に。野口英世（学者）など。

秀7与3 10
日4出5世5 14
栄9誉13 22
秀7世5 12
英8誉13 21

ひとし
Hitoshi

細やかな印象の「ひと」と「し」の響きの組み合わせは、融和的な印象につながる。松本人志（芸人）など。

仁4 4
斉8 8
仁4史5 9
史5 5
人2志7 9
等12 12

ひとむ
Hitomu

穏やかな響きの「ひと」に、安定感のある音の止め字「む」を添え、存在感を醸し出す。

仁4武8 12
史5務11 16
日4都11夢13 28
一1夢13 14
仁4夢13 17
比4登12夢13 29

ひびき
Hibiki

華やかさを感じる音の「ひび」に、品格漂う響きの止め字「き」を重ね、味わいのある響きに。

響20 20
響20生5 25
陽12日4輝15 31
響20己3 23
飛9日4樹16 29
響20樹16 36

ひゅうが
Hyuga

繊細なリズムを奏でる「ひゅう」と「が」の組み合わせは、抒情的な印象の響きに。

日4向6 10
彪11我7 18
陽12有6芽8 26
彪11牙4 15
飛9勇9牙4 22

ひゅうま
Hyuma

情緒ある「ひゅう」の響きに、力強い音の止め字「ま」を重ね、爽快感のある名前に。

彪真	11・10	21
彪麻	11・11	22
彪磨	11・16	27
飛勇馬	9・9・10	28
飛雄馬	9・12・10	31

ひらく
Hiraku

明快な印象の「ひら」と、しっかりとした「く」の響きを重ね、悠々たる印象の名前に。

拓	8	8
展	10	10
啓	11	11
肇	14	14
啓久	11・3	14
拓倶	8・10	18

ひろ
Hiro

愛らしい「ひ」と「ろ」の響きの組み合わせは、呼びやすく、馴染み深い。 英 英雄

広	5	5
宏	7	7
洋	9	9
比呂	4・7	11
尋	12	12
廣	15	15

ひろあき
Hiroaki

「ひろ」と「あき」のすっきりとした響きの組み合わせは、引き締まった印象の名前に。

弘明	5・8	13
宏章	7・11	18
洋陽	9・12	21
博昭	12・9	21
裕晃	12・10	22
寛朗	13・10	23

ひろき
Hiroki

歯切れの良い「ひろ」と「き」の組み合わせは、曇りのない、広い心を思わせる。

大生	3・5	8
弘紀	5・9	14
比呂季	4・7・8	19
広樹	5・16	21
洋喜	9・12	21
宙輝	8・15	23

ひろし
Hiroshi

明瞭な「ひろ」と「し」のシャープな響きの組み合わせは、心地よい響きを奏でる。

大	3	3
宏	7	7
洋	9	9
広志	5・7	12
寛	13	13
博史	12・5	17

ひろたか
Hirotaka

威厳を感じる「ひろ」と気品溢れる「たか」の響きを重ね、大人らしい紳士を思わせる名前。

大空	3・8	11
大昂	3・8	11
弘孝	5・7	12
拓昂	8・8	16
裕隆	12・11	23
博崇	12・11	23

ひろと
Hiroto

おおらかな印象の「ひろ」の響きとストレートな印象の「と」を重ね。清涼感のある名前に。

祐人	9・2	11
宙斗	8・4	12
浩人	10・2	12
浩斗	10・4	14
啓斗	11・4	15

ひろのぶ
Hironobu

クリアな響きの「ひろ」に、優しさを感じる「のぶ」をつなげ、温厚で、頼りがいのある印象に。

大展	3・10	13
宏江	7・6	13
広悦	5・10	15
洋信	9・9	18
広暢	5・14	19
博延	12・8	20

ひろのり
Hironori

小気味よい「ひろ」と「のり」の響きの組み合わせは、生き生きとした印象に。

広則	5・9	14
宏典	7・8	15
博法	12・8	20
洋徳	9・14	23
寛教	13・11	24
浩憲	10・16	26

ひろまさ
Hiromasa

明快な印象の「ひろ」と「まさ」の響きの組み合わせは、はつらつとした印象に。

広正	5・5	10
宏昌	7・8	15
博正	12・5	17
弘雅	5・13	18
洋将	9・10	19
浩勝	10・12	22

ひろみ
Hiromi

スムーズに耳に届く「ひろ」と「み」の流れるような響きは、優雅な印象に。郷ひろみ（歌手）など。

広光	5・6	11
大海	3・9	12
浩巳	10・3	13
宏実	7・8	15
寛巳	13・3	16
尋充	12・6	18

ひろみち
Hiromichi

メリハリのきいた響きの「ひろ」と「みち」は、まとまりがあり、小粋さを醸し出す。

広径	5・8	13
大陸	3・11	14
弘道	5・12	17
啓充	11・6	17
洋通	9・10	19
寛往	13・8	21

ひろむ
Hiromu

穏健な印象の「ひろ」と、落ち着いた印象の止め字「む」を添え、包容力をアピール。

弘	5	5
裕	12	12
大陸	3・11	14
大夢	3・13	16
広務	5・11	16
宙夢	8・13	21

ひろや
Hiroya

活力に満ちた響きの「ひろ」に、明るい音の止め字「や」を添え、天真爛漫な少年を思わせる名前に。

大也	3・3	6
大哉	3・9	12
宏弥	7・8	15
洋冶	9・7	16
比呂矢	4・7・5	16
博矢	12・5	17

ふうま
Fuma

爽快感をもつ「ふう」の響きに、力強さを感じる止め字「ま」を添え、勢いを感じさせる名前に。

- 皐 8 真 10　18
- 風 9 真 10　19
- 風 9 馬 10　19
- 富 12 馬 10　22
- 楓 13 真 10　23
- 富 12 磨 16　28

ふみあき
Fumiaki

穏やかな響きの「ふみ」に、明るい「あき」の音を重ねると、親しみを感じる名前に。

- 史 5 光 6　11
- 文 4 明 8　12
- 文 4 誠 13　17
- 章 11 明 8　19
- 芙 7 実 8 明 8　23
- 富 12 三 3 章 11　26

ふうが
Fuga

軽やかなリズムを奏でる「ふう」の響きに、たくましく響く止め字「が」を添え、さわやかな印象に。

- 風 9 牙 4　13
- 風 9 我 7　16
- 富 12 雅 13　25
- 風 9 雅 13　22
- 楓 13 雅 13　26

ふうや
Fuya

涼感を漂わせる響きの「ふう」に、「や」のもつ強い響きを添え、大人びた印象に。

- 風 9 矢 5　14
- 富 12 也 3　15
- 皐 8 弥 8　16
- 楓 13 矢 5　18
- 楓 13 冶 7　20
- 富 12 哉 9　21

ふみお
Fumio

安定感のある「ふみ」に、親しみのある止め字「お」を添え、落ち着きと、愛嬌のある名前に。

- 文 4 生 5　9
- 郁 9 夫 4　13
- 史 5 郎 9　14
- 文 4 雄 12　16
- 史 5 緒 14　19
- 富 12 美 9 夫 4　25

ふうき
Fuki

癒しを与える「ふう」の響きに、知的な印象の止め字「き」を添えると、清潔感を感じさせる。

- 皐 8 紀 9　17
- 鳳 14 希 7　21
- 風 9 喜 12　21
- 風 9 輝 15　24
- 富 12 貴 12　24
- 楓 13 樹 16　29

ふかし
Fukashi

強い個性を感じる「ふか」と「し」の響きから、アーティスティックな雰囲気を醸し出す。

- 洸 9　9
- 淑 11　11
- 深 11　11
- 洸 9 史 5　14
- 洸 9 志 7　16
- 深 11 志 7　18

ふみかず
Fumikazu

温かみのある「ふみ」と「かず」の響きの重なりは、調和のとれた落ち着いた印象。

- 文 4 一 1　5
- 文 4 和 8　12
- 史 5 和 8　13
- 史 5 数 13　18
- 富 12 美 9 一 1　22
- 文 4 嘉 14 寿 7　25

ふうた
Futa

心地よい「ふう」の響きに、元気に響く止め字「た」を添え、愛らしい印象の名前に。

- 皐 8 太 4　12
- 風 9 太 4　13
- 富 12 大 3　15
- 楓 13 太 4　17
- 富 12 多 6　18
- 楓 13 汰 7　20

ふひと
Fuhito

優しい響きの「ふ」に、落ち着いたイメージの「ひと」を組み合わせ、安心感を与える名前に。

- 二 2 仁 4　6
- 文 4 人 2　6
- 芙 7 人 2　9
- 芙 7 仁 4　11
- 富 12 仁 4　16
- 芙 7 飛 9 斗 4　20

ふみと
Fumito

柔和な印象の「ふみ」に、人気のある止め字「と」を添え、たおやかな雰囲気を醸し出す。

- 史 5 人 2　7
- 文 4 斗 4　8
- 史 5 斗 4　9
- 史 5 都 11　16
- 芙 7 未 5 斗 4　16

column

名づけ体験談⑧　最初の漢字は決まったけど……

自分たちの人生の中で深い意味をもち、思い入れのある漢字である「陽」を名前に使うことは以前から考えていました。その「陽」にあわせる漢字も「何か意味を込めたい！」としぼり込むのにとても苦戦しましたが、最終的には、「子どもの人生に、素晴らしい出会いや幸運がたくさん集まるように」と思いを込め「多」を選び、「陽多（ようた）」に決めました。

ふみのり
Fuminori

温もりを感じる「ふみ」の響きに、落ち着いた「のり」の響きをつなげ、インテリジェンスを漂わせる。

- 文 4 典 8　12
- 文 4 紀 9　13
- 郁 9 礼 5　14
- 史 5 記 10　15
- 文 4 範 15　19
- 郁 9 憲 16　25

ふみや Fumiya

気品のある響きの「ふみ」に、生き生きとした音の止め字「や」を添え、印象深い響きに。

- 文(4)也(3) 7
- 史(5)治(7) 12
- 郁(9)也(3) 12
- 文(4)哉(9) 13
- 史(5)弥(8) 13
- 富(12)美(9)弥(8) 29

ふゆき Fuyuki

涼やかな「ふゆ」の響きに、品格を感じさせる「き」を重ねると、繊細なイメージに。

- 冬(5)紀(9) 14
- 冬(5)喜(12) 17
- 冬(5)貴(12) 17
- 富(12)幸(8) 20
- 冬(5)樹(16) 21
- 富(12)由(5)貴(12) 29

ぶんご Bungo

重厚に響く「ぶん」に、重い音の止め字「ご」を添え、頼りがいのある人柄を思わせる。

- 文(4)伍(6) 10
- 文(4)吾(7) 11
- 文(4)胡(9) 13
- 文(4)梧(11) 15
- 文(4)瑚(13) 17
- 紋(10)悟(10) 20

ぶんた Bunta

はっきりとした「ぶん」と「た」の響きの組み合わせは、明朗活発なイメージにつながる。

- 文(4)太(4) 8
- 文(4)汰(7) 11
- 紋(10)多(6) 16
- 豊(13)太(4) 17
- 聞(14)太(4) 18
- 豊(13)多(6) 19

ぶんめい Bummei

重厚な「ぶん」と、朗らかな「めい」の響きの組み合わせ。力強く躍進する印象の「文明」と同音。

- 文(4)明(8) 12
- 文(4)盟(13) 17
- 豊(13)明(8) 21
- 豊(13)銘(14) 27
- 聞(14)銘(14) 28

へいじ Heiji

古風な響きの「へい」と、落ち着きのある音「じ」の組み合わせは、粋でいなせな雰囲気に。

- 平(5)二(2) 7
- 平(5)司(5) 10
- 平(5)次(6) 11
- 兵(7)司(5) 12
- 平(5)治(8) 13

へいすけ Heisuke

古典的な印象の「へい」と「すけ」の響きは、パワーと存在感を際立たせる。

- 平(5)介(4) 9
- 平(5)亮(9) 14
- 兵(7)佑(7) 14
- 兵(7)甫(7) 14
- 兵(7)祐(9) 16
- 平(5)輔(14) 19

へいぞう Heizo

ノスタルジックな響きの「へい」と「ぞう」の組み合わせは、粘り強く、勇ましいイメージ。

- 兵(7)三(3) 10
- 平(5)造(10) 15
- 丙(5)造(10) 15
- 平(5)蔵(15) 20

へいた Heita

和風な「へい」と、元気に響く止め字「た」の組み合わせは、フレッシュな響きの名前に。

- 平(5)大(3) 8
- 平(5)太(4) 9
- 兵(7)大(3) 10
- 兵(7)太(4) 11
- 平(5)泰(10) 15

ほいち Hoichi

ゆったりとした音の「ほ」に、スピード感のある「いち」を組み合わせ、メリハリのある名前に。

- 帆(6)一(1) 7
- 保(9)一(1) 10
- 帆(6)市(5) 11
- 葡(12)一(1) 13
- 歩(8)壱(7) 15
- 穂(15)一(1) 16

ほうえい Hoei

知的な「ほう」に、気品のある響きの「えい」を重ね、ゆとりを感じる落ち着いた印象に。

- 宝(8)永(5) 13
- 芳(7)英(8) 15
- 宝(8)栄(9) 17
- 峰(10)栄(9) 19
- 豊(13)栄(9) 22
- 豊(13)瑛(12) 25

ほうせい Hosei

「ほう」と「せい」の崇高な響きの組み合わせは、個性と輝きを放つ、古風な響きの名前。

- 朋(8)生(5) 13
- 峰(10)成(6) 16
- 宝(8)星(9) 17
- 豊(13)成(6) 19
- 鳳(14)星(9) 23
- 豊(13)清(11) 24

ほくと Hokuto

たくましい印象の「ほく」と「と」の響きを重ね、シャープな男らしさを表す。

- 北(5)斗(4) 9
- 北(5)杜(7) 12
- 北(5)都(11) 16
- 保(9)久(3)斗(4) 16
- 北(5)登(12) 17
- 穂(15)久(3)都(11) 29

ほしき
Hoshiki

穏やかな印象の「ほし」に、知性を感じる「き」の響きを組み合わせ、スマートな雰囲気に。

- 星喜 9/12 21
- 星貴 9/12 21
- 星輝 9/15 24
- 星樹 9/16 25
- 保志貴 9/7/12 28

ほしひこ
Hoshihiko

スイートな印象の「ほし」に、マイルドな音の「ひこ」を合わせ、洗練された響きに。

- 斗彦 4/9 13
- 斗比古 4/4/5 13
- 星彦 9/9 18
- 歩志彦 8/7/9 24
- 保志彦 9/7/9 25
- 穂史彦 15/5/9 29

ほたか
Hotaka

スケール感をもつ「ほ」と「たか」の響きは、大きな可能性を感じる。北アルプスの山「穂高」と同音。

- 帆高 6/10 16
- 保孝 9/7 16
- 秀貴 7/12 19
- 保高 9/10 19
- 穂高 15/10 25
- 秀鷹 7/24 31

ほづみ
Hozumi

温もりのある「ほ」に、中性的な「づみ」を重ねた名前。長谷川穂積（プロボクサー）など。

- 歩積 8/16 24
- 保積 9/16 25
- 保津実 9/9/8 26
- 穂摘 15/14 29
- 穂都巳 15/11/3 29

ほまれ
Homare

味わい深い「ほ」と「まれ」の音の組み合わせは、風格を漂わせる。名誉を意味する「誉れ」と同音。

- 誉 13 13
- 歩希 8/7 15
- 保希 9/7 16
- 保稀 9/12 21
- 穂希 15/7 22
- 穂稀 15/12 27

まあく
Maku

海外でも名前や愛称として使用される「マーク」と同音。マーク・ザッカーバーグ（実業家）など。

- 真亜久 10/7/3 20
- 真愛久 10/13/3 26
- 磨亜久 16/7/3 26
- 真亜駒 10/7/15 32

まいく
Maiku

「まい」の温厚な音に添えた、粋な「く」の音が、洒脱な個性を強調する。海外でも発音しやすい名前。

- 舞久 15/3 18
- 真育 10/8 18
- 馬郁 10/9 19
- 舞玖 15/7 22
- 舞駆 15/14 29

まいと
Maito

柔和な「まい」に、人気の止め字「と」を添えて、洋風でありながら、日本的な凛々しさが漂う。

- 毎斗 6/4 10
- 舞人 15/2 17
- 舞斗 15/4 19
- 舞都 15/11 26
- 真維人 10/14/2 26

まおと
Maoto

ひたむきな印象の「まお」に、意志の強さをのぞかせる「と」を合わせた、謙虚で誠実なイメージ。

- 眞乙 10/1 11
- 真音 10/9 19
- 麻央斗 11/5/4 20
- 摩音 15/9 24

まきお
Makio

「まき」の愛らしさに、堂々とした「お」の音が加わることで、情に厚く、陽気な好人物を思わせる。

- 牧雄 8/12 20
- 槇男 14/7 21
- 万暉生 3/13/5 21
- 真希夫 10/7/4 21
- 万輝夫 3/15/4 22
- 満輝央 12/15/5 32

まきや
Makiya

無邪気な響きの「まき」、「や」のやわらかさと相まって、穏やかな優しい雰囲気を醸し出す。

- 槙矢 14/5 19
- 万輝也 3/15/3 21
- 眞暉也 10/13/3 26
- 麻貴也 11/12/3 26
- 真紀哉 10/9/9 28
- 真樹弥 10/16/8 34

まこと
Makoto

真摯なイメージの強い、誠実な響きをもつ名前。止め字「と」の音が、芯の強さを表現している。

- 真 10 10
- 眞人 10/2 12
- 誠 13 13
- 詢 13 13
- 諒 15 15
- 真琴 10/12 22

まさあき
Masaaki

「まさ」の謙虚な印象に、「あき」の涼しげなさわやかさが好相性。上品なしなやかさを感じさせる。

- 昌明 8/8 16
- 正瑛 5/12 17
- 雅昭 13/9 22
- 真彰 10/14 24
- 聖陽 13/12 25
- 賢章 16/11 27

まさお
Masao

優しい「まさ」の音に、芯の強さを感じさせる「お」の響きがよく馴染む。頼りがいのある印象。

- 匡男 6/7 13
- 昌男 8/7 15
- 誠夫 13/4 17
- 聖央 13/5 18
- 真雄 10/12 22
- 柾緒 9/14 23

まさかず
Masakazu

「まさ」の穏やかさと、気さくに響く「かず」がよく馴染む。親しみやすく、好感度の高いまとまり。

政	9	一	1	10
理	11	一	1	12
正	5	和	8	13
雅	13	一	1	14
柾	9	数	13	22
優	17	和	8	25

まさき
Masaki

冴えた印象の「き」が、「まさ」の音の冷静なイメージに連なり、聡明な人物像を形づくる。

昌	8	己	3	11
将	10	生	5	15
雅	13	来	7	20
正	5	輝	15	20
真	10	崎	11	21

まさくに
Masakuni

「まさ」の実直な響きと、寛大な「くに」とが相まって、律儀な印象の調和のとれた名前に。

正	5	邦	7	12
匡	6	邦	7	13
允	4	國	11	15
政	9	国	8	17
柾	9	国	8	17
雅	13	國	11	24

まさし
Masashi

落ち着いた「まさ」と、「し」の涼やかさで、清らかな雰囲気に。中山雅史（元プロサッカー選手）など。

昌	8	志	7	15
将	10	司	5	15
聖	13	士	3	16
允	4	嗣	13	17
雅	13	史	5	18
勝	12	志	7	19

まさたか
Masataka

威厳を感じさせる「たか」が、「まさ」の頼もしさと合わさった、勇敢でパワフルなイメージ。

正	5	隆	11	16
政	9	孝	7	16
匡	6	高	10	16
将	10	隆	11	21
晶	12	貴	12	24
雅	13	敬	12	25

まさてる
Masateru

和やかさを秘めた「まさ」に、まぶしく響く「てる」を加えた、清々しい雰囲気が漂う名前。

允	4	瑛	12	16
正	5	照	13	18
柾	9	照	13	22
昌	8	輝	15	23
聖	13	瑛	12	25
雅	13	輝	15	28

まさと
Masato

柔軟な「まさ」に添えた、勇ましい「と」がアクセントに。生き生きとして、元気いっぱいな印象。

雅	13	人	2	15
雅	13	斗	4	17
真	10	門	8	18
眞	10	都	11	21
優	17	斗	4	21
理	11	登	12	23

まさとし
Masatoshi

慎ましやかな「まさ」が、「とし」の聡明な音と共鳴し、和やかな流れが生まれる。

匡	6	寿	7	13
壮	6	寿	7	13
政	9	利	7	16
仁	4	駿	17	21
雅	13	俊	9	22
真	10	慧	15	25

まさとも
Masatomo

温もりに満ちた「まさ」が、人情味溢れる「とも」を受けて、懐の深い人柄を思わせる。

柾	9	友	4	13
昌	8	知	8	16
正	5	智	12	17
将	10	朋	8	18
優	17	知	8	25
雅	13	朝	12	25

まさなお
Masanao

純朴な印象の「まさ」を、素直な音の「なお」が包み込む。心の奥ゆきを感じさせる組み合わせ。

正	5	直	8	13
匡	6	直	8	14
昌	8	尚	8	16
眞	10	尚	8	18
雅	13	直	8	21

まさのぶ
Masanobu

穏やかな「のぶ」が、「まさ」の温かみをさらに強調し、落ち着いた魅力を放つ。

正	5	伸	7	12
正	5	宣	9	14
将	10	信	9	19
勝	12	延	8	20
政	9	暢	14	23
雅	13	展	10	23

まさはる
Masaharu

優しげな「まさ」と、清々しい「はる」が朗らかに響く。前向きで気さくな人柄を思わせる。

勝	12	大	3	15
正	5	晴	12	17
将	10	春	9	19
眞	10	悠	11	21
雅	13	治	8	21
真	10	晴	12	22

まさひろ
Masahiro

「まさ」のおおらかさに、伸びやかな「ひろ」が開放感を添える。やわらかな空気に満たされた雰囲気。

昌	8	大	3	11
匡	6	央	5	11
允	4	尋	12	16
雅	13	弘	5	18
真	10	洋	9	19
理	11	博	12	23

まさほ
Masaho

「まさ」の穏やかさに、「ほ」がほのぼのとバランスよく響く。ゆったりした流れに包まれた名前。

正	5	保	9	14
匡	6	歩	8	14
昌	8	帆	6	14
将	10	保	9	19
雅	13	歩	8	21
柾	9	穂	15	24

まさみ
Masami

「まさ」のもつ真摯な印象と、愛嬌のある止め字「み」とが共鳴し、包容力のあるイメージを醸し出す。

正	5	臣	7	12
雅	13	巳	3	16
誠	13	己	3	16
匡	6	深	11	17
真	10	実	8	18
眞	10	海	9	19

まさみち
Masamichi

親しみやすい「まさ」の響きと、のびのびとした「みち」が、自由で陽気なイメージを奏でる。

- 昌充　8・6　14
- 正満　5・12　17
- 眞通　10・10　20
- 真路　10・13　23
- 勝道　12・12　24
- 雅道　13・12　25

まさや
Masaya

健康的な「まさ」が、「や」の快活な音を受けて、さわやかに響き渡る。まっすぐな人柄を思わせる。

- 昌也　8・3　11
- 正耶　5・9　14
- 雅也　13・3　16
- 政弥　9・8　17
- 聖矢　13・5　18
- 将哉　10・9　19

まさゆき
Masayuki

しっとりとした「まさ」に、洗練された「ゆき」が合わさり、控えめながらも、静かな情熱を放つ。

- 正幸　5・8　13
- 昌征　8・8　16
- 雅之　13・3　16
- 政幸　9・8　17
- 勝行　12・6　18
- 真雪　10・11　21

まさよし
Masayoshi

「まさ」の温かみのある音に、ゆったり響く「よし」の音。情の厚さを思わせる組み合わせが好印象。

- 方良　4・7　11
- 政好　9・6　15
- 将芳　10・7　17
- 雅由　13・5　18
- 正嘉　5・14　19
- 昌義　8・13　21

まさる
Masaru

人懐っこいイメージの「まさ」に、軽やかな「る」を添えて。快活な少年らしさをもつ響き。

- 大　3　3
- 克　7　7
- 勝　12　12
- 賢　16　16
- 優　17　17

ましゅう
Mashu

優美な「ま」の音に、流れるような「しゅう」を添え、モダンで独自性の強い名前に。

- 眞州　10・6　16
- 真秀　10・7　17
- 真周　10・8　18
- 麻愁　11・13　24
- 磨修　16・10　26

ましろ
Mashiro

優しく素朴な「ま」と、澄んだ印象の「しろ」が並び、ピュアで清らかなイメージ。

- 真白　10・5　15
- 眞白　10・5　15
- 茉城　8・9　17
- 真城　10・9　19

ましん
Mashin

「ま」のやわらかい音に、鋭く響く「しん」が続き、気品漂う古風な名前に。

- 真伸　10・7　17
- 真新　10・13　23
- 摩信　15・9　24
- 磨真　16・10　26
- 磨新　16・13　29

ますみ
Masumi

「ま」のやわらかな音と、涼やかな雰囲気の「すみ」が心地よく響く。桑田真澄（元プロ野球選手）など。

- 益実　10・8　18
- 益海　10・9　19
- 眞純　10・10　20
- 眞清　10・11　21
- 真澄　10・15　25
- 麻澄　11・15　26

まなと
Manato

豪快な「と」が、上品さと聡明さを兼ね備えた「まな」に連なり、雅ながらも精かんな印象を生む。

- 学人　8・2　10
- 愛斗　13・4　17
- 眞那人　10・7・2　19
- 真奈人　10・8・2　20
- 真那斗　10・7・4　21

まなぶ
Manabu

安心感を抱かせる音の「まな」に、切れの良い「ぶ」が潔さを放つ。真面目な印象の「学ぶ」と同音。

- 学　8　8
- 勉　10　10
- 学武　8・8　16
- 真歩　10・8　18
- 真名武　10・6・8　24

まなや
Manaya

気品漂う「まな」に、人気の止め字「や」を添え、優雅で心地よい雰囲気をまとう。

- 愛也　13・3　16
- 学弥　8・8　16
- 真哉　10・9　19
- 愛弥　13・8　21
- 真那矢　10・7・5　22

まひろ
Mahiro

おおらかな「ま」の響きを、開放感溢れる「ひろ」が、和やかな広がりをもって包み込んでいる。

- 万大　3・3　6
- 眞弘　10・5　15
- 真広　10・5　15
- 眞洋　10・9　19
- 茉尋　8・12　20
- 麻浩　11・10　21

まもる
Mamoru

「まも」と「る」。調和のとれた優しい印象の音同士を重ね、温もりに満ちたイメージの名前に。

- 守　6　6
- 保　9　9
- 葵　12　12
- 衛　16　16
- 真守　10・6　16
- 護　20　20

まれすけ
Maresuke

新鮮な響きの「まれ」と、古くから親しまれている「すけ」とが合わさった、個性的な名前。

- 希介　7・4　11
- 希典　7・8　15
- 希空　7・8　15
- 稀助　12・7　19
- 稀祐　12・9　21
- 稀輔　12・14　26

みきお
Mikio

「みき」は明るくフレッシュな響き。伝統的な止め字「お」を添えることで、落ち着きある印象に。

- 幹13 大3 16
- 樹16 生5 21
- 未5 来7 雄12 24
- 幹13 夫4 17
- 巳3 喜12 男7 22
- 美9 輝15 雄12 36

みきと
Mikito

はきはきとした「みき」にしっかりと響く止め字「と」を合わせて、堂々とした印象の名前に。

- 幹13 人2 15
- 樹16 斗4 20
- 幹13 登12 25
- 幹13 斗4 17
- 美9 貴12 人2 23

みきひこ
Mikihiko

明るく活発な響きの「みき」に定番の止め字「ひこ」を組み合わせ、男性らしく古風な雰囲気が漂う。

- 三3 紀9 彦9 21
- 幹13 比4 虎8 25
- 美9 貴12 彦9 30
- 幹13 彦9 22
- 実8 喜12 彦9 29

みきや
Mikiya

母音「イ」が続く「みき」は、はつらつとした印象の響き。止め字「や」を添えて華やかさをプラス。

- 未5 希7 也3 15
- 幹13 矢5 18
- 樹16 哉9 25
- 三3 起10 也3 16
- 未5 来7 弥8 20
- 美9 喜12 哉9 30

みずき
Mizuki

清涼感溢れる響きの「みず」にきっぱりとした音の止め字「き」を添えて、みずみずしい響きに。

- 瑞13 生5 18
- 水4 樹16 20
- 瑞13 基11 24
- 水4 輝15 19
- 瑞13 希7 20
- 美9 寿7 喜12 28

みちあき
Michiaki

共に母音「イ」を含む「みち」と「あき」を組み合わせることで、明るくリズミカルな名前。

- 迪8 昭9 17
- 道12 明8 20
- 路13 章11 24
- 通10 晃10 20
- 実8 千3 秋9 20
- 理11 顕18 29

みちお
Michio

きびきびと軽快な「みち」に男性らしい響きの止め字「お」を合わせて、明るく元気なイメージ。

- 亨7 夫4 11
- 倫10 央5 15
- 路13 雄12 25
- 三3 千3 男7 13
- 道12 生5 17
- 美9 智12 生5 26

みちと
Michito

母音「イ」が続くスピード感のある「みち」を、しっかりと響く止め字「と」で支えて端正な響きに。

- 芳7 人2 9
- 道12 人2 14
- 道12 登12 24
- 理11 人2 13
- 満12 斗4 16

みちとし
Michitoshi

軽快なリズム感のある「みち」に止め字「とし」を合わせて、聡明さを演出。

- 充6 敏10 16
- 通10 利7 17
- 道12 俊9 21
- 倫10 年6 16
- 満12 寿7 19
- 通10 稔13 23

みちなり
Michinari

明るく躍動感のある「みち」に古風な響きの「なり」を組み合わせることで、落ち着きある印象に。

- 充6 成6 12
- 宙8 成6 14
- 道12 成6 18
- 倫10 也3 13
- 満12 也3 15
- 迪8 就12 20

みちのぶ
Michinobu

弾むような音の「みち」をゆったりとした響きの「のぶ」が包み込み、おおらかさを醸し出す。

- 宙8 伸7 15
- 道12 伸7 19
- 未5 知8 展10 23
- 通10 宣9 19
- 路13 信9 22
- 倫10 暢14 24

みちのり
Michinori

明るく切れの良い「みち」から、やわらかな「のり」につなげて、なめらかな響きをもつ名前に。

- 充6 軌9 15
- 通10 法8 18
- 道12 徳14 26
- 倫10 典8 18
- 満12 則9 21
- 道12 範15 27

みちはる
Michiharu

リズミカルな響きの「みち」に明るい「はる」の音を加えることで、開放的ではつらつとした印象に。

- 宙8 晴12 20
- 通10 陽12 22
- 満12 悠11 23
- 道12 映9 21
- 路13 春9 22
- 道12 晴12 24

みちゆき
Michiyuki

生き生きとした響きの「みち」に、ゆったりとした「ゆき」の音を合わせて、緩急のある響きに。

- 宙8 行6 14
- 倫10 行6 16
- 道12 行6 18
- 理11 之3 14
- 路13 之3 16
- 通10 幸8 18

みつお
Mitsuo

「みつ」の軽快な響きを伝統的な止め字「お」がしっかりと受け止め、伸びやかな響きをもつ名前に。

- 充央（6・5）11
- 光旺（6・8）14
- 光於（6・8）14
- 満男（12・7）19
- 美都生（9・11・5）25

みつき
Mitsuki

切れの良い「みつ」と毅然とした響きの止め字「き」の組み合わせで、凛々しい印象を受ける。

- 光貴（6・12）18
- 光毅（6・15）21
- 充輝（6・15）21
- 充樹（6・16）22
- 満喜（12・12）24
- 潤紀（15・9）24

みつとし
Mitsutoshi

明るく軽やかな「みつ」に知的な響きの止め字「とし」を組み合わせて、聡明な印象をプラス。

- 光年（6・6）12
- 三十志（3・2・7）12
- 光俊（6・9）15
- 満利（12・7）19
- 充聡（6・14）20
- 満敏（12・10）22

みつはる
Mitsuharu

内向的な力強さのある母音「ウ」を含む「みつ」と「はる」を合わせて、明るくリズミカルな名前に。

- 光治（6・8）14
- 光陽（6・12）18
- 充遥（6・12）18
- 貢治（10・8）18
- 実晴（8・12）20
- 満春（12・9）21

みつひろ
Mitsuhiro

コンパクトに響く「みつ」に、ゆったりとした「ひろ」を合わせて、響きに広がりを演出。

- 苗弘（8・5）13
- 光宙（6・8）14
- 光洋（6・9）15
- 満広（12・5）17
- 光博（6・12）18
- 充裕（6・12）18

みつや
Mitsuya

切れの良い「みつ」の響きを、優しく開放感のある止め字「や」がやわらげて穏やかさをプラス。

- 光矢（6・5）11
- 三哉（3・9）12
- 三津也（3・9・3）15
- 満弥（12・8）20
- 充彌（6・17）23
- 美津矢（9・9・5）23

みつる
Mitsuru

明るく軽快な「みつ」の響きをゆったりした「る」で受け止め、エネルギッシュで華やかな響きに。

- 充（6）6
- 巳弦（3・8）11
- 満（12）12
- 光流（6・10）16
- 充瑠（6・14）20
- 実鶴（8・21）29

みなき
Minaki

優しい「みな」の響きを毅然とした響きの止め字「き」が引き締め、凛とした力強さを演出。

- 水暉（4・13）17
- 南城（9・9）18
- 港旗（12・14）26
- 南騎（9・18）27
- 湊輝（12・15）27

みなせ
Minase

「みな」のソフトな音に止め字「せ」の繊細な響きが加わり、優美なイメージを醸し出す名前に。

- 南星（9・9）18
- 南聖（9・13）22
- 水瀬（4・19）23
- 海南世（9・9・5）23
- 南瀬（9・19）28

みなと
Minato

海を渡る船舶が安全に停泊できる場所「港」と同音。優しく穏やかで包容力のある響き。

- 皆人（9・2）11
- 湊（12）12
- 南斗（9・4）13
- 湊人（12・2）14
- 湊斗（12・4）16
- 港都（12・11）23

みねあつ
Mineatsu

優しい「みね」の音に、強めに響く「あつ」を合わせて、穏やかながらも力強さのある響きに。

- 峯厚（10・9）19
- 峰淳（10・11）21
- 峰篤（10・16）26
- 嶺敦（17・12）29
- 嶺篤（17・16）33

みねお
Mineo

穏やかな「みね」に雄々しい止め字の「お」を組み合わせて、どっしりと頼もしいイメージに。

- 峰夫（10・4）14
- 峰央（10・5）15
- 峯男（10・7）17
- 実稔生（8・13・5）26
- 満音生（12・9・5）26

みねと
Mineto

落ち着きがありながらも、耳に残る響きの「みね」に、すっきりとした止め字「と」を添え、まとめる。

- 峰人（10・2）12
- 嶺人（17・2）19
- 嶺斗（17・4）21
- 峰都（10・11）21
- 峯登（10・12）22
- 美祢斗（9・9・4）22

みねとし
Minetoshi

なだらかな響きの「みね」と定番の止め字「とし」を合わせて、ゆったりと耳馴染みの良い名前に。

- 峰利（10・7）17
- 峯季（10・8）18
- 峯俊（10・9）19
- 峰智（10・12）22
- 嶺敏（17・10）27
- 嶺歳（17・13）30

みのり
Minori

はつらつとした印象をもつ「み」に、なめらかな「のり」の音が連なり、明るく勢いのある響きに。

- 実（8）8
- 稔（13）13
- 穫（18）18
- 海則（9・9）18
- 実範（8・15）23

みのる
Minoru

やわらかく響くマ・ナ・ラ行の3字。明るい「み」の音から始まり、「る」で華やかな力強さが加わる。

実8　8
穣18　18
穂15留10　25
稔13　13
実8琉11　19

みはる
Miharu

みずみずしい印象の「み」に、温和な印象の「はる」を添えて。明るくゆったりした心地よい響き。

三3治8　11
美9治8　17
深11春9　20
未5遥12　17
実8晴12　20
海9晴12　21

みひろ
Mihiro

パワフルな母音「イ」の音が「み」「ひ」と続き、語尾の「ろ」で優雅な落ち着きを感じさせる。

海9大3　12
海9広5　14
望11洋9　20
未5宙8　13
実8紘10　18
深11尋12　23

みゆう
Miyu

フレッシュな音の「み」とソフトに流れる「ゆう」を合わせて、明るくやわらかな響きに。

海9友4　13
充6勇9　15
深11悠11　22
実8有6　14
海9勇9　18

みらい
Mirai

「未来」と同音で、明るく開放的なイメージをもつ響き。語尾の「い」できっぱりと潔い印象に。

未5来7　12
海9來8　17
実8頼16　24
光6来7　13
弥8雷13　21

むが
Muga

無心を意味する「無我」と同音。やわらかく重い響きの「む」に、ガ行の音がもつ迫力をプラス。

武8河8　16
武8雅13　21
夢13峨10　23
無12我7　19
武8駕15　23
夢13雅13　26

むさし
Musashi

思慮深さを感じさせる響きの「む」に颯爽としたサ行の音が続く。静と動を併せもつ古風な印象の響き。

六4三3四5　12
武8早6志7　21
武8嵯13史5　26
武8者8士3　19
武8蔵15　23

むつお
Mutsuo

神秘的で古風な音の「むつ」に、馴染み深い止め字「お」を添えることにより、安定感がある名前に。

睦13夫4　17
睦13央5　18
睦13雄12　25
睦13生5　18
睦13男7　20
睦13奥12生5　30

むつき
Mutsuki

力強さのこもる母音「ウ」が続く「むつ」に、切れの良い止め字「き」を合わせ、毅然とした印象に。

夢13月4　17
陸11希7　18
睦13毅15　28
睦13月4　17
武8槻15　23

むつひろ
Mutsuhiro

穏やかながらコンパクトに響く「むつ」に止め字「ひろ」を組み合わせて、おおらかな印象に。

陸11大3　14
睦13広5　18
陸11寛13　24
陸11弘5　16
睦13宙8　21

むつみ
Mutsumi

やわらかに響くマ行の間に硬質の音「つ」が入り、メリハリある響きに。「み」が明るい余韻を残す。

陸11己3　14
陸11海9　20
睦13深11　24
睦13巳3　16
睦13実8　21
睦13望11　24

むねお
Muneo

武将を思わせる「むね」の響きに、親しみのある止め字「お」を添え、強い男らしさを引き立たせる。

宗8夫4　12
宗8央5　13
極12夫4　16
宗8生5　13
宗8男7　15
極12生5　17

column

宮沢式開運名づけ：「ん」がつく名前

「健太（けんた）」「蓮（れん）」など、「ん」がつく名前は、家族との縁が深くなります。将来親と同居したり、家業を継いだりすることになっても嫌がらずに受け止め、しっかり親の築いた道や遺産を守るでしょう。また、「ん」には前にくる文字を強調する作用があります。「健太（けんた）」なら「け」のもつ意味を強調し、名前全体の個性を強めます。

むねた
Muneta

マイルドな響きの「むね」に、開放感のある止め字「た」を組み合わせて元気な印象に。

宗大	8 3	11
宗太	8 4	12
極太	12 4	16
棟太	12 4	16

むねただ
Munetada

共に古風な響きをもつ「むね」と「ただ」の組み合わせ。上品で風情のある響きの名前に。

宗正	8 5	13
宗直	8 8	16
宗唯	8 11	19
極忠	12 8	20

むねと
Muneto

音に丸みのある「むね」にしっかりとした響きの止め字「と」を合わせ、スマートな印象をプラス。

心人	4 2	6
宗十	8 2	10
宗刀	8 2	10
宗斗	8 4	12
宗音	8 9	17
宗登	8 12	20

むねとし
Munetoshi

上品な響きの「むね」に知的な止め字の「とし」を合わせて、落ち着きのある聡明なイメージに。

宗年	8 6	14
宗利	8 7	15
宗俊	8 9	17
宗敏	8 10	18
極稔	12 13	25
宗駿	8 17	25

むねゆき
Muneyuki

「むね」と「ゆき」は共にゆったりとした響き。強めに響く語尾の「き」の潔い音が余韻を残す。

宗之	8 3	11
極之	12 3	15
宗幸	8 8	16
宗路	8 13	21

めい
Mei

ふっくらと響く「め」の母音「エ」と、「い」が心地よく合わさって優しい印象に。英 5月

明	8	8
盟	13	13
命生	8 5	13
芽以	8 5	13
銘	14	14
芽伊	8 6	14

めいせい
Meisei

同じ母音をもつ「めい」と「せい」。マイルドに流れる響きに、硬質の音「せ」がさわやかさを添える。

明生	8 5	13
明星	8 9	17
明宣	8 9	17
銘正	14 5	19
明誠	8 13	21
明聖	8 13	21

めいと
Meito

明るく響く「めい」に、きっぱりとした止め字「と」を添え、スタイリッシュな響きの名前に。英 仲間

明人	8 2	10
明音	8 9	17
盟斗	13 4	17
銘斗	14 4	18
明都	8 11	19
芽登	8 12	20

めぐる
Meguru

周囲をまわることを意味する「巡る」と同音。スピード感のある響きを、濁音がほどよくやわらげる。

巡	6	6
周	8	8
廻	9	9
旋	11	11
斡	14	14
環	17	17

もと
Moto

物事の起こり、始まりを意味する「元」と同音。きっぱりとした「と」がやわらかい音の「も」を引き締める。

元	4	4
民	5	5
基	11	11
茂斗	8 4	12
源	13	13
幹	13	13

もとあき
Motoaki

おっとりと落ち着いた響きの「もと」に「あき」の明るい音を合わせて、フレッシュな響きをプラス。

元瑛	4 12	16
求昭	7 9	16
基明	11 8	19
素朗	10 10	20
源亮	13 9	22
幹章	13 11	24

もとお
Motoo

やわらかい音の「も」を「と」が引き締め、力強い響きの止め字「お」が、男らしさを強調する。

元生	4 5	9
素夫	10 4	14
基夫	11 4	15
基央	11 5	16
資央	13 5	18

もとき
Motoki

安定感のある印象の「もと」と毅然とした響きの止め字「き」。意志の強さを感じさせる響きの名前に。

元気	4 6	10
幹	13	13
求希	7 7	14
元樹	4 16	20
基貴	11 12	23
素輝	10 15	25

もとなり
Motonari

やわらかくまったりと響く「もと」と、古風な響きの「なり」の組み合わせが落ち着いた印象を与える。

元4 也3 7
本5 成6 11
元4 就12 16
素10 成6 16
源13 也3 16
基11 斉8 19

ももた
Momota

かわいらしく、おっとりとした響きの「もも」を明るく開放的な止め字「た」で引き締めて。

百6 太4 10
李7 太4 11
茂8 々3 太4 15
百6 々3 汰7 16
桃10 汰7 17

もりと
Morito

ソフトな力強さを感じる「もり」と、きっぱりとした止め字「と」で雄々しいイメージの名前に。

守6 人2 8
守6 門8 14
杜7 都11 18
盛11 杜7 18
森12 登12 24

もとはる
Motoharu

優しい響きの「もと」に明るい音の「はる」を組み合わせて、温和で華やかな印象の響きに。

元4 春9 13
元4 晴12 16
元4 陽12 16
素10 治8 18
素10 遥12 22
基11 陽12 23

もりお
Morio

豊かさをイメージさせる「もり」に、落ち着いた印象の止め字「お」を添えて、雄大な響きに。

杜7 於8 15
守6 朗10 16
森12 生5 17
衛16 夫4 20
護20 央5 25

もりひろ
Morihiro

やわらかくおおらかな「もり」と、ゆったりと響く「ひろ」。さらに広がりを感じさせる響きに。

守6 大3 9
森12 央5 17
杜7 寛13 20
盛11 裕12 23
森12 尋12 24
護20 広5 25

もとひろ
Motohiro

安定感をイメージする響きの「もと」と止め字「ひろ」の組み合わせ。ゆったりと広がりのある響き。

心4 拓8 12
基11 大3 14
元4 裕12 16
元4 博12 16
素10 洋9 19
基11 寛13 24

もりしげ
Morishige

共に豊かさを感じさせる響きの「もり」と「しげ」を合わせて、穏やかながらも勢いのある名前に。

守6 重9 15
守6 滋12 18
盛11 茂8 19
森12 茂8 20
杜7 繁16 23
護20 成6 26

もりよし
Moriyoshi

ふくよかさを感じる「もり」にスマートな響きの「よし」を組み合わせて、引き締まった印象に。

杜7 祥10 17
司5 義13 18
守6 善12 18
盛11 芳7 18
森12 良7 19
衛16 由5 21

もとむ
Motomu

求めるの文語形である「求む」と同音。穏やかながらもエネルギッシュな響きをもつ名前に。

亘6 6
求7 7
深11 11
元4 武8 12
基11 武8 19
求7 夢13 20

もりてる
Moriteru

おおらかな響きの「もり」に明るい「てる」の音の組み合わせ。語尾の「る」が華やかな余韻を残す。

守6 照13 19
盛11 晃10 21
杜7 輝15 22
森12 輝15 27
護20 輝15 35

もんた
Monta

おっとりとやわらかに響く「もん」を開放的な止め字「た」で受け止めて、明るく無邪気なイメージに。

文4 太4 8
文4 多6 10
文4 汰7 11
門8 太4 12
紋10 多6 16
聞14 汰7 21

もとや
Motoya

静かでやわらかな響きの「もと」に、明るさのある母音「ア」を含む止め字「や」で華やかさをプラス。

元4 也3 7
本5 弥8 13
基11 矢5 16
素10 哉9 19
基11 哉9 20
源13 耶9 22

column

名づけ体験談⑨　「らりるれろ」が好きだから

字画を気にすると、選択肢がしぼられてしまうと思い、まずは、自由な発想で響きから名前を考えることに。五十音の中でら行の「らりるれろ」の音が特に好きだったので、そこから選び、名前の響きは「りょうご」に決定。男の子らしく強いイメージも加えたかったので最後の文字に濁点をつけました。漢字は、「優しい」という意味をもつ「怜」を選び「怜吾」としました。

やおき
Yaoki

優しく開放感のある「や」と趣を感じる「おき」の組み合わせ。上品で古風な印象の名前に。

八起	2・10	12
矢起	5・10	15
八興	2・16	18
耶起	9・10	19
哉起	9・10	19
弥興	8・16	24

やしお
Yashio

やわらかに響く「や」に清々しい印象の音「しお」を組み合わせて、すっきりとした響きをプラス。

八潮	2・15	17
弥四夫	8・5・4	17
也潮	3・15	18
乎潮	5・15	20
耶潮	9・15	24

やすあき
Yasuaki

穏やかな響きの「やす」に「あき」の明るい音を組み合わせて、元気で朗らかなイメージの名前に。

安晃	6・10	16
保秋	9・9	18
康明	11・8	19
恭彰	10・14	24
靖章	13・11	24
泰顕	10・18	28

やすお
Yasuo

気さくさを感じさせる「やす」の音を止め字「お」がしっかりと受け止め、雄々しい印象をプラス。

泰生	10・5	15
康央	11・5	16
保郎	9・9	18
寧夫	14・4	18
靖男	13・7	20
恭雄	10・12	22

やすき
Yasuki

優しい印象の「やす」に毅然とした響きの止め字「き」を合わせ、きりっと引き締まった名前に。

靖己	13・3	16
保軌	9・9	18
康紀	11・9	20
安輝	6・15	21
泰毅	10・15	25
恭樹	10・16	26

やすくに
Yasukuni

親しみを感じさせる「やす」に古風な「くに」を合わせ、優しく品の良い響きに。

安国	6・8	14
泰州	10・6	16
保国	9・8	17
泰邦	10・7	17
恭邦	10・7	17
靖邦	13・7	20

やすし
Yasushi

マイルドな「や」の音に続く硬質音のサ行が力強さを添えて。止め字「し」が颯爽とした余韻を残す。

泰	10	10
恭	10	10
寧	14	14
康士	11・3	14
保志	9・7	16
靖史	13・5	18

やすたか
Yasutaka

穏やかに響く「やす」に高揚感のある「たか」の音を組み合わせて、リズミカルな響きのある名前に。

安高	6・10	16
康孝	11・7	18
保貴	9・12	21
泰崇	10・11	21
恭尊	10・12	22
靖隆	13・11	24

やすと
Yasuto

ソフトな印象の「やす」を、しっかりとした止め字「と」で受け止め、勢いのある響きに。

泰人	10・2	12
恭人	10・2	12
泰斗	10・4	14
康斗	11・4	15
寧杜	14・7	21
靖登	13・12	25

やすとも
Yasutomo

「やす」と「とも」は共に優しい響き。ふくよかに響く語尾の「も」が堂々とした印象を残す。

康友	11・4	15
保伴	9・7	16
安智	6・12	18
恭朋	10・8	18
靖知	13・8	21
泰朝	10・12	22

やすのり
Yasunori

優しく穏やかな「やす」になめらかな「のり」が続き、スピード感のある名前に。

安則	6・9	15
康典	11・8	19
保徳	9・14	23
寧紀	14・9	23
恭範	10・15	25
靖憲	13・16	29

やすはる
Yasuharu

「やす」の軽快な響きと、穏やかな印象の「はる」が合わさり、健康で、活発な少年を思わせる。

泰治	10・8	18
保遥	9・12	21
康悠	11・11	22
靖春	13・9	22
恭晴	10・12	22
恭温	10・12	22

やすひろ
Yasuhiro

優しく親しみやすい「やす」からゆったり響く「ひろ」に流れ、穏やかで広がりのある響きに。

泰大	10・3	13
康弘	11・5	16
安啓	6・11	17
恭博	10・12	22
靖洋	13・9	22

やすふみ
Yasufumi

共に優しい響きの「やす」と「ふみ」の組み合わせ。語尾の「み」が明るくみずみずしい余韻を残す。

保史	9・5	14
安郁	6・9	15
泰史	10・5	15
康文	11・4	15
靖文	13・4	17
恭郁	10・9	19

やすまさ
Yasumasa

穏やかに優しく響く「やす」に勇ましい印象の「まさ」を合わせて、たくましいイメージをプラス。

保 9 正 5 14
安 6 真 10 16
泰 10 昌 8 18
靖 13 匡 6 19
恭 10 将 10 20
康 11 雅 13 24

やすゆき
Yasuyuki

共にゆったりと優しく響く「やす」と「ゆき」。語尾の「き」が潔く、切れの良い名前に。

泰 10 行 6 16
靖 13 之 3 16
保 9 征 8 17
寧 14 之 3 17
康 11 幸 8 19
安 6 有 6 紀 9 21

やたろう
Yataro

マイルドで開放的な「や」と伝統的な「たろう」で温和ながらもたくましい印象の響きに。

八 2 太 4 郎 9 15
谷 7 太 4 朗 10 21
弥 8 太 4 郎 9 21
哉 9 多 6 郎 9 24
弥 8 汰 7 朗 10 25
耶 9 汰 7 朗 10 26

やひろ
Yahiro

明るくマイルドな「や」にゆったりと止め字「ひろ」を合わせ、悠々と広がりのある響きに。

八 2 洋 9 11
八 2 紘 10 12
也 3 寛 13 16
椰 13 弘 5 18
弥 8 尋 12 20
椰 13 浩 10 23

やまと
Yamato

旧国名の一つ「大和」と同音。やわらかなヤ・マ行の音にきっぱりと響く「と」が力強さを添えて。

和 8 8
大 3 和 8 11
山 3 都 11 14
矢 5 真 10 人 2 17

ゆあん
Yuan

外国語のような、しゃれた響き。優美な「ゆ」と明るい音「あ」に「ん」がスイートな余韻を残す。

由 5 晏 10 15
柚 9 安 6 15
柚 9 行 6 15
佑 7 庵 11 18
侑 8 庵 11 19

ゆい
Yui

華やかさのある「ゆ」に「い」が潔さを添える。男女共に使われる名前で現代的な印象の響き。

唯 11 11
惟 11 11
結 12 12
由 5 惟 11 16
悠 11 生 5 16
結 12 伊 6 18

ゆいき
Yuiki

ソフトな「ゆ」から、力強く響く母音「イ」を含む「い」と「き」に流れ、凛々しさを醸し出す。

唯 11 希 7 18
由 5 毅 15 20
結 12 貴 12 24
唯 11 輝 15 26
惟 11 樹 16 27
惟 11 騎 18 29

ゆいと
Yuito

優美な「ゆい」の音と、しっかりと響く止め字「と」の組み合わせで、たおやかな響きをもつ名前に。

惟 11 斗 4 15
結 12 仁 4 16
唯 11 音 9 20
由 5 維 14 人 2 21
唯 11 登 12 23
結 12 翔 12 24

ゆう
Yu

英語であなたを意味する「you」と同音。やわらかで丸みのある「ゆう」の音が心地よく響く。 英 あなた

佑 7 7
勇 9 9
遊 12 12
雄 12 12
悠 11 宇 6 17
優 17 羽 6 23

ゆうあん
Yuan

やわらかに響くヤ行とア行の4文字の組み合わせ。語尾の「あん」が明るく開放感のある響き。

佑 7 杏 7 14
悠 11 安 6 17
由 5 宇 6 安 6 17
裕 12 安 6 18
悠 11 晏 10 21

ゆういち
Yuichi

母音「う」「い」を含む2文字が続く、やわらかでスムーズな響き。語尾「ち」で切れの良い名前に。

友 4 一 1 5
邑 7 一 1 8
祐 9 一 1 10
佑 7 市 5 12
侑 8 市 5 13
雄 12 壱 7 19

ゆういちろう
Yuichiro

やわらかながらも切れの良い「ゆういち」の響きに重みのある音「ろう」を加えて、落ち着いた印象に。

祐 9 一 1 朗 10 20
由 5 壱 7 郎 9 21
湧 12 一 1 郎 9 22
雄 12 一 1 朗 10 23
勇 9 市 5 朗 10 24
優 17 一 1 郎 9 27

ゆうが
Yuga

「優雅」と同音で気品と趣を感じさせる響き。やわらかな「ゆう」に語尾の「が」が迫力を添える。

夕 3 雅 13 16
侑 8 芽 8 16
勇 9 我 7 16
悠 11 河 8 19
優 17 牙 4 21
裕 12 賀 12 24

ゆうき
Yuki

やわらかく華やかな「ゆう」に毅然とした響きの止め字「き」を合わせ、きりっと引き締めて。

勇気 9 6 15
有起 6 10 16
祐希 9 7 16
悠生 11 5 16
友輝 4 15 19
雄貴 12 12 24

ゆうご
Yugo

「ゆう」のマイルドでなめらかな響きを重量感のある止め字「ご」が受け止め、穏やかな印象に。

友伍 4 6 10
夕瑚 3 13 16
結吾 12 7 19
祐碁 9 13 22
裕悟 12 10 22
優護 17 20 37

ゆうさく
Yusaku

やわらかく流れる「ゆう」と颯爽とした響きの止め字「さく」を合わせ、メリハリのある響きに。

由作 5 7 12
夕朔 3 10 13
佑作 7 7 14
悠作 11 7 18
雄策 12 12 24
優作 17 7 24

ゆうし
Yushi

華やかで丸みのある響きの「ゆう」に硬質の音「し」を合わせて、颯爽としたスマートさをプラス。

有史 6 5 11
悠士 11 3 14
湧志 12 7 19
勇獅 9 13 22
祐資 9 13 22
裕嗣 12 13 25

ゆうじ
Yuji

まろやかな「ゆう」と、おっとりと響く止め字「じ」を組み合わせ、穏やかな響きをもつ名前に。

勇二 9 2 11
祐司 9 5 14
友慈 4 13 17
裕治 12 8 20
優士 17 3 20

ゆうじろう
Yujiro

共にやわらかな響きの「ゆう」と「じろう」。語尾の「う」が連続してリズム感を生み、心地よい。

有志郎 6 7 9 22
勇次郎 9 6 9 24
雄二朗 12 2 10 24
侑治郎 8 8 9 25
友嗣郎 4 13 9 26
裕次郎 12 6 9 27

ゆうじん
Yujin

マイルドな音の「ゆう」を濁音を含む「じん」がやわらかく受け止め、優しく温かみのある響きに。

有仁 6 4 10
悠人 11 2 13
勇迅 9 6 15
雄仁 12 4 16
裕臣 12 7 19

ゆうすけ
Yusuke

優美な「ゆう」を古風で勢いのある止め字「すけ」がしっかりと支え、男性らしく頼もしい。

友甫 4 7 11
祐介 9 4 13
勇祐 9 9 18
雄助 12 7 19
裕典 12 8 20
優輔 17 14 31

ゆうせい
Yusei

ア行で終わる「ゆう」と「せい」が続き、伸びやかな印象。「ゆ」が優しく、「せ」が繊細に響く。

佑世 7 5 12
結生 12 5 17
雄星 12 9 21
勇聖 9 13 22
悠誠 11 13 24
優征 17 8 25

ゆうた
Yuta

やわらかに響く「ゆう」を開放感のある止め字「た」が受け止め、明るく元気なイメージをプラス。

宥太 9 4 13
祐多 9 6 15
悠太 11 4 15
由宇太 5 6 4 15
雄太 12 4 16
優汰 17 7 24

ゆうだい
Yudai

規模が大きく堂々とした様を意味する「雄大」と同音。悠然としたダイナミックな響き。

友大 4 3 7
勇大 9 3 12
湧大 12 3 15
雄大 12 3 15
優大 17 3 20

ゆうたろう
Yutaro

マイルドな響きの「ゆう」に、明るく雄々しい印象の「たろう」を合わせて、たくましさを添えて。

由太郎 5 4 9 18
柚太郎 9 4 9 22
佑多朗 7 6 10 23
勇太朗 9 4 10 23
悠大郎 11 3 9 23
雄太朗 12 4 10 26

ゆうと
Yuto

優しく穏やかな「ゆう」にしっかりと響く止め字「と」を合わせ、頼もしい響きをもつ名前に。

悠人 11 2 13
勇斗 9 4 13
悠斗 11 4 15
佑都 7 11 18
裕音 12 9 21
優斗 17 4 21

ゆうのすけ
Yunosuke

ソフトな響きの「ゆう」と男性らしい古風な止め字「すけ」。間の「の」がおおらかさを添える。

友之介 4 3 4 11
悠乃介 11 2 4 17
侑之助 8 3 7 18
勇之丞 9 3 6 18
有之輔 6 3 14 23
釉之祐 12 3 9 24

ゆうひ
Yuhi

やわらかく優美な「ゆう」をパワフルな響きの「ひ」が引き締め、力強い余韻を残す名前に。

友陽 4 12 16
勇飛 9 9 18
佑陽 7 12 19
雄飛 12 9 21
優緋 17 14 31

ゆうま
Yuma

やわらかな「ゆう」をソフトで深みのある「ま」で受け止め、ゆったりと落ち着きのある響きに。

- 雄12 万3 15
- 佑7 真10 17
- 祐9 馬10 19
- 悠11 真10 21
- 優17 馬10 27
- 裕12 磨16 28

ゆうや
Yuya

流麗な響きの「ゆう」と明るく開放感のある止め字「や」を合わせて、華やかな響きをもつ名前に。

- 友4 也3 7
- 有6 耶9 15
- 悠11 矢5 16
- 雄12 矢5 17
- 裕12 哉9 21
- 優17 弥8 25

ゆうり
Yuri

ゆったりとやわらかな響きの「ゆう」に、凛々しい「り」の音がリズム感を与え、切れの良い名前に。

- 侑8 李7 15
- 勇9 吏6 15
- 佑7 理11 18
- 悠11 莉10 21
- 優17 利7 24

ゆきお
Yukio

ゆったりと響く「ゆき」を伝統的な止め字「お」が支えて、おおらかで包容力のある印象の響きに。

- 行6 央5 11
- 雪11 生5 16
- 征8 音9 17
- 幸8 雄12 20
- 友4 輝15 男7 26
- 諭16 紀9 夫4 29

ゆきと
Yukito

「ゆき」の優しい響きをきっぱりとした止め字「と」が引き締め、元気なイメージをプラス。

- 志7 人2 9
- 倖10 斗4 14
- 有6 希7 人2 15
- 由5 紀9 人2 16
- 行6 翔12 18
- 幸8 都11 19

ゆきひろ
Yukihiro

くつろぎを感じさせる「ゆき」と広がりのある「ひろ」の組み合わせが、優しさを醸す。

- 行6 弘5 11
- 雪11 大3 14
- 侑8 宏7 15
- 幸8 拓8 16
- 幸8 浩10 18
- 征8 寛13 21

ゆきまさ
Yukimasa

共に優しい響きの「ゆき」と「まさ」。開放感のある母音「ア」の続く「まさ」が明るさを添える。

- 行6 壮6 12
- 幸8 正5 13
- 志7 昌8 15
- 雪11 匡6 17
- 征8 将10 18
- 幸8 雅13 21

ゆずる
Yuzuru

母音「ウ」を含む3文字が連続し、ゆったりとなめらかな響き。語尾の「る」が華やかな力強さを残す。

- 禅13 13
- 謙17 17
- 譲20 20
- 柚9 琉11 20
- 柚9 瑠14 23
- 譲20 琉11 31

ゆたか
Yutaka

ふくよかで広がりのある響きの「ゆたか」。高揚感のある「たか」で明るく元気な印象の名前に。

- 隆11 11
- 裕12 12
- 豊13 13
- 優17 17
- 祐9 隆11 20
- 悠11 高10 21

ゆづき
Yuzuki

ソフトな力強さを含む「ゆづ」に毅然とした止め字「き」を合わせて、端正な響きをもつ名前に。

- 祐9 月4 13
- 悠11 月4 15
- 喩12 月4 16
- 弓3 槻15 18
- 友4 槻15 19
- 柚9 輝15 24

ゆめと
Yumeto

優しく丸みのある響き「ゆめ」にしっかりとした響きの止め字「と」を合わせ、力強さをプラス。

- 夢13 人2 15
- 夢13 斗4 17
- 由5 梅10 人2 17
- 悠11 明8 斗4 23
- 夢13 都11 24
- 夢13 登12 25

ゆら
Yura

穏やかな揺らぎを感じさせる響き「ゆら」。語尾の「ら」がドラマチックで華やかな響きを添える。

- 友4 来7 11
- 由5 良7 12
- 悠11 空8 19
- 結12 良7 19
- 諭16 良7 23
- 優17 来7 24

ゆりや
Yuriya

やわらかに響くヤ行の2文字の間に凛々しい音の「り」が入り、華やかでリズミカルな印象の響きに。

- 弓3 李7 矢5 15
- 由5 利7 也3 15
- 有6 李7 哉9 22
- 由5 理11 弥8 24
- 祐9 里7 弥8 24
- 愉12 里7 哉9 28

column

名づけ体験談⑩　陣痛部屋の名前が決め手に！

生まれてくる赤ちゃんが、男の子だと早めに分かったので、夫の名前とそろえて漢字一文字にすることは決めていました。最終的に「輝（ひかる）」と「走（かける）」にしぼり、後は生まれてから決めることに。難産で丸2日がかりで産んだのですが、陣痛部屋の名前が「輝」だったことと、その日が台風一過ですごくいい天気だったので、「輝（ひかる）」に決めました。

よう
Yo

やわらかく包容力のある響き「よう」。伸びやかに音が流れ、語尾の「う」が力強さも感じさせる。

- 洋9 9
- 要9 9
- 陽12 12
- 楊13 13
- 瑶13 13
- 耀20 20

よういち
Yoichi

伸びやかな「よう」にパワフルな母音「イ」を含む「いち」が続き、リズミカルで切れの良い印象。

- 洋9一1 10
- 庸11一1 12
- 陽12一1 13
- 要9市5 14
- 容10市5 15
- 暢14一1 15

よういちろう
Yoichiro

やわらかにリズムを刻む「よういち」の響きに、古風な「ろう」を合わせ、程よい重みをプラス。

- 洋9一1郎9 19
- 葉12一1郎9 22
- 陽12一1朗10 23
- 瑶13一1朗10 24
- 鷹24市5郎9 38

ようが
Yoga

寛容で頼もしいイメージの「よう」に、迫力のある「が」を添えて、勇ましさのある響きに。

- 陽12牙4 16
- 遥12河8 20
- 葉12芽8 20
- 洋9駕15 24

ようき
Yoki

明るくやわらかに伸びる「よう」ときっぱりと響く止め字「き」を組み合わせ、明朗快活な響きに。

- 遥12生5 17
- 暢14紀9 23
- 洋9樹16 25
- 陽12暉13 25
- 耀20希7 27

ようじ
Yoji

おおらかさのある「よう」に穏やかな止め字「じ」を合わせ、おっとりと落ち着きのある印象に。

- 洋9二2 11
- 庸11司5 16
- 陽12次6 18
- 瑶13史5 18

ようじろう
Yojiro

内に明るさを秘めた「よ」の音が印象的。共にやわらかな音「よう」と「じろう」がリズミカルに響く。

- 洋9二2郎9 20
- 蓉13二2郎9 24
- 要9次6朗10 25
- 庸11治8郎9 28
- 揚12次6朗10 28
- 陽12慈13郎9 34

ようすい
Yosui

共にア行の伸びる音を含み、スマートな響き。「よ」と「す」が明るくさわやかな印象を添える。

- 遥12水4 16
- 陽12水4 16
- 陽12彗11 23
- 耀20水4 24
- 陽12翠14 26

ようすけ
Yosuke

やわらかく伸びる「よう」を昔ながらの止め字「すけ」が受け止め、明るさと勢いのある響きに。

- 要9佑7 16
- 陽12介4 16
- 陽12甫7 19
- 庸11亮9 20
- 遥12祐9 21
- 洋9輔14 23

ようた
Yota

やわらかく流れる「よう」を強く響く「た」がしっかりと受け止め、開放的で元気なイメージに。

- 洋9太4 13
- 遥12大3 15
- 陽12太4 16
- 楊13汰7 20
- 曜18太4 22
- 耀20多6 26

ようたろう
Yotaro

「よう」のやわらかな音が元気よく響く「たろう」の音を和ませ、朗らかでリズミカルな響きに。

- 羊6太4郎9 19
- 洋9太4郎9 22
- 陽12多6郎9 27
- 踊14太4朗10 28
- 瑶13汰7朗10 30
- 耀20太4郎9 33

ようへい
Yohei

明るくまろやかな「よう」と、軽やかさのある止め字「へい」の組み合わせ。陽気で軽快な響き。

- 洋9平5 14
- 容10平5 15
- 庸11平5 16
- 陽12平5 17
- 暢14平5 19
- 耀20平5 25

よくと
Yokuto

「よ」、「く」、「と」の3音が、それぞれはっきりと強く響き、はきはきとした印象の名前に。

- 翌11人2 13
- 翌11斗4 15
- 翌11都11 22

よしあき
Yoshiaki

切れの良い「よし」に明るく響く「あき」を組み合わせて、すっきりと明るい響きをもつ名前に。

- 由5明8 13
- 良7明8 15
- 好6晃10 16
- 芳7昭9 16
- 善12章11 23
- 義13顕18 31

よしお
Yoshio

端正な「よし」の音を雄々しい止め字「お」で受け止めて。母音「オ」を含む字が素朴な印象を添える。

- 芳央（7・5）12
- 良男（7・7）14
- 淑夫（11・4）15
- 慶生（15・5）20
- 嘉郎（14・9）23
- 義雄（13・12）25

よしかず
Yoshikazu

スマートな響きの「よし」と穏やかさを感じる「かず」を組み合わせて、知的なイメージの名前に。

- 美一（9・1）10
- 能収（10・4）14
- 良和（7・8）15
- 慶一（15・1）16
- 佳数（8・13）21
- 嘉和（14・8）22

よしかつ
Yoshikatsu

真面目な「よし」に、勢いのある「かつ」を合わせ、歯切れの良い響きに。川口能活（プロサッカー選手）など。

- 由克（5・7）12
- 芳克（7・7）14
- 佳克（8・7）15
- 能活（10・9）19
- 良勝（7・12）19
- 義勝（13・12）25

よしき
Yoshiki

きびきびした「よし」と毅然とした響きの止め字「き」を合わせ、意志の強さを感じさせる響きに。

- 芳季（7・8）15
- 由基（5・11）16
- 祥希（10・7）17
- 吉樹（6・16）22
- 義喜（13・12）25
- 善騎（12・18）30

よしくに
Yoshikuni

秀麗な響きの「よし」と古風なイメージのある響き「くに」を合わせて、上品で落ち着いた印象に。

- 芳久仁（7・3・4）14
- 好訓（6・10）16
- 美邦（9・7）16
- 嘉邦（14・7）21
- 慶国（15・8）23

よしたか
Yoshitaka

颯爽と響く「よし」と、母音「ア」の開放感をもつ「たか」を組み合わせ、明るくさわやかな印象に。

- 良高（7・10）17
- 吉貴（6・12）18
- 芳喬（7・12）19
- 美崇（9・11）20
- 義孝（13・7）20
- 善隆（12・11）23

よしつぐ
Yoshitsugu

都会的でスマートな印象の「よし」と古典的な響きの「つぐ」を組み合わせ、奥ゆきのある響きに。

- 好次（6・6）12
- 吉紹（6・11）17
- 禎世（13・5）18
- 佳嗣（8・13）21
- 能継（10・13）23
- 義貢（13・10）23

よしてる
Yoshiteru

颯爽と切れの良い「よし」の響きを、明るい「てる」の音が包み込む。陽気ですっきりとした印象。

- 能光（10・6）16
- 祥映（10・9）19
- 由輝（5・15）20
- 芳照（7・13）20
- 善暉（12・13）26
- 喜輝（12・15）27

よしと
Yoshito

スマートな響きの「よし」をしっかりと強い止め字「と」で受け止め、知的な響きをもつ名前に。

- 与志人（3・7・2）12
- 義人（13・2）15
- 嘉人（14・2）16
- 淑杜（11・7）18
- 慶斗（15・4）19
- 賀都（12・11）23

よしのぶ
Yoshinobu

きっぱりとした「よし」と、ゆったりと響く「のぶ」。緩急のあるリズミカルな響きをもつ名前に。

- 由伸（5・7）12
- 良伸（7・7）14
- 芳延（7・8）15
- 佳信（8・9）17
- 義允（13・4）17
- 慶宣（15・9）24

よしのり
Yoshinori

颯爽と流れる「よし」の音に、やわらかくなめらかな「のり」が続き、スピード感のある名前に。

- 良紀（7・9）16
- 芳規（7・11）18
- 祥典（10・8）18
- 善則（12・9）21
- 佳範（8・15）23
- 義徳（13・14）27

よしはる
Yoshiharu

すっきりと端正な響きの「よし」に、明るい「はる」の音を合わせて、朗らかな印象を与える。

- 由治（5・8）13
- 吉悠（6・11）17
- 芳陽（7・12）19
- 佳晴（8・12）20
- 慶春（15・9）24
- 義遥（13・12）25

よしひこ
Yoshihiko

スマートな「よし」と昔ながらの止め字「ひこ」の組み合わせで、聡明さを感じさせる響きに。

- 吉彦（6・9）15
- 良彦（7・9）16
- 快彦（7・9）16
- 佳彦（8・9）17
- 祥彦（10・9）19
- 喜比古（12・4・5）21

よしひで
Yoshihide

共に秀麗さを感じさせる「よし」と「ひで」。語尾「で」が堂々と落ち着きある響きを添える。

- 由英（5・8）13
- 良英（7・8）15
- 佳秀（8・7）15
- 善秀（12・7）19
- 慶英（15・8）23
- 義偉（13・12）25

よしひろ
Yoshihiro

すっきりと響く「よし」を、ゆったりとした「ひろ」の音が受け止め、広がりのある響きをプラス。

- 好宏（6・7）13
- 嘉大（14・3）17
- 佳浩（8・10）18
- 芳裕（7・12）19
- 善博（12・12）24
- 義寛（13・13）26

よしふみ
Yoshifumi

きっぱりとした「よし」を穏やかな響きの「ふみ」が優しく包み、落ち着いた印象を与える。

良7 文4 11
芳7 史5 12
佳8 史5 13
恵10 文4 14
善12 文4 16
義13 史5 18

よしまさ
Yoshimasa

すっきりとした「よし」と温かみのある「まさ」を合わせて、明るく知的なイメージに。

美9 匡6 15
佳8 政9 17
禎13 正5 18
芳7 雅13 20
義13 将10 23
慶15 昌8 23

よしみ
Yoshimi

すっきりと洗練された響きの「よし」。明るい「み」で締めて、フレッシュな余韻を残す名前に。

嘉14 14
由5 深11 16
禎13 巳3 16
佳8 海9 17
祥10 弥8 18
義13 実8 21

よしみつ
Yoshimitsu

端正な響きの「よし」とリズミカルな「みつ」の組み合わせ。軽快かつ毅然とした印象の響きに。

良7 三3 10
吉6 光6 12
能10 充6 16
淑11 充6 17
慶15 光6 21
喜12 満12 24

よしや
Yoshiya

すっきりと切れの良い「よし」を、止め字の「や」がやわらげ、スマートで華やかな響きに。

芳7 也3 10
佳8 也3 11
吉6 哉9 15
禎13 矢5 18
恵10 耶9 19
義13 弥8 21

よしゆき
Yoshiyuki

きびきびとした「よし」を「ゆき」のゆったりとした響きが受け止め、都会的で優しい名前に。

好6 之3 9
善12 行6 18
慶15 之3 18
祥10 雪11 21
嘉14 幸8 22
由5 悠11 季8 24

よはん
Yohan

欧米の男性名にも使われる、西洋のイメージをもつ響き。語尾「ん」が、響きに無邪気な印象を添える。

世5 帆6 11
世5 絆11 16
誉13 範15 28
誉13 幡15 28

よひと
Yohito

やわらかな「よ」をパワフルな「ひ」と止め字「と」がしっかりと支え、きりっとした印象に。

与3 人2 5
与3 仁4 7
世5 仁4 9
呼8 人2 10
誉13 人2 15
誉13 仁4 17

よりと
Yorito

やわらかさの中に凛とした響きを含む「より」。きっぱりとした止め字「と」で頼もしい印象の響きに。

依8 人2 10
順12 人2 14
与3 理11 人2 16
頼16 人2 18
頼16 斗4 20

よりやす
Yoriyasu

凛々しいイメージの「より」に優しい響きの「やす」を合わせ、知的で穏やかな名前に。

依8 保9 17
順12 安6 18
依8 靖13 21
頼16 泰10 26
頼16 康11 27
頼16 寧14 30

らい
Rai

母音「ア」の開放感と華やかさのある「ら」。きっぱりと潔い響きの「い」を合わせ、力強さを添えて。

礼5 5
来7 7
良7 生5 12
雷13 13
蕾16 16
頼16 16

らいあん
Raian

華やかでパワフルな「らい」と明るくかわいい「あん」の音を合わせ、現代的でしゃれた響きに。

礼5 庵11 16
雷13 按9 22
頼16 安6 22
雷13 晏10 23

らいき
Raiki

艶やかなイメージの「らい」を毅然とした止め字「き」が引き締め、スマートさをプラス。

雷13 生5 18
来7 喜12 19
礼5 輝15 20
来7 暉13 20
頼16 希7 23
頼16 樹16 32

らいぞう
Raizo

優雅さと力強さを併せもつ「らい」の響き。やわらかで伸びのある音「ぞう」が程よい重量感を添える。

礼5 造10 15
蕾16 三3 19
頼16 三3 19
蕾16 造10 26
雷13 蔵15 28
頼16 蔵15 31

らいた
Raita

華々しく力強い「らい」に開放感のある止め字「た」を組み合わせ、豪快な印象の響きに。

- 礼5 多6 11
- 來8 太4 12
- 来7 汰7 14
- 雷13 太4 17
- 頼16 太4 20
- 蕾16 多6 22

らいと
Raito

明るく華やかな響きの「らい」を、止め字「と」がしっかりと引き締める。英 光、光線

- 雷13 人2 15
- 礼5 翔12 17
- 来7 渡12 19
- 蕾16 斗4 20
- 頼16 斗4 20
- 頼16 杜7 23

らいむ
Raimu

華やかな「らい」をやわらかく重みのある「む」が受け止め、落ち着きある印象に。英 ライム

- 礼5 務11 16
- 礼5 夢13 18
- 来7 夢13 20
- 雷13 武8 21
- 頼16 武8 24
- 頼16 夢13 29

らいもん
Raimon

パワフルで華麗な「らい」をおっとり響く「もん」がやわらげ、穏やかな響きをもつ名前に。

- 来7 文4 11
- 来7 門8 15
- 雷13 文4 17
- 蕾16 文4 20
- 頼16 門8 24
- 頼16 紋10 26

らいや
Raiya

力強く華やかな音「らい」と母音「ア」の開放感をもつ止め字「や」を合わせ、さらに華美な印象に。

- 来7 也3 10
- 來8 矢5 13
- 礼5 哉9 14
- 来7 弥8 15
- 雷13 也3 16
- 頼16 哉9 25

らくと
Rakuto

新鮮で意外性のある「らく」に、馴染み深い止め字「と」を添え、バランスのとれた名前に。

- 楽13 人2 15
- 楽13 士3 16
- 楽13 斗4 17
- 洛9 都11 20
- 楽13 徒10 23
- 楽13 登12 25

らもん
Ramon

主張の強い「ら」、「も」の響きを、最後の「ん」がきれいにまとめ、流れるように響く。

- 良7 文4 11
- 良7 紋10 17
- 羅19 文4 23
- 螺17 門8 25
- 羅19 門8 27
- 羅19 紋10 29

らんたろう
Rantaro

陽気な華やかさをもつ「らん」に力強い「たろう」の響きを添えて、元気なイメージをプラス。

- 嵐12 太4 郎9 25
- 嵐12 汰7 郎9 28
- 覧17 太4 朗10 31
- 藍18 太4 朗10 32
- 蘭19 太4 郎9 32
- 蘭19 太4 朗10 33

らんと
Ranto

華麗なリズム感をもつ「らん」をきっぱりと響く止め字「と」で支え、スマートな印象を添える。

- 嵐12 人2 14
- 嵐12 音9 21
- 藍18 斗4 22
- 蘭19 斗4 23
- 藍18 登12 30

らんま
Ramma

華やかで軽快な「らん」をやわらかく深みのある「ま」音で受け止め、落ち着きのある響きに。

- 嵐12 馬10 22
- 嵐12 麻11 23
- 嵐12 摩15 27
- 蘭19 真10 29
- 蘭19 馬10 29
- 藍18 磨16 34

りいち
Riichi

母音「イ」を含む文字が続く、パワフルかつなめらかな響き。凛々しく知的な「り」の音が印象的。

- 李7 一1 8
- 吏6 市5 11
- 莉10 一1 11
- 理11 一1 12
- 利7 壱7 14
- 璃15 一1 16

りお
Rio

力強く凛とした「り」を優しく響く「お」が適度にやわらげ、素朴な落ち着きを与える。

- 利7 生5 12
- 裡12 央5 17
- 理11 雄12 23
- 璃15 旺8 23

りおん
Rion

パワフルで切れの良い「り」に、丸みのある響き「おん」を加えることでリズミカルな名前に。

- 利7 恩10 17
- 里7 温12 19
- 理11 音9 20
- 理11 橞16 27

りき
Riki

凛々しい「り」の音と、毅然とした響きの「き」。母音「イ」のパワフル感で力強く理知的な印象に。

- 力2 2
- 利7 基11 18
- 李7 樹16 23
- 理11 暉13 24

りきと
Rikito

凛々しくパワフルな「りき」を止め字「と」でしっかりと支え、頼もしい響きをもつ名前に。

- 力斗（2・4）6
- 力翔（2・12）14
- 力登（2・12）14
- 理希人（11・7・2）20

りく
Riku

力強く知的な「り」と、すっきりとした響きの「く」。母音「ウ」のこもった力強さが愛らしさを醸す。

- 吏久（6・3）9
- 陸（11）11
- 理功（11・5）16
- 莉来（10・7）17

りくと
Rikuto

スケール感を感じさせる「りく」をしっかりとした止め字「と」で受け、すっきりとした印象に。

- 陸人（11・2）13
- 陸斗（11・4）15
- 陸杜（11・7）18
- 陸登（11・12）23
- 理久登（11・3・12）26

りくや
Rikuya

コンパクトでパワフルに響く「りく」。母音「ア」の開放感をもつ止め字「や」で華やかさをプラス。

- 陸也（11・3）14
- 陸矢（11・5）16
- 里玖也（7・7・3）17
- 陸弥（11・8）19
- 陸哉（11・9）20
- 莉久哉（10・3・9）22

りすけ
Risuke

愛らしい音の「り」がアクセントとなり、古風な少年を思わせる「すけ」との相性が抜群な響きの名前。

- 李丞（7・6）13
- 利助（7・7）14
- 理介（11・4）15
- 浬亮（10・9）19
- 吏輔（6・14）20
- 里輔（7・14）21

りつき
Ritsuki

きりりとした響きの「りつ」と、毅然とした響きの止め字「き」。知的かつ勇ましさを感じさせる。

- 律己（9・3）12
- 律生（9・5）14
- 理月（11・4）15
- 立基（5・11）16
- 立樹（5・16）21
- 律貴（9・12）21

りひと
Rihito

共に知的でしっかりした印象の「り」と「と」。空気の抜ける「ひ」の音が軽快なアクセントに。

- 利仁（7・4）11
- 里仁（7・4）11
- 理人（11・2）13
- 浬仁（10・4）14
- 璃人（15・2）17

りもん
Rimon

きびきびとした「り」と穏やかで重みのある「もん」を合わせて、聡明なイメージの響きに。

- 利門（7・8）15
- 里紋（7・10）17
- 理門（11・8）19

りゅう
Ryu

想像上の生物「竜」と同音。パワフルで凛とした「り」から始まる、力強くスムーズな響きをもつ名前。

- 柳（9）9
- 竜（10）10
- 隆（11）11
- 琉（11）11
- 劉（15）15
- 龍（16）16

りゅういち
Ryuichi

たくましいイメージ「りゅう」とリズミカルに響く「いち」の組み合わせで、切れの良い名前に。

- 竜一（10・1）11
- 琉一（11・1）12
- 瑠一（14・1）15
- 陸市（11・5）16
- 龍一（16・1）17
- 龍壱（16・7）23

りゅういちろう
Ryuichiro

ダイナミックで切れの良い「りゅういち」に重みのある「ろう」を合わせ、威厳のある響きに。

- 柳一郎（9・1・9）19
- 竜一郎（10・1・9）20
- 隆一郎（11・1・9）21
- 琉一朗（11・1・10）22
- 龍壱郎（16・7・9）32

りゅうき
Ryuki

知性と力強さを感じる「りゅう」にきっぱりとした止め字「き」を合わせ、潔いイメージを添えて。

- 柳希（9・7）16
- 龍生（16・5）21
- 隆貴（11・12）23
- 劉紀（15・9）24
- 竜騎（10・18）28

りゅうご
Ryugo

ダイナミックな「りゅう」に穏やかながらも重量感のある「ご」を合わせ、さらにたくましい印象に。

- 流伍（10・6）16
- 竜吾（10・7）17
- 隆呉（11・7）18
- 柳梧（9・11）20
- 琉胡（11・9）20
- 龍悟（16・10）26

りゅうじ
Ryuji

勇ましいイメージの「りゅう」を、おっとりとした響きの止め字「じ」で受け止めて穏やかに。

- 竜次（10・6）16
- 琉司（11・5）16
- 竜児（10・7）17
- 龍二（16・2）18
- 隆治（11・8）19
- 劉志（15・7）22

りゅうすけ
Ryusuke

スムーズに流れる「りゅう」から古風な止め字「すけ」に続き、雄々しい勢いのある響きに。

- 立佑（5・7）12
- 隆介（11・4）15
- 竜助（10・7）17
- 柳祐（9・9）18
- 琉輔（11・14）25
- 龍亮（16・9）25

りゅうせい
Ryusei

母音「ウ」が連なり、重みのある「りゅう」に、繊細で切れの良い「せい」を合わせ、軽やかさをプラス。

- 隆11 生5 16
- 龍16 世5 21
- 琉11 聖13 24
- 流10 星9 19
- 竜10 誠13 23

りゅうた
Ryuta

ダイナミックな「りゅう」に開放感のある止め字「た」を合わせ、明るく元気なイメージに。

- 柳9 太4 13
- 琉11 汰7 18
- 劉15 多6 21
- 竜10 太4 14
- 龍16 太4 20

りゅうたろう
Ryutaro

力強く流れる「りゅう」と伝統的な「たろう」の組み合わせで、豪快な響きをもつ名前に。

- 立5 汰7 郎9 21
- 流10 太4 郎9 23
- 琉11 大3 朗10 24
- 竜10 大3 郎9 22
- 隆11 大3 郎9 23
- 龍16 太4 郎9 29

りゅうと
Ryuto

エネルギッシュでスピード感のある「りゅう」を、止め字「と」が支え、スマートな印象をプラス。

- 柳9 人2 11
- 龍16 仁4 20
- 劉15 翔12 27
- 笠11 斗4 15
- 竜10 登12 22

りゅうのすけ
Ryunosuke

勇ましく躍動感のある「りゅう」の響きを昔ながらの「のすけ」で締めて、古風で勇壮な響きに。

- 柳9 ノ1 丞6 16
- 隆11 之3 助7 21
- 龍16 ノ1 介4 21
- 竜10 乃2 佑7 19
- 瑠14 之3 介4 21
- 琉11 之3 輔14 28

りゅうへい
Ryuhei

パワフルで勢いのある「りゅう」に軽やかさをもつ止め字「へい」を合わせ、軽快なリズムをプラス。

- 柳9 平5 14
- 隆11 平5 16
- 劉15 平5 20
- 竜10 平5 15
- 瑠14 平5 19
- 龍16 平5 21

りゅうや
Ryuya

エネルギッシュな印象の「りゅう」、止め字「や」がやわらげて、華やかな開放感のある響きに。

- 竜10 也3 13
- 柳9 耶9 18
- 劉15 弥8 23
- 隆11 矢5 16
- 琉11 弥8 19
- 龍16 哉9 25

りょう
Ryo

軽快でスマートな響きの「りょう」。凛とした音「り」と語尾の「う」が内に秘めた力強さを感じさせる。

- 良7 7
- 凌10 10
- 諒15 15
- 亮9 9
- 遼15 15
- 嶺17 17

りょういち
Ryoichi

軽やかに流れる「りょう」をパワフルな止め字「いち」がしっかりと支え、切れの良い響きに。

- 亮9 一1 10
- 陵11 一1 12
- 凌10 市5 15
- 涼11 一1 12
- 稜13 一1 14
- 遼15 一1 16

りょうえい
Ryoei

颯爽としたイメージ「りょう」とシャープな「えい」を合わせ、スマートな響きをもつ名前に。

- 了2 瑛12 14
- 良7 栄9 16
- 諒15 永5 20
- 凌10 永5 15
- 亮9 映9 18
- 稜13 英8 21

りょうが
Ryoga

軽やかで洗練された「りょう」を「が」でしっかりと受け止め、ガ行のもつ迫力を添えて。

- 凌10 牙4 14
- 良7 駕15 22
- 涼11 賀12 23
- 怜8 我7 15
- 亮9 雅13 22
- 遼15 河8 23

りょうき
Ryoki

秀麗な響きの「りょう」にきっぱりとした止め字「き」を合わせ、スマートで毅然とした響きに。

- 凌10 生5 15
- 良7 輝15 22
- 亮9 毅15 24
- 涼11 希7 18
- 諒15 季8 23
- 遼15 樹16 31

りょうご
Ryogo

スマートで軽快な「りょう」を、濁音の重みをもつ止め字「ご」で包み込み、たくましさを添えて。

- 良7 呉7 14
- 遼15 吾7 22
- 稜13 梧11 24
- 亮9 伍6 15
- 凌10 瑚13 23
- 嶺17 悟10 27

column

名づけ体験談⑪　夫婦二人が納得のいく名前に

「自分の名前の漢字を一字入れたい」という夫の希望で、「大」の字を使う事にしました。「大」には、男の子だから大きく、たくましく育ってほしいという願いを込めています。私も「大」を含んだ名前の候補を出しましたが、夫の賛同は得られず、何個も却下されるはめに……。でも、最後には、「大」に「和」を合わせた「大和(やまと)」で意見が一致し、決定しました。

りょうじ
Ryoji

さらりとクールに流れる「りょう」。おっとりとした響きの止め字「じ」で、穏やかな余韻を残す名前に。

- 亮 9 二 2 11
- 良 7 次 6 13
- 涼 11 司 5 16
- 怜 8 滋 12 20
- 諒 15 治 8 23
- 稜 13 路 13 26

りょうすけ
Ryosuke

軽やかに流れる「りょう」を昔ながらの古風な止め字「すけ」が引き締め、勢いと潔さをプラス。

- 良 7 亮 9 16
- 凌 10 助 7 17
- 稜 13 介 4 17
- 諒 15 甫 7 22
- 亮 9 輔 14 23
- 嶺 17 佑 7 24

りょうた
Ryota

洗練された「りょう」に、明るく開放感のある止め字「た」を合わせ、元気なイメージに。

- 良 7 多 6 13
- 亮 9 太 4 13
- 涼 11 太 4 15
- 凌 10 汰 7 17
- 遼 15 大 3 18
- 瞭 17 汰 7 24

りょうたろう
Ryotaro

軽快な「りょう」と元気よく響く「たろう」。リズミカルに連なる「う」が響きに力強さを与える。

- 了 2 太 4 郎 9 15
- 良 7 太 4 郎 9 20
- 亮 9 汰 7 郎 9 25
- 領 14 太 4 朗 10 28
- 諒 15 太 4 郎 9 28
- 遼 15 太 4 朗 10 29

りょうと
Ryoto

秀麗に流れる「りょう」をしっかりとした止め字「と」が受け止め、端正な響きをもつ名前に。

- 良 7 斗 4 11
- 梁 11 人 2 13
- 亮 9 杜 7 16
- 凌 10 都 11 21
- 稜 13 登 12 25
- 遼 15 翔 12 27

りょうへい
Ryohei

共に軽やかに流れる「りょう」と「へい」。親しみを感じさせる「へい」が、陽気なリズムを生む。

- 良 7 平 5 12
- 亮 9 平 5 14
- 凌 10 平 5 15
- 涼 11 平 5 16
- 遼 15 平 5 20
- 諒 15 平 5 20

りょうま
Ryoma

颯爽とした「りょう」を、まったりとソフトに響く「ま」の音が受け止め、奥ゆきのある名前に。

- 怜 8 真 10 18
- 亮 9 真 10 19
- 凌 10 馬 10 20
- 良 7 磨 16 23
- 龍 16 馬 10 26
- 稜 13 摩 15 28

りん
Rin

凛々しくきっぱりと響く「りん」。パワフルで潔い印象ながら、語尾「ん」が無邪気さを感じさせる。

- 倫 10 10
- 琳 12 12
- 鈴 13 13
- 凜 15 15
- 凛 15 15
- 麟 24 24

りんたろう
Rintaro

パワフルで凛とした「りん」に伝統的で力強い「たろう」を添えて、たくましさをプラス。

- 林 8 太 4 郎 9 21
- 倫 10 太 4 朗 10 24
- 琳 12 太 4 郎 9 25
- 凜 15 太 4 郎 9 28
- 麟 24 太 4 郎 9 37

りんや
Rinya

きっぱりと強く響く「りん」を止め字の「や」がやわらげ、凛とした華やかさのある響きに。

- 倫 10 也 3 13
- 林 8 哉 9 17
- 凜 15 也 3 18
- 凜 15 矢 5 20
- 琳 12 耶 9 21
- 鈴 13 弥 8 21

る

るい
Rui

ゆったりした響きの中に華やかさと力強さをもつ「る」。潔い音「い」を合わせ、簡潔でスマートな印象。

- 塁 12 12
- 留 10 以 5 15
- 琉 11 生 5 16
- 類 18 18
- 流 10 依 8 18
- 瑠 14 偉 12 26

るいと
Ruito

現代的な「るい」に、鋭く響く止め字「と」を添え、スタイリッシュな印象を引き立たせる。

- 塁 12 人 2 14
- 塁 12 斗 4 16
- 類 18 斗 4 22
- 塁 12 登 12 24
- 留 10 偉 12 斗 4 26

るおん
Ruon

共にゆったりと響く「る」と「おん」。華やかな音「る」を「おん」が包み、やわらかなリズムを刻む。

- 琉 11 音 9 20
- 琉 11 恩 10 21
- 瑠 14 音 9 23
- 琉 11 穏 16 27

るか
Ruka

華やかでゆったりした「る」と快活な響きの「か」を組み合わせ、緩急がある名前に。

- 琉 11 加 5 16
- 留 10 珈 9 19
- 琉 11 佳 8 19
- 瑠 14 加 5 19
- 瑠 14 可 5 19
- 瑠 14 河 8 22

れい
Rei

華やかで洗練された「れ」と、パワフルに響く「い」。スマートで毅然とした響き。英 光線

- 礼5 5
- 怜8 8
- 玲9 9
- 羚11 11
- 零13 13
- 黎15 15

れいじ
Reiji

華麗でスマートな「れい」とパワフルな母音「イ」を含む止め字「じ」で切れの良い名前に。

- 礼5史5 10
- 伶7司5 12
- 励7治8 15
- 零13士3 16
- 麗19二2 21
- 玲9慈13 22

れいすけ
Reisuke

華やかに流れる「れい」と古風で勢いのある止め字「すけ」を合わせ、潔くスピード感のある印象。

- 礼5介4 9
- 玲9佑7 16
- 怜8輔14 22
- 澪16助7 23
- 麗19介4 23
- 黎15祐9 24

れいた
Reita

洗練された「れい」を開放感のある止め字「た」が受け止め、生き生きとした響きをプラス。

- 礼5太4 9
- 伶7太4 11
- 玲9汰7 16
- 澪16太4 20
- 嶺17太4 21

れいたろう
Reitaro

華麗なイメージの「れい」に伝統的な「たろう」が元気よく響き、古風で雄々しい余韻を残す。

- 伶7太4郎9 20
- 礼5多6朗10 21
- 羚11太4郎9 24
- 怜8汰7朗10 25
- 黎15太4郎9 28
- 澪16太4朗10 30

れいま
Reima

簡潔でスマートな「れい」をまったりとやわらかに響く「ま」の音が支え、落ち着きある印象に。

- 礼5真10 15
- 伶7馬10 17
- 怜8真10 18
- 令5磨16 21
- 羚11真10 21
- 麗19馬10 29

れいや
Reiya

流麗な印象の「れい」と明るさをもつ止め字「や」を組み合わせて、華やかで高揚感のある響きに。

- 玲9也3 12
- 礼5弥8 13
- 怜8弥8 16
- 黎15哉9 24
- 麗19矢5 24
- 嶺17耶9 26

れいら
Reira

共に華やかでパワフルな響きをもつ「れい」と「ら」。伸びのある「い」の音でゆったりとしたテンポに。

- 礼5良7 12
- 玲9良7 16
- 麗19良7 26

れお
Reo

華麗な響きの「れ」に落ち着きのある「お」を組み合わせ、雄々しい印象の名前に。英 しし座

- 礼5央5 10
- 玲9王4 13
- 伶7旺8 15
- 怜8雄12 20
- 嶺17夫4 21
- 麗19於8 27

れおな
Reona

猛々しい「れお」に、中性的で、やわらかい止め字「な」を添えて。江崎玲於奈（物理学者）など。

- 礼5央5那7 17
- 玲9央5那7 21
- 玲9於8奈8 25
- 玲9於8南9 26
- 礼5緒14奈8 27
- 伶7緒14奈8 29

れおん
Reon

華やかさとたくましさを併せもつ「れお」に語尾「ん」を加え、まろやかで優しい響きをプラス。

- 礼5恩10 15
- 玲9音9 18
- 励7温12 19
- 蓮13音9 22
- 嶺17遠13 30

れん
Ren

簡潔な2文字の名前で、パワフルに響く「れん」。都会的で洗練された「れ」の音が印象的。

- 怜8 8
- 連10 10
- 廉13 13
- 蓮13 13
- 漣14 14
- 錬16 16

column

名づけ体験談⑫　ひらめきも重要！

昔に撮った写真を整理していると、新婚旅行で行った沖縄の綺麗な海の写真が目に入りました。そのころ翌月生まれる予定の赤ちゃんの名付けに苦戦していましたが、その写真をみて「これだ！」とひらめいた名前が「透（とおる）」です。沖縄の透き通った海の様にキレイな心をもった人になってほしいという願いを込めました。いつか沖縄の海を見せてあげたいと思います。

れんじ
Renji

パワフルで切れの良い「れん」を止め字「じ」で受け、ザ行のもつおっとりと上品な響きを添えて。

- 漣14二2　16
- 蓮13司5　18
- 蓮13次6　19
- 廉13治8　21
- 連10路13　23
- 錬16志7　23

れんた
Renta

洗練された響きの「れん」に、明るく開放感のある止め字「た」を合わせ、たくましく元気なイメージに。

- 連10汰7　17
- 蓮13太4　17
- 漣14太4　18
- 練14太4　18
- 廉13汰7　20

れんたろう
Rentaro

華麗に力強く響く「れん」に伝統的な「たろう」の音を合わせることで、風情のある余韻を残す。

- 連10太4郎9　23
- 廉13太4郎9　26
- 蓮13太4郎9　26
- 蓮13太4朗10　27
- 漣14太4郎9　27
- 錬16太4郎9　29

れんと
Rento

華やかで簡潔な音「れん」にしっかりとした止め字「と」を合わせ、スマートで切れの良い響きに。

- 連10仁4　14
- 廉13斗4　17
- 錬16士3　19
- 廉13杜7　20

れんや
Renya

パワフルに響く「れん」を止め字の「や」がやわらげ、華やかで落ち着きのある響きの名前に。

- 連10也3　13
- 蓮13也3　16
- 漣14矢5　19
- 廉13弥8　21
- 廉13哉9　22
- 錬16哉9　25

ろい
Roi

可憐で落ち着きのある「ろ」にパワフルで潔い「い」が続き、スタイリッシュな印象に。

- 呂7伊6　13
- 呂7偉12　19
- 路13惟11　24
- 蕗16依8　24

ろうし
Roshi

「ろう」のゆったりとした響きに、すっきりとした止め字「し」が続く。中国の哲学者「老子」と同音。

- 朗10士3　13
- 桜10士3　13
- 桜10司5　15
- 朗10至6　16
- 桜10志7　17
- 朗10獅13　23

ろうま
Roma

イタリアの首都ローマと同音で国際的なイメージ。「ろ」「ま」のゆったりとした響きが心地よい。

- 郎9真10　19
- 朗10真10　20
- 桜10真10　20
- 朗10馬10　20
- 路13馬10　23

ろか
Roka

優しく響く「ろ」と、はっきりとした「か」がうまくまとまった名前。徳冨蘆花（明治時代の作家）など。

- 炉8伽7　15
- 芦7香9　16
- 炉8香9　17
- 路13華10　23
- 蕗16佳8　24
- 露21夏10　31

ろき
Roki

新鮮で意外性のある「ろ」に、きっぱりと強い止め字「き」を添え、まとまりのある響きに。

- 呂7季8　15
- 路13希7　20
- 路13軌9　22
- 芦7樹16　23
- 蕗16季8　24
- 露21輝15　36

ろく
Roku

ゆったりとした「ろ」と母音「ウ」のこもった力強さをもつ「く」の組み合わせが愛らしい余韻を残す。

- 禄12　12
- 緑14　14
- 路13久3　16
- 麓19　19
- 蕗16玖7　23
- 蕗16来7　23

ろくや
Rokuya

可憐で内に秘めた力強さをもつ「ろく」に開放感のある止め字「や」を合わせ、明るさを添えて。

- 六4弥8　12
- 禄12治7　19
- 麓19也3　22
- 緑14耶9　23
- 麓19矢5　24

ろくろう
Rokuro

母音「オ」「ウ」を含む2文字が連なる、スムーズな響き。落ち着きのある「ろ」が穏やかに響く。

- 六4郎9　13
- 禄12郎9　21
- 緑14朗10　24
- 録16郎9　25
- 麓19郎9　28
- 蕗16玖7郎9　32

ろみお
Romio

おおらかで落ち着きのある「ろ」「お」の間に明るい音の「み」を挟み、リズミカルな響きの名前に。

- 呂7澪16　23
- 路13澪16　29
- 蕗16美9央5　30
- 蕗16澪16　32

わかはる
Wakaharu

共に明るい音の「わか」と「はる」。開放感のある母音「ア」の3文字が続き、スピード感のある響きに。

- 若8 治8 16
- 若8 映9 17
- 若8 春9 17
- 若8 悠11 19
- 若8 陽12 20
- 稚13 春9 22

わくと
Wakuto

若々しい躍動感を感じさせる「わく」をしっかりとした止め字「と」が引き締め、切れの良い響きに。

- 湧12 人2 14
- 和8 久3 斗4 15
- 惑12 斗4 16

わいち
Waichi

開放感のある「わ」にパワフルな「いち」を合わせ、きりりと引き締まった印象に。

- 我7 一1 8
- 和8 一1 9
- 羽6 市5 11
- 和8 市5 13
- 我7 壱7 14

わかひろ
Wakahiro

陽気で軽快な「わか」と、ゆったりとした「ひろ」を組み合わせ、響きに広がりをプラス。

- 若8 大3 11
- 若8 紘10 18
- 若8 比4 呂7 19
- 稚13 宏7 20
- 稚13 寛13 26

わしゅう
Washu

明るく響く「わ」に、なめらかな「しゅう」が続き、心地よい響きの名前に。

- 和8 州6 14
- 和8 秀7 15
- 和8 周8 16
- 和8 柊9 17
- 環17 周8 25

わかお
Wakao

軽やかで開放感のある「わか」と伝統的な止め字「お」を組み合わせ、明るくたくましいイメージに。

- 若8 夫4 12
- 若8 生5 13
- 若8 男7 15
- 稚13 夫4 17

わかふみ
Wakafumi

はつらつとした「わか」を「ふみ」が優しく受け止め、フレッシュでやわらかな響きに。

- 若8 文4 12
- 若8 史5 13
- 若8 郁9 17
- 稚13 文4 17
- 和8 可5 史5 18
- 稚13 郁9 22

わたる
Wataru

明るく開放感のある「わ」「た」を「る」の音がゆったりと受け止め、力強く華やかな余韻を残す。

- 亘6 6
- 恒9 9
- 航10 10
- 渉11 11
- 渡12 12
- 和8 多6 留10 24

わかし
Wakashi

明朗快活な「わか」に硬質の「し」を組み合わせ、明るくて潔い響きの名前に。

- 若8 士3 11
- 若8 志7 15
- 和8 加5 史5 18
- 若8 嗣13 21
- 稚13 資13 26
- 和8 歌14 志7 29

わかやす
Wakayasu

明るく軽やかな「わか」と穏やかな「やす」を合わせ、落ち着きある印象の名前に。

- 若8 泰10 18
- 若8 康11 19
- 若8 靖13 21
- 若8 寧14 22
- 稚13 恭10 23
- 稚13 寧14 27

わへい
Wahei

明るい音の「わ」と昔ながらの親しみある止め字「へい」を合わせ、気さくで軽快な響きをもつ名前に。

- 我7 平5 12
- 和8 丙5 13
- 和8 平5 13
- 輪15 平5 20
- 環17 平5 22

わかと
Wakato

明るい「わか」を頼もしさを感じさせる止め字「と」がしっかりと受け止め、スマートな印象に。

- 若8 斗4 12
- 若8 杜7 15
- 稚13 人2 15
- 稚13 斗4 17
- 和8 佳8 人2 18

column

森鴎外は欧米風名づけの先駆け!?

小説『舞姫』などで知られる作家、森鴎外。彼の子どもたちの名は、「於菟(おと)」「茉莉(まり)」「不律(ふりつ)」「杏奴(あんぬ)」「類(るい)」。明治・大正期にこのような欧米風の命名をしているのは、非常に珍しいものです。これは、鴎外がドイツに留学中、本名である「林太郎(りんたろう)」を、なかなか覚えてもらえなかったためといわれています。

うしろの音から選ぶ名前リスト

「太」や「也」など名前の後ろにつく人気の音を漢字ごとにまとめました。

明（あき）

きみあき　たかあき　たけあき　ちあき　はるあき　ひであき　ふみあき

樹16 実8 明8　32
高10 明8　18
丈3 明8　11
知8 明8　16
陽12 明8　20
英8 明8　16
文4 明8　12

昭（あき）

きみあき　てつあき　ともあき　ひろあき

君7 昭9　16
哲10 昭9　19
朋8 昭9　17
博12 昭9　21

晃（あき）

としあき　ともあき　ひろあき　よしあき

利7 晃10　17
知8 晃10　18
裕12 晃10　22
好6 晃10　16

章（あき）

たけあき　てつあき　ともあき　まさあき

岳8 章11　19
哲10 章11　21
友4 章11　15
昌8 章11　19

一（いち）

きいち

貴12 一1　13

きょういち　けんいち　こういち　そういち　たいち　ゆういち　よういち

京8 一1　9
建9 一1　10
浩10 一1　11
創12 一1　13
蒼13 一1　14
颯14 一1　15
太4 一1　5
祐9 一1　10
洋9 一1　10

市（いち）

えいいち　きいち　こういち　じゅんいち　りょういち

永5 市5　10
貴12 市5　17
航10 市5　15
潤15 市5　20
凌10 市5　15

夫（お）

てつお　としお　ゆきお　りお　れお

哲10 夫4　14
俊9 夫4　13
諭16 紀9 夫4　29
李7 夫4　11
嶺17 夫4　21

央（お）

たかお　たみお　まさお

貴12 央5　17
民5 央5　10
聖13 央5　18

もとお　れお

基11 央5　16
礼5 央5　10

生（お）

かお　きお　さちお　たつお　ときお　ともお　はるお　ひでお　むつお

夏10 生5　15
基11 生5　16
幸8 生5　13
龍16 生5　21
祝9 生5　14
友4 生5　9
陽12 生5　17
秀7 生5　12
睦13 生5　18

郎（お）

いくお　のりお　ひでお　ふみお　もりお　やすお　よしお

育8 郎9　17
則9 郎9　18
秀7 郎9　16
史5 郎9　14
守6 郎9　15
保9 郎9　18
嘉14 郎9　23

臣（おみ）

かずおみ　さだおみ　はるおみ　よりおみ

和8 臣7　15
定8 臣7　15
晴12 臣7　19
頼16 臣7　23

我（が）

そうが　たいが　ゆうが

壮6 我7　13
大3 我7　10
勇9 我7　16

芽（が）

ぎんが　こうが　ひゅうが　ゆうが

吟7 芽8　15
恒9 芽8　17
陽12 有6 芽8　26
侑8 芽8　16

賀（が）

ぎんが　たいが　ゆうが　ようが　りょうが

銀14 賀12　26
大3 賀12　15
悠11 賀12　23
裕12 賀12　24
揚12 賀12　24
涼11 賀12　23

雅（が）

せいが　そうが　たいが　ふうが　むが　ゆうが

聖13 雅13　26
聡14 雅13　27
大3 雅13　16
風9 雅13　22
武8 雅13　21
夕3 雅13　16
悠11 雅13　24

一（かず）

ともかず　ひでかず　まさかず　よしかず

朋8 一1　9
智12 一1　13
秀7 一1　8
昌8 一1　9
将10 一1　11
雅13 一1　14
慶15 一1　16

寿（かず）

としかず　ともかず　ひろかず

俊9 寿7　16
知8 寿7　15
広5 寿7　12

和（かず）

としかず　ともかず

駿17 和8　25
友4 和8　12
朋8 和8　16
朝12 和8　20
智12 和8　20

なおかず　まさかず　よしかず

奈8 緒14 和8　30
正5 和8　13
嘉14 和8　22

数（かず）

なおかず　ふみかず

尚8 数13　21
史5 数13　18

- まさかず：柾(9)数(13) 22
- よしかず：佳(8)数(13) 21

生 き

- かつき：克(7)生(5) 12
- なおき：直(8)生(5) 13
- はるき：晴(12)生(5) 17／陽(12)生(5) 17
- まさき：将(10)生(5) 15
- みずき：瑞(13)生(5) 18
- ゆうき：侑(8)生(5) 13／悠(11)生(5) 16／優(17)生(5) 22

希 き

- かずき：一(1)希(7) 8
- さとき：知(8)希(7) 15
- たまき：珠(10)希(7) 17
- としき：俊(9)希(7) 16
- ともき：友(4)希(7) 11
- ひろき：大(3)希(7) 10／広(5)希(7) 12／弘(5)希(7) 12
- むつき：睦(13)希(7) 20
- もとき：元(4)希(7) 11

紀 き

- そうき：宗(8)紀(9) 17
- だいき：大(3)紀(9) 12
- としき：利(7)紀(9) 16
- にしき：西(6)紀(9) 15
- ひでき：英(8)紀(9) 17
- ひろき：弘(5)紀(9) 14

基 き

- こうき：康(11)基(11) 22
- さとき：悟(10)基(11) 21
- じゅんき：准(10)基(11) 21
- そうき：創(12)基(11) 23
- ともき：知(8)基(11) 19
- よしき：由(5)基(11) 16

貴 き

- いつき：一(1)貴(12) 13
- いぶき：伊(6)武(8)貴(12) 26
- そうき：奏(9)貴(12) 21
- だいき：大(3)貴(12) 15
- ゆうき：雄(12)貴(12) 24
- りゅうき：隆(11)貴(12) 23

輝 き

- いっき：一(1)輝(15) 16
- かずき：一(1)輝(15) 16
- けいき：圭(6)輝(15) 21
- げんき：弦(8)輝(15) 23
- さかき：栄(9)輝(15) 24
- ないき：奈(8)伊(6)輝(15) 29
- なおき：直(8)輝(15) 23
- はるき：悠(11)輝(15) 26／陽(12)輝(15) 27
- まさき：正(5)輝(15) 20
- みつき：充(6)輝(15) 21
- ゆいき：唯(11)輝(15) 26

樹 き

- かずき：和(8)樹(16) 24
- かづき：賀(12)津(9)樹(16) 37
- こうき：幸(8)樹(16) 24／恒(9)樹(16) 25
- しげき：茂(8)樹(16) 24
- だいき：大(3)樹(16) 19
- たつき：立(5)樹(16) 21
- としき：俊(9)樹(16) 25
- はるき：春(9)樹(16) 25／温(12)樹(16) 28
- ひびき：響(20)樹(16) 36
- むつき：睦(13)樹(16) 29
- もとき：元(4)樹(16) 20
- りつき：立(5)樹(16) 21

吉 きち

- えいきち：永(5)吉(6) 11／英(8)吉(6) 14／詠(12)吉(6) 18

邦 くに

- かずくに：和(8)邦(7) 15
- まさくに：正(5)邦(7) 12／匡(6)邦(7) 13
- やすくに：恭(10)邦(7) 17
- よしくに：嘉(14)邦(7) 21

国 くに

- かずくに：和(8)国(8) 16
- まさくに：政(9)国(8) 17／柾(9)国(8) 17
- やすくに：保(9)国(8) 17
- よしくに：義(13)国(8) 21

伍 ご

- けいご：啓(11)伍(6) 17
- しゅうご：秀(7)伍(6) 13
- しゅんご：瞬(18)伍(6) 24
- しんご：伸(7)伍(6) 13
- そうご：荘(9)伍(6) 15／創(12)伍(6) 18

吾 ご

- あんご：安(6)吾(7) 13
- けいご：圭(6)吾(7) 13
- けんご：建(9)吾(7) 16
- しょうご：章(11)吾(7) 18
- しんご：慎(13)吾(7) 20
- そうご：壮(6)吾(7) 13／蒼(13)吾(7) 20
- とうご：東(8)吾(7) 15
- ゆうご：侑(8)吾(7) 15／悠(11)吾(7) 18／優(17)吾(7) 24

悟 ご

- けいご：啓(11)悟(10) 21
- しゅんご：駿(17)悟(10) 27
- せいご：誠(13)悟(10) 23
- だいご：大(3)悟(10) 13

梧 ご

- あんご：杏(7)梧(11) 18
- えいご：詠(12)梧(11) 23
- しゅうご：修(10)梧(11) 21
- しょうご：将(10)梧(11) 21
- りょうご：稜(13)梧(11) 24

作 さく

- えいさく：永(5)作(7) 12
- けんさく：健(11)作(7) 18
- こうさく：幸(8)作(7) 15
- ゆうさく：由(5)作(7) 12／悠(11)作(7) 18／優(17)作(7) 24

士 し

- あらし：嵐(12)士(3) 15
- けんし：憲(16)士(3) 19
- こうし：恒(9)士(3) 12
- そうし：宗(8)士(3) 11／奏(9)士(3) 12
- ちかし：盟(13)士(3) 16／誓(14)士(3) 17
- むさし：武(8)者(8)士(3) 19

司 し

- かずし：一(1)司(5) 6
- けいし：啓(11)司(5) 16
- さとし：聡(14)司(5) 19
- そうし：湊(12)司(5) 17
- たいし：大(3)司(5) 8
- てつし：徹(15)司(5) 20
- まさし：将(10)司(5) 15

史 し

- あつし：淳(11)史(5) 16
- かつし：勝(12)史(5) 17
- そうし：創(12)史(5) 17
- たいし：泰(10)史(5) 15
- ひろし：博(12)史(5) 17
- まさし：昌(8)史(5) 13／雅(13)史(5) 18

志 し

かずし	一1 志7	8
きよし	清11 志7	18
けんし	健11 志7	18
さとし	諭16 志7	23
そうし	壮6 志7	13
だいし	大3 志7	10
つよし	強11 志7	18
ひさし	久3 志7	10
ひとし	人2 志7	9
やすし	保9 志7	16
ゆうし	湧12 志7	19

二 じ

こうじ	浩10 二2	12
しゅうじ	修10 二2	12
じょうじ	丈3 二2	5
せいじ	征8 二2	10
ゆうじ	勇9 二2	11
れいじ	麗19 二2	21

次 じ

えいじ	瑛12 次6	18
けいじ	慶15 次6	21
ねんじ	稔13 次6	19
へいじ	平5 次6	11
ようじ	陽12 次6	18

児 じ

かいじ	快7 児7	14
きゅうじ	球11 児7	18
けんじ	健11 児7	18
こうじ	晃10 児7	17
せいじ	聖13 児7	20
ゆうじ	侑8 児7	15
れいじ	玲9 児7	16

治 じ

えいじ	英8 治8	16
けいじ	圭6 治8	14
けんじ	賢16 治8	24
たいじ	泰10 治8	18
りゅうじ	隆11 治8	19

茂 しげ

かずしげ	一1 茂8	9
	和8 茂8	16
たかしげ	貴12 茂8	20

重 しげ

かずしげ	和8 重9	17
たかしげ	尊12 重9	21
のぶしげ	伸7 重9	16
	延8 重9	17
もりしげ	守6 重9	15

繁 しげ

かずしげ	和8 繁16	24
のぶしげ	允4 繁16	20
	信9 繁16	25
もりしげ	杜7 繁16	23

介 すけ

きすけ	貴12 介4	16
きょうすけ	叶5 介4	9
きょうのすけ	京8 之3 介4	15
けいすけ	圭6 介4	10
こうすけ	煌13 介4	17
しんのすけ	真10 之3 介4	17
せいのすけ	清11 乃2 介4	17
そうすけ	爽11 介4	15
	蒼13 介4	17
ゆうすけ	祐9 介4	13
	悠11 介4	15
ゆうのすけ	悠11 乃2 介4	17
りゅうのすけ	瑠14 之3 介4	21
りょうすけ	凌10 介4	14

助 すけ

くらのすけ	蔵15 之3 助7	25
しんすけ	信9 助7	16
しんのすけ	慎13 之3 助7	23
ゆうすけ	雄12 助7	19

佑 すけ

きょうすけ	京8 佑7	15
けんすけ	賢16 佑7	23
こうすけ	功5 佑7	12
しゅんすけ	峻10 佑7	17
だいすけ	大3 佑7	10

祐 すけ

きすけ	輝15 祐9	24
きょうすけ	享8 祐9	17
へいすけ	兵7 祐9	16
ゆうすけ	勇9 祐9	18
	悠11 祐9	20
ようすけ	陽12 祐9	21
	遥12 祐9	21

亮 すけ

えいすけ	永5 亮9	14
こうすけ	公4 亮9	13
しゅうすけ	修10 亮9	19
そうすけ	創12 亮9	21
りょうすけ	良7 亮9	16

輔 すけ

しゅんすけ	俊9 輔14	23
せいのすけ	誠13 之3 輔14	30
だいすけ	大3 輔14	17
ゆうすけ	優17 輔14	31
りょうすけ	亮9 輔14	23

世 せい

かいせい	開12 世5	17
こうせい	康11 世5	16
ゆうせい	佑7 世5	12
	侑8 世5	13

生 せい

いっせい	一1 生5	6
こうせい	公4 生5	9
	航10 生5	15
	康11 生5	16
たいせい	大3 生5	8
	泰10 生5	15
ほうせい	朋8 生5	13
ゆうせい	有6 生5	11
	結12 生5	17
りゅうせい	隆11 生5	16

成 せい

いっせい	一1 成6	7
かいせい	開12 成6	18
しゅうせい	柊9 成6	15
たいせい	大3 成6	9
	泰10 成6	16
てんせい	天4 成6	10

星 せい

こうせい	恒9 星9	18
	晃10 星9	19
しゅうせい	秀7 星9	16
しょうせい	将10 星9	19
すいせい	彗11 星9	20
めいせい	明8 星9	17
りゅうせい	流10 星9	19
	龍16 星9	25

聖 せい

かいせい	快7 聖13	20
たいせい	泰10 聖13	23
てんせい	典8 聖13	21
ゆうせい	勇9 聖13	22
	悠11 聖13	24
りゅうせい	琉11 聖13	24

三 ぞう

しゅうぞう	周8 三3	11
しょうぞう	彰14 三3	17
しんぞう	晋10 三3	13
たいぞう	泰10 三3	13
としぞう	利7 三3	10

造 ぞう

しゅうぞう	修10 造10	20

読み	名前	総画
しょうぞう	勝(12)造(10)	22
せいぞう	征(8)造(10)	18
へいぞう	兵(7)造(10)	17

蔵 ぞう

読み	名前	総画
こうぞう	港(12)蔵(15)	27
しんぞう	秦(10)蔵(15)	25
せいぞう	正(5)蔵(15)	20
たいぞう	大(3)蔵(15)	18
	泰(10)蔵(15)	25
らいぞう	頼(16)蔵(15)	31

大 た

読み	名前	総画
いちた	一(1)大(3)	4
えいた	詠(12)大(3)	15
おうた	旺(8)大(3)	11
こうた	広(5)大(3)	8
ゆうた	悠(11)大(3)	14
ようた	遥(12)大(3)	15
りょうた	涼(11)大(3)	14

太 た

読み	名前	総画
あらた	新(13)太(4)	17
えいた	英(8)太(4)	12
	栄(9)太(4)	13
	瑛(12)太(4)	16
かなた	奏(9)太(4)	13
かんた	環(17)太(4)	21
けいた	慶(15)太(4)	19
けんた	健(11)太(4)	15
しゅんた	俊(9)太(4)	13
ふうた	颯(14)太(4)	18
ゆうた	悠(11)太(4)	15
	優(17)太(4)	21
ようた	陽(12)太(4)	16

汰 た

読み	名前	総画
きょうた	叶(5)汰(7)	12
けんた	賢(16)汰(7)	23
こうた	公(4)汰(7)	11
	晃(10)汰(7)	17
	康(11)汰(7)	18
しょうた	章(11)汰(7)	18
そうた	爽(11)汰(7)	18
	蒼(13)汰(7)	20
	颯(14)汰(7)	21
ふうた	楓(13)汰(7)	20

大 だい

読み	名前	総画
こうだい	広(5)大(3)	8
	航(10)大(3)	13
せいだい	正(5)大(3)	8
	晟(10)大(3)	13
ゆうだい	侑(8)大(3)	11
	勇(9)大(3)	12
	優(17)大(3)	20

孝 たか

読み	名前	総画
かずたか	和(8)孝(7)	15
くにたか	国(8)孝(7)	15
はるたか	遙(14)孝(7)	21
ひろたか	弘(5)孝(7)	12
やすたか	康(11)孝(7)	18
	靖(13)孝(7)	20

尭 たか

読み	名前	総画
のりたか	徳(14)尭(8)	22
ひろたか	弘(5)尭(8)	13

高 たか

読み	名前	総画
きみたか	公(4)高(10)	14
はるたか	悠(11)高(10)	21
まさたか	匡(6)高(10)	16

崇 たか

読み	名前	総画
きみたか	公(4)崇(11)	15
ひろたか	博(12)崇(11)	23
やすたか	泰(10)崇(11)	21

隆 たか

読み	名前	総画
はるたか	春(9)隆(11)	20
ひでたか	英(8)隆(11)	19
まさたか	正(5)隆(11)	16
やすたか	靖(13)隆(11)	24
ゆたか	祐(9)隆(11)	20

敬 たか

読み	名前	総画
きよたか	清(11)敬(12)	23
まさたか	雅(13)敬(12)	25
やすたか	康(11)敬(12)	23

貴 たか

読み	名前	総画
かずたか	和(8)貴(12)	20
かつたか	克(7)貴(12)	19
きよたか	清(11)貴(12)	23
	潔(15)貴(12)	27
くにたか	邦(7)貴(12)	19
よしたか	吉(6)貴(12)	18

賢 たか

読み	名前	総画
くにたか	邦(7)賢(16)	23

丈 たけ

読み	名前	総画
のぶたけ	延(8)丈(3)	11

岳 たけ

読み	名前	総画
のぶたけ	伸(7)岳(8)	15
のりたけ	憲(16)岳(8)	24

武 たけ

読み	名前	総画
のぶたけ	伸(7)武(8)	15
のりたけ	法(8)武(8)	16
	則(9)武(8)	17
	憲(16)武(8)	24

威 たけ

読み	名前	総画
よしたけ	芳(7)威(9)	16

剛 たけ

読み	名前	総画
のぶたけ	信(9)剛(10)	19
のりたけ	紀(9)剛(10)	19

健 たけ

読み	名前	総画
あきたけ	明(8)健(11)	19
ひろたけ	大(3)健(11)	14
よしたけ	義(13)健(11)	24

猛 たけ

読み	名前	総画
のりたけ	典(8)猛(11)	19
はるたけ	春(9)猛(11)	20
ふみたけ	史(5)猛(11)	16

次 つぐ

読み	名前	総画
たかつぐ	貴(12)次(6)	18
よしつぐ	好(6)次(6)	12

継 つぐ

読み	名前	総画
まさつぐ	将(10)継(13)	23
よしつぐ	能(10)継(13)	23

嗣 つぐ

読み	名前	総画
よしつぐ	佳(8)嗣(13)	21

哲 てつ

読み	名前	総画
いってつ	壱(7)哲(10)	17
そうてつ	奏(9)哲(10)	19
	爽(11)哲(10)	21

鉄 てつ

読み	名前	総画
いってつ	一(1)鉄(13)	14
	壱(7)鉄(13)	20
そうてつ	奏(9)鉄(13)	22

徹 てつ

読み	名前	総画
いってつ	一(1)徹(15)	16
	壱(7)徹(15)	22

光 てる

読み	名前	総画
のぶてる	伸(7)光(6)	13
よしてる	能(10)光(6)	16

映 てる

読み	名前	総画
よしてる	祥(10)映(9)	19

瑛 てる

読み	名前	総画
きみてる	君(7)瑛(12)	19
のぶてる	宣(9)瑛(12)	21

まさてる
允4瑛12 16
聖13瑛12 25

照 てる

かずてる 和8照13 21
まさてる 正5照13 18
もりてる 守6照13 19
よしてる 芳7照13 20

輝 てる

かずてる 一1輝15 16
きみてる 君7輝15 22
のぶてる 信9輝15 24
まさてる 昌8輝15 23
よしてる 由5輝15 20

耀 てる

みちてる 満12耀20 32
よしてる 好6耀20 26

人 と

あきと 明8人2 10
あると 有6人2 8
かいと 快7人2 9
きよと 清11人2 13
たくと 巧5人2 7
はると 春9人2 11
陽12人2 14

まこと 眞10人2 12
まなと 真10奈8人2 20
みなと 湊12人2 14
ゆいと 由5維14人2 21
ゆうと 悠11人2 13

斗 と

あと 亜7斗4 11
あると 有6斗4 10
えいと 英8斗4 12
かなと 哉9斗4 13
くると 玖7流10斗4 21
はやと 隼10斗4 14
颯14斗4 18
はると 春9斗4 13
ひろと 啓11斗4 15
まさと 雅13斗4 17
ゆうと 悠11斗4 15
よりと 頼16斗4 20

杜 と

かいと 海9杜7 16
しゅんと 旬6杜7 13
ほくと 北5杜7 12
りくと 陸11杜7 18

音 と

かいと 快7音9 16

かずと 和8音9 17
かなと 奏9音9 18
けいと 圭6音9 15
すずと 鈴13音9 22
なつと 夏10音9 19
はると 悠11音9 20
遥14音9 23
ゆうと 悠11音9 20
れんと 蓮13音9 22

都 と

あおと 蒼13都11 24
碧14都11 25
しゅうと 秋9都11 20
しゅんと 竣12都11 23
なぎと 渚11都11 22
はると 陽12都11 23
ひろと 博12都11 23
まさと 眞10都11 21
ゆうと 優17都11 28
りょうと 凌10都11 21
れんと 蓮13都11 24

登 と

たけと 岳8登12 20
武8登12 20
ちさと 千3佐7登12 22
ひさと 久3登12 15

ひろと 弘5登12 17
広5登12 17
ゆめと 夢13登12 25
りょうと 稜13登12 25

童 どう

きどう 稀12童12 24
騎18童12 30
しどう 獅13童12 25

道 どう

きどう 輝15道12 27
毅15道12 27
しどう 志7道12 19
嗣13道12 25

仁 とし

さだとし 定8仁4 12
たかとし 崇11仁4 15
まさとし 昌8仁4 12

寿 とし

かずとし 和8寿7 15
つぐとし 嗣13寿7 20
ひでとし 英8寿7 15
まさとし 壮6寿7 13
匡6寿7 13
みちとし 満12寿7 19

利 とし

かつとし 克7利7 14
ひでとし 秀7利7 14
まさとし 政9利7 16
むねとし 宗8利7 15

俊 とし

かずとし 和8俊9 17
たけとし 丈3俊9 12
武8俊9 17
まさとし 雅13俊9 22
みちとし 道12俊9 21
みつとし 光6俊9 15

敏 とし

かつとし 克7敏10 17
たけとし 猛11敏10 21
のぶとし 信9敏10 19
みちとし 充6敏10 16
みつとし 満12敏10 22

友 とも

ありとも 有6友4 10
かずとも 一1友4 5
ひでとも 秀7友4 11
まさとも 柾9友4 13
やすとも 康11友4 15

知 とも

ひでとも 英8知8 16
まさとも 昌8知8 16
優17知8 25
やすとも 靖13知8 21

朋 とも

ありとも 有6朋8 14
かずとも 主5朋8 13
ひでとも 栄9朋8 17
まさとも 将10朋8 18
やすとも 恭10朋8 18

朝 とも

まさとも 雅13朝12 25
やすとも 泰10朝12 22
よりとも 頼16朝12 28

智 とも

かずとも 一1智12 13
和8智12 20
ひでとも 英8智12 20
まさとも 正5智12 17
やすとも 安6智12 18

也 なり

あきなり 晃10也3 13

かずなり　てつなり　みちなり　もとなり

和也	8	3	11
徹也	15	3	18
倫也	10	3	13
源也	13	3	16

成 なり

あきなり　かずなり　てつなり　みちなり

秋成	9	6	15
一成	1	6	7
和成	8	6	14
鉄成	13	6	19
充成	6	6	12
宙成	8	6	14
道成	12	6	18

伸 のぶ

あきのぶ　ただのぶ　とものぶ　はるのぶ　ゆきのぶ　よしのぶ

晶伸	12	7	19
忠伸	8	7	15
友伸	4	7	11
春伸	9	7	16
幸伸	8	7	15
由伸	5	7	12

延 のぶ

とものぶ　はるのぶ　ひろのぶ　まさのぶ　よしのぶ

朋延	8	8	16
春延	9	8	17
博延	12	8	20
勝延	12	8	20
芳延	7	8	15

信 のぶ

かずのぶ　かつのぶ　たかのぶ　たけのぶ　ひろのぶ　よしのぶ

一信	1	9	10
勝信	12	9	21
孝信	7	9	16
丈信	3	9	12
洋信	9	9	18
由信	5	9	14
義信	13	9	22

典 のり

きみのり　とものり　ひさのり　ひろのり　やすのり

公典	4	8	12
友典	4	8	12
尚典	8	8	16
宏典	7	8	15
康典	11	8	19

紀 のり

かつのり　きみのり　とものり　ふみのり　よしのり

且紀	5	9	14
君紀	7	9	16
公紀	4	9	13
文紀	4	9	13
良紀	7	9	16

則 のり

おさのり　たけのり　ひさのり

治則	8	9	17
武則	8	9	17
久則	3	9	12

ひでのり　みのり

栄則	9	9	18
海則	9	9	18

規 のり

おさのり　とものり　ひでのり　よしのり

伯規	7	11	18
比規	4	11	15
栄規	9	11	20
芳規	7	11	18

教 のり

とものり　ひさのり　ひろのり

智教	12	11	23
永教	5	11	16
寛教	13	11	24

徳 のり

かずのり　とものり　ひさのり　ひろのり　みちのり

一徳	1	14	15
知徳	8	14	22
久徳	3	14	17
洋徳	9	14	23
道徳	12	14	26

範 のり

かつのり　きみのり　ふみのり　みのり　やすのり　よしのり

勝範	12	15	27
公範	4	15	19
文範	4	15	19
実範	8	15	23
恭範	10	15	25
佳範	8	15	23

憲 のり

おさのり　たけのり　たつのり　ひでのり　ひろのり

修憲	10	16	26
猛憲	11	16	27
建憲	9	16	25
英憲	8	16	24
浩憲	10	16	26

明 はる

ともはる　みちはる

共明	6	8	14
道明	12	8	20

治 はる

たかはる　ともはる　まさはる　みはる　よしはる

隆治	11	8	19
友治	4	8	12
正治	5	8	13
雅治	13	8	21
美治	9	8	17
由治	5	8	13

春 はる

きよはる　さだはる　ちはる　つぐはる　なおはる　のぶはる

清春	11	9	20
潔春	15	9	24
完春	7	9	16
千春	3	9	12
司春	5	9	14
直春	8	9	17
伸春	7	9	16

みはる　もとはる

深春	11	9	20
元春	4	9	13
基春	11	9	20

温 はる

たかはる　つぐはる　てつはる

隆温	11	12	23
貴温	12	12	24
嗣温	13	12	25
哲温	10	12	22

晴 はる

きよはる　たかはる　のぶはる　まさはる　みはる　よしはる

清晴	11	12	23
天晴	4	12	16
伸晴	7	12	19
正晴	5	12	17
海晴	9	12	21
佳晴	8	12	20

陽 はる

あきはる　きよはる　たかはる　ちはる　ともはる　なおはる　のぶはる　まさはる

明陽	8	12	20
清陽	11	12	23
崇晴	11	12	23
貴陽	12	12	24
千陽	3	12	15
朋陽	8	12	20
尚陽	8	12	20
信陽	9	12	21
正陽	5	12	17

みちはる　もとはる

通陽	10	12	22
元陽	4	12	16

遥 はる

みつはる　みはる　もとはる　やすはる　よしはる

充遥	6	12	18
未遥	5	12	17
素遥	10	12	22
保遥	9	12	21
義遥	13	12	25

遙 はる

ちはる　まさはる

千遙	3	14	17
智遙	12	14	26
雅遙	13	14	27

彦 ひこ

かずひこ　たけひこ　てるひこ　としひこ　なつひこ　はるひこ　みきひこ　よしひこ

和彦	8	9	17
岳彦	8	9	17
暉彦	13	9	22
俊彦	9	9	18
夏彦	10	9	19
悠彦	11	9	20
遙彦	14	9	23
幹彦	13	9	22
吉彦	6	9	15

久 ひさ

かずひさ

和久	8	3	11

読み	名前	画数	画数	総画
たかひさ	鷹久	24	3	27
としひさ	敏久	10	3	13
ともひさ	共久	6	3	9
	朝久	12	3	15
	智久	12	3	15
はるひさ	温久	12	3	15
よしひさ	善久	12	3	15

玖 ひさ

読み	名前	画数	画数	総画
かずひさ	和玖	8	7	15
	数玖	13	7	20
てるひさ	輝玖	15	7	22
ともひさ	智玖	12	7	19

寿 ひさ

読み	名前	画数	画数	総画
ありひさ	在寿	6	7	13
かずひさ	和寿	8	7	15
たけひさ	健寿	11	7	18
ともひさ	智寿	12	7	19
はるひさ	陽寿	12	7	19

尚 ひさ

読み	名前	画数	画数	総画
かずひさ	一尚	1	8	9
	紀尚	9	8	17
としひさ	俊尚	9	8	17
	稔尚	13	8	21
はるひさ	晴尚	12	8	20
よしひさ	善尚	12	8	20

秀 ひで

読み	名前	画数	画数	総画
かずひで	一秀	1	7	8
	和秀	8	7	15
なりひで	成秀	6	7	13
	斉秀	8	7	15
よしひで	佳秀	8	7	15

英 ひで

読み	名前	画数	画数	総画
かずひで	寿英	7	8	15
なりひで	也英	3	8	11
	作英	7	8	15
よしひで	由英	5	8	13
	慶英	15	8	23

栄 ひで

読み	名前	画数	画数	総画
かずひで	和栄	8	9	17
よしひで	良栄	7	9	16

人 ひと

読み	名前	画数	画数	総画
あおと	蒼人	13	2	15
	藍人	18	2	20
あきひと	彰人	14	2	16
かずひと	和人	8	2	10
これひと	惟人	11	2	13
たかひと	尊人	12	2	14
てるひと	暉人	13	2	15
はれひと	晴人	12	2	14
よひと	呼人	8	2	10
りひと	理人	11	2	13

仁 ひと

読み	名前	画数	画数	総画
あきひと	明仁	8	4	12
かずひと	和仁	8	4	12
くにひと	邦仁	7	4	11
ふひと	芙仁	7	4	11

大 ひろ

読み	名前	画数	画数	総画
たかひろ	昂大	8	3	11
	高大	10	3	13
たけひろ	孟大	8	3	11
	岳大	8	3	11
	武大	8	3	11
としひろ	駿大	17	3	20
まさひろ	昌大	8	3	11
みひろ	海大	9	3	12
もとひろ	基大	11	3	14
もりひろ	守大	6	3	9
やすひろ	泰大	10	3	13
わかひろ	若大	8	3	11

広 ひろ

読み	名前	画数	画数	総画
きみひろ	公広	4	5	9
たつひろ	達広	12	5	17
ともひろ	友広	4	5	9
まひろ	真広	10	5	15
みつひろ	満広	12	5	17

弘 ひろ

読み	名前	画数	画数	総画
あつひろ	敦弘	12	5	17
かつひろ	克弘	7	5	12
たかひろ	高弘	10	5	15
なるひろ	成弘	6	5	11
むつひろ	陸弘	11	5	16
ゆきひろ	行弘	6	5	11

宏 ひろ

読み	名前	画数	画数	総画
あきひろ	晃宏	10	7	17
かずひろ	寿宏	7	7	14
くにひろ	国宏	8	7	15
ともひろ	倶宏	10	7	17
ゆきひろ	侑宏	8	7	15
よしひろ	好宏	6	7	13

洋 ひろ

読み	名前	画数	画数	総画
くにひろ	邦洋	7	9	16
としひろ	俊洋	9	9	18
なるひろ	成洋	6	9	15
まさひろ	真洋	10	9	19
みつひろ	光洋	6	9	15
やひろ	八洋	2	9	11

浩 ひろ

読み	名前	画数	画数	総画
あつひろ	敦浩	12	10	22
くにひろ	国浩	8	10	18
たけひろ	剛浩	10	10	20
ちひろ	千浩	3	10	13
ともひろ	知浩	8	10	18

裕 ひろ

読み	名前	画数	画数	総画
しげひろ	繁裕	16	12	28
みつひろ	充裕	6	12	18
もとひろ	元裕	4	12	16
もりひろ	盛裕	11	12	23
よしひろ	芳裕	7	12	19

文 ふみ

読み	名前	画数	画数	総画
あきふみ	明文	8	4	12
	章文	11	4	15
	暁文	12	4	16
かずふみ	和文	8	4	12
たかふみ	崇文	11	4	15
のりふみ	範文	15	4	19
まさふみ	雅文	13	4	17
やすふみ	靖文	13	4	17
よしふみ	良文	7	4	11

史 ふみ

読み	名前	画数	画数	総画
あきふみ	明史	8	5	13
	晟史	10	5	15
おとふみ	乙史	1	5	6
かずふみ	和史	8	5	13
しげふみ	慈史	13	5	18
たかふみ	敬史	12	5	17
やすふみ	泰史	10	5	15
よしふみ	佳史	8	5	13

平 へい

読み	名前	画数	画数	総画
きょうへい	恭平	10	5	15
こうへい	康平	11	5	16
しゅうへい	周平	8	5	13
	修平	10	5	15
そうへい	創平	12	5	17
	湊平	12	5	17
ようへい	陽平	12	5	17
りょうへい	遼平	15	5	20

兵 へい

読み	名前	画数	画数	総画
かいへい	快兵	7	7	14
	魁兵	14	7	21
しょうへい	庄兵	6	7	13
	祥兵	10	7	17

帆 ほ

読み	名前	画数	画数	総画
かずほ	万帆	3	6	9
まさほ	昌帆	8	6	14

歩 ほ

読み	名前	画数	画数	総画
まさほ	匡歩	6	8	14
	雅歩	13	8	21

保 ほ

読み	名前	総画
かずほ	和8保9	17
まさほ	将10保9	19

穂 ほ

読み	名前	総画
かずほ	寿7穂15	22
まさほ	柾9穂15	24

馬 ま

読み	名前	総画
かずま	和8馬10	18
けいま	慶15馬10	25
しょうま	将10馬10	20
そうま	蒼13馬10	23
たくま	巧5馬10	15
てんま	天4馬10	14
とうま	冬5馬10	15
とうま	東8馬10	18
はるま	春9馬10	19
はるま	温12馬10	22
ゆうま	悠11馬10	21
りま	理11馬10	21
りょうま	凌10馬10	20

真 ま

読み	名前	総画
いくま	伊6久3真10	19
かずま	一1真10	11
さつま	紗10都11真10	31
そうま	爽11真10	21
そうま	創12真10	22
たくま	卓8真10	18
たくま	拓8真10	18
とうま	斗4真10	14
とうま	灯6真10	16
とうま	董12真10	22
とくま	斗4久3真10	17
はるま	春9真10	19
はるま	遙14真10	24
ひゅうま	彪11真10	21
ふうま	風9真10	19
りま	理11真10	21

麻 ま

読み	名前	総画
かずま	一1麻11	12
けいま	啓11麻11	22
しゅうま	周8麻11	19
しょうま	尚8麻11	19
たけま	剛10麻11	21
とうま	東8麻11	19

摩 ま

読み	名前	総画
そうま	奏9摩15	24
そうま	創12摩15	27
はるま	温12摩15	27
らんま	嵐12摩15	27
りょうま	稜13摩15	28

磨 ま

読み	名前	総画
いくま	伊6玖7磨16	29
しゅうま	秀7磨16	23
しょうま	昭9磨16	25
しょうま	将10磨16	26
そうま	壮6磨16	22
そうま	爽11磨16	27
そうま	創12磨16	28
たくま	拓8磨16	24
ゆうま	悠11磨16	27
ゆうま	裕12磨16	28

正 まさ

読み	名前	総画
かずまさ	和8正5	13
としまさ	利7正5	12
のりまさ	範15正5	20
ひろまさ	広5正5	10
ゆきまさ	幸8正5	13

匡 まさ

読み	名前	総画
としまさ	寿7匡6	13
のりまさ	法8匡6	14
ゆきまさ	雪11匡6	17
よしまさ	美9匡6	15

昌 まさ

読み	名前	総画
かずまさ	和8昌8	16
たかまさ	尚8昌8	16
のりまさ	徳14昌8	22
ひろまさ	宏7昌8	15
よしまさ	慶15昌8	23

政 まさ

読み	名前	総画
かずまさ	和8政9	17
としまさ	敏10政9	19
のりまさ	則9政9	18
よしまさ	佳8政9	17

柾 まさ

読み	名前	総画
かずまさ	一1柾9	10
きよまさ	清11柾9	20
なおまさ	尚8柾9	17
なおまさ	直8柾9	17

雅 まさ

読み	名前	総画
たかまさ	崇11雅13	24
ひろまさ	弘5雅13	18
やすまさ	康11雅13	24
ゆきまさ	幸8雅13	21
よしまさ	芳7雅13	20

丸 まる

読み	名前	総画
うたまる	歌14丸3	17
きよまる	清11丸3	14
らんまる	蘭19丸3	22

己 み

読み	名前	総画
かつみ	勝12己3	15
さとみ	悟10己3	13
たくみ	拓8己3	11
たくみ	琢11己3	14
なごみ	和8己3	11
まさみ	誠13己3	16
むつみ	陸11己3	14

巳 み

読み	名前	総画
いさみ	伊6紗10巳3	19
うさみ	侑8沙7巳3	18
かずみ	和8巳3	11
かつみ	克7巳3	10
ひろみ	浩10巳3	13
まさみ	雅13巳3	16
よしみ	禎13巳3	16

未 み

読み	名前	総画
かつみ	克7未5	12
たくみ	卓8未5	13
たくみ	拓8未5	13
たくみ	琢11未5	16
とよみ	豊13未5	18
ひろみ	博12未5	17
まさみ	正5未5	10
まさみ	柾9未5	14

実 み

読み	名前	総画
たくみ	拓8実8	16
てるみ	照13実8	21
としみ	俊9実8	17
ひでみ	秀7実8	15
ほづみ	保9津9実8	26
まさみ	将10実8	18
ますみ	益10実8	18

弥 み

読み	名前	総画
おさみ	理11弥8	19
よしみ	祥10弥8	18

海 み

読み	名前	総画
さとみ	里7海9	16
たくみ	卓8海9	17
たくみ	拓8海9	17
ともみ	朋8海9	17
とよみ	豊13海9	22
ななみ	七2海9	11
なるみ	成6海9	15
まさみ	眞10海9	19
よしみ	佳8海9	17

充 みち

読み	名前	総画
かずみち	寿7充6	13
たかみち	隆11充6	17

- としみち 利7充6 13
- まさみち 昌8充6 14

通 みち

- たかみち 隆11通10 21／鷹24通10 34
- つねみち 恒9通10 19
- とくみち 徳14通10 24
- ひさみち 寿7通10 17

道 みち

- おしみち 忍7道12 19
- かずみち 和8道12 20
- くにみち 國11道12 23
- ひろみち 弘5道12 17／博12道12 24
- まさみち 勝12道12 24

三 みつ

- たかみつ 崇11三3 14
- ともみつ 朋8三3 11／智12三3 15
- よしみつ 良7三3 10

充 みつ

- あきみつ 彰14充6 20／聡14充6 20
- たかみつ 隆11充6 17

- よしみつ 能10充6 16／淑11充6 17

光 みつ

- あきみつ 昭9光6 15／亮9光6 15
- ともみつ 友4光6 10／朋8光6 14／朝12光6 18
- よしみつ 吉6光6 12／慶15光6 21

満 みつ

- あきみつ 明8満12 20／晶12満12 24
- よしみつ 喜12満12 24

峰 みね

- たかみね 崇11峰10 21
- たけみね 武8峰10 18
- たつみね 立5峰10 15
- はるみね 春9峰10 19

峯 みね

- たかみね 高10峯10 20
- はるみね 悠11峯10 21／遥12峯10 22／遙14峯10 24

嶺 みね

- たかみね 高10嶺17 27
- はるみね 春9嶺17 26／芳7嶺17 24
- よしみね 良7嶺17 24

武 む

- いさむ 勇9武8 17／伊6佐7武8 21
- おさむ 修10武8 18
- つとむ 努7武8 15
- とむ 斗4武8 12
- もとむ 基11武8 19

夢 む

- あとむ 亜7斗4夢13 24
- あゆむ 歩8夢13 21
- のぞむ 望11夢13 24
- ひろむ 大3夢13 16
- らいむ 来7夢13 20

文 もん

- あもん 安6文4 10
- かもん 歌14文4 18
- がもん 雅13文4 17
- しもん 志7文4 11
- らもん 良7文4 11

門 もん

- あもん 阿8門8 16
- がもん 我7門8 15
- しもん 士3門8 11
- らいもん 頼16門8 24
- りもん 利7門8 15

八 や

- かずや 一1八2 3
- せいや 星9八2 11／聖13八2 15
- せつや 世5津9八2 16／勢13津9八2 24

也 や

- いくや 育8也3 11／郁9也3 12／伊6久3也3 12
- かずや 和8也3 11
- さくや 朔10也3 13
- じゅんや 淳11也3 14
- せいや 星9也4 13／聖13也4 17
- てるや 輝15也3 18
- まさや 昌8也3 11
- ゆうや 侑8也3 11／優17也3 20

矢 や

- きょうや 京8矢5 13
- せいや 星9矢5 14／聖13矢5 18
- たかや 宇6矢5 11
- たくや 拓8矢5 13／琢11矢5 16
- たつや 達12矢5 17
- りゅうや 隆11矢5 16

治 や

- てつや 徹15治7 22
- とうや 透10治7 17
- ひでや 秀7治7 14
- ひろや 洋9治7 16
- ふみや 文4治7 11／史5治7 12

弥 や

- あつや 敦12弥8 20
- えいや 映9弥8 17
- かずや 一1弥8 9／和8弥8 16
- せいや 聖13弥8 21
- ともや 友4弥8 12
- なおや 直8弥8 16
- ひろや 宏7弥8 15

哉 や

- けんや 賢16哉9 25
- しんや 心4哉9 13
- せいや 星9哉9 18／清11哉9 20
- のぶや 宣9哉9 18
- ゆうや 悠11哉9 20／裕12哉9 21／優17哉9 26
- りくや 陸11哉9 20

耶 や

- おとや 乙1耶9 10
- じゅんや 隼10耶9 19
- しょうや 章11耶9 20
- せいや 清11耶9 20
- としや 敏10耶9 19
- まさや 正5耶9 14

保 やす

- かずやす 一1保9 10／和8保9 17
- のりやす 憲16保9 25
- よりやす 依8保9 17

泰 やす

- かずやす 和8泰10 18

- つねやす　常11泰10（21）
- のりやす　紀9泰10（19）
- ひろやす　大3泰10（13）
- よりやす　頼16泰10（26）
- わかやす　若8泰10（18）

恭　やす

- つねやす　常11恭10（21）
- のりやす　規11恭10（21）
- わかやす　稚13恭10（23）

康　やす

- かずやす　和8康11（19）
- つねやす　恒9康11（20）
- のりやす　則9康11（20）
- まさやす　雅13康11（24）
- よりやす　頼16康11（27）
- わかやす　若8康11（19）

靖　やす

- つねやす　恒9靖13（22）
- のりやす　典8靖13（21）
- よりやす　依8靖13（21）
- わかやす　若8靖13（21）

之　ゆき

- かずゆき　一1之3（4）
- たかゆき　隆11之3（14）
- としゆき　俊9之3（12）
- のりゆき　紀9之3（12）
- やすゆき　靖13之3（16）

行　ゆき

- きみゆき　公4行6（10）
- さねゆき　実8行6（14）
- てるゆき　輝15行6（21）
- ひでゆき　秀7行6（13）
- ひろゆき　博12行6（18）
- やすゆき　泰10行6（16）
- よしゆき　善12行6（18）

幸　ゆき

- かずゆき　和8幸8（16）
- さねゆき　真10幸8（18）
- ひさゆき　久3幸8（11）
- 　玖7幸8（15）
- ふゆき　富12幸8（20）
- まさゆき　正5幸8（13）
- むねゆき　宗8幸8（16）

雪　ゆき

- さねゆき　真10雪11（21）
- たかゆき　尊12雪11（23）
- ひでゆき　栄9雪11（20）
- まさゆき　真10雪11（21）
- よしゆき　祥10雪11（21）

由　よし

- のりよし　矩10由5（15）
- もりよし　衛16由5（21）

吉　よし

- あきよし　晃10吉6（16）
- のりよし　訓10吉6（16）

好　よし

- かずよし　一1好6（7）
- まさよし　政9好6（15）

芳　よし

- まさよし　将10芳7（17）
- もりよし　盛11芳7（18）

良　よし

- あきよし　彬11良7（18）
- かずよし　一1良7（8）
- のりよし　徳14良7（21）
- まさよし　方4良7（11）
- もりよし　森12良7（19）

善　よし

- あきよし　彰14善12（26）
- かずよし　一1善12（13）
- もりよし　守6善12（18）

義　よし

- あきよし　昭9義13（22）
- かずよし　和8義13（21）
- のりよし　法8義13（21）
- ひろよし　大3義13（16）
- まさよし　昌8義13（21）
- もりよし　司5義13（18）

嘉　よし

- あきよし　章11嘉14（25）
- まさよし　正5嘉14（19）

里　り

- あんり　庵11里7（18）
- じゅり　樹16里7（23）
- せんり　千3里7（10）
- 　仙5里7（12）
- 　泉9里7（16）
- ばんり　万3里7（10）
- ゆうり　邑7里7（14）

理　り

- あんり　杏7理11（18）
- いおり　伊6於8理11（25）
- さとり　智12理11（23）
- しょうり　祥10理11（21）
- しんり　真10理11（21）

璃　り

- じゅり　珠10璃15（25）
- しゅんり　竣12璃15（27）
- しょうり　昭9璃15（24）
- しんり　新13璃15（28）

留　る

- あいる　愛13留10（23）
- いたる　至6留10（16）
- かける　駆14留10（24）
- さとる　聡14留10（24）
- たける　武8留10（18）
- はる　葉12留10（22）
- わたる　和8多6留10（24）

琉　る

- いずる　出5琉11（16）
- いたる　至6琉11（17）
- かいる　海9琉11（20）
- かける　翔12琉11（23）
- すばる　昴9琉11（20）
- みのる　実8琉11（19）

瑠　る

- しげる　茂8瑠14（22）
- すぐる　優17瑠14（31）
- まさる　正5瑠14（19）
- みつる　充6瑠14（20）
- ゆずる　柚9瑠14（23）

郎　ろう

- あつろう　淳11郎9（20）
- 　篤16郎9（25）
- いちたろう　一1太4郎9（14）
- けんたろう　堅12太4郎9（25）
- ごうたろう　豪14太4郎9（27）
- こたろう　虎8太4郎9（21）
- せいしろう　清11志7郎9（27）
- せいたろう　成6太4郎9（19）
- たろう　太4郎9（13）
- りんたろう　凜15太4郎9（28）

朗　ろう

- いちろう　一1朗10（11）
- こうしろう　浩10士3朗10（23）
- ごうたろう　剛10太4朗10（24）
- こたろう　虎8太4朗10（22）
- 　胡9太4朗10（23）
- せいたろう　晟10太4朗10（24）
- そうじろう　壮6次6朗10（22）
- 　宗8次6朗10（24）
- たくろう　拓8朗10（18）
- りょうたろう　遼15太4朗10（29）

読み方から選ぶ
漢字リスト

名前に使える漢字を、一般的な音訓読みや
名乗りから探せるように50音順に並べました。

あ

- あ　安6 有6 亜7 阿8
- あい　挨10 逢11 愛13 曖17 藍18
- あいだ　間12
- あお　青8 蒼13 碧14
- あおい　葵12
- あか　丹4 朱6 赤7 明8 茜9 紅9 緋14
- あがた　県9 縣16
- あかね　茜9
- あかり　灯6 燈16
- あき　礼5 旭6 灼7 旺8 尭8 昂8 招8 知8 明8 映9 紀9 研9 秋9 昭9 哲10 晟10 朗10 朗11 啓11 章11 紹11 彬11 晨11 彪11 堯12 瑛12 暁12 敬12 晶12 煌13 照13 暉13 彰14 輝15 曉16 燦17 顕18 禮18 鏡19 顯23
- あきら　礼5 旭6 亨7 英8 旺8 侃8 享8 招8 昊8 威9 昭9 亮9 玲9 晃10 晄10 剣10 朗10 晟10 祥10 朗11 祥11 章11 爽11 彬11 瑛12 暁12 晶12 皓12 煌13 詮13 暉13 滉13 彰14 劍15 審15 曉16 諦16 憲16 顕18 禮18 麒19 鏡19 麗19 顯23
- あく　握12 渥12
- あけぼの　曙17
- あけみ　朱6
- あさ　旦5 旭6 浅9 麻11 晨11 朝12
- あざ　字6 鮮17
- あさひ　旭6
- あし　芦7 葦13
- あじ　味8
- あした　旦5 晨11 朝12
- あずさ　梓11
- あずま　東8
- あぜ　畔10
- あたい　価8 値10 價15
- あたま　頭16
- あたり　辺5
- あたる　鼎13
- あつ　充6 灼7 灸7 孜7 竺8 厚9 淳11 惇11 陸11 渥12 敦12 温12 溫13 蒐13 適14 徳14 德15 醇15 諄15 篤16 纂20 鐘20
- あつし　厚9 専9 專11 淳11 惇11 渥12 敦12 復12 醇15 篤16
- あて　宛8
- あま　天4 甘5 余7 雨8 海9 海10
- あまね　遍12
- あみ　網14 羅19
- あめ　天4 雨8
- あや　文4 礼5 朱6 英8 苑8 奇8 采8 郁9 恵10 紋10 彩11 章11 絢12 順12 斐12 惠12 漢13 漢14 綾14 綺14 禮18 繍19
- あやめ　菖11
- あゆ　肖7 歩7 歩8
- あゆみ　歩7 歩8
- あらし　嵐12
- あり　在6 存6 有6
- あん　安6 行6 杏7 按9 案10 晏10 庵11
- あんず　杏7

い

- い　巳3 井4 五4 以5 伊6 衣6 亥6 位7 医7 依8 委8 威9 為9 畏9 倭10 尉11 惟11 移11 唯11 猪11 猪12 爲12 椅12 偉12 葦13 意13 違13 維14 慰15 遺15 鋳15 謂16 緯16 鑄22
- いえ　宇6 屋9 家10
- いおり　庵11
- いき　粋10 域11 粹14
- いく　育8 征8 郁9 幾12
- いくさ　軍9
- いさ　武8 勇9 驍22
- いさお　功5 魁14 勲15 勳16
- いさみ　勇9 敢12 矯17
- いさむ　勇9 敢12 湧12 勲15 勳16
- いず　泉9
- いずみ　泉9
- いそ　磯17
- いた　板8 活9 悼11
- いただき　頂11 顚19
- いち　一1 市5 壱7 溢13
- いちご　苺8
- いつ　一1 壱7 斉8 斎11 逸11 逸12 溢13 稜13 齊14
- いつき　斎11 樹16
- いと　糸6 弦8 綸14
- いね　禾5 稲14 稻15
- いのち　命8
- いばら　茨9 楚13
- いま　今4 未5
- いる　煎13
- いろ　色6 彩11
- いわ　岩8 磐15 厳17 嚴20 巌20 巖23
- いわお　岩8 磐15 巌20 巖23
- いわや　窟13
- いん　允4 引4 印6 因6 姻9 胤9 音9 員10 院10 寅11 飲12 韻19

う

- う　右5 卯5 宇6 羽6 有6 兎7 佑7 雨8 侑8 烏10
- うい　初7
- うさぎ　兎7
- うし　牛4

うす　臼6 碓13
うず　埋10 渦12
うた　吟7 唄10 唱11 詠12 詩13 頌13 歌14 謡16 謠17
うたい　謡16 謠17
うち　内4
うつわ　器15 噐16
うな　海9 海10
うね　畝10
うま　午4 馬10
うみ　海9 洋9 海10
うめ　梅10 梅11
うら　浦10 裡12 裏13 麗19
うるう　閏12
うるし　漆14
うるわ　麗19
うん　運12 雲12

え

え　永5 兄5 衣6 会6 回6 江6 守6 妃6 依8 画8 姉8 枝8 苗8 栄9 廻9 重9 柄9 悦10 恵10 笑10 惠12 詠12 絵12 榮14 慧15 衛16 衞16 懐16 懷19
えい　永5 泳8 英8 映9 栄9 営12 瑛12 詠12 榮14 影15 鋭15 衛16 衞16 叡16
えき　役7 易8 益10 駅14
えだ　条7 枝8 條11
えつ　悦10 越12 閲15 謁15 謁16
えのき　榎14
えみ　咲9 笑10
えり　衿9 襟18
えん　円4 宛8 奄8 延8 沿8 炎8 苑8 垣9 宴10 焔12 堰12 淵12 援12 媛12 圓13 園13 遠13 鳶14 演14 縁15 緣15 薗16 燕16 艶19

お

お　夫4 央5 生5 臣7 男7 青8 和8 郎9 郎10 烏10 朗10 渚11 麻11 隆11 渚12 雄12 綸14 緒14 緒15 織18
おう　王4 央5 応7 往8 旺8 欧8 皇9 桜10 凰11 黄11 黃12 奥12 奧13 幌13 横15 橫16 鴨16 鷹17 襖18 櫻21 鷗22
おうぎ　扇10
おお　大3 巨5 仰6
おか　丘5 岡8 岳8 阜8
おき　気6 沖7 宙8 氣10 恩10 起10 息10 幾12 植12 超12 業13 熙15 興16
おきな　翁10
おく　屋9 奥12 奧13 億15
おさ　治8 長8 理11 脩11 綜14 領14
おさむ　収4 司5 收6 医7 耕10 宰10 修10 理11 脩11 統12 督13 整16 鎮18 鎭18
おし　忍7
おす　雄12
おつ　乙1
おと　乙1 音9 律9 頌13 韻19 響20 響22
おのれ　己3
おび　帯10 帶11
おも　主5 面9
おもて　表8 面9
おや　親16
おり　宅6 折7 織18
おる　織18
おれ　俺10
おん　音9 恩10 温12 御12 溫13 遠13 穏16

か

か　化4 火4 日4 加5 可5 禾5 伽7 花7 価8 佳8 果8 河8 茄8 迦9 科9 架9 珂9 香9 哉9 珈9 夏10 家10 荷10 華10 菓11 掛11 袈11 渦12 過12 翔12 嘩13 榎14 嘉14 寡14 歌14 樺14 駆14 駈15 價15 駕15 課15 霞17 穫18 蘭19 馨20
が　牙4 瓦5 伽7 我7 画8 芽8 俄9 珈9 峨10 賀12 雅13 駕15
かい　介4 会6 回6 快7 改7 芥7 貝7 恢9 悔9 廻9 界9 皆9 海9 海10 悔10 桧10 晦11 械11 絵12 開12 街12 解13 楷13 魁14 諧16 檜17 櫂18
がい　外5 亥6 劾8 涯11 凱12 街12 該13 概14 鎧18
かいり　浬10
かえで　楓13
かお　杏9 貌14 薫16 薰17 馨20
かおり　香9 馨20
かおる　芳7 郁9 薫16 薰17 馨20
かがみ　鏡19 鑑23
かがや　煌10 燿18 耀20
かがやき　輝15
かき　柿9
かぎ　鍵17
かく　角7 画8 拡8 革9 客9 核10 殻11 郭11 覚12 塙13 較13 摑14 閣14 確15 穫18 鶴21
がく　学8 岳8 楽13 樂15
かげ　景12
かける　翔12
かざ　風9
かし　樫16
かじ　梶11 舵11 鍛17
かしわ　柏9
かす　春9
かず　主5 壱7 寿7 利7 知8 和8 胤9 員10 数13 算14 壽14
かすみ　霞17
かぜ　風9
かた　片4 方4 形7 固8 型9 姿9 容10 粛11 崇11 堅12 硬12 象12 像14 銘14 潟15 賢16
かつ　且5 甲5 克7 担8 活9 括9 桂10 喝11 勝12 雄12 褐13
がつ　月4
かつみ　克7
かつら　桂10 葛12
かて　糧18
かど　圭6 角7 門8 廉13
かな　叶5 金8 奏9
かない　叶5
かなえ　鼎13
かなめ　要9
かね　金8 具8 周8 兼10 財10 詠12 鉱13 銀14 銅14 鋼16 鏡19 鐘20 鑑23
かのう　叶5

かのえ　庚8
かば　椛11 樺14
かぶ　株10 蕪15
かぶと　兜11
かま　窯15 鎌18
かみ　神9 神10 紙10 髪14 髮15
かみなり　雷13
かめ　亀11
かも　鴨16
かや　茅8 萱12
かゆ　粥12
から　唐10 殻11
がら　柄9
からす　烏10
かり　雁12 騰20
かる　軽12
かれ　彼8
かろ　軽12
かわ　川3 皮5 河8 革9
かわら　瓦5
かん　干3 刊5 甘5 甲5 完7 侃8 官8 函8 冠9 柑9 看9 神9 神10 莞10 栞10 陥10 陷11 勘11 菅11 乾11 貫11 萱12 喚12 堪12 款12 間12 勧13 幹13 感13 漢13 寛13 寛14 漢14 慣14 管14 関14 綸14 歓15 憾16 還16 環17 韓18 簡18 観18 艦21 鑑23
がん　丸3 元4 岩8 眼11 雁12 頑13 願19 巌20 巖23

き

き　己3 公4 企6 伎6 机6 気6 肌6 妃6 岐7 希7 汽7 芸7 玖7 束7 利7 祁8 奇8 季8 宜8 枝8 祈8 祈9 祇9 紀9 軌9 城9 氣10 記10 起10 訓10 姫10 埼11 基11 規11 崎11 黄11 黄12 葵12 喜12 幾12 揮12 棋12 稀12 貴12 碁13 暉13 旗14 箕14 綺14 畿15 嬉15 毅15 輝15 槻15 煕15 器15 器16 機16 樹16 徽17 磯17 藝18 騎18 麒19
ぎ　伎6 技7 芸7 宜8 祇9 義13 儀15 誼15 擬17 藝18 議20
きく　掬11 菊11 鞠17
きさき　妃6
きざし　兆6 萌11 萠11
きし　岸8 研9
きずな　絆11
きち　吉6
きつ　桔10 喫12 橘16
きぬ　衣6 砧10 絹13 縞16
きぬた　砧10
きね　杵8
きのえ　甲5
きみ　公4 后6 江6 君7 官8 皇9 尊12
きゅう　九2 久3 及3 弓3 丘5 扱6 臼6 求7 究7 玖7 穹8 級9 糾9 笈10 宮10 赳10 救11 球11 毬11 給12 鳩13
ぎゅう　牛4
きょ　巨5 居8 拠8 挙10 許11 裾13
きよ　心4 白5 氷5 圭6 汐6 浄9 純10 涼10 涼11 淨11 斎11 淑11 清11 雪11 聖13 静14 澄15 静16
きょう　叶5 共6 匡6 叫6 杏7 亨7 享8 京8 供8 協8 況8 香9 恭10 梗11 強11 教11 郷11 経11 卿12 喬12 蕎15 頬16 橋16 興16 矯17 鏡19 競20 響20 響22 饗22 驍22
ぎょう　仰6 行6 尭8 堯12 暁12 曉16 驍22
きょく　旭6 曲6 局7 極12
ぎょく　玉5
きよし　浄9 清11 淨11 粛11 潔15
きよみ　雪11
きら　晃10 晄10 煌13 燦17
きり　桐10 錐16 霧19
きわ　究7 極12 際14
きん　今4 均7 芹7 近7 欣8 金8 訓10 菫11 欽12 琴12 勤12 勤13 緊15 錦16 檎17 謹17 謹18
ぎん　吟7 銀14

く

く　九2 久3 工3 区4 勾4 句5 功5 求7 玖7 来7 來8 供8 紅9 倶10 宮10 恭10 貢10 徠11 琥12 鳩13 駆14 駈15 駒15
ぐ　具8 倶10 虞13
くう　空8
ぐう　宮10 偶11 寓12 遇12 隅12
くき　茎8
くぎ　釘10
くさ　草9
くじら　鯨19
くす　楠13 樟15
くず　葛12
ぐす　楠13
くすのき　楠13 樟15
くすり　薬16 藥18
くだ　管14
くち　口3
くつ　沓8 掘11 堀11
くに　一1 宋7 邦7 国8 郡10 晋10 國11 漢13 漢14
くぼ　窪14
くま　阿8 隈12 熊14
くみ　汲7 紐10 組11 綸14
くも　雲12 曇16
くら　倉10 蔵15 藏18
くり　栗10
くる　来7 來8
くるま　車7
くれ　呉7 昏8
くれない　紅9
くろ　玄5 畔10 黒11 黑12
くわ　桑10 鍬17
くん　君7 訓10 勲15 勳16 薫16 薫17
ぐん　軍9 群13

け

け　化4 斗4 気6 希7 迦9 氣10 家10 華10 袈11 稀12
げ　外5 夏10 解13
けい　兄5 圭6 形7 系7 佳8 京8 径8 茎8 契9 計9 勁9 奎9 恵10 桂10 頃11 啓11 掲11 渓11 経11 蛍11 卿12 掲12 恵12 敬12 景12

詣13 継13 肇14 慶15 憬15 慧15 憩16 繫19 警19 馨20 競20

げい　芸7 迎7 詣13 藝18

げき　劇15 撃15 激16 擊17

けつ　決7 頁9 桔10 訣11 結12 傑13 潔15

げつ　月4

けん　見7 建9 研9 県9 倦10 倹10 兼10 剣10 拳10 軒10 栞10 菅11 牽11 舷11 健11 険11 圏11 圈12 硯12 絢12 萱12 間12 堅12 検12 献13 絹13 儉15 劍15 権15 縣16 險16 憲16 賢16 檢17 鍵17 謙17 顕18 繭18 顯23

げん　元4 幻4 玄5 言7 弦8 限9 彦9 原10 舷11 眼11 現11 絃11 硯12 源13 権15 厳17 嚴20

こ

こ　己3 子3 小3 戸4 木4 古5 乎5 児7 兒8 呼8 固8 虎8 胡9 庫10 恋10 袴11 許11 黄11 黃12 斯12 琥12 湖12 誇13 鼓13 瑚13 糊15 醐16 濃16 顧21

ご　五4 互4 午4 伍6 呉7 吾7 冴7 胡9 庫10 娯10 悟10 梧11 期12 棋12 御12 瑚13 碁13 語14 醐16 檎17 護20

こい　恋10 鯉18

こう　工3 公4 勾4 孔4 功5 巧5 広5 弘5 甲5 亘6 亙6 匡6 仰6 交6 光6 向6 后6 好6 江6 考6 行6 亨7 孝7 宏7 攻7 更7 劫7 享8 効8 幸8 庚8 昂8 肯8 肴8 岬8 昊8 巷9 狭9 恰9 侯9 厚9 恒9 恆9 洪9 皇9 紅9 香9 虹9 洸9 神9 神10 狭10 候10 倖10 晃10 晄10 校10 浩10 紘10 耕10 航10 貢10 降10 高10 耗10 凰11 梗11 康11 皐11 黄11 黃12 港12 硬12 絞12 項12 皓12 煌13 塙13 幌13 鉱13 督13 滉13 閤14 構14 綱14 廣15 稿15 縞16 興16 鋼16 壕17 藁17 講17 購17 鴻17

ごう　号5 合6 劫7 迎7 昂8 巷9 剛10 強11 郷11 業13 豪14 壕17 轟21

こえ　吟7 声7

こく　克7 告7 刻8 国8 國11 黒11 黑12 穀14 穀15

ごく　極12

こけ　苔8

こころ　心4

こし　越12 腰13 輿17

こずえ　梶11 梢11 槙14 槇14 標15 櫂18

こと　言7 采8 事8 異11 琴12 詞12 語14 誼15

ことぶき　寿7 壽14

この　好6 此6

こぶし　拳10

こま　細11 駒15

こめ　米6

こよみ　暦14 曆16

これ　伊6 惟11 斯12 維14

ころ　頃11

ころも　衣6

こん　今4 金8 昆8 根10 紺11 献13 墾16 懇17 謹17 謹18

ごん　言7 金8 勤12 勤13 権15 厳17 嚴20

さ

さ　叉3 三3 左5 佐7 沙7 作7 妙7 些8 査9 咲9 茶9 砂9 唆10 紗10 皐11 爽11 嵯13 裟13 瑳14 醒16

ざ　左5 坐7

さい　才3 再6 妻8 采8 斉8 哉9 栽10 宰10 彩11 済11 祭11 斎11 細11 菜11 偲11 犀12 最12 裁12 催13 載13 齊14 際14

ざい　在6 材7 財10

さえ　冴7

さお　早6

さか　坂7 阪7 栄9 酒10 榮14

さかい　界9 堺12 境14

さかえ　栄9 榮14

さかき　榊14

さき　先6 早6 前9 咲9 笑10 閃10 埼11 崎11 開12 魁14

さぎ　鷺24

さきがけ　魁14

さく　作7 咲9 朔10 索10 速10 策12 錯16

さくら　桜10 櫻21

ささ　支4 笹11 篠17

さだ　定8 貞9 渉10 涉11 偵11 禎13 禎14 寧14

さち　幸8 祐9 祐10 倖10 祥10 祥11 福13 福14

さつ　拶9 察14 颯14 薩17 擦17

さと　邑7 里7 怜8 悟10 哲10 敏10 敏11 郷11 智12 惺12 聖13 禅13 聡14 慧15 熙15 叡16 賢16 諭16 禪17

さとし　悟10 哲10 敏10 敏11 暁12 惺12 聡14 慧15 曉16 叡16 諭16

さとる　悟10 哲10 菩11 慧15 諭16

さね　字6 実8 實14

さめ　雨8

さや　清11 爽11

さる　申5

さわ　沢7

さん　三3 山3 参8 珊9 桟10 蚕10 産11 算14 燦17 纂20 讃22

し

し　士3 子3 之3 巳3 支4 氏4 司5 史5 四5 示5 糸6 至6 次6 伺7 志7 孜7 始8 枝8 祉8 祉9 祇9 茨9 姿9 思9 砥10 師10 紙10 梓11 視11 視12 紫12 詞12 獅13 詩13 嗣13 試13 資13 慈13 誌14 摯15 賜15 識19

じ　二2 士3 示5 至6 次6 而6 地6 弐6 志7 治7 児8 侍8 治8 持9 是9 時10 詞12 滋12 智12 馳13 嗣13 慈13 蒔13 路13 爾14 璽19

しい　椎12

しお　汐6 塩13 潮15

しおり 栞10
しか 鹿11 爾14
しき 布5 式6 色6 敷15 織18 識19
じき 直8
じく 竺8 柚9 軸12
しげ 戊5 成6 苑8 枝8 茂8 為9 重9 甚9 荘9 莊10 盛11 隆11 爲12 董12 滋12 慈13 繁16 繁17
しげる 戊5 茂8 滋12 慈13 繁16 繁17
しし 獅13
しず 浄9 倭10 淨11 惺12 静14 寧14 靜16 鎮18 鎭18
しずか 惺12 静14 靜16
しずく 雫11 滴14
しち 七2 質15
しつ 室9 執11 漆14 質15
じつ 実8 實14
しな 科9 姿9 品9
しの 篠17
しのぶ 忍7 恕10 偲11
しば 芝6 柴10
しぶ 渋11 澁15
しま 洲9 島10 嶋14 縞16
しも 霜17
しゃ 叉3 沙7 車7 社7 社8 舎8 者8 者9 射10 紗10
しゃく 灼7 赤7 釈11 錫16 爵17
じゃく 若8 雀11 着12
しゅ 主5 守6 朱6 殊10 珠10 修10 脩11 趣15 撞15
じゅ 寿7 受8 珠10 授11 就12 壽14 竪14 需14 儒16 樹16
しゅう 収4 收6 舟6 秀7 周8 宗8 洲9 秋9 柊9 祝9 祝10 袖10 修10 執11 脩11 就12 集12 萩12 楢13 愁13 輯16 繍19 蹴19 鷲23
じゅう 十2 充6 住7 柔9 重9 渋11 銃14 澁15
しゅく 祝9 祝10 宿11 淑11 粛11 蹴19
じゅく 熟15
じゅつ 術11
しゅん 旬6 俊9 春9 洵9 峻10 隼10 淳11 竣12 舜13 駿17 瞬18
じゅん 旬6 巡6 盾9 洵9 准10 純10 隼10 淳11 惇11 閏12 絢12 循12 順12 楯13 詢13 潤15 遵15 醇15 諄15
しょ 初7 杵8 書10 渚11 渚12
じょ 助7 序7 叙9 徐10 恕10 敍11
しょう 小3 上3 井4 升4 召5 正5 生5 匠6 庄6 丞6 壮6 壯7 抄7 肖7 声7 尚8 承8 招8 昇8 昌8 松8 沼8 青8 昭9 政9 星9 相9 荘9 秤10 哨10 渉10 莊10 宵10 祥10 従10 笑10 将10 將11 祥11 從11 商11 唱11 捷11 梢11 渉11 章11 紹11 菖11 訟11 清11 笙11 湘12 勝12 晶12 硝12 粧12 証12 詔12 翔12 装12 裝13 照13 詳13 聖13 摂13 頌13 奨13 奬14 蒋14 摺14 裳14 彰14 精14 樟15 蕉15 賞15 憧15 鞘16 篠17 償17 礁17 鐘20 攝21
じょう 上3 丈3 丞6 成6 条7 帖8 定8 城9 浄9 貞9 乗9 乘10 晟10 紹11 條11 淨11 尉11 常11 盛11 剩11 剰12 場12 畳12 静14 鄭15 靜16 嬢16 壌16 錠16 濃16 櫂18 穣18 孃20 譲20 醸20 疊22 穰22 讓24 釀24
しょく 式6 色6 拭9 埴11 植12 殖12 飾13 燭17 織18 職18
しら 白5
しる 記10 訓10 銘14
しるし 印6 験18 驗23
しろ 代5 白5 城9
しん 心4 申5 伸7 臣7 芯7 身7 辰7 信9 侵9 津9 神9 神10 晋10 真10 眞10 秦10 針10 深11 紳11 進11 晨11 慎13 愼13 新13 榛14 槙14 槇14 審15 請15 薪16 親16 鎮18 鎭18
じん 人2 壬4 仁4 尽6 迅6 任6 臣7 甚9 神9 神10 訊10 陣10 尋12 稔13 盡14

す

す 主5 守6 州6 沙7 抄7 洲9 栖10 素10 須12 統12 諏15
ず 図7 豆7 事8 津9 逗11
すい 水4 出5 帥9 珀9 粋10 推11 彗11 遂12 椎12 睡13 瑞13 粹14 翠14 酔15 穂15 錐16 錘16 穗17
ずい 随12 瑞13
すう 枢8 崇11 嵩13 雛18
すえ 夕3 肖7 宋7 季8 梶11 淑11 梢11 陶11 殿13
すが 菅11 廉13
すがた 姿9
すき 隙13
すぎ 杉7
すぐる 卓8 俊9 逸11 逸12 勝12 驍22
すけ 介4 丞6 弐6 芸7 佐7 助7 扶7 甫7 佑7 育8 延8 承8 相9 宥9 祐9 祐10 涼10 涼11 紹11 補12 資13 奨13 奬14 維14 輔14 藝18 讃22
すげ 菅11 管14
すじ 筋12
すず 紗10 涼10 涼11 鈴13
すすぐ 漱14
すすみ 進11
すすむ 丞6 呈7 函8 迪8 皐11 勧13 奨13 奬14 範15 謹17 謹18
すずり 硯12
すそ 裾13
すな 沙7 砂9
すなお 朴6 侃8 純10 素10
すばる 昴9
すみ 角7 住7 恭10 速10 逗11 宿11 粛11 清11 隅12 棲12 墨14 墨15 潔15 澄15 潜15
ずみ 泉9 純10
すみれ 菫11

せ

せ 世5 施9 勢13 瀬19 瀨19
ぜ 是9
せい 井4 世5 正5 生5 成6

西6 声7 制8 征8 青8 斉8 政9 星9 晟10 清11 盛11 犀12 晴12 惺12 靖13 勢13 聖13 誠13 齊14 製14 誓14 静14 請15 錆16 靜16 醒16 整16

せき　夕3 斥5 石5 汐6 赤7 岩8 舎8 隻10 釈11 戚11 責11 堰12 跡13 関14 碩14 潟15 積16 績17 蹟18 籍20

せち　節13 節15

せつ　折7 刹8 接11 設11 雪11 摂13 節13 綴14 説14 節15 攝21

せり　芹7

せん　千3 川3 仙5 先6 亘6 亙6 茜9 宣9 専9 泉9 染9 扇10 栓10 閃10 專11 釧11 旋11 船11 煎13 詮13 践13 箋14 撰15 潜15 線15 選15 遷15 薦16 繊17 鮮17 蟬18 纖23

ぜん　全6 前9 善12 然12 禅13 漸14 膳16 禪17 蟬18 繕18

そ

そ　其8 染9 祖9 祖10 租10 素10 組11 曽11 曾12 疏12 楚13 塑13 想13 遡14 噌15 礎18

そう　双4 早6 争6 壮6 壯7 宋7 走7 爭8 宗8 奏9 相9 草9 荘9 莊10 桑10 倉10 挿10 爽11 曹11 窓11 笙11 曽11 曾12 湘12 湊12 創12 惣12 装12 裝13 滝13 想13 蒼13 僧13 僧14 蔣14 漕14 総14 綜14 聡14 遭14 漱14 颯14 層14 層15 噌15 槽15 操16 燥17 醤18 叢18 贈18 贈19 瀧19 藻19

ぞう　造10 象12 創12 漕14 像14 増14 増15 蔵15 憶16 藏18 贈18 贈19

そく　束7 則9 息10 速10 側11 測12 燭17

ぞく　粟12 属12 続13

そつ　卒8 帥9 率11

そで　袖10

そと　外5

その　苑8 圃10 園13 薗16

そば　蕎15

そら　天4 空8 宙8 昊8 穹8 漢13 漢14

そろ　揃12

そん　存6 村7 孫10 尊12 巽12 遜14 噂15 樽16 鱒23

ぞん　存6

た

た　太4 田5 多6 汰7 陀8 舵11 球11 詫13

だ　打5 田5 那7 陀8 舵11 雫11 蛇11 梛11 楕13

たい　大3 太4 代5 台5 平5 汰7 体7 対7 苔8 耐9 待9 泰10 帯10 帯11 梯11 堆11 袋11 替12 貸12 隊12 敦12 碓13 滞13 滞14 態14 醍16 黛16 戴17 鯛19

だい　乃2 大3 内4 代5 台5 第11 醍16 諦16 蹄16 題18

たえ　布5 妙7 紗10

たか　天4 宇6 考6 孝7 岳8 尭8 空8 昂8 卓8 峨10 高10 峻10 峯10 峰10 崇11 猛11 隆11 堯12 貴12 喬12 敬12 堅12 尊12 資13 嵩13 稜13 鷹24

たかし　孝7 岳8 尭8 俊9 峯10 峰10 峨10 高10 峻10 梁11 皐11 隆11 崚11 堯12 喬12 竣12 嵩13 矯17 駿17

たから　宝8

たき　滝13 瀧19

たきぎ　薪16

たく　工3 巧5 宅6 托6 択7 沢7 卓8 拓8 看9 啄10 託10 琢11 琢12 濯17 擢17 櫂18

だく　諾15

たぐい　類18 類19

たくみ　工3 巧5 匠6 技7

たけ　丈3 竹6 壮6 壯7 岳8 長8 武8 建9 茸9 勇9 高10 剛10 強11 猛11 貴12 献13 嵩13 驍22

たけし　威9 建9 洸9 剛10 健11 滝13 豪14 毅15 矯17 瀧19

たける　猛11

たすく　輔14

ただ　正5 只5 但7 忠8 直8 斉8 柾9 惟11 規11 斎11 唯11 理11 董12 萱12 禎13 禎14 齊14 維14 彰14 儀15 叡16

ただし　匡6 糾9 董12 肇14 徳14 徳15 憲16 整16

たち　達12 楯13 館16

たちばな　橘16

たつ　立5 辰7 武8 建9 竜10 植12 達12 竪14 龍16

たつみ　巽12

たて　盾9 達12 楯13 竪14 縦16 縦17

たに　谷7 渓11

たね　苗8 胤9 殖12 種14

たば　束7

たび　旅10

たま　丸3 玉5 圭6 玖7 玲9 珀9 珠10 球11 瑛12 弾12 琳12 瑶13 碧14 彈15 環17

たまき　釧11 環17

たみ　民5

たもつ　扶7 保9 将10 將11

たり　足7 給12

たん　丹4 旦5 但7 担8 坦8 単9 段9 耽10 探11 淡11 單12 湛12 誕15 壇16 鍛17 簞18

だん　団6 男7 段9 弾12 暖13 楠13 團14 彈15 談15 壇16 檀17 灘22

ち

ち　千3 市5 地6 弛6 池6 茅8 治8 知8 値10 致10 智12 馳13 稚13 薙16

ちか　史5 近7 周8 直8 哉9 愛13 誓14 親16

ちから　力2 税12

ちく　竹6 竺8 筑12 築16

ちち　父4

ちゃ　茶9

ちゅう　仲6 沖7 宙8 忠8 抽8 昼9 柱9 衷10 紐10 晝11 紬11 註12 鋳15 鑄22

ちゅん　椿13
ちょ　緒14 緒15
ちょう　丁2 庁5 兆6 帖8 長8 恰9 重9 挑9 帳11 張11 彫11 眺11 頂11 鳥11 喋12 朝12 超12 牒13 跳13 徴14 暢14 肇14 澄15 潮15 蝶15 調15 徵15 聴17 寵19 聽22 廳25
ちょく　直8 勅9 捗10
ちん　砧10 朕10 塡13 椿13 鎮18 鎭18

つ

つ　津9 通10 都11 都12 鶴21
つい　追11 堆11 椎12 碓13
つう　通10
つえ　楚13
つか　束7 柄9 寮15
つかさ　司5 宰10 師10
つき　月4 晋10
つぎ　月4 次6 承8 胤9 連10 継13 嗣13 遵15 繫19
つぐ　司5 次6 序7 承8 胤9 紹11 詔12 統12 皓12 継13 嗣13 繫19
つげ　栢9
つじ　辻6
つた　蔦14
つち　土3 椎12 壌16
つちのえ　戊5
つつ　包5 筒12
つづ　綴14
つつみ　堤12
つづみ　鼓13
つとむ　孜7 努7 励7 勉9 勉10 莫10 務11 敦12 勤12 勤13 奨13 奬14 魁14 勲15 勳16
つな　紘10 綱14 繫19
つね　毎6 毎7 恒9 恆9 経11 常11 庸11 識19
つの　角7
つばき　椿13
つばさ　翼17
つばめ　燕16
つぼ　坪8
つぼね　局7
つぼみ　蕾16
つま　妻8
つみ　摘14 積16 績17
つむ　紡10 錘16 績17
つむぎ　紬11
つや　色6 釉12 艶19
つゆ　露21
つよし　丁2 剛10 強11 堅12 毅15
つり　釣11
つる　弦8 絃11 鉉11 蔓14 鶴21
つるぎ　剣10 劍15

て

てい　丁2 汀5 庁5 体7 呈7 廷7 定8 邸8 亭9 貞9 帝9 庭10 挺10 逓10 梯11 逞11 停11 偵11 堤12 提12 程12 鼎13 禎13 艇13 滯13 滞14 禎14 綴14 鄭15 締15 醍16 諦16 薙16 蹄16 廳25
でい　祢9 禰19
てき　的8 迪8 笛11 摘14 滴14 適14 擢17
てつ　哲10 鉄13 綴14 徹15 撤15 鋼16
てら　寺6
てる　映9 昭9 昆9 彩11 瑛12 揮12 晶12 晴12 陽12 照13 暉13 輝15 曜18 耀20
てん　天4 典8 展10 塡13 槙14 槇14 顚19 纏21
でん　田5 伝6 佃7 傳13 殿13 電13

と

と　十2 人2 士3 土3 戸4 斗4 図7 兎7 杜7 研9 飛9 砥10 徒10 兜11 冨11 都11 都12 堵12 渡12 登12 富12 跳13 頭16
ど　土3 戸4 努7
とう　冬5 灯6 豆7 宕8 到8 柔9 桐10 唐10 桃10 透10 逗11 悼11 萄11 祷11 深11 陶11 董12 湯12 統12 道12 遠13 稲14 稻15 樋15 撞15 燈16 橙16 瞳17 櫂18 闘18 禱19 騰20
どう　洞9 桐10 萄11 動11 堂11 童12 道12 働13 銅14 導15 憧15 撞15 瞳17
とお　十2 途10 遠13 遼15
とおる　亘6 亙6 亨7 享8 亮9 透10 貫11 澄15 徹15
とき　旬6 季8 刻8 時10
とぎ　伽7
とく　特10 督13 徳14 德15 篤16
どく　独9
とし　寿7 臣7 利7 季8 俊9 峻10 敏10 敏11 淑11 智12 舜13 壽14 駿17 験18 驚22 驗23
とせ　歳13
とち　栃9
とどろき　轟21
とみ　吉6 冨11 富12 福13 福14
とも　巴4 友4 共6 灯6 供8 具8 奉8 朋8 和8 倶10 智12 朝12 燈16 類18 類19
ともえ　巴4
とよ　晨11 豊13
とら　虎8 寅11 彪11
とり　酉7 鳥11
とん　惇11 敦12

な

な　凪6 名6 那7 茄8 奈8 波8 南9 納10 雫11 菜11 捺11 梛11 銘14 薙16
ない　乃2 内4 祢9 禰19
なえ　苗8
なお　而6 若8 尚8 直8
なか　心4 中4 央5 仲6 掌12 齢17
なが　大3 永5 長8 暢14
なき　鳴14
なぎ　凪6 梛11 渚11 渚12
なぎさ　汀5 渚11 渚12
なし　梨11
なす　茄8
なだ　宥9 灘22
なつ　夏10 捺11
なな　七2
なみ　双4 波8 浪10 漣14
なら　楢13
なり　也3 成6 哉9 為9 爲12 就12 然12 業13
なる　鳴14 親16
なわ　苗8 縄15

なん　南9 納10 楠13

に

に　二2 仁4 丹4 弐6 児7 兒8 荷10 爾14
にし　西6
にじ　虹9
にしき　錦16
にち　日4
にな　螺17
にゅう　入2 柔9
にわ　庭10
にん　人2 壬4 任6 忍7 認14

ぬ

ぬ　抽8
ぬい　縫16 繡19
ぬか　額18
ぬき　貫11
ぬし　主5
ぬの　布5

ね

ね　子3 音9 祢9 根10 稲14 稻15 禰19
ねい　寧14
ねつ　熱15
ねん　念8 捻11 然12 稔13 燃16

の

の　乃2 之3 野11 埜11 暢14
のう　納10 能10 農13 濃16
のき　宇6 軒10
のぞみ　希7 望11
のどか　和8 温12 溫13
のぶ　伸7 延8 宜8 恒9 恆9 信9 宣9 展10 喜12 暢14
のぼる　昂8 昇8 登12
のり　忠8 典8 法8 紀9 則9 祝9 祝10 倫10 規11 教11 詞12 詔12 徳14 德15 範15 論15 憲16 頼16 賴16 識19

は

は　刃3 巴4 羽6 把7 芭7 果8 杷8 波8 派9 琶12 晴12 葉12 塡13 馳13 覇19
ば　芭7 波8 庭10 馬10 場12
はい　拝8 拜9 唄10 俳10 配10 菩11 輩15
ばい　苺8 唄10 倍10 梅10 梅11 菩11 培11 陪11
はがね　鋼16
はかま　袴11
はかり　秤10
はかる　斗4 議20
はぎ　萩12
はく　白5 伯7 拍8 泊8 迫8 柏9 珀9 舶11 博12 箔14 薄16
ばく　麦7 莫10 博12 漠13 幕13 貌14
はこ　函8 箱15
はし　端14 橋16
はじめ　一1 元4 初7 始8 孟8 朔10 基11 創12 源13 肇14
はす　芙7 蓉13 蓮13
はた　畑9 畠10 秦10 旗14 綺14 幡15 機16
はち　八2 蜂13 鉢13
はつ　初7 発9 肇14
はと　鳩13
はな　花7 芳7 華10
はなし　話13
はなわ　塙13
はに　赤7 埴11
はね　羽6
はは　母5
はば　幅12
はま　浜10 瀕19
はや　早6 快7 速10 隼10 敏10 敏11 捷11 馳13 駿17
はやお　駿17
はやし　林8
はやと　隼10
はやぶさ　隼10
はら　原10
はり　針10 梁11
はる　玄5 花7 冶7 治8 知8 栄9 春9 桜10 晏10 絢12 温12 晴12 遥12 溫13 暖13 榮14 遙14 榛14 櫻21
はるか　悠11 遥12 遙14 遼15
はん　半5 帆6 坂7 阪7 伴7 班10 畔10 般10 絆11 搬13 磐15 幡15 蕃15 範15 繁16 繁17 藩18
ばん　万3 判7 伴7 挽10 晩11 晩12 萬12 番12 蔓14 磐15 蕃15 盤15

ひ

ひ　干3 火4 日4 灯6 妃6 昆8 披8 枇8 飛9 毘9 桧10 弾12 琵12 陽12 緋14 樋15 彈15 燈16 檜17
び　尾7 枇8 弥8 毘9 眉9 美9 梶11 琵12 備12 彌17
ひい　秀7
ひいらぎ　柊9
ひか　熙15
ひかし　東8
ひかり　光6 暉13
ひかる　玄5 光6 晃10 晄10 閃10 皓12 輝15
ひき　帥9 牽11 率11
ひこ　彦9
ひさ　久3 永5 央5 史5 玖7 寿7 尚8 長8 弥8 胡9 恒9 恆9 桐10 悠11 壽14 彌17
ひさし　久3 恒9 恆9 悠11
ひし　菱11
ひじり　聖13
ひつ　仏4 疋5 拂8 畢11 筆12
ひで　禾5 末5 秀7 英8 昆8 征8 毘9 彬11 傑13
ひと　一1 人2 均7 斉8 独9 単9 單12 等12 齊14 儒16
ひとし　仁4 均7 洵9 欽12 準13 衡16
ひとみ　眸11 瞳17
ひな　雛18
ひのき　桧10 檜17
ひび　響20 響22
ひめ　女3 妃6 姫10 媛12
ひも　紐10
ひゃく　百6
びゃく　白5
ひょう　兵7 拍8 表8 豹10 俵10 彪11 票11 評12 標15 瓢16

びょう　苗8

ひら　平5 坦8 迪8 砥10 挙10 通10 開12 衡16

ひろ　太4 央5 広5 弘5 宏7 竺8 昊8 恢9 宥9 祐9 洋9 洸9 祐10 浩10 紘10 泰10 啓11 尋12 博12 裕12 皓12 滉13 寛13 寛14 嘉14 廣15 熙15

ひろし　広5 弘5 宏7 拓8 宙8 昊8 洋9 洸9 浩10 啓11 尋12 博12 裕12 滉13 寛13 寛14 廣15

ひん　品9 賓14 賓15

びん　敏10 敏11

ふ

ふ　二2 夫4 父4 布5 扶7 芙7 甫7 歩7 歩8 府8 阜8 風9 浮10 符11 冨11 富12 普12 蒲13 輔14 賦15 譜19

ぶ　分4 歩7 歩8 武8 奉8 葡12 蕪15 舞15

ふう　夫4 封9 風9 冨11 富12 楓13

ふえ　笛11

ふか　深11 淵12

ふき　吹7 蕗16

ふく　服8 副11 復12 福13 福14 複14

ふさ　芳7 英8 弦8 房8 総14

ふじ　藤18

ふた　二2 双4 両6

ぶつ　仏4 佛7 物8

ふで　筆12

ふと　太4

ふとし　太4

ふな　舟6 船11

ふね　舟6 航10 船11

ふみ　文4 史5 郁9 美9 奎9 記10 書10 章11 詞12 履15

ふもと　麓19

ふゆ　冬5 那7

ふる　揮12

ふん　分4 粉10 焚12 雰12 噴15 奮16

ぶん　文4 聞14

へ

べ　辺5 部11

へい　平5 兵7 坪8 並8 柄9 陛10 餅15 弊15 蔽15 幣15

べい　皿5 米6

ぺい　兵7

へき　碧14 壁16 璧18

べに　紅9

へび　蛇11

へん　片4 辺5 篇15 編15

べん　弁5 便9 勉9 勉10

ほ

ほ　帆6 扶7 甫7 歩7 歩8 保9 哺10 圃10 葡12 蒲13 輔14 穂15 穂17

ぼ　戊5 牡7 莫10 菩11 募12 慕14 暮14 模14 簿19

ほう　方4 包5 芳7 邦7 奉8 宝8 抱8 放8 朋8 法8 泡8 峯10 峰10 俸10 砲10 逢11 萌11 萠11 捧11 棚12 豊13 蓬14 鳳14 褒15 鋒15 縫16 鵬19

ぼう　戊5 牟6 坊7 房8 苺8 冒9 昴9 剖10 紡10 望11 帽12 貿12 貌14

ほく　北5

ぼく　卜2 木4 目5 朴6 牧8 睦13 墨14 墨15

ほし　斗4 星9

ほそ　細11

ほたる　蛍11

ほとけ　仏4 佛7

ほのお　炎8 焔12

ほほ　頰16

ほん　本5

ぼん　盆9

ま

ま　万3 茉8 真10 眞10 馬10 麻11 萬12 満12 間12 舞15 摩15 磨16

まい　米6 毎6 毎7 参8 苺8 昧9 埋10 詣13 舞15

まえ　前9

まき　巻8 牧8 巻9 蒔13 槙14 槇14 薪16 纏21

まく　幕13 膜14

まこと　允4 信9 亮9 洵9 真10 眞10 惇11 慎13 愼13 誠13 詢13 諒15 諄15

まさ　大3 正5 匡6 壮6 壯7 若8 昌8 政9 柾9 将10 晟10 真10 眞10 將11 萱12 晶12 雄12 雅13 賢16 優17

まさし　正5 匡6 昌8 政9

まさる　克7 雅13 優17

まし　益10

ます　升4 斗4 益10 倍10 培11 陪11 剰11 剩12 殖12 満12 増14 增15

また　又2 叉3 俣9

まち　市5 町7 待9 街12

まつ　末5 松8 抹8 沫8 茉8 待9 寮15

まつり　祭11

まと　的8

まど　窓11

まどか　円4 団6 圓13 團14

まな　真10 眞10 眼11 愛13

まなこ　眼11

まなぶ　学8

まめ　豆7

まもる　守6 葵12 衛16 衞16 護20

まゆ　眉9 繭18

まゆずみ　黛16

まゆみ　檀17

まり　毬11 鞠17

まる　丸3 円4 団6 圓13 團14

まれ　希7 稀12 賓14 賓15 鮮17

まろ　麿18

まん　万3 萬12 満12 慢14 漫14 蔓14

み

み　己3 三3 子3 巳3 心4 史5 示5 未5 后6 見7 身7 妙7 実8 味8 弥8 皆9 泉9 美9 海9 海10 珠10 深11 望11 視11 視12 實14 穂15 魅15 覧17 彌17 穂17 観18 覽22 鑑23

みお　澪16

みかど　帝9

みき　基11 幹13 樹16

みぎ　右5
みぎわ　汀5
みさ　操16
みさお　貞9 操16
みさき　岬8
みず　水4 瑞13
みち　由5 充6 岐7 条7 径8 宙8 典8 迪8 通10 倫10 條11 進11 理11 道12 遥12 路13 遙14 賓14 賓15 導15
みつ　三3 光6 充6 実8 晃10 晄10 貢10 閃10 満12 溢13 塡13 寛13 寬14 蜜14 實14 廣15 鞠17
みつる　十2 充6 満12 爾14
みどり　翠14 碧14 緑14 綠14
みな　尽6 皆9 南9 畢11 盡14
みなと　湊12 港12
みなみ　南9
みね　峯10 峰10 峻10 嶺17
みの　蓑13
みのる　季8 実8 秋9 豊13 稔13 實14 穫18 穣18 穰22
みみ　耳6
みや　宮10 都11 都12
みやこ　京8 洛9 都11 都12 畿15
みやび　雅13
みゆき　幸8
みょう　名6 妙7 命8 明8
みん　民5

む

む　六4 矛5 牟6 武8 務11 陸11 眸11 睦13 夢13 霧19
むぎ　麦7
むく　椋12
むつ　六4 虫6 陸11 睦13 輯16
むつみ　睦13
むね　宗8 梁11 崇11 統12
むら　邑7
むらさき　紫12
むろ　室9

め

め　目5 米6 芽8 萌11 萠11
めい　名6 芽8 命8 明8 盟13 銘14
めぐ　巡6 廻9 恵10 惠12
めぐみ　恩10 恵10 萌11 萠11 惠12
めん　面9 綿14

も

も　母5 百6 茂8 藻19
もう　毛4 孟8 望11 猛11 詣13 蒙13 網14
もえ　萌11 萠11
もく　木4 目5
もち　持9 荷10 餅15 繕18
もつ　物8
もと　元4 本5 民5 志7 始8 宗8 原10 索10 素10 基11 規11 許11 雅13 幹13 源13
もの　物8 者8 者9
もみ　籾9 穀14 穀15
もみじ　椛11
もも　百6 李7 桃10
もり　守6 托6 杜7 盛11 森12 護20
もろ　専9 師10 專11 諸15 諸16
もん　文4 門8 紋10 聞14

や

や　八2 也3 乎5 矢5 谷7 冶7 弥8 夜8 屋9 哉9 耶9 野11 埜11 陽12 椰13 彌17
やいば　刃3
やく　役7 約9 益10 薬16 藥18 躍21
やし　椰13
やす　安6 快7 宜8 奉8 保9 修10 泰10 康11 庸11 裕12 靖13 徳14 德15 緩15 慶15 懐16 彌17 鎮18 鎭18 懷19
やすし　安6 欣8 悌10 靖13
やな　梁11
やま　山3
やまと　倭10
やり　槍14

ゆ

ゆ　弓3 友4 由5 柚9 結12 湯12 愉12 遊12 諭16 輸16 癒18
ゆい　由5 唯11 結12
ゆう　夕3 友4 由5 有6 佑7 邑7 侑8 郁9 勇9 宥9 柚9 祐9 祐10 悠11 釉12 結12 湧12 猶12 裕12 遊12 雄12 楢13 優17
ゆか　縁15 緣15
ゆき　之3 弘5 行6 往8 幸8 征8 倖10 雪11
ゆげ　弓3
ゆず　柚9
ゆずる　譲20 讓24
ゆたか　冨11 富12 裕12 豊13 碩14 穣18 穰22
ゆみ　弓3
ゆめ　夢13

よ

よ　与3 予4 四5 世5 代5 余7 依8 宵10 與13 誉13 預13 輿17
よう　洋9 容10 庸11 湧12 揚12 葉12 陽12 遥12 揺12 搖13 傭13 楊13 蓉13 瑶13 遙14 踊14 謡16 謠17 燿18 曜18 耀20 鷹24
よく　抑7 浴10 翌11 翼17
よし　允4 巧5 由5 伊6 吉6 好6 芹7 芳7 佳8 宜8 欣8 叔8 祉8 祉9 宣9 美9 倹10 悦10 祐10 祥10 泰10 祥11 逞11 康11 菜11 淑11 淳11 善12 喜12 欽12 温12 溫13 慎13 愼13 葦13 幹13 義13 舜13 禎13 寛13 寬14 禎14 嘉14 徳14 德15 儉15 嬉15 儀15 誼15 慶15 編15 歓15 徽17 燦17 濯17 類18 類19
よしみ　誼15
よど　淀11
よみ　読14
よもぎ　蓬14
より　依8 移11 寄11 猶12 楼13 縁15 緣15 遵15 選15 輯16 頼16 賴16 職18 蹟18 繕18 籍20
よろい　鎧18
よろず　万3 萬12

- よん　四5

ら

- ら　良7 螺17 羅19
- らい　礼5 来7 來8 莱11 徠11 雷13 蕾16 頼16 賴16 禮18 瀬19 瀨19
- らく　洛9 絡12 落12 楽13 酪13 樂15
- らん　卵7 覧17 濫18 藍18 蘭19 欄20 欄21 覽22

り

- り　吏6 李7 里7 俐9 浬10 哩10 莉10 梨11 理11 裡12 璃15 鯉18
- りき　力2
- りく　六4 陸11 睦13
- りち　律9
- りつ　立5 律9 栗10 率11
- りゅう　立5 柳9 流10 留10 竜10 笠11 琉11 粒11 隆11 溜13 瑠14 劉15 龍16
- りょ　呂7 侶9 旅10 慮15
- りょう　了2 両6 良7 亮9 玲9 竜10 凌10 料10 凉10 涼11 梁11 菱11 崚11 羚11 椋12 量12 稜13 綾14 僚14 領14 寮15 諒15 遼15 龍16 澪16 燎16 療17 瞭17 嶺17 糧18
- りょく　力2 緑14 綠14
- りん　林8 厘9 倫10 梨11 琳12 鈴13 稟13 綸14 凜15 凛15 輪15 隣16 臨18 鱗24 麟24

る

- る　流10 留10 琉11 溜13 瑠14
- るい　累11 塁12 壘18 類18 類19

れ

- れ　玲9 麗19
- れい　令5 礼5 伶7 冷7 励7 例8 怜8 玲9 羚11 鈴13 零13 黎15 澪16 嶺17 禮18 麗19
- れき　歴14 暦14 曆16 歷16
- れつ　列6 烈10 裂12
- れん　怜8 恋10 連10 煉13 廉13 蓮13 漣14 練14 練15 錬16 鍊17 鎌18 簾19

ろ

- ろ　芦7 呂7 侶9 路13 魯15 蕗16 櫓19 露21 鷺24
- ろう　労7 郎9 郞10 狼10 朗10 浪10 朗11 廊12 廊13 滝13 路13 楼13 糧18 瀧19 露21
- ろく　六4 肋6 鹿11 陸11 禄12 祿13 緑14 綠14 録16 錄16 麓19
- ろん　論15

わ

- わ　和8 倭10 稚13 話13 輪15 環17
- わか　沖7 若8
- わき　湧12
- わく　或8 枠8 惑12
- わけ　別7 訳11
- わざ　伎6 技7 業13
- わし　鷲23
- わた　津9 渡12 綿14
- わたり　渉10 涉11 渡12
- わたる　亘6 亙6 航10 渉10 涉11 渡12
- わら　笑10 藁17
- わらび　蕨15
- われ　我7 吾7
- わん　椀12 湾12 腕12 碗13

思い入れのある

イメージから選ぶ名前

赤ちゃんのうまれた季節や
夫婦の思い出などをヒントに
名前を考えましょう。

パパとママの想いを込める

イメージから名前を選びましょう

名前に込めたい願いや思いを表すイメージワードを選び、連想を広げて名前を考えてみましょう。愛情が伝わる名づけになります。

名づけのヒントになるイメージを探そう

自分たちの好きなことや思い出、赤ちゃんへの願いなどからイメージをふくらませて、名前を考える方法です。たとえば、明るくスケールの大きい人に育ってほしいと、「太陽」から連想を広げて、「陽」「明」「輝」「太」「雄」などの字を使って名づけたとします。名前を呼ぶ人は、本人に会う前から快活で元気のよいイメージを赤ちゃんに持つことでしょう。また、人からそのように思われていると、赤ちゃんもその名前にふさわしい人物に成長していくことが期待できます。イメージから名づけをするには、先の「太陽」のように、中心となるイメージワードを決めると考えやすくなります。イメージワードを決めたら、連想される言葉や漢字をあげていき、その中から名前にふさわしい漢字や響きを組み合わせます。

ステップ 1

イメージワードを決める

イメージワードは、誕生した季節や月の印象や両親の好きなこと、思い出、自然、将来への願いなど、さまざまなことから選べます。左のページを参考にしましょう。

ステップ 2

連想を広げる

たとえば、「海」をイメージワードにした場合に、連想される言葉をあげていきます。「広い」「青い」「水平線」「船」「外国」など自由にイメージを広げていきます。シーンを思い浮かべるとイメージしやすいでしょう。その中から名前にふさわしい響きや漢字を選んで組み合わせて、名前の候補を作っていきます。

海

夏　灯台　深い　広い　青い　船　航海

夏貴　灯司　深二　広海　青太　大和　航平

最後に

名前としてふさわしいかチェック

声に出したり書いてみて、名字とのバランスや漢字の意味など、名前としてふさわしいか確かめましょう。

- 名字とのバランス
- 漢字の意味
- 呼びやすいか
- 書きやすいか

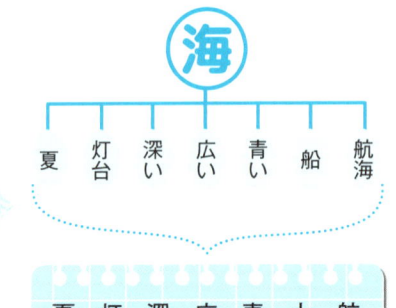

ヒントになる

イメージワード

イメージワードは身の回りのさまざまことから探せます。

P 148へ

自然

大自然のエネルギーをもらう

海や宇宙、空、風、大地、動植物など、大いなる自然へのあこがれや感動をイメージワードとして連想を広げます。具体的な情景を思い浮かべるとイメージが広がりやすくなります。大自然のもつ力強さや宗大さ、動物や植物のもつ生命力や躍動感が感じられる名前になるでしょう。

P 144へ

四季

誕生の感動を留めたい

赤ちゃんの生まれた日の感動をいつまでも覚えていたい。誕生日の季節や月にまつわる言葉をイメージワードにすれば、そんな両親の気持ちが赤ちゃんに伝わることでしょう。春夏秋冬をイメージする漢字や、俳句の季語、季節の花、星座、干支などにちなんだ名前を例としてあげています。

P 154へ

好きなもの・こと

思い入れの深さを愛情として

感動して心に残った映画や小説、アニメ、打ち込んできたスポーツなど、これまでの人生で大切にしてきたものや、大好きなもの、尊敬する人物などをイメージワードにして、連想を広げてみましょう。好きなものへの思い入れの深さが愛情のあかしとして、赤ちゃんに伝わることでしょう。

P 168へ

性格・将来像

赤ちゃんへの願いを名前にたくして

親ならば皆、赤ちゃんには幸せな人生を歩んでほしいと願うもの。こんな性格の人に育ってほしい、人生ではこんなことに恵まれてほしいという願いをイメージワードにして、赤ちゃんの将来を想像しながら名前を考えましょう。両親の愛情がストレートに伝わる名前になることでしょう。

P 164へ

思い出の土地

大切な思い出を名前に込める

両親の故郷や2人の思い出の地や憧れの土地、あるいは赤ちゃんの誕生する土地、その土地行われた行事など、2人にとって意味のある地名をイメージワードとして連想を広げてみましょう。赤ちゃんが成長してから、思い出とともに名前の由来を話してあげると、愛情のこもった名前であることが伝わるでしょう。

春

寒さが和らぎ、動植物が活発に動く春。やわらかで優しい印象とともに、明るさや力強さも感じます。

春をイメージする漢字

稼18 繁16 穂15 縁15 豊13 椿13 暖13 葉12 爽11 菜11 桃10 華10 洸9 草9 香9 実8 生5

櫻21 繭18 樹16 輝15 爾14 蒔13 煌13 陽12 葵12 萌11 彩11 恵10 桜10 春9 風9 芽8 芳7

大芽	3・8	11	たいが
萌	11	11	はじめ
春人	9・2	11	はると
芳生	7・5	12	ほうせい
彩人	11・2	13	いろと
洸介	9・4	13	こうすけ
煌人	13・2	15	あきと
桃李	10・7	17	とうり
正豊	5・13	18	まさよし
稼	18	18	みのる
和葉	8・12	20	かずは
智陽	12・12	24	ともはる
勇輝	9・15	24	ゆうき
泰樹	10・16	26	たいき
瑞穂	13・15	28	みずほ

春を表す季語

イメージのタネ

春にまつわる季語から着想。

春一番《はるいちばん》	▼春一	9・1	10	はるいち
勝鶏《かちどり》 平安時代の宮廷行事	▼勝	12	12	まさる
睦月《むつき》 陰暦1月の異称	▼睦	13	13	むつみ
銀杏《ぎんなん》の花《はな》	▼銀二	14・2	16	ぎんじ
春《はる》の海《うみ》	▼春海	9・9	18	はるみ
春興《しゅんきょう》 春の興趣《おもしろみ》	▼春興	9・16	25	はるおき
蒲公英《たんぽぽ》	▼公英	4・8	12	きみひで
太郎月《たろうづき》 1月の異称	▼太郎	4・9	13	たろう
兼好忌《けんこうき》 吉田兼好の忌日	▼兼好	10・6	16	かねよし
春田《はるた》 田植えを控えた田んぼ	▼春忠	9・8	17	はるただ
清明《せいめい》 二十四節気の一つ	▼清明	11・8	19	きよあき
雪間《ゆきま》 降雪が解け、地面が覗くこと	▼雪摩	11・15	26	ゆきま

春に咲く花

イメージのタネ

春に咲く、鮮やかな花の名前をヒントに。

水仙《すいせん》	▼仙	5	5	せん
日向水木《ひゅうがみずき》	▼日向	4・6	10	ひゅうが
雪柳《ゆきやなぎ》	▼柳平	9・5	14	りゅうへい
桜《さくら》	▼桜丞	10・6	16	おうすけ
桃《もも》の花《はな》	▼桃李	10・7	17	とうり
春紫苑《はるじおん》	▼紫苑	12・8	20	しおん
花海棠《はなかいどう》	▼海	9	9	かい
蓮華草《れんげそう》	▼蓮	13	13	れん
梅《うめ》	▼梅太	10・4	14	うめた
柊南天《ひいらぎなんてん》	▼柊里	9・7	16	とうり
満作《まんさく》	▼満作	12・7	19	まんさく
月桂樹《げっけいじゅ》	▼桂樹	10・16	26	よしき

こんなヒントもある！ 陰暦の月の名前

生まれ月の陰暦の名称もチェックしよう。

1月	▼睦月《むつき》
2月	▼如月《きさらぎ》
3月	▼弥生《やよい》
4月	▼卯月《うづき》
5月	▼皐月《さつき》
6月	▼水無月《みなづき》
7月	▼文月《ふみづき》
8月	▼葉月《はづき》
9月	▼長月《ながつき》
10月	▼神無月《かんなづき》
11月	▼霜月《しもつき》
12月	▼師走《しわす》

夏

照りつける日差しと青い海、お祭りや花火など風物詩が多い夏。さわやかで元気なイメージの季節です。

夏をイメージする漢字

日4 光6 雨8 茂8 海9 風9 砂9 虹9 夏10 渚11 蛍11 暑12 陽12 晴12 照13 鳴14 輝15

帆6 麦7 泳8 夜8 香9 草9 恒9 南9 浪10 涼11 祭11 港12 葵12 嵐12 雷13 緑14 繁16

名前	総画	読み
涼11	11	りょう
嵐12	12	あらし
港12	12	みなと
渚11人2	13	なぎと
海9斗4	13	かいと
陽12人2	14	はると
蛍11太4	15	けいた
夏10生5	15	なつお
太4陽12	16	たいよう
帆6高10	16	ほたか
晴12光6	18	はるみつ
夏10彦9	19	なつひこ
光6輝15	21	こうき
蛍11一1郎9	21	けいいちろう
繁16治8	24	しげはる

夏を表す季語

イメージのタネ

自然のパワーを感じる夏の季語を参考に。

季語	名前	総画	読み	説明
葦戸《よしど》	芳7杜7	14	よしと	よしずを張った夏の戸・障子
半夏生《はんげしょう》	夏10生5	15	なつお	七十二候の一つ
安居《あんご》	安6悟10	16	あんご	僧侶が夏に籠もってする修行
明易《あけやす》し	明8康11	19	あきやす	短い夏の夜のこと
夏《なつ》の星《ほし》	星9夏10	19	せいか	
秋近《あきちか》し	秋9親16	25	あきちか	
朝涼《あさすず》	涼11太4	15	りょうた	
天満祭《てんままつり》	天4満12	16	てんま	日本三大祭の一つ
竹《たけ》植《う》うる日《ひ》	竹6都11	17	たけと	
清和《せいわ》	清11和8	19	さよかず	清らかで温和な気候
温風《おんぷう》	温12希7	19	はるき	
新樹《しんじゅ》	新13樹16	29	あらき	

夏に咲く花

イメージのタネ

夏の太陽の下で咲く花は、元気なイメージ。

花	名前	総画	読み
要《かなめ》の花《はな》	要9	9	かなめ
向日葵《ひまわり》	日4向6	10	ひゅうが
胡麻《ごま》の花《はな》	大3胡9	12	だいご
柑子《こうじ》の花《はな》	柑9司5	14	こうじ
鉄線花《てっせんか》	鉄13也3	16	てつや
鈴蘭《すずらん》	蘭19斗4	23	らんと
芹《せり》の花《はな》	芹7人2	9	せりと
敦盛草《あつもりそう》	敦12	12	あつし
蓮《はす》の花《はな》	蓮13	13	れん
菖蒲《しょうぶ》	菖11太4	15	しょうた
萱草《かんぞう》の花《はな》	萱12治8	20	かんじ
麻《あさ》の花《はな》	麻11澄15	26	ますみ

こんなヒントもある！

星座の名前

生まれた日の星座をヒントに。※「蠍」は名づけには使えません。

月	星座
3月	牡羊《おひつじ》座《ざ》
4月	牡牛《おうし》座《ざ》
5月	双子《ふたご》座《ざ》
6月	蟹《かに》座《ざ》
7月	獅子《しし》座《ざ》
8月	乙女《おとめ》座《ざ》
9月	天秤《てんびん》座《ざ》
10月	さそり座《ざ》
11月	射手《いて》座《ざ》
12月	山羊《やぎ》座《ざ》
1月	水瓶《みずがめ》座《ざ》
2月	魚《うお》座《ざ》

秋をイメージする漢字

穫18 檎17 樹16 暮14 穀14 豊13 葉12 椛11 菊11 栗10 書10 茜9 秋9 夜8 米6 月4 夕3

霧19 穣18 橙16 穂15 種14 稲14 楓13 暁12 爽11 哲10 恵10 荻10 茶9 紅9 実8 田5 土3

- 実8 8 みのる
- 宏7土3 10 ひろと
- 李7月4 11 りつき
- 楓13 13 かえで
- 秋9介4 13 しゅうすけ
- 秋9広5 14 あきひろ
- 一1穂15 16 かずお
- 楓13太4 17 ふうた
- 爽11汰7 18 そうた
- 暁12良7 19 あきら
- 葉12汰7 19 ようた
- 太4樹16 20 だいき
- 菊11之3助7 21 きくのすけ
- 栗10須12 22 くりす
- 樹16実8 24 しげみ

秋

紅葉、月見、「読書の秋」、「実りの秋」など、風情漂う秋。文化的な季節であり、趣を感じさせます。

秋を表す季語

イメージのタネ

秋の季語は情緒に溢れ、品が感じられる。

- 灯篭流し《とうろうながし》 ▼ 灯6也3 9 ともや
- 文月《ふみづき》 陰暦7月の異称 ▼ 文4哉9 13 ふみや
- 爽波忌《そうはき》 波多野爽波の忌日 ▼ 爽11汰7 18 そうた
- 風炉名残《ふろなごり》 風炉をしまう前に催す茶会 ▼ 炉8残10 18 ろざん
- 子規忌《しきき》 正岡子規の忌日 ▼ 規11博12 23 のりひろ
- 白露《はくろ》 二十四節気の一つ ▼ 露21彦9 30 あきひこ
- 八朔《はっさく》 陰暦8月1日のこと ▼ 朔10也3 13 さくや
- 吉祥草《きちじょうそう》 ▼ 祥10平5 15 しょうへい
- 葡萄狩り《ぶどうがり》 ▼ 光6葡12 18 みつほ
- 晩秋《ばんしゅう》 ▼ 晩12秋9 21 ばんしゅう
- 解夏《げげ》 陰暦7月15日のこと ▼ 解13夏10 23 ひろなつ
- 葉月《はづき》 陰暦8月の異称 ▼ 葉12津9樹16 37 はつき

秋に咲く花

イメージのタネ

秋に咲く花の落ち着いた雰囲気から。

- 野牡丹《のぼたん》 ▼ 丹4 4 あきら
- 萩《はぎ》 ▼ 萩12斗4 16 しゅうと
- カンナ ▼ 寛13太4 17 かんた
- 稲の花《いねのはな》 ▼ 稲14生5 19 いなお
- 菊《きく》 ▼ 菊11之3助7 21 きくのすけ
- 曼珠沙華《まんじゅしゃげ》 ▼ 華10輝15 25 はるき
- 吾亦紅《われもこう》 ▼ 大3吾7 10 だいご
- 聖霊花《しょうりょうばな》 ▼ 聖13也3 16 せいや
- 秋海棠《しゅうかいどう》 ▼ 秋9海9 18 しゅうかい
- 紫苑《しおん》 ▼ 紫12苑8 20 しおん
- 男郎花《おとこえし》 ▼ 駿17男7 24 はやお
- 藤袴《ふじばかま》 ▼ 藤18吉6郎9 33 とうきちろう

こんなヒントもある！

月の満ち欠け

風流な月の満ち欠けを取り入れてみよう。

- 1日目 ▼ 新月《しんげつ》 朔《さく》（日《じつ》）
- 3日目 ▼ 三日月《みかづき》
- 7日目 ▼ 上弦《じょうげん》の月《つき》
- 14日目 ▼ 小望月《こもちづき》
- 15日目 ▼ 満月《まんげつ》
- 16日目 ▼ 十六夜月《いざよいづき》
- 23日目 ▼ 下弦《かげん》の月《つき》
- 26日目 ▼ 有明《ありあけ》の月《つき》
- 30日目 ▼ 三十日月《みそかづき》 晦日《つごもり》

冬

冷たく澄んだ空気と雪から凛とした印象を受ける冬ですが、同時に優しい温もりも感じられる季節です。

冬をイメージする漢字

北5 白5 冬5 冷7 冴7 芽8 星9 柊9 凍10 純10 雪11 寒12 暖13 聖13 椿13 静14 澄15

氷5 旦5 灯6 兎7 初7 炉8 柑9 梅10 朔10 透10 賀12 嵐12 新13 零13 銀14 暢14 凜15

名前（画数）	総画数	読み
初7	7	はじめ
冬5 吾7	12	とうご
柊9 斗4	13	しゅうと
雪11 也3	14	ゆきや
透10 司5	15	とうじ
冬5 二2 郎9	16	とうじろう
銀14 二2	16	ぎんじ
北5 都11	16	ほくと
新13 太4	17	あらた
聖13 矢5	18	せいや
純10 哉9	19	じゅんや
朔10 太4 郎9	23	さくたろう
澄15 哉9	24	すみや
雅13 雪11	24	まさゆき
凜15 太4 郎9	28	りんたろう

冬を表す季語

イメージのタネ

清らかなイメージの冬の季語をヒントに。

季語	名前（画数）	総画数	読み	備考
礼者《れいしゃ》	礼5 二2	7	れいじ	年賀にまわり歩く人のこと
冬来る《ふゆきた》	冬5 来7	12	ふゆき	
帯解《おびとき》	帯10 斗4	14	おびと	陰暦11月15日に行われた祝儀
聖誕祭《せいたんさい》	聖13 太4	17	せいた	
寒《かん》九《く》の雨《あめ》	勘11 九2 朗10	23	かんくろう	
春近《はるちか》し	春9 親16	25	はるちか	
冬至《とうじ》	冬5 児7	12	とうじ	二十四節気の一つ
春隣《はるとなり》	春9 斗4	13	はると	
冬《ふゆ》の星《ほし》	冬5 星9	14	とうせい	
成道会《じょうどうえ》	成6 道12	18	なりみち	釈迦の成道を記念した法要
雪晴《ゆきばれ》	晴12 雪11	23	はるゆき	
鷹狩《たかがり》	鷹24 史5	29	たかし	

冬に咲く花

イメージのタネ

寒さに耐え咲く花のように忍耐強いイメージ。

花	名前（画数）	総画数	読み
水仙《すいせん》	仙5 一1	6	せんいち
	仙5 李7	12	せんり
茶《ちゃ》の花《はな》	一1 茶9	10	いっさ
	茶9 近7	16	さこん
八手《やつで》の花《はな》	和8 八2	10	かずや
	咲9 八2	11	さきや
山茶花《さざんか》	茶9 月4	13	さつき
ポインセチア	星9 亜7	16	せあ
柊《ひいらぎ》の花《はな》	柊9 平5	14	しゅうへい
	柊9 弥8	17	しゅうや
枇杷《びわ》の花《はな》	杷8 留10	18	はる
	枇8 斗4 志7	19	ひとし

こんなヒントもある！　十二支の名前

生まれ年の干支を名前に入れてみよう。※「戌」は名づけには使えません。

動物	干支
ねずみ	子《ね》
牛	丑《うし》
虎	寅《とら》
兎	卯《う》
龍	辰《たつ》
蛇	巳《み》
馬	午《うま》
羊	未《ひつじ》
猿	申《さる》
鶏	酉《とり》
犬	いぬ
猪	亥《い》

海をイメージする漢字

澄15	蒼13	陽12	船11	浜10	夏10	南9	映9	青8	帆6	大3
潤15	漣14	渡12	舷11	透10	島10	砂9	海9	波8	汐6	夕3
薫16	漁14	湊12	清11	針10	眩10	航10	珊9	岬8	舟6	水4
磯17	碧14	湧12	渦12	深11	恵10	真10	洲9	泳8	沙7	汀5
藻19	潮15	満12	港12	釣11	珠10	流10	洋9	岸8	沖7	広5
瀬19	輝15	塩13	湘12	渚11	浬10	浪10	風9	育8	貝7	凪6

海

どこまでも広がっていく青い海。「静」と「動」、両方の面を持ち合わせ、イメージがふくらみます。

太4一1 5 たいち
帆6一1 7 ほいち
沖7 7 のぼる
青8太4 12 しょうた
海9斗4 13 かいと
航10大3 13 こうだい
洋9平5 14 ようへい
広5海9 14 ひろみ
航10平5 15 こうへい
貝7海9 16 たかみ
航10壱7 17 こういち
湘12平5 17 しょうへい
青8馬10 18 せいま
漁14太4 18 りょうた
流10哉9 19 りゅうや
海9琉11 20 かいる
浪10眞10 20 ろうま
航10太4郎9 23 こうたろう
真10潮15 25 ましお

汀5 5 なぎさ
一1帆6 7 かずほ
岬8介4 12 こうすけ
洋9太4 13 ようた
港12一1 13 こういち
深11二2 13 しんじ
泳8多6 14 えいた
潮15 15 うしお
深11矢5 16 しんや
帆6浪10 16 ほなみ
泳8海9 17 えいかい
深11志7 18 しんじ
洋9海9 18 ひろみ
波8琉11 19 はる
漣14矢5 19 れんや
青8陽12 20 あおはる
夏10貴12 22 なつき
航10輝15 25 こうき
優17波8 25 ゆうは

船の名前

イメージのタネ

大きな船の名前には凛々しい印象があります。

測量船「明洋《めいよう》」 ▼ 明8洋9 17 あきひろ
消防艇「りゅうせい」 ▼ 琉11成6 17 りゅうせい
客船「飛鳥《あすか》」 ▼ 飛9鳥11 20 あすか
巡視船「みずほ」 ▼ 瑞13帆6 19 みずほ
巡視船「なつい」 ▼ 夏10偉12 22 なつい
サンタ・マリア号 ▼ 讃22太4 26 さんた

海の生き物

イメージのタネ

大いなる海の自然を活かした名前に。

マンタ ▼ 万3汰7 10 まんた
ヒトデ ▼ 一1星9 10 いっせい
エイ ▼ 瑛12 12 えい
シャチ ▼ 祥10央5 15 さちお
イルカ ▼ 依8流10 18 いる
サンゴ ▼ 珊9瑚13 22 さんご

宇宙

いにしえから生活と密に関係し、人々を魅了し続ける広大な宇宙。未だ解明されないこともたくさんあり、イメージも無限大に広がります。

星の名前

イメージのタネ

夜空で満天に光り輝く星の名前をヒントに。

双介	4・4	8	そうすけ
北斗	5・4	9	ほくと
天馬	4・10	14	てんま
健太	11・4	15	けんた
玲亜	9・7	16	れあ
恒星	9・9	18	こうせい
怜雄	8・12	20	れお
舞亜	15・7	22	まいあ
阿莉亜	8・10・7	25	ありあ
織音	18・9	27	おりおん
カシオ	2・3・3	8	かしお
南斗	9・4	13	なんと
玲央	9・5	14	れお
美良	9・7	16	みら
芽洛	8・9	17	めらく
音衣斗	9・6・4	19	ねいと
銀河	14・8	22	ぎんが
望愛	11・13	24	のあ
獅童	13・12	25	しどう
露芽	21・8	29	ろめ

宇宙をイメージする漢字

縞16 輝15 跳13 黒11 晄10 星9 廻9 兎7 年6 光6 日4 月4

環17 輪15 銀14 煌13 彗11 隼10 恒9 宙8 兆6 舟6 宇6 天4

月也	4・3	7	つきや
隼一	10・1	11	じゅんいち
兆児	6・7	13	ちょうじ
恒平	9・5	14	こうへい
尚兎	8・7	15	なおと
星汰	9・7	16	せいた
煌汰	13・7	20	こうた
年緒	6・14	20	としお
輪太郎	15・4・9	28	りんたろう
優輝	17・15	32	ゆうき

大地

大地をイメージする漢字

樹16 路13 幹13 培11 草9 林8 土3

蕾16 穂15 蒔13 萌11 雪11 実8 地6

実	8	8	みのる
萌	11	11	はじめ
豊	13	13	ゆたか
豊一	13・1	14	はいち
樹	16	16	いつき
雨柳	8・9	17	うりゅう
幹矢	13・5	18	みきや
雪耶	11・9	20	ゆきや
路彦	13・9	22	みちひこ
丘史	5・5	10	たかし
林斗	8・4	12	りんと
規士	11・3	14	のりと
大貴	3・12	15	だいき
草汰	9・7	16	そうた
蒔斗	13・4	17	まくと
実道	8・12	20	さねみち
里瑠	7・14	21	さとる
蕾汰	16・7	23	らいた

空・風

空・風をイメージする漢字

颯14 鳥11 風9 音9 空8 光6 天4

鷹24 陽12 爽11 飛9 青8 帆6 日4

帆一	6・1	7	はいち
光二	6・2	8	こうじ
陽	12	12	あきら
飛丘	9・5	14	ひたか
青治	8・8	16	せいじ
実音	8・9	17	みおん
光太郎	6・4・9	19	こうたろう
音菜	9・11	20	おとな
鷹矢	24・5	29	たかや
天斗	4・4	8	あまと
空也	8・3	11	くうや
風斗	9・4	13	ふうと
雲斗	12・4	16	うんと
陽太	12・4	16	ようた
爽汰	11・7	18	そうた
日奈汰	4・8・7	19	ひなた
実嵐	8・12	20	みらん
鷹広	24・5	29	まさひろ

イメージのタネ

山の名前

富士山を筆頭に親しみのある山々をヒントに。

- 礼5 文4　9　れぶん
- 聖13　13　ひじり
- 魁14　14　かい
- 武8 作7　15　たけさ
- 旭6 馬10　16　あさま
- 富12 士3 斗4　19　ふじと
- 武8 尊12　20　たける
- 美9 瑛12　21　びえい
- 亜7 瑠14 斗4　25　あると
- 藍18 河8　26　あいが
- 恵10　10　けい
- 蓮13　13　れん
- 吾7 妻8　15　あずま
- 博12 士3　15　ひろし
- 亜7 紺11　18　あこん
- 妙7 義13　20　ただよし
- 槍14 汰7　21　そうた
- 怜8 栖10 斗4　22　れすと
- 穂15 高10　25　ほたか
- 貴12 羅19　31　きら

山

高くそびえる山々は、古くから信仰の対象でもあります。山そのもののイメージだけでなく、一歩一歩登頂する忍耐など、多方面からみることができます。

山をイメージする漢字

巌20 雁12 登12 渓11 峰10 紅9 林8 歩8 実8 芽8 兎7 木4
鷹24 葵12 雲12 雪11 剣10 草9 岳8 茂8 松8 枝8 河8 花7

- 茂8　8　しげる
- 岳8 人2　10　がくと
- 登12　12　のぼる
- 八2 雲12　14　やくも
- 渓11 太4　15　けいた
- 剣10 治8　18　けんじ
- 和8 葵12　20　かずき
- 陽12 芽8　20　ようが
- 巌20 二2　22　げんじ
- 鷹24 広5　29　たかひろ

イメージのタネ

樹の名前

樹の名前を入れるとしっかりとした芯のある印象に。

- 柾9 一1　10　せいいち
- 泰10 山3　13　たいざん
- 柊9 平5　14　しゅうへい
- 楠13 人2　15　くすと
- 桜10 汰7　17　おうた
- 大3 樹16　19　だいじゅ
- 涼11 武8　19　りょうぶ
- 譲20　20　ゆずる
- 松8 太4 郎9　21　しょうたろう
- 柳9 太4 郎9　22　りゅうたろう
- 日4 向6　10　ひゅうが
- 桂10 太4　14　けいた
- 桐10 太4　14　とうた
- 日4 枇8 斗4　16　ひびと
- 楓13 太4　17　ふうた
- 満12 作7　19　まんさく
- 竹6 緒14　20　ちくお
- 橙16 矢5　21　とうや
- 柑9 太4 郎9　22　かんたろう
- 椰13 真10 斗4　27　やまと

樹

大地にしっかりと深く根を下ろし、厳しい環境の中でも成長する樹。材木としても役立ち、力強さやたくましさ、落ち着いた雰囲気が漂います。

樹をイメージする漢字

橙16 楓13 幹13 梛11 桐10 柳9 柊9 茉8 松8 芽8 芭7 竹6
蕾16 樹16 楠13 萩12 梓11 柑9 柾9 林8 苗8 実8 果8 杜7

- 竹6 生5　11　たけお
- 大3 芽8　11　たいが
- 芭7 耶9 人2　18　はやと
- 楓13 矢5　18　ふうや
- 陽12 芽8　20　ようが
- 樹16 生5　21　たつき
- 未5 蕾16　21　みらい
- 実8 聖13　21　さねきよ
- 幹13 弥8　21　みきや
- 梛11 緒14　25　なお

植物

優しく咲く花や力強く土に根を張る草。色鮮やかさからは明るさ、生命力からはたくましさが感じられます。

植物をイメージする漢字

藤18 蕗16 緑14 蓉13 蓮13 葉12 菖11 彩11 華10 桔10 草9 柔9 紅9 茅8 青8 枝8 土3

蘭19 蕾16 榊14 蜜14 蒔13 葵12 萌11 麻11 菊11 莞10 美9 春9 咲9 香9 苗8 実8 芽8

- 宏7 土3 10 ひろと
- 萌11 11 はじめ
- 彩11 人2 13 いろと
- 菖11 也3 14 しょうや
- 蓉13 一1 14 よういち
- 緑14 土3 17 りょうと
- 青8 葉12 20 あおば
- 和8 葵12 20 かずき
- 和8 葉12 20 かずは
- 充6 緑14 20 みつのり
- 蓉13 汰7 20 ようた
- 蒔13 弥8 21 しんや
- 葉12 俊9 21 ふさとし
- 瑞13 枝8 21 みずえ
- 蕾16 夢13 29 らいむ

草の名前

イメージのタネ

大地に繁る草々をヒントに活力溢れる名前に。

- 英8 三3 11 えいざん
- 善12 12 ぜん
- 蓮13 13 れん
- 晴12 斗4 16 はると
- 時10 和8 18 ときわ
- 福13 寿7 20 ふくじゅ
- 延8 瑠14 22 のびる
- 敦12 盛11 23 あつもり
- 真10 澄15 25 ますみ
- 実8 繰19 27 みくり
- 大3 門8 11 だいもん
- 千3 草9 12 ちぐさ
- 長8 治8 16 ちょうじ
- 厳17 17 げん
- 聖13 汰7 20 せいた
- 慶15 汰7 22 けいた
- 高10 三3 郎9 22 たかさぶろう
- 緒14 基11 25 おもと
- 竜10 輝15 25 りゅうき
- 優17 賀12 29 ゆうが

果実の名前

イメージのタネ

果実のようにさわやかな印象の名前に。

- 日4 向6 10 ひゅうが
- 峰10 史5 15 たかし
- 桃10 矢5 15 ももや
- 梨11 斗4 15 りと
- 桃10 耶9 19 とうや
- 杏7 太4 郎9 20 きょうたろう
- 来7 夢13 20 らいむ
- 柑9 太4 郎9 22 かんたろう
- 柚9 太4 郎9 22 ゆたろう
- 梨11 貴12 23 とうき

花の名前

イメージのタネ

色鮮やかに咲き誇る花の名前から。

- 洋9 9 よう
- 葵12 12 あおい
- 菊11 二2 13 きくじ
- 桔10 平5 15 きっぺい
- 快7 堂11 18 かいどう
- 双4 樹16 20 そうじゅ
- 鉄13 泉9 22 てっせん
- 樺14 恋10 24 かれん
- 貴12 志7 亜7 26 きしあ
- 朔10 羅19 29 さくら
- 礼5 文4 9 れぶん
- 杏7 平5 12 きょうへい
- 清11 二2 13 せいじ
- 秋9 明8 17 しゅうめい
- 梅10 林8 18 ばいりん
- 福13 寿7 20 ふくじゅ
- 瑠14 金8 22 るこん
- 末5 蘭19 24 みらん
- 朱6 露21 27 しゅろ
- 義13 莉10 亜7 30 ぎりあ
- 真10 10 しん
- 桜10 人2 12 さくと
- 桐10 士3 13 とうじ
- 木4 蓮13 17 もくれん
- 悠11 里7 18 ゆうり
- 莉10 桜10 20 りおう
- 玲9 愛13 22 れあ
- 来7 羅10 26 らいら
- 高10 嶺17 27 たかね
- 連10 鶴21 31 れんかく
- 万3 作7 10 まんさく
- 喜12 一1 13 きいち
- 升4 麻11 15 しょうま
- 蓮13 斗4 17 れんと
- 徐10 音9 19 じょおん
- 倫10 堂11 21 りんどう
- 藤18 矢5 23 とうや
- 留10 美9 亜7 26 るみあ
- 莉10 亜7 都11 28 りあと
- 美9 流10 渡12 31 みると

光

さんさんと輝く太陽の光や、やさしく輝く星の光、ビッグバンの激しい閃光など、大きなエネルギーをもった、おおらかで明るいイメージがあります。

光をイメージする漢字

雷13	陽12	暁12	閃10	虹9	希7	月4
輝15	暉13	晶12	華10	春9	明8	日4
橙16	煌13	瑛12	彩11	星9	旺8	天4
瞬18	聖13	揮12	彗11	晃10	宝8	玉5
曜18	照13	景12	蛍11	晄10	映9	灯6
耀20	舜13	皓12	朝12	晟10	洸9	光6

広5 光6	11	ひろみ
映9 太4	13	えいた
明8 李7	15	あかり
彩11 斗4	15	あやと
智12 日4	16	ちあき
煌13 正5	18	こうせい
大3 輝15	18	だいき
鏡19 一1	20	きょういち
閃10 理11	21	せんり
明8 橙16	24	あきと
雷13	13	らい
光6 治8	14	こうじ
暉13 人2	15	あきと
蛍11 太4	15	けいた
星9 弥8	17	せいや
彗11 児7	18	せいじ
晄10 信9	19	あきのぶ
光6 太4 朗10	20	こうたろう
虹9 輔14	23	こうすけ
瞬18 汰7	25	しゅんた

気象

日本には暦や四季、時間帯、天候それぞれに美しい独自の呼称がたくさんあります。壮大な大自然のパワーを感じるとともに趣ある印象を受けます。

気象をイメージする漢字

嵐12	晴12	風9	秋9	夜8	青8	季8	気6	光6	冬5	天4	夕3
霞17	朝12	夏10	春9	虹9	明8	空8	雨8	凪6	氷5	日4	月4

冬5 也3	8	とうや
元4 気6	10	げんき
春9 也3	12	しゅんや
天4 明8	12	たかあき
夕3 耶9	12	ゆうや
明8 李7	15	あかり
亜7 嵐12	19	あらん
光6 太4 郎9	19	こうたろう
夏10 彦9	19	なつひこ
風9 太4 郎9	22	ふうたろう

イメージのタネ

天候の名前

生まれた日の天気を名前に記憶。

凪6	6	なぎ
虹9 一1	10	こういち
晴12 一1	13	せいいち
冬5 治8	13	とうじ
夏10 日4	14	なつひ
晴12 也3	15	はるや
雷13 太4	17	らいた
快7 晴12	19	かいせい
香9 雪11	20	こうせつ
嵐12 太4 郎9	25	らんたろう
大3 気6	9	だいき
春9 一1	10	はるいち
竜10 也3	13	たつや
風9 斗4	13	ふうと
白5 哉9	14	びゃくや
天4 晴12	16	たかはる
時10 雨8	18	しぐれ
風9 真10	19	ふうま
晴12 貴12	24	はるき
怜8 霧19	27	れむ

動物

大自然の中で伸び伸びと力強く生きる動物たち。元気に満ち溢れた明るさがありますが、字のもつエネルギーが強すぎるので、名前負けすることも。

動物の名前

イメージのタネ

動物の名前から着想を得て。

羊6 一1	7	よういち
辰7 矢5	12	たつや
竜10 大3	13	たつひろ
龍16 一1	17	りゅういち
春9 馬10	19	はるま
虎8 太4 郎9	21	こたろう
猿13 之3 助7	23	えんのすけ
竜10 太4 郎9	23	りゅうたろう
鶴21 斗4	25	かくと
寅11 次6 郎9	26	とらじろう
克7 巳3	10	かつみ
広5 兎7	12	ひろと
克7 男7	14	かつお
麒19	19	あきら
亀11 之3 助7	21	かめのすけ
龍16 世5	21	りゅうせい
象12 二2 郎9	23	しょうじろう
徳14 馬10	24	とくま
獅13 童12	25	しどう
鶴21 竜10	31	かくりゅう

動物をイメージする漢字

麟24 鶴21 駿17 篤16 駆14 馳13 雁12 寅11 飛9 兎7 羊6 生5
鷹24 鷺24 騎18 燕16 駒15 鳴14 獅13 亀11 馬10 虎8 走7 羽6

走7 汰7	14	そうた
篤16	16	あつし
飛9 志7	16	たかし
騎18 一1	19	きいち
景12 虎8	20	かげとら
駆14 流10	24	かける
駒15 彦9	24	こまひこ
駿17 哉9	26	しゅんや
鳴14 太4 郎9	27	めいたろう
麟24 太4 郎9	37	りんたろう

鳥

鳥をイメージする漢字

鷹24 鵬19 鴻17 燕16 鳴14 雁12 隼10
鷺24 鷲23 鶏19 鴨16 鳳14 鳩13 鳥11

充6 一1	7	じゅういち
斗4 貴12	16	とき
蒼13 治8	21	あおじ
隼10 雄12	22	はやお
鳩13 彦9	22	やすひこ
鷹24 一1	25	よういち
鳴14 満12	26	なるみち
鳳14 誠13	27	ほうせい
鷲23 壱7	30	しゅういち
隼10 一1	11	じゅんいち
鳳14 士3	17	たかし
鴨16 広5	21	まさひろ
陽12 連10	22	ひれん
燕16 芳7	23	てるよし
鳴14 道12	26	なるみち
鵬19 幸8	27	ともゆき
鷹24 史5	29	たかし
鶏19 太4 郎9	32	けいたろう

干支

干支をイメージする漢字

寅11 辰7 申5 卯5 丑4 子3
酉7 亥6 未5 午4 巳3

亥6	6	たけし
酉7 一1	8	ゆういち
子3 臣7	10	さねおみ
申5 行6	11	のぶゆき
和8 卯5	13	かずしげ
剣10 午4	14	けんご
辰7 吾7	14	たつご
辰7 実8	15	たつみ
卯5 陽12	17	しげはる
丑4 士3	7	ひろし
克7 巳3	10	かつみ
申5 乃2 介4	11	しんのすけ
和8 午4	12	かずま
拓8 未5	13	たくみ
子3 規11	14	しげのり
未5 彦9	14	ひでひこ
丑4 康11	15	ひろやす
寅11 汰7	18	とらた

芸術

作品によって人々に感動をもたらす芸術。創造性、個性、色彩、クリエイティブさなどが浮かび上がります。

芸術をイメージする漢字

響20 謡16 演14 詩13 楽13 絵12 描11 彩11 展10 美9 音9 奏9 典8 画8 吟7 匠6 才3

讃22 譜19 歌14 豊13 鼓13 創12 揮12 彫11 造10 唄10 秋9 律9 刻8 弦8 作7 芸7 巧5

名前	画数	総画	読み
巧	5	5	たくみ
吟二	7・2	9	ぎんじ
匠平	6・5	11	しょうへい
音也	9・3	12	おとや
創	12	12	そう
音太	9・4	13	おんた
奏介	9・4	13	そうすけ
孝典	7・8	15	たかのり
演人	14・2	16	のぶと
歌仁	14・4	18	うたひと
広詩	5・13	18	ひろゆき
結弦	12・8	20	ゆづる
勇揮	9・12	21	ゆうき
響平	20・5	25	きょうへい
謡祐	16・9	25	ようすけ

芸術家

イメージのタネ

独自の世界を切り開いてきた芸術家にちなんで。

由来	名前	画数	総画	読み
岡倉天心《おかくらてんしん》	▼天心	4・4	8	てんしん
ルノワール	▼琉乃	11・2	13	るの
歌川広重《うたがわひろしげ》	▼広重	5・9	14	ひろしげ
武田双雲《たけだそううん》	▼双雲	4・12	16	そううん
坂本龍一《さかもとりゅういち》	▼龍一	16・1	17	りゅういち
横山大観《よこやまたいかん》	▼大観	3・18	21	たいかん
レオナルド・ダ・ヴィンチ	▼礼央	5・5	10	れお
岡本太郎《おかもとたろう》	▼太郎	4・9	13	たろう
竹久夢二《たけひさゆめじ》	▼夢二	13・2	15	ゆめじ
尾形光琳《おがたこうりん》	▼光琳	6・12	18	こうりん
高村光太郎《たかむらこうたろう》	▼光太郎	6・4・9	19	こうたろう
快慶《かいけい》	▼快慶	7・15	22	かいけい

美術

イメージのタネ

感性豊かな子に育つことを願って。

名前	画数	総画	読み
彩斗	11・4	15	さいと
絵斗	12・4	16	かいと
画門	8・8	16	がもん
創平	12・5	17	そうへい
美武	9・8	17	みたけ
蒔央	13・5	18	まきお
董治	12・8	20	とうじ
佳図志	8・7・7	22	かずし
慶造	15・10	25	けいぞう
優画	17・8	25	ゆうが

音楽

イメージのタネ

音楽からイメージをわかせて。

名前	画数	総画	読み
大五	3・4	7	だいご
有斗	6・4	10	あると
四季	5・8	13	しき
隆斗	11・4	15	りゅうと
蓮斗	13・4	17	れんと
希偉	7・12	19	きい
詩弥	13・8	21	うたや
譜人	19・2	21	ふひと
琴二郎	12・2・9	23	きんじろう
衛恒	16・9	25	えこう
弦	8	8	げん
拓人	8・2	10	たくと
乃玖太	2・7・4	13	のくた
典歩	8・8	16	てんぽ
威風	9・9	18	いふう
胡桃	9・10	19	くるみ
音渡	9・12	21	おんど
管治	14・8	22	かんじ
新馬	13・10	23	しんば
想南太	13・9・4	26	そなた
拍	8	8	はく
月光	4・6	10	つきみつ
盤	15	15	ばん
和音	8・9	17	かずと
玲音	9・9	18	れのん
音玖太	9・7・4	20	おくた
環太	17・4	21	かんた
弦太朗	8・4・10	22	げんたろう
歩琉斗	8・11・4	23	ふると
鼓太朗	13・4・10	27	こたろう
大地	3・6	9	だいち
弾	12	12	だん
芽呂	8・7	15	めろ
鈴介	13・4	17	りんすけ
歌央	14・5	19	うたお
幹杜	13・7	20	かんと
胡琴	9・12	21	こきん
風雅	9・13	22	ふうが
鐘斗	20・4	24	かねと
讃葉	22・12	34	さんば

スポーツ

走る、跳ぶなどの躍動からは健康的な印象が、苦境でもがんばる姿からは精神力の強さがうかがえます。

スポーツをイメージする漢字

蹴19 瞬18 鍛17 錬16 駆14 跳13 道12 野11 庭10 速10 柔9 活9 武8 走7 技7 白5 弓3
躍21 鎧18 駿17 録16 操16 網14 勝12 塁12 球11 拳10 俊9 重9 歩8 泳8 体7 永5 日4

技7 一1	8	ぎいち
俊9 一1	10	しゅんいち
走7 介4	11	そうすけ
武8 斗4	12	たけと
駆14	14	かける
速10 太4	14	はやた
活9 志7	16	かつし
操16	16	みさお
瞬18	18	しゅん
道12 成6	18	みちなり
錬16 人2	18	れんと
勝12 利7	19	かつとし
晃10 拳10	20	こうけん
跳13 治8	21	ちょうじ
録16 信9	25	としのぶ

サッカー

イメージのタネ

海外でも活躍する選手をヒントに。

正5 巳3	8	まさみ
圭6 佑7	13	けいすけ
麻11 也3	14	まや
真10 司5	15	しんじ
英8 寿7	15	ひでとし
篤16 人2	18	あつと
雅13 史5	18	まさし
竜10 彦9	19	たつひこ
能10 活9	19	よしかつ
真10 聖13	23	まさきよ
萌11	11	はじめ
誠13	13	まこと
知8 良7	15	かずよし
正5 剛10	15	せいごう
潤15 一1	16	じゅんいち
永5 嗣13	18	えいじ
佑7 都11	18	ゆうと
満12 男7	19	みつお
俊9 輔14	23	しゅんすけ
瑠14 偉12	26	るい

野球

イメージのタネ

国民的な人気を誇る野球選手にちなんで。

有6	6	ゆう
将10 大3	13	まさひろ
雅13 之3	16	まさゆき
大3 輔14	17	だいすけ
球11 児7	18	きゅうじ
秀7 喜12	19	ひでき
茂8 雄12	20	しげお
辰7 徳14	21	たつのり
慎13 之3 助7	23	しんのすけ
宣9 親16	25	のりちか
一1 郎9	10	いちろう
善12 久3	15	よしひさ
貞9 治8	17	さだはる
剛10 志7	17	つよし
彰14 布5	19	あきのぶ
和8 博12	20	かずひろ
英8 雄12	20	ひでお
憲16 伸7	23	けんしん
博12 満12	24	ひろみつ
真10 澄15	25	ますみ

その他のスポーツ

イメージのタネ

親しみのある水泳やゴルフなども手がかりに。

圭6	6	けい
泳8 斗4	12	えいと
康11 介4	15	こうすけ
航10 平5	15	こうへい
遼15	15	りょう
陵11 介4	15	りょうすけ
修10 造10	20	しゅうぞう
結12 弦8	20	ゆづる
操16 平5	21	そうへい
雄12 貴12	24	ゆうき

武道・格闘技

イメージのタネ

心技体が充実している武道・格闘技をイメージして。

忠8	8	ただし
剣10 一1	11	けんいち
弓3 彦9	12	ゆみひこ
一1 翔12	13	かずと
日4 馬10	14	はるま
和8 志7	15	かずし
康11 生5	16	こうせい
拳10 太4 郎9	23	けんたろう
武8 蔵15	23	むさし
興16 毅15	31	こうき

色

目に入るすべてのものに色があります。一般的な色の名称のほか、日本の伝統色の名称なども参考に、その色のもつ効果やイメージにも注目してみましょう。

色をイメージする漢字

藍18 橙16 碧14 暖13 紫12 淡11 紺11 桜10 染9 茜9 金8 色6

艶19 鮮17 緋14 銀14 蒼13 葵12 蛍11 彩11 桃10 珀9 虹9 明8

十色	2・6	8	といろ
虹人	9・2	11	にじと
染斗	9・4	13	せんと
彩斗	11・4	15	あやと
明度	8・9	17	あきのり
鮮	17	17	あきら
蛍次	11・6	17	けいじ
暖安	13・6	19	はるやす
明塗	8・13	21	あきと
艶彦	19・9	28	よしひこ

イメージのタネ 色の名前

色にちなんだ名前は個性豊かで明るい印象に。

朱斗	6・4	10	あやと
白弥	5・8	13	はくや
蒼介	13・4	17	そうすけ
緑斗	14・4	18	りょくと
青陽	8・12	20	きよはる
琥珀	12・9	21	こはく
橙矢	16・5	21	とうや
桃貴	10・12	22	とうき
橙亜	16・7	23	とうあ
橙莉	16・10	26	とうり
桜也	10・3	13	おうや
青亜	8・7	15	せいあ
銀太	14・4	18	ぎんた
詩安	13・6	19	しあん
蒼汰	13・7	20	そうた
紫音	12・9	21	しおん
緋呂	14・7	21	ひろ
蒼一郎	13・1・9	23	そういちろう
銀一郎	14・1・9	24	ぎんいちろう
藍一郎	18・1・9	28	あいいちろう

宝石

原石を磨くことで輝き、人々を魅了する宝石。お守りとしても用いられており、神秘性が感じられます。

宝石をイメージする漢字

曜18 環17 輝15 碧14 翠14 綺14 鉱13 瑚13 晶12 湖12 彩11 晃10 晄10 珀9 金8 宝8 玉5

耀20 藍18 磨16 緑14 緋14 銀14 飾13 照13 瑛12 紫12 琥12 黄11 剛10 珊9 旺8 英8 光6

大矢	3・5	8	だいや
光治	6・8	14	こうじ
一輝	1・15	16	かずき
晶平	12・5	17	しょうへい
珀真	9・10	19	はくま
璃斗	15・4	19	りと
英貴	8・12	20	ひでたか
環太	17・4	21	かんた
珀瑛	9・12	21	はくえい
曜平	18・5	23	ようへい
環来	17・7	24	たまき
瑛太郎	12・4・9	25	えいたろう
琥太郎	12・4・9	25	こたろう
奏磨	9・16	25	そうま
真澄	10・15	25	ますみ

こんなヒントもある！

誕生石の名前

生まれ月の誕生石をチェックしてみよう。

- 1月▼ガーネット
- 2月▼アメシスト
- 3月▼アクアマリン
- 4月▼ダイヤモンド
- 5月▼エメラルド
- 6月▼パール
- 7月▼ルビー
- 8月▼ペリドット
- 9月▼サファイア
- 10月▼オパール
- 11月▼トパーズ
- 12月▼トルコ石

歴史

古きをたずねて新しきを知る。さまざまな分野で活躍し、日本の歴史を牽引してきた偉人たちに注目。

歴史をイメージする漢字

織18 墳15 歴14 源13 戦13 統12 桃10 皇9 昭9 治8 明8 応7 足7 米6 平5 文4 大3
藤18 慶15 徳14 維14 幕13 農13 商11 城9 封9 革9 制8 武8 改7 安6 江6 史5 天4

明8	8	あきら
治8	8	おさむ
改7 史5	12	あらし
文4 明8	12	ぶんめい
源13 一1	14	げんいち
皇9 平5	14	こうへい
安6 明8	14	やすあき
慶15 一1	16	けいいち
貴12 史5	17	たかし
武8 紀9	17	たけのり
徳14 広5	19	とくひろ
城9 太4 郎9	22	じょうたろう
歴14 俊9	23	つぐとし
統12 夢13	25	おさむ
維14 新13	27	いしん

文化人

イメージのタネ

偉業を成し遂げてきた先人たちにあやかって。

周8	8	あまね
栄9 一1	10	えいいち
利7 休6	13	りきゅう
秋9 成6	15	あきなり
重9 信9	18	しげのぶ
松8 陰11	19	しょういん
洪9 庵11	20	こうあん
弥8 太4 郎9	21	やたろう
諭16 吉6	22	ゆきち
龍16 之3 介4	23	りゅうのすけ
一1 茶9	10	いっさ
有6 礼5	11	ありのり
子3 規11	14	しき
象12 山3	15	しょうざん
万3 次6 郎9	18	まんじろう
漱14 石5	19	そうせき
東8 湖12	20	とうこ
蕪15 村7	22	ぶそん
源13 一1 郎9	23	げんいちろう
稲14 造10	24	いなぞう

ノーベル賞受賞者

イメージのタネ

努力で夢を叶えた偉人たちから。

耕10 一1	11	こういち
誠13	13	まこと
伸7 弥8	15	しんや
昌8 俊9	17	まさとし
康11 成6	17	やすなり
振10 一1 郎9	20	しんいちろう
陽12 一1 郎9	22	よういちろう
健11 三3 郎9	23	けんざぶろう
秀7 樹16	23	ひでき
玲9 於8 奈8	25	れおな

武士

イメージのタネ

歴史を築いてきた屈強な武士たちから着想。

勇9	9	いさみ
真10 之3	13	さねゆき
新13 八2	15	しんぱち
清11 正5	16	きよまさ
利7 家10	17	としいえ
勘11 助7	18	かんすけ
総14 司5	19	そうじ
武8 揚12	20	たけあき
容10 堂11	21	ようどう
謙17 信9	26	けんしん
圭6 介4	10	けいすけ
一1 豊13	14	かずとよ
道12 三3	15	どうさん
歳13 三3	16	としぞう
利7 通10	17	としみち
玄5 瑞13	18	げんずい
鉄13 舟6	19	てっしゅう
半5 蔵15	20	はんぞう
兼10 続13	23	かねつぐ
慎13 太4 郎9	26	しんたろう
左5 近7	12	さこん
信9 玄5	14	しんげん
希7 典8	15	まれすけ
昌8 幸8	16	まさゆき
信9 長8	17	のぶなが
早6 雲12	18	そううん
吉6 継13	19	よしつぐ
元4 親16	20	もとちか
継13 之3 助7	23	つぐのすけ
龍16 馬10	26	りょうま
干3 城9	12	たてき
宗8 光6	14	むねみつ
幸8 村7	15	ゆきむら
晋10 作7	17	しんさく
政9 宗8	17	まさむね
高10 虎8	18	たかとら
以5 蔵15	20	いぞう
慶15 次6	21	けいじ
益10 次6 郎9	25	ますじろう
義13 輝15	28	よしてる

和

日本の代名詞でもある「和」。気品や趣、雅さ、風格など、情緒ある雰囲気が魅力的です。

和をイメージする漢字

刀2 士3 玄5 伎6 寿7 武8 弥8 桜10 梅10 皐11 寅11 賀12 紫12 節13 楓13 踊14 鶴21

弓3 元4 旦5 竹6 松8 典8 柑9 能10 倭10 梗11 兜11 葵12 鼓13 椿13 榊14 櫻21 鷹24

名前	画数	総画	読み
旦	5	5	ただし
寿	7	7	ひさし
武	8	8	たけし
灯士	6・3	9	とうじ
元吾	4・7	11	げんご
松太	8・4	12	しょうた
楓	13	13	かえで
葵一	12・1	13	きいち
桜丞	10・6	16	おうすけ
和弥	8・8	16	かずや
弥彦	8・9	17	やひこ
皐助	11・7	18	こうすけ
典馬	8・10	18	てんま
寿登	7・12	19	ひさと
丹鶴	4・21	25	にかく

伝統芸能

イメージのタネ

歌舞伎、狂言などの日本が誇る伝統芸能から。

名前	画数	総画	読み
太夫	4・4	8	だゆう
京元	8・4	12	きょうげん
清元	11・4	15	きよもと
主基	5・11	16	かずき
源内	13・4	17	げんない
喜多	12・6	18	きた
神楽	9・13	22	かぐら
華道	10・12	22	はなみち
馬楽	10・13	23	ばらく
雅楽	13・13	26	ががく
助六	7・4	11	すけろく
大紋	3・10	13	だいもん
荒汰	9・7	16	あらた
和泉	8・9	17	いずみ
主税	5・12	17	ちから
悠紀	11・9	20	ゆうき
豊栄	13・9	22	とよはる
児雷也	7・13・3	23	じらいや
春興	9・16	25	はるおき
鶴弥	21・8	29	つるや

和楽器

イメージのタネ

日本古来から伝わる琴や琵琶にちなんで。

名前	画数	総画	読み
弓児	3・7	10	きゅうじ
弦太	8・4	12	げんた
胡史	9・5	14	ひさし
鈴斗	13・4	17	りんと
締太	15・4	19	ていた
琴弥	12・8	20	きんや
神楽	9・13	22	かぐら
喜笙	12・11	23	きしょう
笙輔	11・14	25	そうすけ
琴緒	12・14	26	ことお
笙	11	11	しょう
胡弓	9・3	12	こきゅう
琶介	12・4	16	わすけ
胡哲	9・10	19	こてつ
琵呂	12・7	19	ひろ
和琴	8・12	20	わごん
竜覚	10・12	22	りゅうかく
鐘平	20・5	25	しょうへい
胡治郎	9・8・9	26	こじろう
鼓太朗	13・4・10	27	こたろう

歌舞伎役者

イメージのタネ

歌舞伎役者ならではの漢字や響きを参考に。

名前	画数	総画	読み
松也	8・3	11	まつや
七之助	2・3・7	12	しちのすけ
笑也	10・3	13	えみや
音一郎	9・1・9	19	おといちろう
喜之助	12・3・7	22	きのすけ
染五郎	9・4・9	22	そめごろう
愛之助	13・3・7	23	あいのすけ
錦吾	16・7	23	きんご
獅童	13・12	25	しどう
家橘	10・16	26	かきつ

和の色

イメージのタネ

独特な呼び名の和の色をヒントに。

名前	画数	総画	読み
柑子	9・3	12	こうじ
真朱	10・6	16	まそお
真紅	10・9	19	しんく
群青	13・8	21	ぐんじょう
竜堂	10・11	21	りんどう
幹草	13・9	22	かんぞう
青磁	8・14	22	せいじ
萌黄	11・11	22	もえぎ
紫紺	12・11	23	しこん
雄黄	12・11	23	ゆうおう

和歌

イメージのタネ

時を越えて現代でも親しまれる和歌をヒントに。

和歌	作者	名前	画数	総画	読み
今日来ずは　見でややみなむ　山里の　紅葉も人も　常ならぬ世に	前大納言公任	常世	11・5	16	つねよ
濡れて干す　玉串の葉の　露霜に　天照る光　幾代経ぬらん	摂政太政大臣	天照	4・13	17	たかのぶ
さざなみや　志賀の唐崎　風冴えて　比良の高嶺に　霰降るなり	藤原忠通	良高	7・10	17	よしたか
春過ぎて　夏来にけらし　白妙の　衣ほすてふ　天の香具山	持統天皇	夏来	10・7	17	なつき
木の葉散る　時雨やまがふ　わが袖に　もろき涙の　色と見るまで	右衛門督通具	時雨	10・8	18	しぐれ
飛鳥川　もみぢ葉流る　葛城の　山の秋風　吹きぞしぬらし	柿本人麿	飛鳥	9・11	20	あすか
はかなくて　過ぎにしかたを　かぞふれば　花にもの思ふ　春ぞ経にける	式子内親王	春経	9・11	20	はるつね
常よりも　篠屋の軒ぞ　埋もるる　今日は都に　初雪や降る	瞻西上人	常雪	11・11	22	つねゆき
書きとむる　言の葉のみぞ　水茎の　流れてとまる　形見なりける	按察使公通	葉流	12・10	22	はる
晴れ曇る　影を都に　先立てて　しぐると告ぐる　山の端の月	源具親	晴都	12・11	23	はると
槇の屋に　時雨の音の　かはるかな　紅葉や深く　散り積もるらん	入道左大臣	槇音	14・9	23	まきと
水の面に　綾織り乱る　春雨や　山の緑を　なべて染むらん	伊勢	綾織	14・18	32	あやおり

四字熟語

イメージのタネ

四字熟語の奥深い意味を名前に込めて。

四字熟語	名前	画数	総画	読み
一《いっ》心《しん》一《いっ》向《こう》	一心	1・4	5	いっしん
万《ばん》民《みん》太《たい》平《へい》	太平	4・5	9	たいへい
大《たい》器《き》晩《ばん》成《せい》	大希	3・7	10	たいき
光陰如矢《こういんやのごとし》	光矢	6・5	11	こうや
真《ま》一《いち》文《もん》字《じ》	真一	10・1	11	しんいち
日《にっ》進《しん》月《げっ》歩《ぽ》	月歩	4・8	12	つきほ
文《ぶん》武《ぶ》両《りょう》道《どう》	文武	4・8	12	ふみたけ
一《いち》期《ご》一《いち》会《え》	期一	12・1	13	きいち
大《だい》悟《ご》徹《てっ》底《てい》	大悟	3・10	13	だいご
正《せい》々《せい》堂《どう》々《どう》	正堂	5・11	16	まさたか
鉄《てっ》心《しん》石《せき》腸《ちょう》	鉄心	13・4	17	てっしん
威《い》風《ふう》堂《どう》々《どう》	威風	9・9	18	いふう
一《いっ》騎《き》当《とう》千《せん》	一騎	1・18	19	かずき
悠《ゆう》々《ゆう》自《じ》適《てき》	悠治	11・8	19	ゆうじ
質《しっ》実《じつ》剛《ごう》健《けん》	剛健	10・11	21	ごうけん
明《めい》鏡《きょう》止《し》水《すい》	鏡水	19・4	23	きょうすい
温《おん》厚《こう》篤《とく》実《じつ》	篤実	16・8	24	あつみ
柔《にゅう》和《わ》温《おん》順《じゅん》	温順	12・12	24	はるゆき
剛《ごう》毅《き》果《か》断《だん》	剛毅	10・15	25	ごうき
切《せっ》磋《さ》琢《たく》磨《ま》	琢磨	11・16	27	たくま

映画

感動、興奮、喜びを人に与え続ける映画。誰にでも一つは心に残る映画があるはず。人生観を変えるような喜びや感動を与えてくれた映画を参考に。

映画俳優・監督

イメージのタネ

憧れの映画俳優、監督にあやかった名前に。

- 伊丹十三《いたみじゅうぞう》 ▼ 十 2 三 3　5　じゅうぞう
- 高倉健《たかくらけん》 ▼ 健 11　11　けん
- 山田洋次《やまだようじ》 ▼ 洋 9 二 2　11　ようじ
- クリント・イーストウッド ▼ 凛 15 斗 4　19　りんと
- レオナルド・ディカプリオ ▼ 玲 9 雄 12　21　れお
- 勝新太郎《かつしんたろう》 ▼ 新 13 太 4 郎 9　26　しんたろう
- 菅原文太《すがわらぶんた》 ▼ 文 4 太 4　8　ぶんた
- 大島渚《おおしまなぎさ》 ▼ 渚 11　11　なぎさ
- 宮藤官九郎《くどうかんくろう》 ▼ 官 8 九 2 郎 9　19　かんくろう
- ウディ・アレン ▼ 亜 7 蓮 13　20　あれん
- 田中邦衛《たなかくにえ》 ▼ 邦 7 衛 16　23　くにえい
- ジョージ・クルーニー ▼ 譲 20 治 8　28　じょうじ

映画の登場人物

イメージのタネ

映画の登場人物にあやかって。

- 『レ・ミザラブル』ジャン・バルジャン ▼ 仁 4　4　じん
- 『東京物語』周吉 ▼ 周 8 吉 6　14　しゅうきち
- 『アイ・アム・サム』サム ▼ 沙 7 武 8　15　さむ
- 『レオン』レオン ▼ 怜 8 音 9　17　れおん
- 『マトリックス』ネオ ▼ 音 9 欧 8　17　ねお
- 『ショーシャンクの空に』アンディ ▼ 晏 10 治 8　18　あんじ

小説

自分のお気に入りの小説などを参考にしてみるのも一考。文字や書物には、知的で想像力豊かな印象があります。

小説の登場人物

イメージのタネ

ページをめくるごとに成長する物語の登場人物をヒントに。

- 巧 5　5　たくみ
- 冬 5 二 2　7　とうじ
- 学 8　8　まなぶ
- 光 6 也 3　9　みつや
- 天 4 吾 7　11　てんご
- 栄 9 司 5　14　えいじ
- 樹 16　16　いつき
- 篤 16　16　あつし
- 朔 10 太 4 郎 9　23　さくたろう
- 健 11 太 4 郎 9　24　けんたろう

小説をイメージする漢字

読 14　雅 13　詞 12　紙 10　書 10　栞 10　典 8　直 8　作 7　考 6　幻 4　小 3

語 14　漢 13　詩 13　章 11　純 10　記 10　物 8　学 8　知 8　伝 6　本 5　文 4

- 知 8　8　さとる
- 考 6 平 5　11　こうへい
- 学 8 斗 4　12　がくと
- 典 8 史 5　13　のりふみ
- 典 8 世 5　13　てんせい
- 純 10 太 4　14　じゅんた
- 智 12 文 4　16　ともふみ
- 章 11 史 5　16　あきふみ
- 直 8 章 11　19　なおあき
- 知 8 輝 15　23　はるき

小説家の名前

イメージのタネ

想像性豊かな小説家の名前にあやかって。

- 恩田陸《おんだりく》 ▼ 陸 11　11　りく
- 東野圭吾《ひがしのけいご》 ▼ 圭 6 吾 7　13　けいご
- 池井戸潤《いけいどじゅん》 ▼ 潤 15　15　じゅん
- 京極夏彦《きょうごくなつひこ》 ▼ 夏 10 彦 9　19　なつひこ
- 伊坂幸太郎《いさかこうたろう》 ▼ 幸 8 太 4 郎 9　21　こうたろう
- 村上春樹《むらかみはるき》 ▼ 春 9 樹 16　25　はるき

漫画・アニメ

世界から注目される日本の漫画やアニメ。好きな作品からヒントを得てもよいでしょう。ただし、必ず漢字の意味、名づけに使用可能な字かを調べましょう。

漫画の登場人物

イメージのタネ

漫画の登場人物からイメージ。

- 星 9 矢 5　14　せいや
- 爽 11 太 4　15　そうた
- 翔 12 太 4　16　しょうた
- 元 4 晴 12　16　もとはる
- 大 3 輔 14　17　だいすけ
- 類 18　18　るい
- 景 12 吾 7　19　けいご
- 新 13 之 3 介 4　20　しんのすけ
- 一 1 護 20　21　いちご
- 遼 15 真 10　25　りょうま
- 達 12 也 3　15　たつや
- 衛 16　16　まもる
- 勇 9 吾 7　16　ゆうご
- 優 17　17　すぐる
- 拓 8 海 9　17　たくみ
- 健 11 児 7　18　けんじ
- 清 11 春 9　20　きよはる
- 承 8 太 4 郎 9　21　じょうたろう
- 琥 12 南 9　21　こなん
- 健 11 四 5 郎 9　25　けんしろう
- 一 1　1　はじめ
- 司 5　5　つかさ
- 行 6　6　こう
- 一 1 歩 8　9　いっぽ
- 大 3 吾 7　10　だいご
- あ 3 た 4 る 3　10　あたる
- 永 5 吉 6　11　えいきち
- 士 3 郎 9　12　しろう
- 新 13　13　あらた
- 哲 10 也 3　13　てつや
- 丈 3　3　じょう
- 太 4 一 1　5　たいち
- 俊 9　9　しゅん
- 晃 10　10　あきら
- 圭 6 介 4　10　けいすけ
- 快 7 斗 4　11　かいと
- 千 3 秋 9　12　ちあき
- 楓 13　13　かえで
- 零 13　13　れい
- 祐 9 太 4　13　ゆうた

アニメの登場人物

イメージのタネ

画面の中の十人十色な登場人物から。

- 亘 6　6　わたる
- カ 2 ヲ 3 ル 2　7　かおる
- 直 8 人 2　10　なおと
- 千 3 昭 9　12　ちあき
- 健 11 二 2　13　けんじ
- 刹 8 那 7　15　せつな
- 心 4 慈 13　17　しんじ
- 聖 13 司 5　18　せいじ
- 鉄 13 郎 9　22　てつろう
- 葦 13 高 10　23　あしたか
- 伴 7　7　ばん
- 珀 9　9　はく
- 進 11　11　すすむ
- 宗 8 介 4　12　そうすけ
- 輝 15　15　ひかる
- 亜 7 室 9　16　あむろ
- 廉 13 斗 4　17　れんと
- 智 12 志 7　19　さとし
- 虎 8 徹 15　23　こてつ
- 倫 10 太 4 郎 9　23　りんたろう

漫画家の名前

イメージのタネ

ヒット作を生み出した漫画家にあやかって。

- 荒川《あらかわ》弘《ひろむ》 ▼ 弘 5　5　ひろむ
- 鳥山《とりやま》明《あきら》 ▼ 明 8　8　あきら
- 手塚《てづか》治虫《おさむ》 ▼ 治 8 虫 6　14　おさむ
- 小山《こやま》宙哉《ちゅうや》 ▼ 宙 8 哉 9　17　ちゅうや
- 尾田《おだ》栄一郎《えいいちろう》 ▼ 栄 9 一 1 郎 9　19　えいいちろう
- 浦沢《うらさわ》直樹《なおき》 ▼ 直 8 樹 16　24　なおき
- あだち充《みつる》 ▼ 充 6　6　みつる
- 松本《まつもと》大洋《たいよう》 ▼ 大 3 洋 9　12　たいよう
- 大友《おおとも》克洋《かつひろ》 ▼ 克 7 洋 9　16　かつひろ
- 青山《あおやま》剛昌《ごうしょう》 ▼ 剛 10 昌 8　18　ごうしょう
- 井上《いのうえ》雄彦《たけひこ》 ▼ 雄 12 彦 9　21　たけひこ
- 荒木《あらき》飛呂彦《ひろひこ》 ▼ 飛 9 呂 7 彦 9　25　ひろひこ

春・夏の行事

古来より親しまれてきた四季折々の行事。春と夏は活発で前向きなイメージに溢れ、明るい印象に。

春・夏の行事をイメージする漢字

雛18 蓬14 新13 開12 祭11 皐11 菜11 桜10 梅10 茶9 弥8 卒8 更7 如6 生5 夕3 入2

鎧18 緑14 豊13 節13 蛍11 兜11 菱11 夏10 恵10 彦9 春9 始8 芭7 衣6 卯5 文4 七2

名前	画数	総画	読み
七生	2・5	7	ななお
始	8	8	はじめ
文月	4・4	8	ふづき
一茶	1・9	10	いっさ
七彦	2・9	11	ななひこ
祭人	11・2	13	あきと
菱介	11・4	15	りょうすけ
桜丞	10・6	16	おうすけ
新太	13・4	17	しんた
蛍児	11・7	18	けいじ
皐治	11・8	19	こうじ
蓬生	14・5	19	しげお
春馬	9・10	19	はるま
豊実	13・8	21	とよみ
鎧斗	18・4	22	かいと

春の行事

イメージのタネ

始まりをイメージする春の行事をヒントに。

- 初午《はつうま》 ▼ 初7 午4　11　はつご　2月最初の午の日
- 次郎《じろう》の朔日《ついたち》 ▼ 朔10 太4　14　さくた　2月1日の異称
- 啓蟄《けいちつ》 ▼ 啓11 介4　15　けいすけ　二十四節気の一つ
- 穀雨《こくう》 ▼ 穀14 斗4　18　こくと　二十四節気の一つ
- 清明《せいめい》 ▼ 清11 明8　19　きよあき
- 節分《せつぶん》 ▼ 節13 弥8　21　せつや
- 修二会《しゅにえ》 ▼ 修10 二2　12　しゅうじ　東大寺で催す法要の一つ
- 立春《りっしゅん》 ▼ 立5 春9　14　たつはる　二十四節気の一つ
- 桃《もも》の節句《せっく》 ▼ 桃10 始8　18　とうじ
- 踏青《とうせい》 ▼ 透10 青8　18　とうせい　春の野遊びのこと
- 仰《あお》げば尊《とうと》し ▼ 尊12 志7　19　たかし
- 醍醐《だいご》の花見《はなみ》 ▼ 醍16 吾7　23　だいご

夏の行事

イメージのタネ

お祭や七夕など楽しい印象の行事から。

- 八十八夜《はちじゅうはちや》 ▼ 十2 八2　4　とうや
- 鯉幟《こいのぼり》 ▼ 登12　12　のぼる
- 安居《あんご》 ▼ 安6 吾7　13　あんご
- 半夏生《はんげしょう》 ▼ 夏10 生5　15　なつお
- 彦星《ひこぼし》 ▼ 星9 彦9　18　ほしひこ
- 端午《たんご》の節句《せっく》 ▼ 端14 吾7　21　たんご
- 武者人形《むしゃにんぎょう》 ▼ 武8 人2　10　たけひと　五月人形のこと
- アルタイル ▼ 有6 汰7　13　あるた
- 葵祭《あおいまつり》 ▼ 葵12 一1　13　きいち
- 菖蒲《しょうぶ》打《う》ち ▼ 尚8 武8　16　なおたけ　端午の節句に行う遊び
- 茅《ち》の輪《わ》くぐり ▼ 茅8 遥12　20　ちはる　神事の一つ
- 祇園祭《ぎおんまつり》 ▼ 義13 温12　25　ぎおん

こんなヒントもある！ 二十四節気

春・夏を表す二十四節気をチェックしよう。

- 2月 ▼ 立春《りっしゅん》 ▼ 雨水《うすい》
- 3月 ▼ 啓蟄《けいちつ》 ▼ 春分《しゅんぶん》
- 4月 ▼ 清明《せいめい》 ▼ 穀雨《こくう》
- 5月 ▼ 立夏《りっか》 ▼ 小満《しょうまん》
- 6月 ▼ 芒種《ぼうしゅ》 ▼ 夏至《げし》
- 7月 ▼ 小暑《しょうしょ》 ▼ 大暑《たいしょ》

秋・冬の行事

秋と冬は大自然の神秘さや日本古来の伝統的な行事が多くありますが、クリスマスなどの西洋文化も。

秋・冬の行事をイメージする漢字

一1 月4 正5 初7 芹7 拝8 実8 紅9 柚9 師10 桔10 雪11 葉12 福13 聖13 詣13 緑15

元4 冬5 旦5 寿7 始8 宝8 弦8 秋9 祝9 書10 亀11 敬12 満12 新13 睦13 夢13 鶴21

名前	画数	総画	読み
一	1	1	はじめ
旦	5	5	ただし
実	8	8	みのる
祝也	9・3	12	ときや
満	12	12	みつる
元弥	4・8	12	もとや
紅介	9・4	13	こうすけ
寿壱	7・7	14	じゅいち
秋児	9・7	16	しゅうじ
敬吾	12・7	19	けいご
福志	13・7	20	ふくし
睦宏	13・7	20	むつひろ
結弦	12・8	20	ゆづる
崇師	11・10	21	たかし
亀二郎	11・2・9	22	かめじろう

冬の行事

イメージのタネ

正月などの明るくおめでたい行事にちなんで。

イメージのタネ	名前	画数	総画	読み	備考
正月《しょうがつ》	正一	5・1	6	しょういち	
初日《はつひ》の出《で》	初	7	7	はじめ	
春《はる》の七草《ななくさ》	芹斗	7・4	11	せりと	
酉《とり》の市《いち》	酉市	7・5	12	ゆういち	
大雪《たいせつ》	雪大	11・3	14	ゆきひろ	二十四節気の一つ
左義長《さぎちょう》	義長	13・8	21	よしなが	小正月の火祭りの行事
亥《い》の子《こ》	亥	6	6	たけし	陰暦10月最初の亥の日
立冬《りっとう》	冬立	5・5	10	ふゆたか	二十四節気の一つ
除夜《じょや》の鐘《かね》	叙也	9・3	12	じょや	
冬至《とうじ》	冬治	5・8	13	とうじ	
クリスマス	聖人	13・2	15	せいと	
鏡開《かがみびら》き	鏡也	19・3	22	きょうや	

秋の行事

イメージのタネ

月見や紅葉狩りなど情緒溢れる秋の行事より。

イメージのタネ	名前	画数	総画	読み	備考
大文字《だいもんじ》	大文	3・4	7	だいもん	
八朔《はっさく》	朔八	10・2	12	さくや	
楓《かえで》の葉《は》	楓	13	13	かえで	
立秋《りっしゅう》	立秋	5・9	14	たつあき	二十四節気の一つ
敬老《けいろう》の日《ひ》	敬介	12・4	16	けいすけ	
重陽《ちょうよう》(菊《きく》)の節句《せっく》	重陽	9・12	21	しげはる	
十五夜《じゅうごや》	十吾	2・7	9	とうご	
月見《つきみ》	月弥	4・8	12	つきや	
紅葉《もみじ》狩《が》り	紅太	9・4	13	こうた	
中秋《ちゅうしゅう》の名月《めいげつ》	仲秋	6・9	15	なかあき	
竿燈《かんとう》まつり	燈弥	16・8	24	とうや	
	菊之助	11・3・7	21	きくのすけ	

こんなヒントもある！　二十四節気

秋・冬を表す二十四節気をチェックしよう。

8月　立秋《りっしゅう》　処暑《しょしょ》
9月　白露《はくろ》　秋分《しゅうぶん》
10月　寒露《かんろ》　霜降《そうこう》
11月　立冬《りっとう》　小雪《しょうせつ》
12月　大雪《たいせつ》　冬至《とうじ》
1月　小寒《しょうかん》　大寒《だいかん》

故郷（東日本）

ここでは北海道・東北・関東・中部を「東日本」としました。生まれた地に思いを馳せて。

故郷（東日本）をイメージする漢字

磐15 新13 幌13 福13 富12 梨11 宮10 信9 神9 秋9 函8 東8 青8 岐7 甲5 北5 山3

檎17 静14 愛13 新13 越12 雪11 桃10 津9 茶9 草9 武8 長8 岩8 利7 米6 仙5 千3

仙一	5・1	6	せんいち
武	8	8	たけし
一茶	1・9	10	いっさ
信二	9・2	11	しんじ
函斗	8・4	12	かんと
幌	13	13	あきら
雪矢	11・5	16	ゆきや
秋里	9・7	16	しゅうり
千太郎	3・4・9	16	せんたろう
利春	7・9	16	としはる
静也	14・3	17	しずや
東馬	8・10	18	とうま
青陽	8・12	20	きよはる
富春	12・9	21	とみはる
愛一郎	13・1・9	23	あいいちろう

関東・中部

イメージのタネ

首都圏を中心に栄えた文化を名前に込めて。

由比ケ浜《ゆいがはま》	由比	5・4	9	ゆい
三保《みほ》の松原《まつばら》	三保	3・9	12	みつやす
久遠寺《くおんじ》	久遠	3・13	16	くおん
明治神宮《めいじじんぐう》	明治	8・8	16	あきはる
善光寺《ぜんこうじ》	善光	12・6	18	よしみつ
東照宮《とうしょうぐう》	東照	8・13	21	ひでみつ
大岳《おおたけ》鍾乳洞《しょうにゅうどう》	大岳	3・8	11	ひろたけ
兼六園《けんろくえん》	兼六	10・4	14	かねむつ
東尋坊《とうじんぼう》	東治	8・8	16	とうじ
弥彦神社《やひこじんじゃ》	弥彦	8・9	17	やひこ
浅間山《あさまやま》	浅真	9・10	19	あさま
華厳《けごん》の滝《たき》	華厳	10・17	27	はなみち

北海道・東北

イメージのタネ

雪国ならではの幻想的な雰囲気をイメージ。

弘前城《ひろさきじょう》	弘	5	5	ひろし
十和田湖《とわだこ》	十和	2・8	10	とうわ
洞爺湖《とうやこ》	洞也	9・3	12	とうや
宗谷《そうや》岬《みさき》	宗谷	8・7	15	そうや
五稜郭《ごりょうかく》	五稜	4・13	17	ごりょう
雄国沼《おぐにぬま》	雄国	12・8	20	かずとき
礼文島《れぶんとう》	礼文	5・4	9	れぶん
五色沼《ごしきぬま》湖沼群《こしょうぐん》	五色	4・6	10	ごしき
大通《おおどおり》公園《こうえん》	大通	3・10	13	たかゆき
妙高《みょうこう》高原《こうげん》	妙高	7・10	17	ただたか
大樹《たいき》町《ちょう》	大樹	3・16	19	たいき
穂高《ほたか》連峰《れんぽう》	穂高	15・10	25	ほたか

こんなヒントもある！ 旧国名

生まれた土地の旧国名をチェックしよう。

- 青森など ▼ 陸奥《むつ》
- 秋田など ▼ 出羽《でわ》
- 長野 ▼ 信濃《しなの》
- 岐阜 ▼ 美濃《みの》
- 茨城 ▼ 常陸《ひたち》
- 東京など ▼ 武蔵《むさし》
- 山梨 ▼ 甲斐《かい》
- 静岡 ▼ 駿河《するが》
- 愛知 ▼ 尾張《おわり》
- 三重 ▼ 志摩《しま》
- 石川 ▼ 能登《のと》
- 福井 ▼ 若狭《わかさ》

故郷（西日本）

ここでは近畿・四国・中国・九州・沖縄を「西日本」としました。名所や文化に注目してみましょう。

故郷（西日本）をイメージする漢字

九2 大3 山3 分4 井4 西6 兵7 佐7 沖7 岐7 京8 奈8 和8 長8 知8 香9 重9 高10 宮10 島10 庫10 鹿11 鳥11 琉11 滋12 賀12 媛12 愛13 福13 歌14 徳14 熊14 畿15 縄15

名前	総画数	読み
兵7 汰7	14	へいた
一1 畿15	16	かずき
仙5 九2 郎9	16	せんくろう
福13 也3	16	ふくや
滋12 央5	17	しげお
西6 都11	17	せいと
和8 都11	19	かずと
岐7 童12	19	きどう
佐7 輔14	21	さすけ
京8 輔14	22	きょうすけ
香9 雅13	22	こうが
琉11 偉12	23	るい
高10 徳14	24	こうとく
奈8 央5 都11	24	なおと
和8 歌14 也3	25	わかや

中国・九州・沖縄（イメージのタネ）

南国のような暖かく明るい印象。

イメージのタネ	名前	総画数	読み
竹富島《たけとみじま》	竹6 斗4	10	たけと
門司港《もじこう》	門8 司5	13	もんじ
太宰府天満宮《だざいふてんまんぐう》	天4 満12	16	てんま
伊万里焼《いまりやき》	伊6 万3 里7	16	いまり
雲仙岳《うんぜんだけ》	雲12 仙5	17	うんぜん
巌流島《がんりゅうじま》	巌20 流10	30	がんりゅう
首里城《しゅりじょう》	朱6 里7	13	しゅり
吉野ケ里遺跡《よしのがりいせき》	吉6 弥8	14	よしや
桜島《さくらじま》	桜10 丞6	16	おうすけ
英彦山《ひこさん》	英8 彦9	17	ひでひこ
屋久島《やくしま》	屋9 久3 馬10	22	やくま
阿蘇山《あそさん》	蘇19 太4 郎9	32	そたろう

近畿・四国（イメージのタネ）

歴史ある土地の奥深さを名前に。

イメージのタネ	名前	総画数	読み
四万十川《しまんとがわ》	四5 万3 十2	10	しまと
有馬温泉郷《ありまおんせんきょう》	有6 馬10	16	ありま
友禅染《ゆうぜんぞめ》	友4 禅13	17	ゆうぜん
祇園祭《ぎおんさい》	祇9 音9	18	ぎおん
鳴門海峡《なるとかいきょう》	鳴14 門8	22	なると
鞍馬寺《くらまでら》	鞍15 馬10	25	くらま
建仁寺《けんにんじ》	建9 仁4	13	けんじん
秋芳洞《あきよしどう》	秋9 芳7	16	あきよし
天香具山《あまのかぐやま》	香9 具8	17	よしとも
比叡山《ひえいざん》	比4 叡16	20	ひえい
瀬戸大橋《せとおおはし》	瀬19 斗4	23	せと
醍醐寺《だいごじ》	醍16 醐16	32	だいご

こんなヒントもある！ 旧国名

生まれた土地の旧国名をチェックしよう。

- 大阪 ▼ 和泉《いずみ》
- 奈良 ▼ 大和《やまと》
- 兵庫 ▼ 播磨《はりま》
- 和歌山 ▼ 紀伊《きい》
- 島根 ▼ 出雲《いずも》
- 岡山 ▼ 美作《みまさか》
- 広島 ▼ 安芸《あき》
- 愛媛 ▼ 伊予《いよ》
- 徳島 ▼ 阿波《あわ》
- 宮崎 ▼ 日向《ひゅうが》
- 鹿児島 ▼ 薩摩《さつま》
- 沖縄 ▼ 琉球《りゅうきゅう》

欧州

流行の発信地であり、長い歴史の中で多様な文化が生まれたヨーロッパ。世界遺産も多く、聖堂や寺院などヒントがいっぱい。神聖なイメージがあります。

欧州の名所

イメージのタネ

聖堂を中心に多数ある歴史的建造物から着想。

名所	名前（画数）	総画数	読み
サクレ・クール寺院	朔10	10	さく
サン・ピエトロ大聖堂	恵10 斗4	14	えと
シャルトル大聖堂	琉11 斗4	15	ると
ロレート	玲9 都11	20	れいと
ニューグレンジ	蓮13 治8	21	れんじ
パエストゥム	恵10 栖10 斗4	24	えすと
シレト	玲9 斗4	13	れと
エステルゴム大聖堂	輝15	15	てる
エクステルンシュタイネ	泰10 音9	19	たいね
アトス山	亜7 斗4 栖10	21	あとす
メスキータ	紀9 伊6 汰7	22	きいた
クレタ島	駆14 玲9 汰7	30	くれた

欧州をイメージする漢字

羅19 騎18 瑞13 葡12 馬10 典8 波8 希7 西6 白5 王4 丁2

露21 蘭19 雅13 愛13 鳥11 独9 欧8 英8 州6 伊6 氷5 仏4

名前（画数）	総画数	読み
希7 一1	8	きいち
白5 斗4	9	はくと
典8 之3	11	のりゆき
斗4 波8	12	となみ
西6 亜7	13	せいあ
丁2 夢13	15	あつむ
伊6 音9	15	いおん
英8 汰7	15	えいた
愛13 良7	20	あきら
羅19 都11	30	らと

アフリカ

野生動物、砂漠やサバンナなど、アフリカの象徴である大自然は神秘性とダイナミックさを感じさせます。多数の民族が暮らし独特の文化を築くなど興味は尽きません。

アフリカの名所

イメージのタネ

世界最大の砂漠などをヒントに。

名所	名前（画数）	総画数	読み
アトラス山脈	亜7 斗4	11	あと
カラハリ砂漠	加5 良7 巴4	16	からは
ルウェンゾリ山地	琉11 宇6	17	るう
喜《き》望《ぼう》峰《ほう》	希7 望11	18	きみ
ナイル川	奈8 衣6 琉11	25	ないる
アクスム	亜7 駆14 栖10	31	あくす
トゥルカナ湖	達12	12	とおる
アルマディ岬	有6 馬10	16	あるま
キリマンジャロ山	稀12 吏6	18	きり
ナミブ砂漠	奈8 美9 斗4	21	なみと
シナイ山	詩13 奈8 衣6	27	しない
サハラ砂漠	沙7 葉12 羅19	38	さはら

アフリカをイメージする漢字

熱15 農13 源13 動11 原10 砂9 牧8 金8 地6 生5 水4 土3

樹16 駆14 資13 鉱13 野11 途10 紅9 阿8 河8 争6 広5 王4

名前（画数）	総画数	読み
広5 介4	9	こうすけ
広5 生5	10	ひろき
牧8 斗4	12	まきと
源13	13	げん
晃10 広5	15	あきひろ
樹16	16	いつき
雅13 水4	17	まさみ
水4 輝15	19	みずき
樹16 生5	21	みきお
駆14 琉11	25	かける

アジア

アジアには歴史ある遺跡や建造物が多くあり、緻密さ、色彩の豊かさなどの特色がみられます。旅行の思い出からイメージしてもよいでしょう。

アジアの名所

イメージのタネ

アンコール・ワットなど大規模な遺跡にちなんで。

- スコータイ遺跡 ▼ 公4太7 11 こうた
- ダンブッラ ▼ 弾12 12 だん
- カイラス山 ▼ 魁14 14 かい
- アンコール・ワット ▼ 琉11斗4 15 るると
- アンジャル ▼ 晏10治8 18 あんじ
- 龍門石窟群《りゅうもんせっくつぐん》 ▼ 龍16門8 24 かみと
- 聖アナニア教会 ▼ 丹4亜7 11 にあ
- マサダ要塞跡 ▼ 雅13 13 まさ
- アムリトサル ▼ 莉10斗4 14 りと
- ウマイヤド・モスク ▼ 舞15也3 18 まいや
- アナトリア ▼ 亜7奈8斗4 19 あなと
- リュキアの石窟墓 ▼ 流10貴12亜7 29 りゅきあ

アジアをイメージする漢字

鮮17 蒙13 富12 馬10 泰10 香9 叙9 沙7 印6 尼5 比4 土3

韓18 嘉14 新13 越12 華10 砂9 首9 阿8 亜7 台5 中4 日4

- 叙9一1 10 じょいち
- 比4日4斗4 12 ひびと
- 泰10斗4 14 やすと
- 貴12士3 15 たかのり
- 比4沙7斗4 15 ひさと
- 阿8伸7 15 ひさのぶ
- 首9成6 15 もとなり
- 鮮17 17 あきら
- 華10紀9 19 はるのり
- 香9一1朗10 20 こういちろう

米州

東海岸はニューヨークやワシントンなどの大都市、西海岸は都市と大自然が同居、南部では独自の習慣・文化が発達など、多種多様な魅力がある米州から着想。

米州の名所

イメージのタネ

アメリカ大陸の壮大な自然などを参考に。

- セントルイス大聖堂 ▼ 仙5斗4 9 せんと
- カリブ海 ▼ 莉10武8 18 りぶ
- コンセプシオン教会 ▼ 紫12苑8 20 しおん
- エル・タヒン ▼ 恵10琉11 21 える
- トウロ・シナゴーグ ▼ 十2露21 23 とうろ
- キラウエア火山 ▼ 貴12羅19 31 きら
- パレンケ ▼ 蓮13 13 れん
- レオン大聖堂 ▼ 玲9音9 18 れおん
- ナイアガラの滝 ▼ 那7衣6亜7 20 ないあ
- セドナ ▼ 瀬19士3 22 せど
- セントクレア湖 ▼ 駆14玲9亜7 30 くれあ
- スペリオル湖 ▼ 莉10緒14琉11 35 りおる

米州をイメージする漢字

踊14 新13 開12 統12 馬10 星9 拓8 条7 西6 自6 由5 大3

蹴19 聖13 渡12 衆12 球11 時10 映9 走7 伯7 州6 米6 加5

- 条7二2 9 じょうじ
- 州6斗4 10 しゅうと
- 統12 12 おさむ
- 拓8斗4 12 たくと
- 由5希7 12 ゆうき
- 星9太4 13 せいた
- 新13一1 14 しんいち
- 衆12介4 16 しゅうすけ
- 聖13史5 18 さとし
- 蹴19斗4 23 しゅうと

誠実

誠実をイメージする漢字

潤15 順12 敬12 真10 信9 良7 正5
優17 誠13 善12 恭10 純10 直8 礼5

- 純10 一1　11　じゅんいち
- 誠13　13　まこと
- 潤15　15　じゅん
- 恭10 弘5　15　やすひろ
- 誠13 也3　16　せいや
- 正5 道12　17　まさみち
- 良7 純10　17　よしずみ
- 信9 二2 郎9　20　しんじろう
- 直8 輝15　23　なおき
- 良7 太4　11　りょうた
- 礼5 治8　13　れいじ
- 真10 史5　15　まさし
- 敬12 介4　16　けいすけ
- 順12 平5　17　じゅんぺい
- 優17　17　まさる
- 礼5 瑠14　19　あやる
- 優17 斗4　21　ゆうと
- 善12 悠11　23　よしはる

幸福

幸福をイメージする漢字

嘉14 福13 裕12 祥10 悦10 幸8 吉6
慶15 瑞13 温12 喜12 倖10 栄9 寿7

- 寿7　7　ひさし
- 吉6 兆6　12　きっちょう
- 祥10 太4　14　しょうた
- 福13 士3　16　ふくし
- 寿7 一1 郎9　17　じゅいちろう
- 裕12 志7　19　ゆうし
- 俊9 喜12　21　としき
- 慶15 馬10　25　けいま
- 慶15 太4 朗10　29　けいたろう
- 久3 幸8　11　ひさゆき
- 悦10 斗4　14　えつと
- 倖10 央5　15　ゆきお
- 栄9 治8　17　えいじ
- 福13 弘5　18　ふくひろ
- 幸8 太4 郎9　21　こうたろう
- 温12 音9　21　はると
- 瑞13 輝15　28　みずき
- 嘉14 樹16　30　よしき

剛直

剛直をイメージする漢字

豪14 勝12 隆11 将10 勇9 武8 力2
騎18 鉄13 猛11 強11 剛10 岳8 壮6

- 力2 也3　5　りきや
- 岳8 斗4　12　がくと
- 勇9 斗4　13　ゆうと
- 小3 鉄13　16　こてつ
- 隆11 生5　16　りゅうせい
- 隆11 行6　17　たかゆき
- 一1 騎18　19　かずき
- 勝12 彦9　21　かつひこ
- 豪14 太4 朗10　28　ごうたろう
- 武8　8　たけし
- 将10 大3　13　まさひろ
- 壮6 亮9　15　そうすけ
- 勇9 希7　16　ゆうき
- 猛11 成6　17　たかなり
- 強11 志7　18　つよし
- 将10 馬10　20　しょうま
- 憲16 剛10　26　けんごう
- 豪14 輝15　29　ごうき

健康

健康をイメージする漢字

健11 盛11 保9 実8 安6 心4 丈3
満12 康11 清11 活9 成6 生5 元4

- 丈3　3　じょう
- 元4 気6　10　げんき
- 満12　12　みつる
- 丈3 一1 郎9　13　じょういちろう
- 泰10 生5　15　たいせい
- 保9 孝7　16　やすたか
- 健11 丞6　17　けんすけ
- 成6 二2 郎9　17　せいじろう
- 清11 馬10　21　きよま
- 実8　8　みのる
- 健11　11　たける
- 心4 弥8　12　しんや
- 安6 武8　14　やすたけ
- 康11 生5　16　こうせい
- 良7 活9　16　よしかつ
- 康11 次6　17　こうじ
- 清11 彦9　20　きよひこ
- 盛11 都11　22　せいと

裕福をイメージする漢字

裕福

蔵15 徳14 福13 富12 隆11 栄9 実8
潤15 豪14 豊13 満12 裕12 盛11 宝8

名前（画数）	総画	読み
栄9 一1	10	えいいち
豊13	13	ゆたか
裕12 也3	15	ゆうや
隆11 正5	16	りゅうせい
実8 智12	20	さねとも
泰10 盛11	21	たいせい
栄9 雅13	22	えいが
富12 恭10	22	とみやす
徳14 馬10	24	とくま
宝8 史5	13	たかし
満12 久3	15	みつひさ
隆11 央5	16	たかお
福13 央5	18	さちお
成6 豪14	20	せいごう
富12 哉9	21	ふうや
潤15 吾7	22	じゅんご
蔵15 之3 介4	22	くらのすけ
福13 太4 郎9	26	ふくたろう

出世をイメージする漢字

出世

登12 務11 修10 英8 秀7 成6 功5
継13 達12 進11 高10 昇8 任6 世5

名前（画数）	総画	読み
一1 世5	6	いっせい
功5 世5	10	こうせい
務11	11	つとむ
英8 斗4	12	えいと
昇8 平5	13	しょうへい
修10 斗4	14	しゅうと
高10 成6	16	たかなり
友4 継13	17	ともつぐ
登12 真10	22	とうま
任6	6	じん
進11	11	すすむ
秀7 斗4	11	ひでと
登12	12	のぼる
成6 杜7	13	せいと
俊9 世5	14	としつぐ
高10 志7	17	たかし
進11 一1 郎9	21	しんいちろう
達12 基11	23	たつき

国際的をイメージする漢字

国際的

開12 陸11 洋9 英8 周8 州6 大3
新13 渡12 航10 海9 拓8 欧8 世5

名前（画数）	総画	読み
洋9	9	よう
広5 世5	10	ひろつぐ
大3 海9	12	ひろみ
英8 世5	13	ひでよ
英8 治8	16	えいじ
拓8 海9	17	たくみ
真10 周8	18	ましゅう
建9 渡12	21	けんと
航10 太4 郎9	23	こうたろう
州6 斗4	10	しゅうと
拓8 斗4	12	たくと
渡12	12	わたる
陸11 斗4	15	りくと
欧8 哉9	17	おうや
周8 馬10	18	しゅうま
洋9 二2 郎9	20	ようじろう
開12 都11	23	かいと
偉12 新13	25	いしん

リーダーをイメージする漢字

リーダー

範15 揮12 統12 宰10 信9 主5 大3
頼16 総14 尊12 望11 将10 要9 司5

名前（画数）	総画	読み
大3	3	だい
要9	9	かなめ
将10 一1	11	まさかず
主5 宏7	12	かずひろ
将10 太4	14	しょうた
司5 馬10	15	かずま
揮12 生5	17	てるき
総14 司5	19	そうし
文4 範15	19	ふみのり
司5	5	つかさ
望11	11	のぞむ
統12	12	おさむ
揮12 一1	13	きいち
信9 平5	14	しんどう
宰10 史5	15	ただし
統12 司5	17	とうじ
尊12 志7	19	たかし
頼16 臣7	23	よりおみ

Column1

きょうだいと名前でつながる

きょうだいで名前のつながりがあると一体感がうまれます。
発想をひろげて、様々なイメージや言葉の意味でつなげてみましょう。

季節や自然のイメージでつなげる

名前	画数	総画	読み
海斗	海9 斗4	13	かいと
航	航10	10	わたる
光治	光6 治7	13	こうじ
陽子	陽12 子3	15	ようこ
春彦	春9 彦9	18	はるひこ
桜介	桜10 介4	14	おうすけ
秋人	秋9 人2	11	あきひと
美月	美9 月4	13	みつき
銀河	銀14 河8	22	ぎんが
星也	星9 也3	12	せいや
岳登	岳8 登12	20	がくと
渓登	渓11 登12	23	けいと
幹	幹13	13	みき
芽衣	芽8 衣6	14	めい
大地	大3 地6	9	だいち
陸斗	陸11 斗4	15	りくと
昌帆	昌8 帆6	14	まさほ
七海	七2 海9	11	ななみ
快晴	快7 晴12	19	かいせい
小晴	小3 晴12	15	こはる
冬弥	冬5 弥8	13	とうや
雪子	雪11 子3	14	ゆきこ
湊	湊12	12	みなと
渚	渚11	11	なぎさ

漢字や言葉の意味でつなげる

名前	画数	総画	読み
音也	音9 也3	12	おとや
奏太	奏9 太4	13	そうた
蒼太	蒼13 太4	17	そうた
紅太	紅9 太4	13	こうた
輝	輝15	15	てる
晟	晟10	10	あきら
誠也	誠13 也3	16	せいや
真美	真10 美9	19	まみ
響平	響20 平5	25	きょうへい
弦太	弦8 太4	12	げんた
昇	昇8	8	のぼる
高志	高10 志7	17	たかし
駆	駆14	14	かける
駿	駿17	17	はやお
和樹	和8 樹16	24	かずき
京介	京8 介4	12	きょうすけ
文斗	文4 斗4	8	ふみと
詩子	詩13 子3	16	うたこ

名前をきょうだいでつなげる際の注意点

名前の一字目はそろえない

きょうだいの名前の一字目の漢字や音をそろえてしまうと、愛称が同じになってしまうので、子どもを呼んだときに混乱してしまいます。例えば、長男に「京一」、二男に「京次」としてしまうと、「キョウちゃん」と声をかけた時にふたりとも振り向いてしまうでしょう。

漢数字や順序を表す漢字の使い方

きょうだいで漢数字や順序を表す漢字を使用する時は、生まれた順序と漢字を合わせたほうがよいでしょう。例えば、長男に「誠二」、二男に「真一」のように生まれた順番と漢字の意味が逆転してしまうと、周りの人から不自然な印象をもたれることも。

こだわりの

漢字から選ぶ名前

漢字の意味や字形を
うまく活かして、
とっておきの名前を考えましょう。

納得の1字はコレ

こだわり漢字の見つけ方

赤ちゃんの名前につける漢字。意味や音、字画などさまざまな角度からアプローチして、一生愛着の持てる文字を選びましょう。

色々な角度から 漢字を見てみよう

漢字は一目見ると、そこに込められた意味が分かる〝表意文字〟。その特徴をよく理解し、ふさわしい文字を選びたいものです。漢字の意味は漢和辞典や本書のような参考書を使って、漢字の意味が赤ちゃんに託したい気持ちに合っているか確認をしてください。

また、漢字には「明るい」とか「強い」など字形がかもし出す雰囲気、イメージもあります。名前に使う漢字の字形と名字の漢字の字形のバランスも重要なので、紙に書いて全体のバランスを確認しましょう。

読み方にも、中国由来の読み方である「音読み」と、漢字を日本語にした読み方「訓読み」があり、音読みは比較的硬い印象に、訓読みは柔らかな印象になります。さらに「弘」を「ひろし」と読むなど名前だけに特別に使える「名乗り」という読み方もあります。その他、運のいい画数から選んだり、文字数で決める方法もあります。

P180へ

名づけに向いている漢字をチェックしよう

まずは思い入れのある漢字や、人気の漢字など名前に使いたい漢字をどんどんリストアップしていきましょう。どんな漢字が名づけに使えるか分からない場合は「漢字から選ぶ名前リスト(→P179)」で確認を。名づけに使用できるおすすめ漢字を紹介しています。名前のメインとなる一字を決めると、その漢字を使って応用できるので、たくさんのアイデアが生まれるでしょう。

漢字を特徴を活かして応用するなら

漢字を様々な角度からチェック

漢字の特徴を理解しよう

漢字の意味をチェック

名前に託す思いにふさわしい意味を持つ漢字を探しましょう。個性的な名前を考えるあまり、意味のよくない漢字を使わないように。

読み方をチェック

漢字の読み方には訓読み、音読み、名のりという3種類があります。読みにくい名前より、分かりやすく、印象のよい名前がよいでしょう。

字形をチェック

漢字は、視覚的な印象も重要なポイントです。画数や漢字を構成している直線や曲線のバランスによって、見た目の印象が変わってきます。

止め字→P174へ

文字数→P175へ

名前の印象→P176、177へ

漢字の選び方→P178へ

をヒントにしよう！

名づけの強い味方

漢和辞典の上手な見方

漢字の意味
意味だけでなく、漢字の成りたちや由来が記されています。

用例
漢字の具体的な使い方を知ることができます。

名乗り
音訓読み以外の名前特有の読。

字解
漢字の解釈、解説。イメージをとらえるのに役立ちます。

8
【弦】 弓 5
㊖
ゲン
つる

意味 ①つる。弓のつる。②弓張りの月。弓なりの月。③楽器の糸。弦楽器。

字解 形声。音を表す「玄」は両端が引っ張られた糸の象形。弓＋玄でゆみづるの意味を表す。

用例 【弦歌】ゲンカ　弦楽器にあわせて歌うこと。また、弦楽器を奏する音楽と歌声。
【弦月】弓張り月。上弦・下弦の月。

名乗り いと・お・げん・つる・ふさ

総画数
1つの漢字を形作る線や点の総数。辞典によって画数の数え方が違うこともあるので気をつけましょう。

部首内画数
部首（左）と、部首の画数を除いた画数（右）。部首の所属も辞典によって異なる場合があります。

漢字の種別
㊅は「人名用漢字」を示します。「常用漢字」は㊖などと示されています。

音訓読み
カタカナ表記は音読み、ひらがなで表記されているのは訓読みです。

3つのさくいんを上手に利用しましょう

総画さくいん
部首や読み方が分からないときなどは、漢字総画から引けるので便利。

部首さくいん
調べたい漢字の部首がわかれば、部首から引き、その後、総画数から部首数を除いた数字で引きます。

音訓さくいん
音読みでも訓読みでも調べたい漢字の読み方が分かれば、ここから引けます。

漢和辞典で新しい発見と確認を

人名に使える漢字は「常用漢字」と「人名用漢字」の2種類があります。どんな漢字を使うか決まっていない人は、漢和辞典をめくればステキな漢字に出会うこともあるでしょう。辞典は、2004年に加わった「新人名漢字」に対応しているものを使用しましょう。

また出生届は一度提出すると修正は難しいので、うろ覚えで、間違えた漢字（→P252）などを登録したりしないためにも、漢和辞典で確認しましょう。

個性が光る

漢字を活かしたこだわりネーム

止め字や文字数にこだわったり、印象を大切にするなど、漢字の多面性を活かすことでイメージに合った名づけができます。

止め字にこだわる

止め字とは「隆太」の「太」や、「雅也」の「也」など結びの1字のこと。なかなか名づけが進まない場合には結びから考える手も。

名前の一番下につける「太」や「郎」、「男」などの漢字を「止め字」と言います。兄弟関係に使われる「一」「二」なども止め字。パパの名前の止め字を男の子につける例もあるので、ベーシックなテクニックと言えます。

「お」「き」「と」など好きな音に合わせた止め字にする漢字を選んでもよいでしょう。止め字は、名前の印象を左右するので、よく考えて一字選びたいものです。

止め字に適した漢字

読み	漢字（画数）
あき	明8 昌8 秋9 昭9 晃10 章11 晶12 彰14
えい	永5 英8 栄9 映9 瑛12 詠12 衛16 叡16
お	夫4 央5 生5 男7 郎9 朗10
き	生5 希7 来7 季8 紀9 記10 規11 揮12 喜12 貴12 輝15 樹16 機16 騎18
せい	世5 生5 正5 成6 晟10 清11 晴12 聖13 誠14
と	人2 士3 斗4 十2 杜7 門8 音9 徒10 都11 登12 渡12
はる	治8 春9 悠11 晴12 陽12 温12 遥12 暖13
ひろ	大3 央5 広5 弘5 宏7 宙8 洋9 浩10 紘10 博12 尋12
ま	真10 馬10 磨16
まさ	大3 正5 昌8 政9 真10 将10 勝12 雅13
よし	由5 好6 吉6 良7 快7 善12 義13 嘉14

文字数にこだわる

漢字２文字の名前が多いですが、すっきりした印象の漢字１文字や、落ち着いた印象を受ける３文字名も個性がでます。

文字数で変わる名前の印象

名前の文字数は、まず名字の文字とのバランスを考えて決めましょう。たとえば1字姓に1文字名を合わせると詰まった感じになりがち。1字姓には2文字、または、3文字が合います。逆に3字姓では、1文字名では頭でっかちな印象となり、3文字名では全体的が長すぎるので、2文字名がぴったりします。

また文字数により印象も変わります。1文字名は読ませ方に幅があるため、音読みにするとシャープに、訓読みにすると柔らかなイメージにもなります。3文字名は組みあわせ次第で和風にも洋風にもなるのが魅力です。

1文字名も3文字名も自由な発想で名づけが楽しめそうですが、凝りすぎて読みづらくならないように注意しましょう。

一文字名

旭	6	6	あきら／あさひ
嵐	12	12	あらし／らん
庵	11	11	いおり
勇	9	9	いさみ／いさむ
樹	16	16	いつき／たつき
海	9	9	うみ／かい
駆	14	14	かける
奏	9	9	かなで／そう
絆	11	11	きずな／ばん
響	20	20	きょう／ひびき
慧	15	15	けい／さとる
健	11	11	けん／たけし
舷	11	11	げん
悟	10	10	さとる
惺	12	12	さとる／せい
俊	9	9	しゅん／すぐる
隼	10	10	しゅん／はやと
匠	6	6	しょう／たくみ
昇	8	8	しょう／のぼる
潤	15	15	じゅん／みつる
晋	10	10	しん／すすむ
颯	14	14	そう／はやて
琢	11	11	たく
佑	7	7	たすく／ゆう
司	5	5	つかさ
哲	10	10	てつ／あきら
望	11	11	のぞみ／のぞむ
光	6	6	ひかり／ひかる
宏	7	7	ひろし／こう
真	10	10	まこと／しん
誠	13	13	まこと／せい
優	17	17	まさる／ゆう
学	8	8	まなぶ／がく
幹	13	13	みき／かん
稔	13	13	みのる
悠	11	11	ゆう／はるか
龍	16	16	りゅう／たつ
遼	15	15	りょう／はるか
怜	8	8	れい／さとし
蓮	13	13	れん

三文字名

秋比呂	9・4・7	20	あきひろ
吾久里	7・3・7	17	あぐり
伊佐男	6・7・7	20	いさお
唯久海	11・3・9	23	いくみ
伊歩樹	6・8・16	30	いぶき
宇未音	6・5・9	20	うみね
瑛二郎	12・2・9	23	えいじろう
於佐武	8・7・8	23	おさむ
雅久人	13・3・2	18	がくと
和徒士	8・10・3	21	かずとし
清之心	11・3・4	18	きよのしん
久仁彦	3・4・9	16	くにひこ
恵太郎	10・4・9	23	けいたろう
健太朗	11・4・10	25	けんたろう
浩一郎	10・1・9	20	こういちろう
幸太朗	8・4・10	22	こうたろう
虎太郎	8・4・9	21	こたろう
春太郎	9・4・9	22	しゅんたろう
真之介	10・3・4	17	しんのすけ
誠一郎	13・1・9	23	せいいちろう
太佳男	4・8・7	19	たかお
斗宇真	4・6・10	20	とうま
登志春	12・7・9	28	としはる
富士也	12・3・3	18	としや
南央樹	9・5・16	30	なおき
葉留人	12・10・2	24	はると
日出彦	4・5・9	18	ひでひこ
日登志	4・12・7	23	ひとし
日向太	4・6・4	14	ひなた
日比輝	4・4・15	23	ひびき
真佐也	10・7・3	20	まさや
真由人	10・5・2	17	まゆと
也寸志	3・3・7	13	やすし
安太郎	6・4・9	19	やすたろう
裕治郎	12・8・9	29	ゆうじろう
世志輝	5・7・15	27	よしき
隆一朗	11・1・10	22	りゅういちろう
琉之介	11・3・4	18	りゅうのすけ
凛太朗	15・4・10	29	りんたろう
蓮太郎	13・4・9	26	れんたろう

漢字から選ぶ

名前の印象にこだわる

漢字の特徴をうまく使って、印象に残る名前を考えてみましょう。ただし、こりすぎて読みにくくならないように気をつけましょう。

個性の出る漢字の使い方

万葉がなを使うのは、万葉集に使われた日本古来のもので、漢字の持つ意味とは関係なく、読み方を借りて漢字を当てる方法です。一つの音に対して一つの漢字をあてるので、響きを重視しながらも、好みの漢字を選ぶことができ、名前のバリエーションが増えます。たとえば「ひなた」なら「日向太」「陽南太」と書けますが、読みにくい組み合わせにならないよう気をつけましょう。

つけたい名前も漢字もあるけど、どうしても希望の字画に合わない、というような場合は、「旧字」を使う方法があります。現在主に使われている新字体に対して、古くから用いられてきた文字ですが、パソコンなどで文字を変換しにくい文字もあるので注意しましょう（↓Ｐ１７８）。

万葉がなを使ってみる

名前	各字の画数	総画	読み
吾喜人	7・12・2	21	あきと
亜希良	7・7・7	21	あきら
明日雅	8・4・13	25	あすか
安武呂	6・8・7	21	あむろ
亜由斗	7・5・4	16	あゆと
伊緒	6・14	20	いお
偉久馬	12・3・10	25	いくま
惟夫輝	11・4・15	30	いぶき
央人	5・2	7	おと
佳唯	8・11	19	かい
歌津雄	14・9・12	35	かずお
夏南斗	10・9・4	23	かなと
慶大郎	15・3・9	27	けいたろう
鼓有	13・6	19	こう
紗久也	10・3・3	16	さくや
左武郎	5・8・9	22	さぶろう
三四郎	3・5・9	17	さんしろう
志夏斗	7・10・4	21	しげと
仁ノ介	4・1・4	9	じんのすけ
世衣也	5・6・3	14	せいや
空良	8・7	15	そら
太一	4・1	5	たいち
多歌志	6・14・7	27	たかし
太玖真	4・7・10	21	たくま
千加良	3・5・7	15	ちから
照比古	13・4・5	22	てるひこ
斗有磨	4・6・16	26	とうま
十己哉	2・3・9	14	ときや
渡夢	12・13	25	とむ
七生	2・5	7	なお
南央也	9・5・3	17	なおや
波流斗	8・10・4	22	はると
飛雄馬	9・12・10	31	ひゅうま
舞希也	15・7・3	25	まきや
真沙十	10・7・2	19	まさと
海之琉	9・3・11	23	みのる
力起斗	2・10・4	16	りきと
璃久	15・3	18	りく
流羽矢	10・6・5	21	りゅうや
伶於成	7・8・6	21	れおな

旧字を使ってみる

名前	各字の画数	総画	読み
亞央斗	8・5・4	17	あおと
亞門	8・8	16	あもん
逸高	12・10	22	いっこう
榮人	14・2	16	えいと
應介	17・4	21	おうすけ
樂斗	15・4	19	がくと
駈	15	15	かける
和步	8・7	15	かずほ
和眞	8・10	18	かずま
寬悟	14・9	23	かんご
響平	22・5	27	きょうへい
京壽	8・14	22	けいじゅ
惠音	12・9	21	けいん
劍心	15・4	19	けんしん
晄陽	10・12	22	こうよう
壯太	7・4	11	そうた
琢馬	11・10	21	たくま
拓實	8・14	22	たくみ
燈真	16・10	26	とうま
德馬	15・10	25	とくま
遙人	14・2	16	はると
廣	15	15	ひろし
冨見男	11・7・7	25	ふみお
文藝	4・18	22	ふみき
眞希	10・7	17	まき
槙斗	14・4	18	まきと
萬作	12・7	19	まんさく
實斗	14・4	18	みと
未來	5・8	13	みらい
有萬	6・12	18	ゆうま
祐眞	9・10	19	ゆうま
祐也	9・3	12	ゆうや
賴太	16・4	20	らいた
來哉	8・9	17	らいや
龍大	16・3	19	りゅうだい
凉太	10・4	14	りょうた
龍馬	16・10	26	りょうま
凜太朗	15・4・10	29	りんたろう
禮人	18・2	20	れいと
練児	15・7	22	れんじ

世界でアピールできる名前に

近年の外国風の名前をつける人も増えています。最も多い名づけの方法は、「Ken」を「健」、「Mark」を「真亜久」など英語の名前をそのまま活かして漢字を当てるもの。

その他、「空」を「スカイ」など、漢字とイメージがあう外国語の読み方を添えたり、「穣司」→「Joe」のように、外国風のニックネームにしやすい名前を選ぶことも。

ただ外国人風の名前がまれに海外では発音しにくいとか、性別が逆になることも。「賢一」のスペルを読むと「kenichi（ケニチ）」となったり、「圭人（けいと）」が「Kate」という女性名になったりという具合です。決める前に該当する言語に詳しい人に助言を求めるとよいでしょう。

外国語風に

▼吾久斗 7 3 4 14 あくと act《アクト》（行動）
▼英主 8 5 13 えいす ace《エース》（名人）
▼央河 5 8 13 おうが August《オーガスト》（8月）
▼凱 12 12 がい guy《ガイ》（男の子）
▼海渡 9 12 21 かいと kite《カイト》（凧）
▼佳成 8 6 14 かなる canal《カナル》（運河）
▼浩二 10 2 12 こうじ cosy《コージー》（居心地のよい）
▼燦 17 17 さん sun《サン》（太陽）
▼秀徒 7 10 17 しゅうと shoot《シュート》（シュートする）
▼純 10 10 じゅん June《ジューン》（6月）
▼章 11 11 しょう shore《ショアー》（海岸）
▼颯 14 14 そう sow《ソウ》（種をまく）
▼泰雅 10 13 23 たいが tiger《タイガー》（虎）
▼大那 3 7 10 だいな dynamic《ダイナミック》（力強い）
▼輝 15 15 てる tell《テル》（話す）
▼透 10 10 とおる true《トゥルー》（真実）
▼絆多 11 6 17 はんた hunter《ハンター》（狩人）
▼大 3 3 ひろ hero《ヒーロー》（英雄）
▼雷太 13 4 17 らいた writer《ライター》（作家）
▼頼渡 16 12 28 らいと right《ライト》（正義）
▼礼人 5 2 7 らいと light《ライト》（明るい）
▼嵐 12 12 らん run《ラン》（走る）
▼理寿夢 11 7 13 31 りずむ rhythm《リズム》（リズム）
▼朗土 10 3 13 ろうど road《ロード》（道）

外国人の名前風に

▼快 7 7 かい Kai《カイ》
▼海瑠 9 14 23 かいる Kyle《カイル》
▼来莉朱 7 10 6 23 くりす Chris《クリス》
▼慧音 15 9 24 けいん Kain《ケイン》
▼健 11 11 けん Ken《ケン》
▼賢人 16 2 18 けんと Kent《ケント》
▼至音 6 9 15 しおん Sean《ショーン》
▼丈 3 3 じょう Joe《ジョー》
▼仁 4 4 じん Jean《ジーン》
▼瀬那 19 7 26 せな Senna《セナ》
▼叶夢 5 13 18 とむ Tom《トム》
▼真亜久 10 7 3 20 まあく Mark《マーク》
▼舞玖 15 7 22 まいく Mike《マイク》
▼真秀 10 7 17 ましゅう Matthew《マシュー》
▼真理夫 10 11 4 25 まりお Mario《マリオ》
▼勇仁 9 4 13 ゆうじん Eugene《ユージーン》
▼善吾 12 7 19 よしあ Joshua《ジョシュア》
▼理央 11 5 16 りお Rio《リオ》
▼莉音 10 9 19 りおん Leon《レオン》
▼立樹 5 16 21 りつき Rickey《リッキー》
▼瑠衣 14 6 20 るい Lewis《ルイス》/Louis《ルイ》
▼留久 10 3 13 るく Luke《ルーク》
▼礼央 5 5 10 れお Leo《レオ》
▼玲音 9 9 18 れのん Lennon《レノン》

漢字の選び方にこだわる

名づけに使える漢字はたくさんありますが、漢字の意味を考えるとふさわしくないものや使うとき不便なものは極力省きたいものです。

名づけには使いづらい漢字

名づけに使える漢字は、2013年9月現在で常用漢字と人名用漢字を合わせて2997字で、使用できる字形も決まっています。常用漢字は日常生活で使用する文字なので、名前には適切ではないものもあります。たとえば「死」「喪」など不吉なイメージのもの、「殺」「拷」など殺傷や犯罪を連想させるもの、「陰」「恨」などマイナス心理を感じさせるものなどは避けたほうがよいでしょう。

また、さまざまな公の書類がデータ化されているように、昨今は日常生活でもパソコンやメールを頻繁に使用します。名前にパソコンや携帯電話などで変換しにくい漢字が入っていると、不便さが生じることも覚えておきましょう。

パソコンで表示されにくい漢字

彌17	廣15	遙14	壽14	楢13	卿12	逢11	祢9	來8	牙4
禮18	撰15	漣14	實14	椰13	堯12	埜11	倶10	迦9	兎7
繫19	凜15	熙15	蔣14	祿13	惠12	徠11	晄10	恢9	芦7
瀧19	曉16	駈15	遜14	榮14	視12	羚11	凉10	俠9	兒8
耀20	擢17	劍15	蓬14	榊14	愼13	葛12	敍11	巷9	迪8

使用を避けたい漢字

滅	貧	豚	恥	殉	死	災	苦	飢	悪
妄	仏	犯	痴	魔	邪	罪	嫌	鬼	暗
厄	乏	卑	弔	堕	終	殺	孤	虐	怪
幽	亡	悲	怒	惰	臭	惨	拷	狂	奇
老	忘	病	盗	怠	渋	残	骨	菌	忌

実は悪い意味も含まれている漢字

漢字にはよく調べてみると悪い意味が含まれたものもあります。漢字にこだわるのであればしっかりと辞書で調べましょう。

創 「始める」「作り出す」などの意味の他に、「刀」を由来とすることから「傷」「傷つける」の意味もある。

汰 止め字として人気の漢字だが、「濁る」や「おごる」などのマイナスイメージの意味を含む。

欧 ヨーロッパの略語として広く知られているが、「吐く」や「叩く」などの意味も持つ。

孔 孔子の略称として使われることが多いが、「すきま」や「むなしい」などの意味がある。

亜 「あ」の一音を表す漢字として人気だが、「みにくい」という意味を含んでいる。

漢字の特徴を知ろう

漢字から選ぶ名前リスト

男の子の名づけによく使われる漢字を、最高吉数を導くのにも役立つよう画数順に並べました。読み方や意味も漢字選びの参考にしてください。

漢字から選ぶ名前リスト→P180

名前によく使われる漢字を挙げ、読み、意味、その漢字を使った名前例をまとめました。字形やイメージ、意味などを確認し、気に入った漢字を見つけてから、響きを決めるのもよいでしょう。他の漢字と組み合わせるときは、最高吉数になる画数かも留意してみてください。

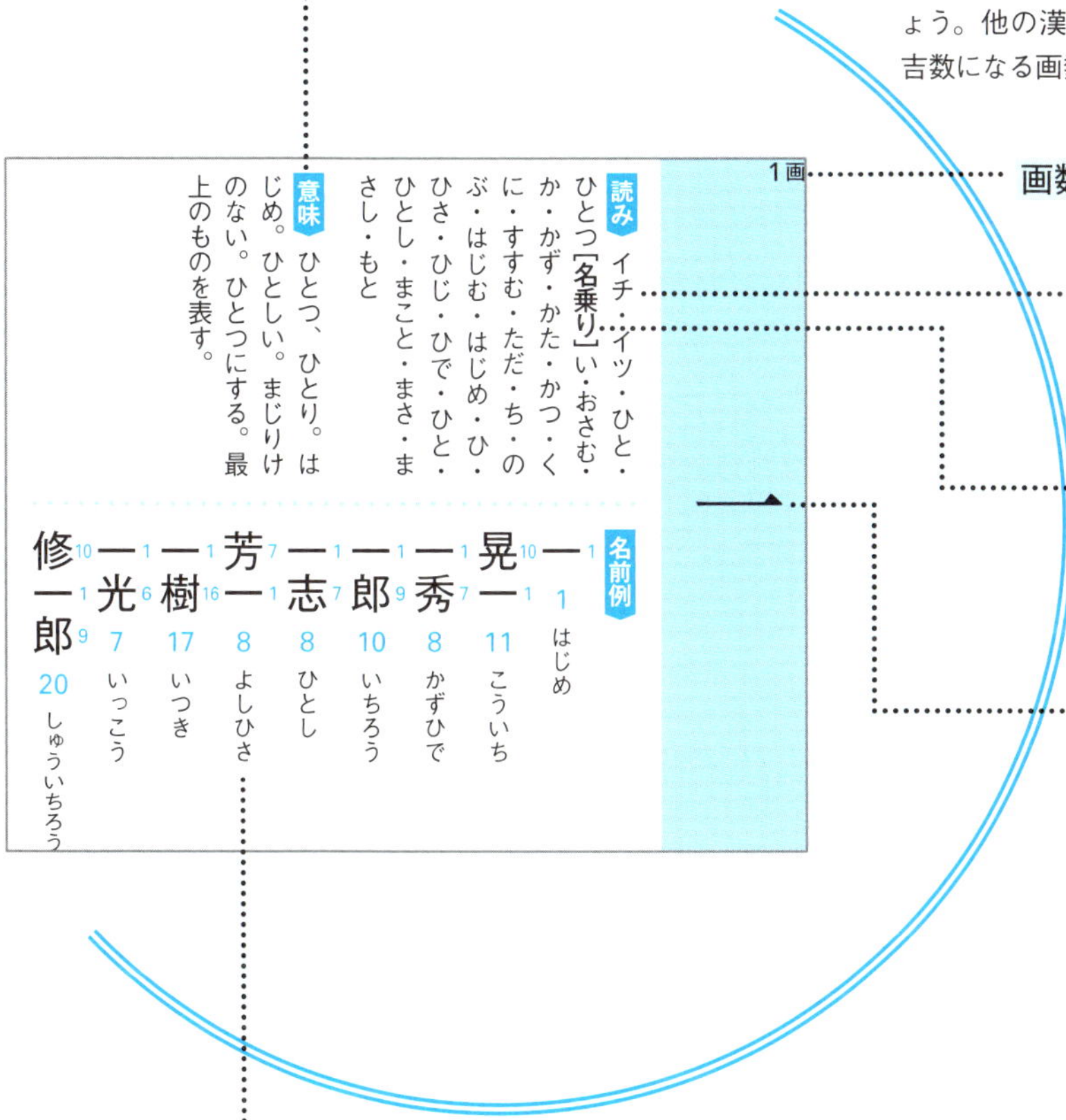

画数

読み
音読みはカタカナ、訓読みはひらがなで表記しています。

［名乗り］
通常の音読み・訓読み以外の、人名だけに使われる特別な読み方です。

漢字
近年では、パソコンや携帯電話などを使って名前を入力することも多いので、変換しやすいか、正確に表示されるかなども確認しましょう。

意味
漢字の主な意味やイメージです。

名前例
その字を取り入れた名前を参考例として紹介しています。

⚠ 漢字リストについての注意事項

- ［名乗り］は規定されているものではありません。辞書ごと異なりますので、複数冊にあたって調べましょう。
- 意味 では、基本的にプラスの意味合いを紹介していますが、漢字によっては他に否定的な意味合いをもつ場合もあります。決定前には辞書などで一字ずつ、再度調べるようにしてください。
- 本書に掲載されている漢字の画数は、原則、『新漢語林』（大修館書店）に準拠しています。

一 1画

読み イチ・イツ・ひと・ひとつ**[名乗り]**い・おさむ・か・かず・かた・かつ・くに・すすむ・ただ・ち・のぶ・はじむ・はじめ・ひ・ひさ・ひじ・ひで・ひと・ひとし・まこと・まさ・まさし・もと

意味 ひとつ、ひとり。はじめ。ひとしい。まじりけのない。ひとつにする。最上のものを表す。

名前例
- 一1　1　はじめ
- 晃10一1　11　こういち
- 一1秀7　8　かずひで
- 一1郎9　10　いちろう
- 一1志7　8　ひとし
- 芳7一1　8　よしひさ
- 一1樹16　17　いつき
- 一1光6　7　いっこう
- 修10一1郎9　20　しゅういちろう

乙 1画

読み オツ・イツ**[名乗り]**お・おと・き・くに・たか・つぎ・と・とどむ

意味 粋でしゃれている。かわいらしい。まれである。「一」に通じて、たったひとつの意味がある。

名前例
- 乙1彦9　10　おつひこ
- 孝7乙1　8　たかお
- 乙1弥8　9　おとや
- 乙1斗4　5　たかと

九 2画

読み キュウ・ク・ここの**[名乗り]**かず・ただ・ちか・ちかし・ひさ

意味 ここのつ。多数。何度も。集める。数の多いことや長く続くことから縁起がよい字とされる。

名前例
- 博12九2　14　ひろかず
- 九2信9　11　ちかのぶ
- 九2史5　7　ひさし
- 勘11九2郎9　22　かんくろう

七 2画

読み シチ・なな・なの**[名乗り]**かず・な

意味 ななつ。何度も。「七福神」のように七でまとまるものを表すことが多く、縁起がよい字とされる。

名前例
- 七2生5　7　ななお
- 七2雄12　14　かずお
- 七2海9　11　ななみ
- 七2緒14斗4　25　なおと

十 2画

読み ジュウ・ジッ・とお・と**[名乗り]**かず・しげ・そ・ただ・とみ・ひさし・みつ・みつる

意味 10。数が多く満ち足りていることを表し、すべてが完全であることを表す。

名前例
- 正5十2　7　まさかず
- 繁16十2　18　しげと
- 十2哉9　11　とおや
- 晴12十2　14　はるみつ

人 2画

読み ジン・ニン・ひと**[名乗り]**きよ・さね・たみ・と・ひこ・ひとし・ふと・むと・め

意味 大人。立派な人。人柄、人格。多くの人。家来。ひとりひとりの意味。

名前例
- 暁12人2　14　あきひと
- 麻11人2　13　あさと
- 将10人2　12　まさきよ
- 和8人2　10　かずひこ

乃 2画

読み ダイ・ナイ・の**[名乗り]**いまし・おさむ

意味 すなわち。なんじ。その、この。むかし。まことに、これこその意味。接続や語調を整える。

名前例
- 乃2　2　おさむ
- 雄12乃2　14　ゆうだい
- 乃2人2　4　ないと
- 竜10乃2介4　16　りゅうのすけ

丁 2画

読み チョウ・テイ**[名乗り]**あたる・あつ・つよし・のり

意味 ひのと。五行では火にあたり、方角では南にあたる。つよい、さかんの意味もある。

名前例
- 丁2　2　あたる
- 丁2都11　13　あつと
- 丁2児7　9　ちょうじ
- 丁2太4　6　あつた

刀 2画

読み トウ・ト・かたな**[名乗り]**はかし

意味 かたな。小舟。伝統的な武器を意味することから、力強く鋭いイメージがある。

名前例
- 刀2真10　12　とうま
- 刀2太4　6　とうた
- 武8刀2　10　たけと
- 研9刀2　11　けんと

二 2画

読み ニ・ジ・ふた**[名乗り]**かず・さ・すすむ・つぎ・つぐ・ふ・ぶ

意味 ふたつ。ふたたび。倍にする。ならび。匹敵する。第2の意味から次男に使われることが多い。

名前例
- 信9二2　11　しんじ
- 拓8二2　10　たくじ
- 智12二2　14　ともつぐ
- 守6二2　8　もりつぐ

八 2画

読み ハチ・や・やつ・よう**[名乗り]**かず・わ・わかつ

意味 やっつ・8回。8でまとまるものを表すことが多い。末広がりの字形から縁起がよいとされる。

名前例
- 達12八2　14　たつや
- 八2寿7　9　かずとし
- 佑7八2　9　ゆうや
- 八2幸8　10　ようこう

了 2画

読み リョウ【名乗り】あき・あきら・さとる・すみ・のり

意味 終わる。ついに。まったく。あきらか。さとる。よくわかる、の意味。

名前例
- 了(2) 2 りょう
- 晃(10)了(2) 12 あきら
- 隆(11)了(2) 13 たかのり
- 了(2)太(4)郎(9) 15 りょうたろう

力 2画

読み リョク・リキ・ちから【名乗り】いさお・いさむ・お・か・ちか・つとむ・よし

意味 力。働き。腕まえ、能力。ほねおり、功労。力をこめてつとめる。

名前例
- 力(2) 2 ちから
- 力(2)也(3) 5 りきや
- 力(2)矛(5) 7 いさむ
- 雅(13)力(2) 15 まさよし

丸 3画

読み ガン・まる【名乗り】まろ

意味 丸い。球形。小さくて丸い。円の意味。「丸一年」のように全体、完全をいう。

名前例
- 丸(3)夫(4) 7 まるお
- 秀(7)丸(3) 10 ひでまる
- 綾(14)丸(3) 17 あやまろ
- 喜(12)与(3)丸(3) 18 きよまろ

久 3画

読み キュウ・ク・ひさしい【名乗り】つね・なが・ひこ・ひさ

意味 とどめる。長い間。いつまでも。時間的、空間的に広がりを感じさせる。

名前例
- 久(3)司(5) 8 ひさし
- 輝(15)久(3) 18 てるひさ
- 則(9)久(3) 12 のりつね
- 恒(9)久(3) 12 つねひこ

弓 3画

読み キュウ・ゆみ【名乗り】ゆ・ゆげ

意味 ゆみ。弓術。弓なりに曲がった形。力強く、しなやかで勢いのある印象。

名前例
- 真(10)弓(3) 13 まゆみ
- 弓(3)遥(12) 15 ゆみはる
- 弓(3)弦(8) 11 ゆづる
- 弓(3)吾(7) 10 きゅうご

己 3画

読み コ・キ・おのれ【名乗り】おと・な

意味 自分自身。おさめる。自分の内面を強く意識している印象を与える。

名前例
- 和(8)己(3) 11 かずき
- 雄(12)己(3) 15 ゆうき
- 直(8)己(3) 11 なおと
- 真(10)己(3)人(2) 15 まこと

工 3画

読み コウ・ク【名乗り】たくみ・ただ・つとむ・のり・よし

意味 細工や工作の技術がすぐれていること、また、すぐれている人。

名前例
- 工(3)汰(7) 10 こうた
- 善(12)工(3) 15 ぜんこう
- 工(3)巳(3) 6 たくみ
- 柾(9)工(3) 12 まさのり

三 3画

読み サン・み・みつ【名乗り】かず・こ・さ・ざ・さぶ・さむ・そ・そう・ぞう・ただ・なお・みる

意味 3度、3番目。転じて数が多いことを表す。たびたびの意味。

名前例
- 賢(16)三(3) 19 けんぞう
- 和(8)三(3) 11 かずさ
- 三(3)四(5)朗(10) 18 さんしろう
- 三(3)喜(12)雄(12) 27 みきお

士 3画

読み シ・ジ【名乗り】あき・あきら・お・おさむ・こと・さち・ただ・つかさ・と・のり・ひと・まもる

意味 おとこ、さむらい。知識や技術を身につけた立派な人物。

名前例
- 聖(13)士(3) 16 きよし
- 功(5)士(3) 8 いさお
- 衛(16)士(3) 19 えいじ
- 耕(10)士(3)朗(10) 23 こうしろう

之 3画

読み シ・これ・この【名乗り】いたる・つな・の・のぶ・ひさ・ひで・ゆき・よし・より

意味 もともとは足を一歩踏み出すことを示す字で、行く、いたる、の意味。

名前例
- 敦(12)之(3) 15 あつし
- 敬(12)之(3) 15 たかゆき
- 之(3)博(12) 15 のぶひろ
- 信(9)之(3)輔(14) 26 しんのすけ

巳 3画

読み シ【名乗り】み

意味 起こる、はじまる、定まる。十二支の6番目で動物では蛇。蛇は家財の守り神といわれ、縁起がよい。

名前例
- 克(7)巳(3) 10 かつみ
- 勇(9)巳(3) 12 いさみ
- 聡(14)巳(3) 17 さとし
- 剛(10)巳(3) 13 つよし

丈 3画

読み ジョウ・たけ【名乗り】とも・ひろ・ます

意味 長さの単位。長さまたは長さを測ること。年長の男子を敬っていうときに使われる。

名前例
- 丈(3) 3 じょう
- 丈(3)治(8) 11 じょうじ
- 嘉(14)丈(3) 17 よしたけ
- 丈(3)広(5) 8 たけひろ

千 3画

読み セン・ち[名乗り]かず・ゆき

意味 百の10倍、千回。転じて数が非常に多いこと。長い年月。おめでたい印象がある。

名前例

名前	画数	総画	読み
千也	3・3	6	かずや
千治	3・8	11	ちはる
宏千	7・3	10	ひろゆき
千紘	3・10	13	ちひろ

大 3画

読み ダイ・タイ・おお・おおきい・おおいに[名乗り]お・おい・おう・おおき・き・た・たかし・たけし・とも・なが・はじめ・はる・ひろ・ひろし・ふと・ふとし・まさ・まさる・もと・ゆたか

意味 大きい。数が多い。強い、はげしい。すぐれている。立派な人をいう。

名前例

名前	画数	総画	読み
大	3	3	まさる
大樹	3・16	19	だいき
将大	10・3	13	まさお
大海	3・9	12	ひろみ
雄大	12・3	15	ゆうだい
大翔	3・12	15	はると
大和	3・8	11	やまと
大志	3・7	10	ふとし
大晴	3・12	15	たいせい

土 3画

読み ド・ト・つち[名乗り]ただ・つち・つつ・のり・はに・ひさ・ひじ

意味 土、大地、土地。ふるさと。領地、国土。多くのものを生み出す印象がある。

名前例

名前	画数	総画	読み
宏土	7・3	10	ひろと
守土	6・3	9	もりと
久土	3・3	6	ひさのり
海土	9・3	12	かいと

万 3画

読み マン・バン・よろず[名乗り]かず・かつ・すすむ・たか・つむ・つもる・ま・まさ

意味 千の10倍。多くの、さまざまな、すべての。数の多いことから縁起のよい字。

名前例

名前	画数	総画	読み
豊万	13・3	16	とよかず
万充	3・6	9	かつみ
万繁	3・16	19	たかしげ
育万	8・3	11	いくま

也 3画

読み ヤ[名乗り]あり・ただ・なり・また

意味 なりと読んで「…である」の意味。「や・か」と読んで疑問や感嘆を表す。止め字として人気がある。

名前例

名前	画数	総画	読み
直也	8・3	11	なおや
将也	10・3	13	まさなり
伸也	7・3	10	のぶただ
裕也	12・3	15	ゆうや

与 3画

読み ヨ・あたえる[名乗り]あと・くみ・すえ・とも・もと・もろ・よし

意味 仲間。したがう、仲間になる。とりくむ。親しむ。与える。一緒に行う。

名前例

名前	画数	総画	読み
秀与	7・3	10	ひでよ
与一	3・1	4	よいち
雅与	13・3	16	まさよし
和与	8・3	11	かずとも

円 4画

読み エン・まるい[名乗り]かず・つぶ・つぶら・のぶ・まど・まどか・みつ

意味 円形。かどがなくなめらか。満ちている。欠けたところがない。まるくかわいい様子をいう。

名前例

名前	画数	総画	読み
伸円	7・4	11	のぶかず
円哉	4・9	13	えんや
輝円	15・4	19	てるみつ
円史	4・5	9	かずふみ

王 4画

読み オウ[名乗り]きみ・たか・み・わ・わか

意味 君主。徳によって天下を治める者。その方面の第一人者。体が大きいこと。さかんなこと。

名前例

名前	画数	総画	読み
王毅	4・15	19	おうき
王喬	4・12	16	きみたか
王典	4・8	12	たかのり
邦王	7・4	11	くにみ

介 4画

読み カイ[名乗り]あき・かたし・すけ・たすく・ゆき・よし

意味 たすける。間にはいる。なかだちをする。よる。たよる。止め字として人気。

名前例

名前	画数	総画	読み
圭介	6・4	10	けいすけ
克介	7・4	11	かつあき
宗介	8・4	12	むねゆき
柾介	9・4	13	まさよし

元 4画

読み ゲン・ガン・もと[名乗り]あさ・ちか・つかさ・なが・はじむ・はじめ・はる・まさ・ゆき・よし

意味 人の頭を意味するところから首長。ひいては根元、はじめを表す。

名前例

名前	画数	総画	読み
元	4	4	はじめ
元気	4・6	10	げんき
元成	4・6	10	もとなり
元紀	4・9	13	はるき

五 4画

読み ゴ・いつ・いつつ[名乗り]い・いず・かず・ゆき

意味 いつつ。5度。もともと片手の指の数で、「五穀」のようにまとまりを表す。

名前例

名前	画数	総画	読み
健五	11・4	15	けんご
修五	10・4	14	しゅうご
五雄	4・12	16	いつお
智五	12・4	16	ともかず

午
4画

読み ゴ・うま［名乗り］ま

意味 十二支のうま。方位では南。時刻では昼の十二時前後の2時間を表す。

名前例

名前	画数	読み
健(11)午(4)	15	けんご
慎(13)午(4)	17	しんご
秀(7)午(4)	11	しゅうま
飛(9)悠(11)午(4)	24	ひゅうま

孔
4画

読み コウ・ク［名乗り］うし・ただ・みち・よし

意味 穴を表し、そこからとおる、達する、大きいの意味がある。中国の思想家の孔子やその門下を示す。

名前例

名前	画数	読み
孔(4)太(4)	8	こうた
孔(4)明(8)	12	こうめい
耀(20)孔(4)	24	あきみち
崇(11)孔(4)	15	たかよし

公
4画

読み コウ・おおやけ［名乗り］あきら・きみ・きん・く・さと・ただ・とも・なお・ひろ・まさ・ゆき

意味 おおやけ。全般に共通すること。かたよらず、正しいことをいう。

名前例

名前	画数	読み
公(4)男(7)	11	きみお
清(11)公(4)	15	きよさと
公(4)輔(14)	18	こうすけ
博(12)公(4)	16	ひろまさ

心
4画

読み シン・こころ［名乗り］きよ・さね・なか・み・むね・もと

意味 こころ。考え。気持ち。転じておもいやり、情趣を理解すること。ものごとのまん中にあるもの。

名前例

名前	画数	読み
謙(17)心(4)	21	けんしん
崇(11)心(4)	15	たかきよ
和(8)心(4)	12	かずみ
雅(13)心(4)	17	まさむね

仁
4画

読み ジン・ニ［名乗り］ただし・と・のり・ひさし・ひと・ひとし・ひろし・まさ・み・やすし・よし

意味 いつくしむ。愛する。思いやり。儒教で説く最高の徳。徳の高い人を指す。

名前例

名前	画数	読み
義(13)仁(4)	17	よしひと
仁(4)和(8)	12	のりかず
仁(4)貴(12)	16	まさたか
久(3)仁(4)	7	ひさと

壬
4画

読み ジン・ニン［名乗り］あきら・つぐ・み・みず・よし

意味 五行十干ではみずのえと読み、「水」に属する。方角なら北を表す。大きいという意味もある。

名前例

名前	画数	読み
隆(11)壬(4)	15	たかよし
壬(4)良(7)	11	あきら
壬(4)平(5)	9	じんぺい
勇(9)壬(4)	13	いさみ

太
4画

読み タイ・タ・ふとい［名乗り］うず・おお・しろ・だ・だい・たか・と・ひろ・ふと・ふとし・ます・み・もと

意味 大きい。非常に。ふとい。転じて度量が大きいことをいう。「太閤」など人を尊んでいうときに添える。

名前例

名前	画数	読み
太(4)志(7)	11	ふとし
将(10)太(4)	14	しょうた
太(4)清(11)	15	たいせい
崇(11)太(4)	15	たかひろ
太(4)陽(12)	16	たいよう
太(4)始(8)	12	たいし
春(9)太(4)	13	はるたか
太(4)一(1)	5	たいち
紘(10)太(4)	14	ひろと

中
4画

読み チュウ・なか［名乗り］あたる・かなめ・ただ・ただし・のり・よし

意味 まんなか。ふつう。かたよらない。ほどよい。あたる。正しくかたよりのない心、態度をいう。

名前例

名前	画数	読み
中(4)	4	あたる
中(4)也(3)	7	ちゅうや
中(4)資(13)	17	ただし
敬(12)中(4)	16	たかのり

天
4画

読み テン・あめ・あま［名乗り］かみ・そら・たか・たかし

意味 いただき。大空。天の神。自然。運命。たよりにするもの。人間界の上にある世界をいう。

名前例

名前	画数	読み
天(4)明(8)	12	たかあき
宏(7)天(4)	11	ひろたか
天(4)雄(12)	16	そらお
天(4)音(9)	13	あまね

斗
4画

読み ト［名乗り］け・はかる・ほし・ます

意味 元は、ひしゃくやそれに似た形のもの、ますなど用量をはかる器のこと。止め字として使われる。

名前例

名前	画数	読み
隼(10)斗(4)	14	はやと
悠(11)斗(4)	15	ゆうと
秀(7)斗(4)	11	しゅうと
貴(12)斗(4)志(7)	23	たかとし

日
4画

読み ニチ・ジツ・ひ・か［名乗り］あき・はる・ひる

意味 太陽。日光。月日。時間。毎日。ひましに。以前。「元日」のように特別の日にちをいう。

名前例

名前	画数	読み
智(12)日(4)	16	ちあき
旭(6)日(4)	10	あさひ
善(12)日(4)	16	よしはる
日(4)輝(15)	19	はるき

比　4画

読み ヒ・くらべる「名乗り」これ・たか・たすく・ちか・つね・とも・なみ・ひさ

意味 ならぶ。等しい。親しむ。助ける。くらべる。隣り合った仲間が助け合う。

名前例
- 公4比4 8 きみたか
- 信9比4 13 のぶちか
- 忠8比4 12 ただつね
- 比4佐7夫4 15 ひさお

夫　4画

読み フ・フウ・おっと「名乗り」あき・お・すけ

意味 おとこ。おっと。一人前の男子の意味。止め字として多く使われる。

名前例
- 敦12夫4 16 あつお
- 邦7夫4 11 くにお
- 紀9夫4 13 のりお
- 征8夫4 12 まさお

文　4画

読み ブン・モン・ふみ「名乗り」あき・あや・いと・とも・のぶ・のり・ひさ・ひさし・やす・ゆき・よし

意味 ことば。文字。もよう。礼儀、学術、学問などの総称。仁徳があること。

名前例
- 文4哉9 13 ふみや
- 文4憲16 20 あきのり
- 和8文4 12 かずひさ
- 文4男7 11 ゆきお

方　4画

読み ホウ・かた「名乗り」しげ・すけ・たか・ただし・たもつ・つね・のり・ふさ・まさ・み・みち・やす・より

意味 方向。行先。正しい。やりかた。技術。真四角。正しくきちんとしている。

名前例
- 信9方4 13 のぶかた
- 方4規11 15 のりき
- 敏10方4 14 としみち
- 直8方4 12 なおやす

友　4画

読み ユウ・とも「名乗り」すけ

意味 ともだち。ともとする。仲がよい。仲よくする。味方の関係である。

名前例
- 友4和8 12 ともかず
- 友4揮12 16 ともき
- 友4悟10 14 ゆうご
- 信9友4 13 しんすけ

以　5画

読み イ・もって「名乗り」これ・さね・しげ・とも・のり・もち・ゆき

意味 もちいる。ひきいる。思う。一緒に。すでに。手段や方法、条件、時、理由などを表す。

名前例
- 寛13以5 18 ひろしげ
- 章11以5 16 あきとも
- 武8以5 13 たけのり
- 優17以5 22 ゆうい

右　5画

読み ウ・ユウ・みぎ「名乗り」あき・あきら・これ・すけ・たか・たすく

意味 たすける。みぎがわ。昔は右を尊んだことから上位。その意味からおもんじる。また勧める。

名前例
- 右5汰7 12 ゆうた
- 右5輔14 19 ゆうすけ
- 右5京8 13 うきょう
- 浩10右5 15 ひろあき

永　5画

読み エイ・ながい「名乗り」つね・とお・なが・ながし・のぶ・のり・はるか・ひさ・ひさし・ひら

意味 距離が大きい。時間が長い。いつまでも。時間的な長さをいうことが多い。

名前例
- 永5治8 13 えいじ
- 永5史5 10 ひさし
- 紘10永5 15 ひろひさ
- 恒9永5 14 つねなが

央　5画

読み オウ「名乗り」あき・あきら・お・ちか・てる・なか・なかば・ひさ・ひさし・ひろ・ひろし

意味 真ん中。たけなわ。久しい。つきる。広い。また、あざやかな様子をいう。

名前例
- 邦7央5 12 くにお
- 央5良7 12 あきら
- 輝15央5 20 てるひさ
- 央5毅15 20 ひろき

加　5画

読み カ・くわえる・くわわる「名乗り」ます・また

意味 くわえる。まさる。仲間に入る。およぼす。「力」に「口」、つまりことばを添えて、勢いを増す意味。

名前例
- 加5敬12 17 ますたか
- 博12加5 17 ひろます
- 加5寿7也3 15 かずや
- 多6加5志7 18 たかし

禾　5画

読み カ「名乗り」いね・のぎ・のぶ・ひいず・ひで

意味 稲。粟、きびなどイネ科の植物をいう。穀類の総称。わら、穀類の茎。

名前例
- 禾5月4 9 かづき
- 隆11禾5 16 たかのぶ
- 芳7禾5 12 よしひで
- 千3禾5資13 21 ちかし

可　5画

読み カ「名乗り」あり・とき・よく・よし・より

意味 よい。美点。ちょうどよい。きく。同意する。できる。してもよい。

名前例
- 可5偉12 17 かい
- 充6可5 11 みつよし
- 陽12可5 17 はるとき
- 基11可5 16 もとより

巨

5画

読み キョ［名乗り］お・おお・なお・ひろ・まさ・み

意味 元はさしがね(定規)を表し、そこから形や容量が大きい、数が多いという意味に。

名前例

名前	画数	総画	読み
巨樹	5・16	21	なおき
嵩巨	13・5	18	たかお
宏巨	7・5	12	ひろみ
伸巨	7・5	12	のぶなお

叶

5画

読み キョウ・かなう［名乗り］かない・かのう・とも・やす

意味 「口」と「十」で多数の意見が合うという意味から、合う。調和する。当てはまる。思いどおりになる。

名前例

名前	画数	総画	読み
叶多	5・6	11	きょうた
叶平	5・5	10	きょうへい
叶緒	5・14	19	やすお
叶一郎	5・1・9	15	きょういちろう

玄

5画

読み ゲン［名乗り］くろ・しず・しずか・つね・とお・のり・はじめ・はる・はるか・ひかる・ひろ・ふか

意味 くろ。遠い。奥深いこと。静か。奥深い道理をわきまえていること。

名前例

名前	画数	総画	読み
玄人	5・2	7	ひろと
和玄	8・5	13	かずのり
玄慶	5・15	20	はるよし
玄直	5・8	13	つねただ

乎

5画

読み コ・か・や・かな・に・を・より［名乗り］お

意味 「か、や、かな」と読み、疑問や反語、選択、仮定などを表す。「に、を、より」は目的や対象を表す。

名前例

名前	画数	総画	読み
勝乎	12・5	17	かつや
幸乎	8・5	13	さちや
遥乎	12・5	17	はるか
森乎	12・5	17	もりお

甲

5画

読み コウ・カン［名乗り］か・かつ・き・きのえ・まさ・まさる

意味 から。こうら。よろい。かぶと。物事の第一という意味から、すぐれていることをいう。

名前例

名前	画数	総画	読み
甲輝	5・15	20	こうき
甲矢	5・5	10	かつや
義甲	13・5	18	よしかつ
甲憲	5・16	21	まさのり

功

5画

読み コウ・ク［名乗り］あつ・いさ・いさお・かつ・つとむ・なり・なる・のり

意味 「力」と「工」で力をつくした仕事のできばえ。ひいては、てがら。わざ。工夫。ききめをいう。

名前例

名前	画数	総画	読み
功	5	5	いさお
功治	5・8	13	こうじ
功己	5・3	8	あつみ
孝功	7・5	12	たかのり

巧

5画

読み コウ・たくみ［名乗り］たえ・たく・よし

意味 わざ。細工。またその技術。じょうずなこと。ひいては美しいこと、ほめるときに使う。

名前例

名前	画数	総画	読み
巧実	5・8	13	たくみ
巧介	5・4	9	こうすけ
巧汰	5・7	12	こうた
巧平	5・5	10	こうへい

弘

5画

読み コウ・グ・ひろい［名乗り］お・ひろ・ひろし・ひろむ・みつ

意味 ひろい。ひろめる。大きい。もともとは、弓を曲げて弦を張るところから、ひろいの意味に用いられる。

名前例

名前	画数	総画	読み
弘武	5・8	13	ひろむ
弘輝	5・15	20	ひろき
弘一	5・1	6	こういち
弘大	5・3	8	こうだい

広

5画

読み コウ・ひろい［名乗り］お・たけ・とう・ひろ・ひろし・みつ

意味 もともと大きな建物の意味。面積や規模が大きい。広める。広がる。ゆるやか。転じて心が大きい。

名前例

名前	画数	総画	読み
広志	5・7	12	ひろし
広希	5・7	12	こうき
倫広	10・5	15	みちたけ
広喜	5・12	17	みつき

左

5画

読み サ・ひだり［名乗り］すけ・たすく

意味 ひだり。かたわら。そば。左手は右手の働きを助けるところから、たすける。

名前例

名前	画数	総画	読み
叡左	16・5	21	えいすけ
慶左	15・5	20	けいすけ
左功	5・5	10	たすく
左京	5・8	13	さきょう

史

5画

読み シ・ふみ［名乗り］さかん・ちか・ちかし・ひと・ふの・ふひと・み

意味 もともと天文や国家の記録をつかさどる役人の意味。記録。歴史。それらの書物。また文章家をいう。

名前例

名前	画数	総画	読み
史朗	5・10	15	しろう
彰史	14・5	19	あきちか
儀史	15・5	20	よしひと
史也	5・3	8	ふみや

市

5画

読み シ・いち［名乗り］ち・なが・まち

意味 いち。人の多く集まる場所。あきなう。音から「二」に通じ、止め字として多く使われる。

名前例

名前	画数	総画	読み
武市	8・5	13	たけし
泰市	10・5	15	やすし
淳市	11・5	16	じゅんいち
太市	4・5	9	たいち

司

5画

読み シ・つかさどる［名乗り］おさむ・かず・じ・つかさ・つぐ・つとむ・もと・もり

意味 つとめ・やくめ。職務として行う。責任者として仕事を果たす印象を持つ。

名前例

名前	画数	総画	読み
司	5	5	つかさ
恵司	10・5	15	けいじ
章司	11・5	16	ふみかず
儀司	15・5	20	よしもり

矢

5画

読み シ・や［名乗り］ただ・ちかう・なお

意味 弓につがえて射る矢が飛ぶ様子から、まっすぐ、正しいという意味になった。

名前例

名前	画数	総画	読み
直矢	8・5	13	なおや
徹矢	15・5	20	てつや
英矢	8・5	13	ひでただ
正矢	5・5	10	まさなお

示

5画

読み ジ・シ・しめす［名乗り］しめ・とき・み

意味 もとは国土を守護する神を表す。それにより、見せる、知らせる、教えるという意味に。

名前例

名前	画数	総画	読み
啓示	11・5	16	けいし
慧示	15・5	20	さとし
祥示	10・5	15	よしとき
智示	12・5	17	ともみ

主

5画

読み シュ・ス・ぬし・おも［名乗り］かず・つかさ・もり

意味 ぬし。あるじ。所有者。おもな。中心になって物事をつかさどる人。

名前例

名前	画数	総画	読み
主彰	5・14	19	かずあき
善主	12・5	17	よしかず
尊主	12・5	17	たかもり
主理	5・11	16	かずとし

申

5画

読み シン・もうす［名乗り］さる・しげる・のぶ・み・もち

意味 もともと、まっすぐにのびるという意味。意見を述べる。行う。かさねる。また、くつろぐ様子をいう。

名前例

名前	画数	総画	読み
申治	5・8	13	しんじ
顕申	18・5	23	けんしん
俊申	9・5	14	としのぶ
克申	7・5	12	かつみ

正

5画

読み セイ・ショウ・ただしい・まさ［名乗り］きみ・さだ・たか・ただし・なお・のぶ・まさし・よし

意味 ただしい。まっすぐな。公平な。本来のもの、主となるものという意味。

名前例

名前	画数	総画	読み
正志	5・7	12	ただし
正臣	5・7	12	まさおみ
正吾	5・7	12	しょうご
一正	1・5	6	いっせい

生

5画

読み セイ・ショウ・いきる・うまれる・おう・はえる・き・なま［名乗り］あり・い・いき・いく・う・うぶ・お・おき・さく・すすむ・たか・なり・のう・のり・ふ・ぶ・ふゆ・み・みよ・ゆき・よ

意味 草木がはえる。ひいてはうまれる。いのちを意味する。さらに純粋な、初々しいの意味。

名前例

名前	画数	総画	読み
生雄	5・12	17	いくお
悠生	11・5	16	ゆうき
恒生	9・5	14	こうせい
七生	2・5	7	ななお
茂生	8・5	13	しげお
希生	7・5	12	きしょう
生駒	5・15	20	いこま
璃生	15・5	20	りお
生斗	5・4	9	なりと

世

5画

読み セイ・セ・よ［名乗り］つぎ・つぐ・とき・とし

意味 人の一生。世の中。この世。世代。時勢。世の中。この世。広く社会全体を指していうときに用いられる。

名前例

名前	画数	総画	読み
泰世	10・5	15	たいせい
一世	1・5	6	いっせい
世晴	5・12	17	つぐはる
秀世	7・5	12	ひでよ

仙

5画

読み セン［名乗り］たかし・のり・ひさ・ひと

意味 もともと山中に移り住む人を表す。仙人。そこから、非凡な人、高尚な人をいう。

名前例

名前	画数	総画	読み
仙一	5・1	6	せんいち
仙史	5・5	10	たかし
仙彰	5・14	19	のりあき
尚仙	8・5	13	なおひと

旦

5画

読み タン［名乗り］あき・あきら・あけ・あさ・ただ・ただし

意味 太陽が地平線に現れたこと表す。朝。夜明け。「一旦」のように、時間や期間をあらわす。

名前例

名前	画数	総画	読み
旦人	5・2	7	あきひと
旦良	5・7	12	あきら
輝旦	15・5	20	てるあき
旦陽	5・12	17	あさひ

汀

5画

読み テイ・なぎさ・みぎわ

意味 「水」と音を表す「丁」で、水のうちよせる「みぎわ」の意味。波打ちぎわ。水ぎわの平地を意味する。

名前例

名前	画数	総画	読み
汀治	5・8	13	ていじ
汀一	5・1	6	ていいち
汀悟	5・10	15	ていご
汀紗	5・10	15	なぎさ

5画

冬

読み トウ・ふゆ[名乗り]かず・と・とし

意味 ふゆ。冬を越す。もと貯蔵した食物がこおる様子を表したところから、ふゆごもりする、の意味。

名前例

冬樹	5・16	21	ふゆき
冬岳	5・8	13	かずたけ
冬哉	5・9	14	かずや
冬実	5・8	13	としみ

5画

平

読み ヘイ・ビョウ・たいら・ひら[名乗り]おさむ・さね・たか・つね・とし・なり・なる・もち・よし

意味 高低がなく広いこと。ひいては安らか。おだやか。かたよらない。正しい。

名前例

耕平	10・5	15	こうへい
徹平	15・5	20	てっぺい
平汰	5・7	12	へいた
博平	12・5	17	ひろたか

5画

北

読み ホク・きた[名乗り]た

意味 方角の北。冬場の透明感のある空気や雪をイメージする漢字。

名前例

北斗	5・4	9	ほくと
北進	5・11	16	ほくしん
北央	5・5	10	きたお
諒北	15・5	20	りょうた

5画

本

読み ホン・もと[名乗り]なり・はじめ

意味 もと。木の根元の意味から、物事のかなめ、中心を表す。ひいて、まことの、正しいという意味。

名前例

本治	5・7	12	もとや
柾本	9・5	14	まさもと
信本	9・5	14	のぶなり
本周	5・8	13	なりちか

5画

未

読み ミ・いまだ・ひつじ[名乗り]いま・いや・ひつじ・ひで

意味 十二支の8番目である「ひつじ」。木の先の小枝の形を表し、まだである、またしていないの意味。

名前例

克未	7・5	12	かつみ
稔未	13・5	18	としみ
未見	5・10	15	ひであき
未来男	5・7・7	19	みきお

5画

民

読み ミン・たみ[名乗り]ひと・み・みたみ・もと

意味 一般の人。社会を構成する人の意味。親しみやすさを感じさせる字。

名前例

民男	5・7	12	たみお
隆民	11・5	16	たかひと
寿民	7・5	12	ひさみ
民陽	5・12	17	もとはる

5画

由

読み ユ・ユウ・ユイ・よし[名乗り]ただ・ゆき・より

意味 「よる」と読み、もとづく、したがう。「よし」と読み、わけ、いわれの意味がある。

名前例

由也	5・3	8	ゆうや
由浩	5・10	15	ただひろ
雅由	13・5	18	まさよし
由義	5・13	18	よりよし

5画

立

読み リツ・リュウ・たつ[名乗り]たか・たかし・たち・たつる・たて・はる

意味 まっすぐにたつ。しっかりたつ。なりたつ。始まる。つくる。また、たちどころにという意味。

名前例

紘立	10・5	15	ひろたか
義立	13・5	18	よしたつ
立希	5・7	12	りゅうき
立利	5・7	12	たつとし

5画

令

読み レイ・リョウ[名乗り]なり・のり・はる・よし

意味 人を集めていいつける。命じる。おきて。命ずる人。「令名」のように、よい、立派という意味もある。

名前例

令治	5・8	13	れいじ
令太	5・4	9	れいた
令昭	5・9	14	なりあき
哲令	10・5	15	てつはる

5画

礼

読み レイ・ライ[名乗り]あき・あきら・あや・いや・なり・のり・ひろ・ひろし・まさ・みち・ゆき・よし

意味 神をまつる儀礼や作法。社会を維持する掟。慣習。まごころを表すこと。

名前例

礼一	5・1	6	れいいち
顕礼	18・5	23	あきひろ
礼仁	5・4	9	あやひと
貴礼	12・5	17	たかのり

6画

安

読み アン・やすい[名乗り]さだ・やす・やすし

意味 やすらか。無事。心配がない。楽しんで満足していること。世の中を治める。

名前例

安吾	6・7	13	あんご
安則	6・9	15	やすのり
弘安	5・6	11	ひろさだ
安慈	6・13	19	あんじ

6画

伊

読み イ[名乗り]いさ・これ・ただ・よし

意味 これ。この。かれ。かの。古代中国の伝説的な政治家の名前で、治める人という意味がある。

名前例

伊織	6・18	24	いおり
伊雅	6・13	19	ただまさ
伊仁	6・4	10	これひと
伊務	6・11	17	いさむ

衣

6画

読み イ・エ・ころも［**名乗り**］きぬ・そ・みそ

意味 着るもの。礼服。着る。おおう。転じて恵みがいきわたる。身につけて行う。

名前例

藍衣	藍18 衣6	24	あおい
圭衣	圭6 衣6	12	けい
勇衣	勇9 衣6	15	ゆい
衣久真	衣6 久3 真10	19	いくま

宇

6画

読み ウ［**名乗り**］うま・たか・のき

意味 のき。屋根。家。おおう。転じて天、無限の空間。世界。国土のはて。人にあてはめて器量を表す。

名前例

宇威	宇6 威9	15	うい
宇広	宇6 広5	11	たかひろ
宇月	宇6 月4	10	うつき
由宇也	由5 宇6 也3	14	ゆうや

気

6画

読み キ・ケ［**名乗り**］おき

意味 空気。かおり。呼吸。活動のもとになる力。心の働き。勢い。万物のもとになる力などを表す。

名前例

元気	元4 気6	10	げんき
勇気	勇9 気6	15	ゆうき
陽気	陽12 気6	18	はるき
紘気	紘10 気6	16	ひろおき

吉

6画

読み キチ・キツ［**名乗り**］き・さち・とみ・はじめ・よ・よし

意味 よい。めでたい。さいわい。縁起がよい。人に用いて立派なという意味がある。

名前例

吉男	吉6 男7	13	よしお
晴吉	晴12 吉6	18	はるよし
吉平	吉6 平5	11	きっぺい
泰吉	泰10 吉6	16	やすとみ

匡

6画

読み キョウ・コウ［**名乗り**］たすく・ただ・ただし・ただす・まさ・まさし

意味 はこ。ただす。ただしい。すくう。悪いところをなおして正しくする。

名前例

匡	匡6	6	たすく
直匡	直8 匡6	14	なおただ
匡実	匡6 実8	14	まさみ
憲匡	憲16 匡6	22	のりまさ

共

6画

読み キョウ・ク・とも［**名乗り**］たか

意味 ともに。みなそろって。いっしょにする。そなえる。2人以上の人が力を合わせる。

名前例

共輔	共6 輔14	20	きょうすけ
共平	共6 平5	11	きょうへい
共也	共6 也3	9	ともや
倫共	倫10 共6	16	みちたか

旭

6画

読み キョク・あさひ［**名乗り**］あき・あきら・あさ・てる

意味 日がのぼるさま。あさひ。あきらか。勢いがよく輝かしいイメージ。

名前例

旭	旭6	6	あきら
旭日	旭6 日4	10	あさひ
旭彦	旭6 彦9	15	てるひこ
旭光	旭6 光6	12	あきみつ

圭

6画

読み ケイ［**名乗り**］か・かど・きよ・きよし・たま・よし

意味 天子が諸侯に授けた先のとがった玉のこと。日時計の柱。貴重なもの、基準となるもののイメージ。

名前例

圭介	圭6 介4	10	けいすけ
圭太	圭6 太4	10	けいた
圭貴	圭6 貴12	18	きよたか
輝圭	輝15 圭6	21	てるよし

伍

6画

読み ゴ［**名乗り**］あつむ・いつ・くみ・たすく・ひとし

意味 人と五で五人一組の意味。ひいては、くみ、仲間を表す。また、仲間になる。

名前例

侑伍	侑8 伍6	14	ゆうご
伍夢	伍6 夢13	19	あつむ
伍供	伍6 供8	14	たすく
伍志	伍6 志7	13	ひとし

考

6画

読み コウ・かんがえる［**名乗り**］たか・ただ・ちか・とし・なか・なり・なる・のり・やす・よし

意味 深く考えを巡らせる、遠くまで進むことを意味する。思慮深さを表す字。

名前例

考二	考6 二2	8	こうじ
考俊	考6 俊9	15	たかとし
春考	春9 考6	15	はるちか
考太郎	考6 太4 郎9	19	こうたろう

行

6画

読み コウ・ギョウ・アン・いく・ゆく・おこなう［**名乗り**］あきら・いき・たか・つら・のり・みち・もち・やす・ゆき

意味 前に進む、出発、ふるまいなどの意味から、行動力、活力を感じさせる字。

名前例

行次	行6 次6	12	こうじ
重行	重9 行6	15	しげゆき
孝行	孝7 行6	13	たかつら
行志	行6 志7	13	やすし

好

6画

読み コウ・このむ・すく［**名乗り**］この・すみ・たか・よし・よしみ

意味 よい、このましい、美しい、愛らしい、などを意味する。愛情や想いがこめられた字。

名前例

好人	好6 人2	8	たかと
好暉	好6 暉13	19	こうき
好陽	好6 陽12	18	よしはる
好太郎	好6 太4 郎9	19	こうたろう

光
6画

読み コウ・ひかり・ひかる[名乗り]あき・あきら・あり・さかえ・てる・ひこ・ひろ・み・みつ・みつる

意味 ひかり、かがやきから転じて、恩恵を意味し、大きい、広いなども表す。

名前例
- 光治 6 8 14 こうじ
- 光樹 6 16 22 こうき
- 光昌 6 8 14 みつまさ
- 光太朗 6 4 10 20 こうたろう

向
6画

読み コウ・キョウ・むく、むける・むかう・むこう・むき・むかい[名乗り]ひさ・むか・むけ

意味 むく。むかう。ある方向をむいて進行する。正面という意味もある。

名前例
- 向志 6 7 13 ひさし
- 陽向 12 6 18 あきひさ
- 向平 6 5 11 こうへい
- 向太朗 6 4 10 20 こうたろう

亘
6画

読み コウ・わたり・わたる[名乗り]とおる・のぶ・ひろし・もとむ

意味 めぐる、ぐるりとめぐる。端から端までとどく。視野の広さを印象づける字。

名前例
- 亘希 6 7 13 こうき
- 亘治 6 8 14 こうじ
- 亘祐 6 9 15 こうすけ
- 陽亘 12 6 18 はるのぶ

在
6画

読み ザイ・サイ・ある・います[名乗り]あき・あきら・あり・すみ・たみ・とお・とみ・まき・みつる

意味 じっとそこにとどまっている。生きている。この世にいることを意味する。

名前例
- 在朗 6 10 16 あきお
- 在朋 6 8 14 すみとも
- 在人 6 2 8 あると
- 在尚 6 8 14 ありなお

至
6画

読み シ・いたり・いたる[名乗り]じ・ちか・のり・みち・むね・ゆき・よし

意味 目ざす所までとどく。また、自分の所までやってくる。きわみ、きわめる、の意味も。

名前例
- 厚至 9 6 15 あつし
- 建至 9 6 15 けんじ
- 道至 12 6 18 みちよし
- 至宏 6 7 13 みちひろ

次
6画

読み ジ・シ・つぐ・つぎ・つぎに・ついで[名乗り]ちか・ひで・やどる

意味 並んだもののうち、はじめのもののつぎ。順番を表す。ものがやどる、とまる、の意味も。

名前例
- 研次 9 6 15 けんじ
- 桂次 10 6 16 けいじ
- 次俊 6 9 15 つぐとし
- 光次郎 6 6 9 21 こうじろう

而
6画

読み ジ・ニ・しかして・しかも[名乗り]し・しか・なお・ゆき

意味 しかるに、しかも、などを意味する。次の展開を予期させる明るいイメージ。

名前例
- 栄而 9 6 15 えいじ
- 隆而 11 6 17 たかし
- 厚而 9 6 15 あつし
- 裕而 12 6 18 ゆうじ

守
6画

読み シュ・ス・かみ・まもる・まもり・もり[名乗り]え・さね・ま・もれ

意味 まもる。まもり。失わないように番をする。また、その備えを表す漢字。

名前例
- 守留 6 10 16 まもる
- 守幸 6 8 14 もりゆき
- 守尚 6 8 14 もりなお
- 佳守 8 6 14 よしもり

州
6画

読み シュウ・す[名乗り]くに・ず

意味 地域、大陸を示す。まとまっているさまを意味する場合もある。

名前例
- 州男 6 7 13 くにお
- 州人 6 2 8 しゅうと
- 州矢 6 5 11 しゅうや
- 佳州也 8 6 3 17 かずや

舟
6画

読み シュウ・シュ・ふね・ふな[名乗り]のり

意味 小舟。まわりをとりまいて、水がはいらないようにした舟を表す漢字。

名前例
- 舟平 6 5 11 しゅうへい
- 舟生 6 5 11 ふなお
- 成舟 6 6 12 せいしゅう
- 舟太郎 6 4 9 19 しゅうたろう

充
6画

読み ジュウ・シュウ・あてる・みたす・みちる[名乗り]あつ・たかし・まこと・み・みち・みつ・みつる

意味 みちる。みたす。中身が伸び張っていっぱいになる。充実した人柄を思わせる。

名前例
- 充留 6 10 16 みつる
- 充彦 6 9 15 みつひこ
- 充樹 6 16 22 みつき
- 啓充 11 6 17 ひろみち

旬
6画

読み ジュン・シュン[名乗り]ただ・とき・ひとし・ひら・まさ

意味 行き渡るさま。状態の一番良い時を表す。まとまりの良いことを示す。

名前例
- 旬一 6 1 7 じゅんいち
- 旬汰 6 7 13 しゅんた
- 旬哉 6 9 15 しゅんや
- 旬太郎 6 4 9 19 しゅんたろう

6画

巡

読み ジュン・めぐる・めぐらす[名乗り]みつ・ゆき

意味 めぐる。ぐるりと回り歩くことを意味する。視野の広さと行動力を表している。

名前例
- 巡也 6 3 9 じゅんや
- 巡太 6 4 10 じゅんた
- 巡琉 6 11 17 めぐる
- 巡之祐 6 3 9 18 じゅんのすけ

6画

庄

読み ショウ・ソウ[名乗り]たいら・まさ

意味 田舎にある家。農家のある村を意味する。また、平という意味も。

名前例
- 庄太 6 4 10 しょうた
- 庄次 6 6 12 しょうじ
- 庄史 6 5 11 まさし
- 庄太郎 6 4 9 19 しょうたろう

6画

匠

読み ショウ・たくみ[名乗り]たく・なる

意味 棟梁や先生など技芸の巧みな人。巧みな技巧やアイディアを示す。

名前例
- 匠 6 6 たくみ
- 匠太 6 4 10 しょうた
- 匠磨 6 16 22 たくま
- 匠馬 6 10 16 しょうま

6画

丞

読み ジョウ・ショウ・たすける・すけ[名乗り]すすむ・たすく・つぐ

意味 助ける。補佐する。上へ上へと進むなどを意味する。元は、落とし穴から人を助けるさまから成り立つ。

名前例
- 健丞 11 6 17 けんすけ
- 丞一 6 1 7 じょういち
- 真丞 10 6 16 まさつぐ
- 丞太朗 6 4 10 20 じょうたろう

6画

迅

読み ジン・シン・はやい[名乗り]とき・とし・はや

意味 速度や、飛ぶように速い様子を示す。スピード感を感じさせる字。勢いを表している。

名前例
- 迅平 6 5 11 じんぺい
- 迅也 6 3 9 じんや
- 迅隆 6 11 17 としたか
- 迅人 6 2 8 はやと

6画

成

読み セイ・ジョウ・なる・なす[名乗り]あき・あきら・さだ・しげ・なり・のり・はる・ひで・まさ・みち・よし

意味 なる。できあがるなどを示す。また、平和を示す場合も。

名前例
- 一成 1 6 7 いっせい
- 大成 3 6 9 たいせい
- 成治 6 8 14 せいじ
- 昌成 8 6 14 まさなり

6画

汐

読み セキ・しお・うしお[名乗り]きよ

意味 夕潮。うしお。特に、夕方におこるものを意味する。さわやかな印象をもつ。

名前例
- 汐 6 6 うしお
- 汐希 6 7 13 しおき
- 汐人 6 2 8 しおと
- 汐太郎 6 4 9 19 せきたろう

6画

先

読み セン・さき・さきんじる・まず[名乗り]すすむ・ひこ・ひろ・ゆき

意味 はじめ、いちばん前の部分を意味する。また、将来を示す。

名前例
- 先也 6 3 9 さきや
- 輝先 15 6 21 てるゆき
- 先汰 6 7 13 せんた
- 先次郎 6 6 9 21 せんじろう

6画

全

読み ゼン・セン・すべて・まったく・まっとうする[名乗り]あきら・たけ・たもつ・とも・はる・まさ・また

意味 全部。欠けたところのない、全てが揃った状態を意味する。

名前例
- 全 6 6 たもつ
- 全留 6 10 16 たける
- 全希 6 7 13 まさき
- 全泰 6 10 16 またやす

6画

壮

読み ソウ・さかん[名乗り]あき・お・さかり・たけ・たけし・まさ・もり

意味 大きくて勢いが良いさまや堂々として勇ましい様子を示す。

名前例
- 壮太 6 4 10 そうた
- 壮志 6 7 13 そうし
- 壮則 6 9 15 あきのり
- 壮介 6 4 10 そうすけ

6画

早

読み ソウ・サッ・さ・はやい・はやまる・はやめる[名乗り]さき・はや

意味 早い時刻を表す。小さい。若いの意を表す場合も。はつらつとした印象の字。

名前例
- 早汰 6 7 13 そうた
- 早祐 6 9 15 そうすけ
- 早斗 6 4 10 はやと
- 真早樹 10 6 16 32 まさき

6画

存

読み ソン・ゾン[名乗り]あきら・あり・ありや・ある・すすむ・たもつ・つぎ・のぶ・のり・まさ・やす・やすし

意味 ある、存在する。たもつ。観察する。転じて、知る、心得る、の意味もある。

名前例
- 存 6 6 すすむ
- 存良 6 7 13 あきら
- 存哉 6 9 15 ありや
- 芳存 7 6 13 よしやす

多
6画

読み タ・おおい[名乗り]おお・おおし・おおの・かず・とみ・な・なお・まさ・まさる

意味 数や量がたくさんある。勝る、ほめるという意味も。

名前例
- 多希 6 7 13 かずき
- 幸多 8 6 14 こうた
- 研多 9 6 15 けんた
- 幸多郎 8 6 9 23 こうたろう

宅
6画

読み タク[名乗り]いえ・おり・やか・やけ

意味 住まいや定着を意味する。落ちついたイメージをもつ字。安心感をあたえる。

名前例
- 宅矢 6 5 11 たくや
- 宅斗 6 4 10 たくと
- 宅望 6 11 17 たくみ
- 定宅 8 6 14 さだいえ

托
6画

読み タク[名乗り]ひろ・もり

意味 あずける。のせる。他人の手にのせあずけて、処置を任せる、の意味も。

名前例
- 托都 6 11 17 たくと
- 托矢 6 5 11 たくや
- 托馬 6 10 16 たくま
- 托朗 6 10 16 たくろう

地
6画

読み チ・ジ・つち[名乗り]くに・ただ

意味 土、大地。広々とのびた大地。住まいや環境、身分も意味する。

名前例
- 大地 3 6 9 だいち
- 地唯 6 11 17 くにただ
- 泰地 10 6 16 たいち
- 勇地 9 6 15 ゆうじ

竹
6画

読み チク・たけ[名乗り]たか

意味 植物の竹。しなやかでありながら、力強く、伸び伸びと成長する印象をうける。

名前例
- 竹生 6 5 11 たけお
- 竹章 6 11 17 たかあき
- 竹智 6 12 18 たけとも
- 竹琉 6 11 17 たける

兆
6画

読み チョウ・ジョウ・きざし・きざす[名乗り]とき・よし

意味 ものごとのおこりはじめ。そうなりそうな勢いを意味する。

名前例
- 兆志 6 7 13 ちょうじ
- 悦兆 10 6 16 のぶよし
- 兆貴 6 12 18 よしき
- 兆昭 6 9 15 よしあき

伝
6画

読み デン・テン・つたう・つたわる・つたえる・つたえ・つて[名乗り]ただ・つぐ・つとむ・のぶ・よし

意味 伝える。申し送る。言い伝えや、書き伝えを示す。コミュニケーションを表す。

名前例
- 伝人 6 2 8 ただひと
- 伝輝 6 15 21 ただてる
- 伝彦 6 9 15 のぶひこ
- 伝太郎 6 4 9 19 でんたろう

弐
6画

読み ニ・ジ・ふたつ[名乗り]すけ

意味 漢字の「二」の代わりに使用され、そえる、加わる、増えるの意味も含まれている。

名前例
- 孝弐 7 6 13 こうじ
- 圭弐 6 6 12 けいすけ
- 桂弐 10 6 16 けいじ
- 亮弐 9 6 15 りょうすけ

任
6画

読み ニン・ジン・まかせる・まかす[名乗り]あたる・たか・たかし・ただ・たね・たもつ・と・とう・のり

意味 仕事を引き受ける。役目を与えて任せるなどの意味をもつ。我慢強さを表す字。

名前例
- 任留 6 10 16 あたる
- 任太 6 4 10 じんた
- 任志 6 7 13 ただし
- 任馬 6 10 16 とうま

年
6画

読み ネン・とし[名乗り]かず・すすむ・ちか・と・とせ・ね・みのる

意味 とし。年齢。みのりを表す。もともとは、穀物のひと実りする時期を意味していた。

名前例
- 年生 6 5 11 としお
- 年秀 6 7 13 としひで
- 年朗 6 10 16 としろう
- 巳年雄 3 6 12 21 みねお

帆
6画

読み ハン・ほ

意味 風をはらんで舟を進めるもの。爽やかさ、行動力など、涼やかなイメージをもつ字。

名前例
- 一帆 1 6 7 かずほ
- 海帆 9 6 15 かいほ
- 帆志 6 7 13 はんじ
- 光帆 6 6 12 みつほ

名
6画

読み メイ・ミョウ・な[名乗り]あきら・かた・なづく・もり

意味 人の名、物事を示す。すぐれているさまを意味する場合も。

名前例
- 名緒 6 14 20 なお
- 幸名 8 6 14 こうめい
- 名津 6 9 15 なつ
- 真名夫 10 6 4 20 まなぶ

有 6画

読み ユウ・ウ・ある［名乗り］あり・すみ・たもつ・とお・とも・なお・なり・みち・もち・り

意味 存在や、生じる、たもつ、形をなしてあることを示す。富を意味する場合も。

名前例
- 有人 6 2 8 ありひと
- 有希 6 7 13 ゆうき
- 有蔵 6 15 21 ゆうぞう
- 康有 11 6 17 やすとも

羊 6画

読み ヨウ・ひつじ

意味 養・善・義・美など、よいイメージのもとになり、めでたいという意味も含んでいる。

名前例
- 羊 6 6 よう
- 羊祐 6 9 15 ようすけ
- 羊司 6 5 11 ようじ
- 羊太朗 6 4 10 20 ようたろう

吏 6画

読み リ［名乗り］おさ・さと・つかさ

意味 役人の通称。官吏の象徴である旗を官吏がもつ形からできた字。

名前例
- 吏径 6 8 14 さとみち
- 吏佐 6 7 13 つかさ
- 吏希 6 7 13 りき
- 吏久雄 6 3 12 21 りくお

亜 7画

読み ア・つぐ［名乗り］つぎ

意味 主たるものの、次につぐ地位を示す。アジアの略称としても印象づけられている字。

名前例
- 定亜 8 7 15 さだつぐ
- 宏亜 7 7 14 ひろつぐ
- 亜希生 7 7 5 19 あきお
- 亜津雄 7 9 12 28 あつお

壱 7画

読み イチ・イツ・ひとつ［名乗り］かず・さね・もろ

意味 一つ。物事のはじめを意味する。「一」のかわりに、使われることがある。

名前例
- 壱成 7 6 13 いっせい
- 壱樹 7 16 23 かずき
- 健壱 11 7 18 けんいち
- 太壱 4 7 11 たいち

応 7画

読み オウ・ヨウ・こたえ［名乗り］かず・たか・のぶ・のり・まさ

意味 こたえる。求めに応じる。受け止めて反応をあらわすことを示す。

名前例
- 応太 7 4 11 おうた
- 応介 7 4 11 おうすけ
- 応紀 7 9 16 まさき
- 応成 7 6 13 かずなり

我 7画

読み ガ・われ・わが［名乗り］もと

意味 自分、わが、わたし。頑固を意味することも。自己の主張を強く感じさせる字。

名前例
- 我久 7 3 10 がく
- 我聞 7 14 21 がもん
- 大我 3 7 10 たいが
- 亮我 9 7 16 りょうが

快 7画

読み カイ・ケ・こころよい［名乗り］はや・やす・よし

意味 こころよい。しこりがとれて気持ち良い。さっぱりする。爽やかさを表現した字。

名前例
- 快 7 7 かい
- 快希 7 7 14 よしき
- 快彦 7 9 16 よしひこ
- 快洋 7 9 16 よしひろ

完 7画

読み カン・まったい・まっとうする［名乗り］さだ・たもつ・なる・ひろ・ひろし・まさ・また・みつ・ゆたか

意味 全部揃っていて欠け目がない。全部揃っている。やり遂げるなど。

名前例
- 完治 7 8 15 かんじ
- 完汰 7 7 14 かんた
- 完夫 7 4 11 さだお
- 完太郎 7 4 9 20 かんたろう

希 7画

読み キ・ケ・まれ・こいねがう［名乗り］のぞ・まれ・やす

意味 まれ。めずらしい。願う。願い望むなど、希望を表す明るいイメージの強い字。

名前例
- 希夢 7 13 20 のぞむ
- 一希 1 7 8 かずき
- 希典 7 8 15 まれすけ
- 有希雄 6 7 12 25 ゆきお

究 7画

読み キュウ・ク・きわめる・きわまる［名乗り］きわみ・きわむ・さた・さだ・すみ・み

意味 奥深く入り込む。きわめる、きわみ、最後までさぐるなどを意味する。

名前例
- 究至 7 6 13 きゅうじ
- 究太 7 4 11 きゅうた
- 究真 7 10 17 きゅうま
- 拓究 8 7 15 たくみ

玖 7画

読み キュウ・ク［名乗り］き・たま・ひさ

意味 美しい黒色の石。また、数字の「九」を意味する。ミステリアスな印象の字。

名前例
- 玖太 7 4 11 きゅうた
- 玖矢 7 5 12 きゅうや
- 玖志 7 7 14 ひさし
- 理玖 11 7 18 りく

求
7画

読み キュウ・グ・もとめる・もとめ【名乗り】き・ひで・まさ・もと・やす

意味 もとめる。自分のものにしようとする。追求や探求など、何かを得ようと努力するイメージ。

名前例

名前	画数	総画	読み
求志	7 7	14	きゅうじ
求真	7 10	17	きゅうま
求希	7 7	14	もとき
求久	7 3	10	やすひさ

均
7画

読み キン・イン・ひとしい・ならす【名乗り】お・ただ・なお・なり・ひとし・ひら・まさ

意味 等しい。全部に公平に行き渡っているさま。調和のとれている様子を意味する。

名前例

名前	画数	総画	読み
均二	7 2	9	きんじ
均司	7 5	12	ひとし
均也	7 3	10	まさや
唯均	11 7	18	ただまさ

芹
7画

読み キン・せり【名乗り】き・まさ・よし

意味 水辺近くの湿地に自生する草の名前。新鮮で、爽やかな印象をうける字。

名前例

名前	画数	総画	読み
芹人	7 2	9	せりと
芹治	7 8	15	きんじ
芹哉	7 9	16	きんや
芹生	7 5	12	せりお

近
7画

読み キン・コン・ゴン・ちかい・ちかづく【名乗り】ちか・とも・もと

意味 近い。身近な存在。また、親しみを表す。調和や温厚なイメージをもたれる字。

名前例

名前	画数	総画	読み
左近	5 7	12	さこん
近治	7 8	15	きんじ
近緒	7 14	21	ちかお
近仁	7 4	11	ちかひと

吟
7画

読み ギン・キン・うたう【名乗り】あきら・おと・こえ

意味 低い声で口ずさむ。詩歌を口ずさむなどを意味する。文化的な香りを感じる字。

名前例

名前	画数	総画	読み
吟	7	7	ぎん
吟二	7 2	9	ぎんじ
吟良	7 7	14	あきら
吟治郎	7 8 9	24	ぎんじろう

君
7画

読み クン・きみ【名乗り】きん・こ・すえ・なお・よし

意味 人民をおさめる王。諸侯や大名を示す。気品を感じる崇高な印象をもたれる字。

名前例

名前	画数	総画	読み
君彦	7 9	16	きみひこ
君憲	7 16	23	きみのり
君人	7 2	9	きみひと
君音	7 9	16	なおと

見
7画

読み ケン・ゲン・みる・みえる・みせる【名乗り】あき・あきら・ちか・み

意味 見える。物の存在・形・ようすなど、目にみとめる。わかるなどを意味する。

名前例

名前	画数	総画	読み
見汰	7 7	14	けんた
見弥	7 8	15	けんや
倖見	10 7	17	こうけん
辰見	7 7	14	たつみ

呉
7画

読み ゴ・くれ・くれる【名乗り】くに・くれ

意味 昔、日本で中国をさして呼んだ呼び名。エキゾチックな印象の強い字。

名前例

名前	画数	総画	読み
呉朗	7 10	17	ごろう
大呉	3 7	10	だいご
呉満	7 12	19	くにみち
呉尚	7 8	15	くれひさ

冴
7画

読み ゴ・コ・さえ・さえる・こおる・ひえる【名乗り】さ

意味 氷のように澄みわたることを意味する。それが転じて、にごりがなくあざやかの意味も。

名前例

名前	画数	総画	読み
冴希	7 7	14	さき
賢冴	16 7	23	けんご
成冴	6 7	13	せいご
泰冴	10 7	17	だいご

吾
7画

読み ゴ・われ【名乗り】あ・みち・わが

意味 わが。自己を示している。しっかりと自分の考えが確立している印象をうける。

名前例

名前	画数	総画	読み
大吾	3 7	10	だいご
吾郎	7 9	16	ごろう
誠吾	13 7	20	せいご
大吾郎	3 7 9	19	だいごろう

孝
7画

読み コウ・キョウ【名乗り】あつ・たか・たかし・なり・のり・みち・もと・ゆき・よし

意味 子が心から親を大切にする様子を意味する。人を敬う心の大切さを感じる字。

名前例

名前	画数	総画	読み
孝太	7 4	11	こうた
孝康	7 11	18	たかやす
孝昭	7 9	16	よしあき
孝太朗	7 4 10	21	こうたろう

亨
7画

読み コウ・キョウ・とおる【名乗り】あき・あきら・すすむ・ちか・とし・なお・なり・みち・ゆき

意味 とおる、支障なく上下に行われる。さわりなく上下に通じることを意味する。

名前例

名前	画数	総画	読み
亨	7	7	とおる
亨則	7 9	16	あきのり
亨祐	7 9	16	きょうすけ
亨太	7 4	11	こうた

7画

更

読み コウ・あらためる・さら・ふける・ふかす・さらに[名乗り]さら・つぐ・とお・とく・のぶ

意味 あらためる。引き締める。一段と。いっそうなどの意味をもつ。

名前例
- 更7 希7　14　こうき
- 更7 汰7　14　こうた
- 更7 善12　19　のぶよし
- 更7 之3 介4　14　こうのすけ

7画

攻

読み コウ・せめる[名乗り]おさむ・せむ・たか・よし

意味 せめる。おさめる。また、研究するという意味も。まっすぐ突き進む、勇ましい印象をうける字。

名前例
- 攻7 太4　11　こうた
- 攻7 武8　15　おさむ
- 攻7 治8　15　こうじ
- 攻7 佑7　14　こうすけ

7画

宏

読み コウ・ひろ・ひろい[名乗り]あつ・ひろ・ひろし

意味 ひろげる。中が広くてがらりとあいている様子を示す。

名前例
- 宏7 貴12　19　ひろき
- 宏7 汰7　14　こうた
- 宏7 弥8　15　こうや
- 宏7 和8　15　ひろかず

7画

克

読み コク・かつ[名乗り]いそし・かつみ・すぐる・たえ・なり・まさる・よし

意味 がんばって耐え抜く。やりぬく。争いに勝つ。また、その能力があることを意味する。

名前例
- 克7 弥8　15　かつや
- 孝7 克7　14　たかよし
- 克7 樹16　23　かつき
- 克7 典8　15　かつのり

7画

佐

読み サ・すけ・たすける[名乗り]すけ・たすく・よし

意味 助ける。わきから手を添えて支える。慈愛に満ちた、懐の深さを思わせる字。

名前例
- 佐7　7　たすく
- 佐7 祐9　16　さすけ
- 有6 佐7　13　ゆうすけ
- 佐7 太4 夫4　15　さだお

7画

作

読み サク・サ・つくる[名乗り]あり・さく・たつ・つくり・とも・なお・なり

意味 つくる。おこす。転じて、なしとげるや変化する、ふるいたつなどを表す漢字。

名前例
- 勇9 作7　16　ゆうさく
- 圭6 作7　13　けいさく
- 友4 作7　11　ともなり
- 作7 太4 朗10　21　さくたろう

7画

孜

読み シ[名乗り]あつ・あつし・しげ・すすむ・ただす・つとむ・はじめ・まもる

意味 つとめる。次から次へと休まず働く。また、発展も意味する。勤勉さを表した字。

名前例
- 孜7　7　つとむ
- 孜7 志7　14　あつし
- 孜7 人2　9　あつひと
- 孜7 朗10　17　しろう

7画

志

読み シ・こころざし・こころざす[名乗り]さね・じ・しるす・ふみ・むね・もと・もとむ・ゆき・よし

意味 こころざし。目標を目指す。望みなどを意味する。転じて、厚意、親切も表す漢字。

名前例
- 一1 志7　8　かずし
- 光6 志7　13　こうし
- 志7 雄12　19　むねお
- 隆11 志7　18　たかし
- 立5 志7　12　たつじ
- 久3 志7　10　ひさゆき
- 大3 志7　10　はるよし
- 志7 貴12　19　ふみたか
- 裕12 志7 郎9　28　ゆうじろう

7画

児

読み ジ・ニ・こ[名乗り]ちご・のり・はじめ・る

意味 幼い子ども。児童や小児を意味する。若々しい快活な男子をイメージする字。

名前例
- 光6 児7　13　こうじ
- 至6 児7　13　いたる
- 健11 児7　18　けんじ
- 孝7 児7 郎9　23　こうじろう

7画

寿

読み ジュ・ス・ことぶき・ことぶく[名乗り]かず・つね・とし・なが・のぶ・ひさ・ひさし・ひで・ひろし・よし

意味 長生きを示す。祝いや、めでたいことも意味する縁起の良い字。

名前例
- 寿7 男7　14　としお
- 寿7 久3　10　かずひさ
- 寿7 昭9　16　としあき
- 寿7 人2　9　ひさと

7画

秀

読み シュウ・ひいでる[名乗り]さかえ・しげる・すえ・ひで・ひでし・ほ・ほず・ほら・みつ・みのる・よし

意味 秀でる。すらりと高く出る。目立ってすぐれたさま。美しいさまを意味する。

名前例
- 秀7 一1　8　しゅういち
- 秀7 章11　18　ひであき
- 秀7 樹16　23　ひでき
- 秀7 真10　17　ほずま

初 7画

読み ショ・ソ・うい・うぶ・はじめ・はじめて・そめる・はつ[名乗り]のぶ・もと

意味 初め。最初。ことのおこりを意味する。初々しい新鮮なイメージの字

名前例
- 初7　7　はじめ
- 初7則9　16　はつのり
- 初7成6　13　もとなり
- 初7弥8　15　もとや

助 7画

読み ジョ・たすかる・たすける・たすけ・すけ・すける[名乗り]すけ・たすく・ひろ・ます

意味 力を貸す。援助などを意味する。思慮深い、心の大きさを思わせる字。

名前例
- 光6助7　13　こうすけ
- 壮6助7　13　そうすけ
- 紀9助7　16　きすけ
- 幸8之3助7　18　こうのすけ

条 7画

読み ジョウ・すじ[名乗り]え・えだ・なが

意味 細長い枝。すらりとしたさまを意味する。京都の町を南北に通る道を表す。

名前例
- 条7二2　9　じょうじ
- 条7太4　11　じょうた
- 条7夫4　11　えだお
- 条7太4郎9　20　じょうたろう

芯 7画

読み シン

意味 物の中心。植物の茎の芯や灯心にするものを示す。筋の通った、まっすぐな人柄を思わせる字。

名前例
- 芯7一1　8　しんいち
- 芯7治8　15　しんじ
- 紀9芯7　16　きしん
- 芯7之3助7　17　しんのすけ

臣 7画

読み シン・ジン・おみ[名乗り]う・お・おか・おん・きん・しく・しげ・たか・とみ・み・みつ・みる

意味 家来や民を意味する字。官邸の官位名としても使用されていた。

名前例
- 臣7吾7　14　しんご
- 臣7弥8　15　しんや
- 正5臣7　12　まさおみ
- 貴12臣7　19　たかおみ

辰 7画

読み シン・ジン・たつ[名乗り]とき・のぶ・のぶる・よし

意味 十二支の五番目。方角では東南東、時刻では午前八時、および前後二時間、動物では竜にあたる。

名前例
- 辰7男7　14　たつお
- 辰7哉9　16　しんや
- 辰7徳14　21　たつのり
- 辰7乃2助7　16　たつのすけ

伸 7画

読み シン・のびる・のばす・のす・のべる[名乗り]ただ・のぶ・のぶる・のぼる

意味 伸びる。まっすぐ引き伸ばす。大きく、伸びやかな人柄を思わせる健康的な印象の字。

名前例
- 伸7　7　しん
- 伸7昭9　16　のぶあき
- 好6伸7　13　よしのぶ
- 伸7之3介4　14　しんのすけ

図 7画

読み ズ・ト・はかる・はからずも[名乗り]なり・のり・はかる・みつ

意味 図る、工夫する。形を書きつける。計画などを意味する。

名前例
- 浩10図7　17　ひろと
- 郁9図7　16　いくと
- 嘉14図7　21　かず
- 史5図7雄12　24　しずお

宋 7画

読み ソウ[名乗り]おき・くに

意味 中国などの王朝名。スケールの大きさを感じる字。

名前例
- 宋7一1　8　そういち
- 宋7平5　12　そうへい
- 宋7助7　14　そうすけ
- 宋7一1朗10　18　そういちろう

汰 7画

読み タ・タイ・よなげる

意味 強い勢いでたっぷりと水を流す。濯ぐ。なみなみとたたえた水などを意味する。

名前例
- 幸8汰7　15　こうた
- 慶15汰7　22　けいた
- 将10汰7　17　しょうた
- 良7汰7　14　りょうた

男 7画

読み ダン・ナン・おとこ[名乗り]お・おと

意味 男性や息子を意味する。男性名によく使用され、逞しいパワフルな印象をうける。

名前例
- 雅13男7　20　まさお
- 成6男7　13　しげお
- 敦12男7　10　あつお
- 玲9男7　16　れお

廷 7画

読み テイ[名乗り]たか・ただ・なが

意味 庭や、平に地ならしをした所を意味する。裁判や政治を行う場を示す字としても使用される。

名前例
- 廷7斗4　11　たかと
- 廷7明8　15　たかあき
- 廷7長8　15　ただなが
- 尚8廷7　15　なおたか

兎
7画

読み ト・うさぎ［名乗り］う・うさ

意味 耳が長く、すばやく走る動物の兎を示す。兎の印象から、素早さ、優しさを感じる。

名前例

名前	画数	合計	読み
建兎	9 7	16	けんと
裕兎	12 7	19	ゆうと
信兎	9 7	16	のぶと
兎太郎	7 4 9	20	うたろう

杜
7画

読み ト・ズ・もり［名乗り］あり

意味 やまなし。果樹の名。神社にある森にこの字を使用している。

名前例

名前	画数	合計	読み
健杜	11 7	18	けんと
陽杜	12 7	19	はると
悠杜	11 7	18	まさと
杜緒	7 14	21	もりお

努
7画

読み ド・つとめる［名乗り］つとむ

意味 努める。ねばる。力を抜かずがんばる。努力を意味する。

名前例

名前	画数	合計	読み
努	7	7	つとむ
努夢	7 13	20	つとむ
努武	7 8	15	つとむ
聞努	14 7	21	もんど

那
7画

読み ナ・ダ［名乗り］とも・ふゆ・やす

意味 たくさんある。ゆったりとしている等を意味する。また、美しい、の意もある漢字。

名前例

名前	画数	合計	読み
那希	7 7	14	ともき
那生	7 5	12	なお
那通	7 10	17	ともみち
那実	7 8	15	ともみ

忍
7画

読み ニン・ジン・しのぶ・しのび［名乗り］おし・しの

意味 忍ぶ。辛いことを粘り強く持ちこたえる。忍耐を意味する漢字。

名前例

名前	画数	合計	読み
忍	7	7	しのぶ
忍哉	7 9	16	しのや
昌忍	8 7	15	まさおし
定忍	8 7	15	さだおし

芭
7画

読み バ・ハ［名乗り］はな

意味 中国原産の植物である「芭蕉」。夏・秋に黄白色の花が咲く。風雅な印象の字。

名前例

名前	画数	合計	読み
芭生	7 5	12	ばしょう
芭耶人	7 9 2	18	はやと
芭留人	7 10 2	19	はると
芭琉也	7 11 3	21	はるや

伯
7画

読み ハク・ハ［名乗り］お・おさ・く・たか・たけ・とも・のり・はか・ほ・みち

意味 年長の男性を尊敬して使用する。首長、長男等も示す。高貴な印象をもつ字。

名前例

名前	画数	合計	読み
伯人	7 2	9	はくと
伯臣	7 7	14	たけおみ
満伯	12 7	19	みつのり
佳伯	8 7	15	よしとも

伴
7画

読み ハン・バン・とも・ともなう［名乗り］すけ

意味 一緒に物事を行う人。伴う。相棒にする、仲間にすることを意味する漢字。

名前例

名前	画数	合計	読み
伴紀	7 9	16	ともき
伴宏	7 7	14	ともひろ
伴治	7 8	15	ばんじ
有伴	6 7	13	ゆうすけ

扶
7画

読み フ・たすける［名乗り］すけ・たもつ・もと

意味 助ける。力をかす。助力する。世話をする。救うなどを意味する。

名前例

名前	画数	合計	読み
扶	7	7	たもつ
扶希	7 7	14	ふき
扶章	7 11	18	もとあき
扶耶	7 9	16	もとや

芙
7画

読み フ［名乗り］はす

意味 芙蓉、蓮の花、木の名を意味する。初秋のころ、薄紅色または白色の大きな花が咲く。

名前例

名前	画数	合計	読み
芙人	7 2	9	ふひと
芙暉	7 13	20	ふき
芙巳	7 3	10	ふみ
芙斗士	7 4 3	14	ふとし

甫
7画

読み ホ・フ・はじめ・すけ［名乗り］かみ・すけ・とし・なみ・のり・まさ・み・もと・よし

意味 苗を育てる平らな畑。長老や年長の男性を呼ぶ時に、つけられる言葉。

名前例

名前	画数	合計	読み
和甫	8 7	15	かずほ
隼甫	10 7	17	しゅんすけ
甫貴	7 12	19	まさたか
洋甫	9 7	16	ようすけ

芳
7画

読み ホウ・かおり・かんばしい・こうばしい・かぐわしい［名乗り］か・かおる・はな・ふさ・みち・もと・よし

意味 香り。良い香り。良い評判を示す。優れた、賢い人物の意味も。

名前例

名前	画数	合計	読み
芳生	7 5	12	ほうせい
広芳	5 7	12	ひろみち
芳希	7 7	14	よしき
芳緒	7 14	21	よしお

邦

7画

読み ホウ・くに

意味 国家や領地、天下や国などを意味する。広い視野、グローバリズムを印象づける字。

名前例

名前	画数	総画	読み
邦生	7・5	12	くにお
邦彦	7・9	16	くにひこ
邦山	7・3	10	ほうざん
芳邦	7・7	14	よしくに

治

7画

読み ヤ[名乗り]じ・はる・よし

意味 とかす。いる。ねってつくる。金属を溶かして器物をつくる鍛冶屋。なまめかしい、の意味もある漢字。

名前例

名前	画数	総画	読み
直治	8・7	15	なおや
雅治	13・7	20	まさはる
誠治	13・7	20	せいや
孝治	7・7	14	たかよし

佑

7画

読み ユウ・たすける[名乗り]すけ・たすく・ゆ

意味 人を助け、また助けられること。外から人がかばってくれる、という意味ももつ。

名前例

名前	画数	総画	読み
佑	7	7	たすく
響佑	20・7	27	きょうすけ
佑輝	7・15	22	ゆうき
佑都	7・11	18	ゆうと

邑

7画

読み ユウ・オウ・むら[名乗り]くに・さと・さとし・すみ

意味 天子や王が直轄で治めた地や、諸侯や豪族などの領地のこと。

名前例

名前	画数	総画	読み
邑介	7・4	11	おうすけ
邑親	7・16	23	くにちか
邑詩	7・13	20	さとし
邑次郎	7・6・9	22	ゆうじろう

来

7画

読み ライ・きたす・きたる[名乗り]き・く・こ・な・ゆき

意味 くる。きたる。こちらに近づく。これから先の未来を表し、豊かな将来性を印象づける。

名前例

名前	画数	総画	読み
春来	9・7	16	はるき
未来	5・7	12	みらい
理来	11・7	18	りく
光来	6・7	13	こうき

利

7画

読み リ・きく[名乗り]かが・かず・さと・と・とおる・とし・のり・まさ・みち・みのる・よし・より

意味 すらりと通り、支障がないこと。転じて、事が都合よく運ぶという意味。

名前例

名前	画数	総画	読み
海利	9・7	16	かいり
利彰	7・14	21	としあき
雅利	13・7	20	まさと
利葵	7・12	19	かずき

里

7画

読み リ・さと[名乗り]さとし・のり

意味 人家が集まって小集落をなしている所。ふるさとへの想いを感じさせる字。

名前例

名前	画数	総画	読み
里央	7・5	12	りおう
万里	3・7	10	ばんり
里志	7・7	14	さとし
実里	8・7	15	みのり

李

7画

読み リ・すもも[名乗り]もも

意味 春に白い花が咲き、甘ずっぱい実をつける、「すもも」という字。果実が豊かにみのる木の様子を表す。

名前例

名前	画数	総画	読み
桃李	10・7	17	とうり
李一	7・1	8	りいち
李月	7・4	11	りつき
李弥	7・8	15	ももや

呂

7画

読み リョ・ロ[名乗り]おと・とも・なが・ふえ

意味 似たものが一線上に並ぶという意味をもつ。また、日本音楽においては、声や楽器の低い音域のこと。

名前例

名前	画数	総画	読み
呂威	7・9	16	ろい
呂章	7・11	18	りょしょう
人麻呂	2・11・7	20	ひとまろ
比呂人	4・7・2	13	ひろと

良

7画

読み リョウ・よい[名乗り]あきら・お・かず・かた・すけ・たか・なが・はる・み・よし・ら・ろ・

意味 良い。けがれなく、質がよいという意味。転じて、豊か、素直を表す漢字。

名前例

名前	画数	総画	読み
晃良	10・7	17	あきよし
清良	11・7	18	せいりょう
恒良	9・7	16	つねなが
秋良	9・7	16	あきら

伶

7画

読み レイ・リョウ[名乗り]さとし・はる・よし

意味 澄んだ音の音楽を奏でる人や、透明感のある役者を表す。

名前例

名前	画数	総画	読み
伶	7	7	さとし
伶楽	7・13	20	りょうが
伶司	7・5	12	れいじ
伶音	7・9	16	れおん

励

7画

読み レイ・はげます・はげむ[名乗り]つとむ

意味 はげむ。はげます。しっかりするように相手を強く力づける。

名前例

名前	画数	総画	読み
励	7	7	つとむ
励士	7・3	10	れいじ
励耶	7・9	16	れいや
励秀	7・7	14	れいしゅう

芦
7画

読み ロ・あし・よし

意味 草の「アシ」を表す。アシは高さ二～三メートルにもなることから、勢いよく、成長する姿を思わせる。

名前例
- 芦7穂15 22 あしほ
- 芦7泰10 17 よしやす
- 芦7岳8 15 ろがく
- 芦7助7 14 ろすけ

阿
8画

読み ア・くま・おもねる［名乗り］お

意味 かぎ形に曲がった物を示す字。親しみの気持ちを込めて、人を呼ぶ言葉につく接頭辞でもある。

名前例
- 阿8 8 おもね
- 星9阿8 17 せいあ
- 阿8蘭19 27 あらん
- 乃2阿8 10 のあ

依
8画

読み イ・エ・よる・よって［名乗り］より

意味 よる。たよりにする。よりどころとする。助ける。やすらかの意味もある感じ。

名前例
- 依8澄15 23 いずみ
- 依8斗4 12 よりと
- 依8和8 16 よりかず
- 我7依8 15 がい

育
8画

読み イク・そだつ・そだてる・はぐくむ［名乗り］すけ・なり・なる・やす

意味 そだてる。そだつ。やしなう。伸び伸びとした、健やかな成長を感じさせる字。

名前例
- 眞10育8 18 まいく
- 道12育8 20 みちやす
- 孝7育8 15 たかなり
- 育8太4朗10 22 いくたろう

英
8画

読み エイ・ヨウ・はな［名乗り］あきら・あや・すぐる・たけし・てる・ひで・ふさ・よし

意味 花。はなぶさ。うるわしい。すぐれている。美しく盛んな様子を表す。

名前例
- 英8貴12 20 ひでたか
- 英8季8 16 えいき
- 英8彦9 17 よしひこ
- 直8英8 16 なおふさ

泳
8画

読み エイ・およぐ

意味 水中をおよぐ。ながく水に浮かんでいる。健康的で瑞々しい雰囲気をもつ字。

名前例
- 泳8多6 14 えいた
- 泳8司5 13 えいじ
- 泳8吾7 15 えいご
- 泳8吉6 14 えいきち

延
8画

読み エン・のびる・のべ・のばす［名乗り］すけ・すすむ・ただし・とお・なが・のぶ

意味 のばす。長くのびる。長く遠く、遥かにのびることを意味する。

名前例
- 延8 8 すすむ
- 延8年6 14 のぶとし
- 義13延8 21 よしのぶ
- 延8寿7 15 えんじゅ

於
8画

読み オ・ヨ・おいて・おける

意味 そこにいる、じっとそこに止まるなど、場所を示す字。「ああ」という感嘆の声を示す字でもある。

名前例
- 麻11於8 19 まお
- 於8一1 9 よいち
- 暁12於8 20 あきよ
- 礼5於8南9 22 れおな

欧
8画

読み オウ・はく・うたう［名乗り］お

意味 口を開けて祈るさまを表す字。「謳」と通じて、からだをかがめ、声を長く引いて歌うことを意味する。

名前例
- 欧8介4 12 おうすけ
- 欧8雅13 21 おうが
- 広5欧8 13 ひろお
- 里7欧8 15 りはく

旺
8画

読み オウ・さかん［名乗り］あきら

意味 さかん。存分に広がるさま。輝く日の光がさかんに四方に広がる様子を表している。

名前例
- 旺8 8 あきら
- 旺8大3 11 おうだい
- 旺8季8 16 おうき
- 正5旺8 13 まさあき

往
8画

読み オウ・いく・ゆく［名乗り］おき・なり・ひさ・みち・もち・ゆき・よし

意味 ゆく。さきに向かっていく。どんどん前進する。目標に向けてまっすぐに直進する字。

名前例
- 和8往8 16 かずゆき
- 往8斗4 12 ゆくと
- 往8教11 19 みちのり
- 宏7往8 15 ひろみち

河
8画

読み カ・ガ・かわ

意味 大きな川や、水路のこと。河が堂々と流れる姿や、流れの音を表す。

名前例
- 星9河8 17 せいが
- 河8聞14 22 がもん
- 遥12河8 20 はるか
- 雷13河8 21 らいか

佳 8画

読み カ・よい［名乗り］けい・よし

意味 すぐれていること。美しいこと、またはそのさまを表す字。すっきりと形よく整う、という意味。

名前例

名前	画数	総画	読み
佳槻	8・15	23	かづき
佳太	8・4	12	けいた
佳亮	8・9	17	けいすけ
朋佳	8・8	16	ともよし

芽 8画

読み ガ・め［名乗り］めい・めぐむ

意味 草木のめ。きざし。物事のおこりや、めばえを意味する。

名前例

名前	画数	総画	読み
大芽	3・8	11	たいが
陽芽	12・8	20	ようが
夏芽	10・8	18	なつめ
芽登	8・12	20	めいと

拡 8画

読み カク・ひろがる［名乗り］ひろ・ひろし・ひろむ

意味 範囲をひろくする、充ちるという意味をもつ字。空間いっぱいにひろがるさまを表している。

名前例

名前	画数	総画	読み
拡	8	8	ひろむ
拡樹	8・16	24	ひろき
信拡	9・8	17	のぶひろ
拡都	8・11	19	かくと

岳 8画

読み ガク・たけ［名乗り］おか・たか・たかし

意味 ごつごつと高く険しい山、もしくは高い山にも似た敬うべきものを示す。

名前例

名前	画数	総画	読み
岳	8	8	たかし
岳人	8・2	10	がくと
岳嗣	8・13	21	たかし
展岳	10・8	18	のぶたけ

学 8画

読み ガク・まなぶ［名乗り］あきら・さと・さとる・さね・たか・のり・ひさ・みち

意味 先生から知恵を授かり、それを見習って自分のものにすること。

名前例

名前	画数	総画	読み
学	8	8	まなぶ
学志	8・7	15	がくし
学典	8・8	16	たかのり
幸学	8・8	16	ゆきたか

侃 8画

読み カン・つよい［名乗り］あきら・すなお・ただ・ただし・つよし・なお・やす

意味 性格などが強く、のびのびとした様子。川の流れのように堂々とのびて、ひるまないこと。

名前例

名前	画数	総画	読み
侃	8	8	すなお
侃都	8・11	19	かんと
侃生	8・5	13	ただお
正侃	5・8	13	まさなお

季 8画

読み キ・すえ［名乗り］とき・とし・ひで・みのる

意味 「四季」にも用いられ、季節のまとまりや、季節の最後の月を表す。末っ子、弟の意味もある。

名前例

名前	画数	総画	読み
季	8	8	みのる
優季	17・8	25	ゆうき
崇季	11・8	19	たかとき
季雪	8・11	19	ひでゆき

祈 8画

読み キ・いのる［名乗り］のり

意味 望むところに近づきたいと神仏にいのること。幸せを願う、求める、告げる、といった意味も含める。

名前例

名前	画数	総画	読み
光祈	6・8	14	みつき
由祈	5・8	13	よしき
祈成	8・6	14	きなり
実祈	8・8	16	みのり

居 8画

読み キョ・コ・いる・おる［名乗り］い・おき・おり・さや・すえ・やす・より

意味 腰をおろす。とっておく。たくわえる。腰を落ち着けて日々を過ごす。

名前例

名前	画数	総画	読み
直居	8・8	16	なおやす
神居	9・8	17	かむい
君居	7・8	15	きみおき
居織	8・18	26	いおり

協 8画

読み キョウ・かなう［名乗り］かな・かのう・やす

意味 手助けする。整える。和らげる。集める。多くの力、心を一つにあわせる。話し合って物事をまとめる。

名前例

名前	画数	総画	読み
協平	8・5	13	きょうへい
協葉	8・12	20	やすは
協生	8・5	13	やすお
協太郎	8・4・9	21	きょうたろう

享 8画

読み キョウ・うける［名乗り］あきら・すすむ・たか・つら・とおる・みち・ゆき

意味 神や客にごちそうをしてもてなす。ありがたく受け取ることを意味する漢字。

名前例

名前	画数	総画	読み
享	8	8	とおる
享輔	8・14	22	きょうすけ
享吉	8・6	14	ゆきよし
友享	4・8	12	ともたか

京 8画

読み キョウ・ケイ・キン・みやこ［名乗り］あつ・おさむ・たかし・ちか・ひろ・ひろし

意味 王宮や政府のあるみやこ。小高い丘。おおきい、さかんを意味する漢字。

名前例

名前	画数	総画	読み
右京	5・8	13	うきょう
京弥	8・8	16	けいや
知京	8・8	16	ちひろ
京司	8・5	13	たかし

欣
8画

読み キン・ゴン・コン・よろこぶ［**名乗り**］やすし・よし

意味 息をはずませてよろこぶ様子を示す字。嬉しい気持ちを素直に表す、無邪気で愛らしい印象。

名前例

名前	画数	総画	読み
欣	8	8	やすし
欣也	8・3	11	きんや
尚欣	8・8	16	ひさよし
欣史郎	8・5・9	22	きんじろう

径
8画

読み ケイ・こみち・みち［**名乗り**］みち・わたる

意味 こみち。回りみちをしないよう、まっすぐに通じた近みち。ただちに。

名前例

名前	画数	総画	読み
径	8	8	わたる
径吾	8・7	15	けいご
径路	8・13	21	けいじ
親径	16・8	24	ちかみち

弦
8画

読み ゲン・つる［**名乗り**］いと・お・ふさ

意味 弓のつる。琴などの楽器に張ったいと。半月に欠けた月の直径。夫婦の縁。

名前例

名前	画数	総画	読み
結弦	12・8	20	ゆづる
美弦	9・8	17	みつる
弦基	8・11	19	げんき
可弦	5・8	13	かいと

虎
8画

読み コ・とら［**名乗り**］たけ

意味 鋭い目・爪・牙をもつ、勇猛な「トラ」のこと。堂々とした立ち居振る舞いの人物を思わせる字。

名前例

名前	画数	総画	読み
景虎	12・8	20	かげとら
小虎	3・8	11	ことら
虎志	8・7	15	たけし
虎太朗	8・4・10	22	こたろう

昊
8画

読み コウ［**名乗り**］あき・ら・そら・ひろ・ひろし

意味 なつぞら。天空。明るく高い夏の空。転じて、澄み渡る大空のことも表す。

名前例

名前	画数	総画	読み
昊	8	8	ひろし
昊一	8・1	9	こういち
昊星	8・9	17	こうせい
昊人	8・2	10	ひろと

岡
8画

読み コウ・おか

意味 上部が平らで、高い台地。かたくまっすぐ、という意も含む漢字。

名前例

名前	画数	総画	読み
岡策	8・12	20	こうさく
岡巳	8・3	11	こうみ
美岡	9・8	17	みおか
岡之進	8・3・11	22	こうのしん

昂
8画

読み コウ・ゴウ・たかぶる［**名乗り**］あき・あきら・たか・たかし・のぼる

意味 高く上に上昇する。太陽をふりあおぐため、頭をあげて上向くことを意味する。

名前例

名前	画数	総画	読み
昂	8	8	のぼる
昂希	8・7	15	こうき
昂斗	8・4	12	あきと
史昂	5・8	13	ふみたか

幸
8画

読み コウ・さち・しあわせ［**名乗り**］さい・さち・たか・とみ・とも・ひで・みゆき・むら・ゆき・よし

意味 しあわせ。思いがけない幸運に恵まれること。ねがう。

名前例

名前	画数	総画	読み
幸彦	8・9	17	ゆきひこ
幸道	8・12	20	ともみち
幸克	8・7	15	よしかつ
幸四郎	8・5・9	22	こうしろう

岬
8画

読み コウ・みさき

意味 海や湖などに、細長く突き出ている陸地。また、両側を山にはさまれた狭い谷のことも意味する。

名前例

名前	画数	総画	読み
岬	8	8	みさき
岬海	8・9	17	こうみ
岬介	8・4	12	こうすけ
岬大	8・3	11	こうだい

国
8画

読み コク・くに［**名乗り**］とき

意味 うまれ育った国家。境界で囲んだ領域。また、郷里のことも表す。

名前例

名前	画数	総画	読み
国忠	8・8	16	くにただ
国時	8・10	18	くにとき
光国	6・8	14	みつくに
壱国	7・8	15	いっこく

采
8画

読み サイ・とる［**名乗り**］あや・うね・こと

意味 手でつかんで選びとる。取り入れる。いろどり。色合い。飾り。

名前例

名前	画数	総画	読み
采杷	8・8	16	さいは
実采	8・8	16	みこと
采太	8・4	12	あやた
采仁	8・4	12	あやひと

始
8画

読み シ・はじめる・はじまる・はじめ［**名乗り**］とも・はる・もと

意味 物事の最初。はじまる。はじめる。はじまりを表すことから、豊かな可能性を感じる字。

名前例

名前	画数	総画	読み
始	8	8	はじめ
始朋	8・8	16	はるとも
始夫	8・4	12	もとお
創始	12・8	20	そうし

8画
侍
読み ジ・シ・さぶらう・さむらい・はべる［名乗り］ひと
意味 武士のこと。身分の高い人のそばに仕える、控える。世話をする。
名前例
- 侍源　8・13　21　じげん
- 侍朗　8・10　18　しろう
- 理侍　11・8　19　りひと
- 侍成　8・6　14　ひとなり

8画
治
読み ジ・チ・おさめる・なおる［名乗り］おさ・おさむ・さだ・し・ず・つぐ・なお・のぶ・はる・よし
意味 おさめる。おさまる。世の秩序が正しくおさまる。病気をなおす。止め字として人気。
名前例
- 治　8　8　おさむ
- 雅治　13・8　21　まさはる
- 治秋　8・9　17　なおあき
- 賢治　16・8　24　けんじ

8画
実
読み ジツ・シツ・み・みのる・さね・まこと［名乗り］これ・ちか・つね・なお・のり・ま・みつ
意味 中身がつまった草木の実。まことに。真心。みのる、転じてさかえる。
名前例
- 実　8　8　みのる
- 勝実　12・8　20　かつみ
- 実聖　8・13　21　さねきよ
- 実生　8・5　13　みつき

8画
若
読み ジャク・ニャク・ニャ・わかい・もしくは・もし［名乗り］なお・まさ・よし・より・わか・わく
意味 しなやかで若いこと。また、柔らかい菜や草。若々しく、エネルギッシュ。
名前例
- 若穂　8・15　23　わかほ
- 若樹　8・16　24　なおき
- 若鷹　8・24　32　よりたか
- 若斉　8・8　16　よしひと

8画
宗
読み シュウ・ソウ・むね［名乗り］たかし・とき・とし・のり・ひろ・もと
意味 中心となるもの。また、主となる考え。先祖をまつる所。
名前例
- 宗　8　8　たかし
- 宗摩　8・15　23　そうま
- 宗則　8・9　17　むねのり
- 吉宗　6・8　14　よしむね

8画
周
読み シュウ・シュ・ス・まわり・めぐる［名乗り］あまね・いたる・かた・かね・ちか・ちかし・なり・のり
意味 めぐる。すみずみまで行き届いている。周囲に気を配る人を思わせる。
名前例
- 周　8　8　あまね
- 君周　7・8　15　きみちか
- 是周　9・8　17　これかた
- 周五郎　8・4・9　21　しゅうごろう

8画
昌
読み ショウ・さかん［名乗り］あき・あきら・あつ・さかえ・さかり・すけ・まさ・まさし・まさる・よ・よし
意味 あきらか。あかあかと輝く。さかん。堂々として、包み隠さない様子。
名前例
- 晴昌　12・8　20　はるあき
- 昌宏　8・7　15　よしひろ
- 昌也　8・3　11　まさや
- 昌之助　8・3・7　18　しょうのすけ

8画
尚
読み ショウ・たっとぶ・なお［名乗り］さね・たか・たかし・なり・ひさ・ひさし・まさ・よし・より
意味 尊ぶ。上をあがめる。こうであってほしいと希望する、の意味。
名前例
- 尚　8　8　ひさし
- 篤尚　16・8　24　あつなお
- 尚耶　8・9　17　しょうや
- 尚次　8・6　14　たかつぐ

8画
昇
読み ショウ・のぼる［名乗り］かみ・すすむ・のぼり・のり
意味 のぼる。上にのぼる。上にあがる。また、世の中がよく治まるという意味も含む。
名前例
- 昇　8　8　のぼる
- 昇太　8・4　12　しょうた
- 昇兵　8・7　15　しょうへい
- 泰昇　10・8　18　やすのり

8画
制
読み セイ・おさえる［名乗り］いさむ・おさむ・さだ・すけ・ただ・のり
意味 よけいなところを切り捨て、必要なところだけとって形を整える。天下のきまりを定める。
名前例
- 制　8　8　おさむ
- 制司　8・5　13　せいじ
- 制彦　8・9　17　のりひこ
- 制宣　8・9　17　さだのぶ

8画
斉
読み セイ・サイ・ひとしい［名乗り］きよ・ただ・ただし・とし・なお・なり・ひと・ひとし・まさ・むね・よし
意味 等しい。きちんとそろう。心身を整えること。過不足なく調和した状態。
名前例
- 斉　8　8　ひとし
- 哲斉　10・8　18　てつなり
- 匡斉　6・8　14　まさただ
- 斉紀　8・9　17　まさき

8画
青
読み セイ・ショウ・あお・あおい［名乗り］きよ・はる
意味 あお。わかわかしい。東・春・少年などの意に用いることもある。けがれなくすみきった印象のあお色。
名前例
- 青葉　8・12　20　あおば
- 青馬　8・10　18　せいま
- 青巳　8・3　11　はるみ
- 青太　8・4　12　しょうた

8画

征

読み セイ・ゆく［名乗り］さち・そ・ただし・ただす・まさ・もと・ゆき・ゆく

意味 もとめる。遠方を目ざし、まっすぐ足を進める。敵を目がけてまっしぐらに進むこと。

名前例

征8　8　ただし
征8昭9　17　もとあき
為9征8　17　ためゆき
征8爾14　22　せいじ

8画

卓

読み タク・すぐれる［名乗り］すぐる・たか・たかし・つな・とお・まこと・まさる・もち

意味 ぬきんでる。普通の水準より、ひときわ高くぬき出て目立つこと。

名前例

卓8　8　すぐる
卓8司5　13　たかし
卓8登12　20　たくと
卓8浩10　18　つなひろ

8画

拓

読み タク・セキ・ひらく［名乗り］ひら・ひろ・ひろし

意味 ひらく。未開の地をひらく。また、とじたものを打ちひらく。

名前例

拓8　8　ひろし
拓8哉9　17　たくや
克7拓8　15　かつひろ
拓8臣7　15　ひろおみ

8画

知

読み チ・しる［名乗り］あきら・かず・さと・さとし・さとる・し・ちか・つぐ・とし・とも・のり・はる

意味 知識、知恵。物事を正しく見ぬく力がある。見通す力がある人。

名前例

知8輝15　23　ともき
知8久3　11　かずひさ
知8之3　11　としゆき
佐7知8夫4　19　さちお

8画

宙

読み チュウ・そら［名乗り］おき・ひろ・ひろし・みち

意味 そら。大空。宇宙。空中。広大な宇宙を思わせることから、スケールの大きな印象をいだかせる。

名前例

宙8　8　そら
有6宙8　14　ありひろ
興16宙8　24　おきみち
宙8也3　11　ちゅうや

8画

忠

読み チュウ［名乗り］あつ・あつし・きよし・じょう・すなお・ただ・ただし・つら・なり・なる・のり

意味 すみずみまで充ちたまごころ。相手を思う、偽りのない誠意にあふれた字。

名前例

忠8　8　あつし
忠8勝12　20　ただかつ
忠8清11　19　ちゅうせい
行6忠8　14　ゆきのり

8画

長

読み チョウ・おさ・ながい・たける［名乗り］たけ・なが・ながし・ひさ・ひさし・まさ・まさる・みち

意味 すぐれていること。すぐれた点。組織のかしらを呼ぶ場合にも使われる。

名前例

長8　8　たける
長8介4　12　ちょうすけ
時10長8　18　ときなが
長8雄12　20　みちお

8画

直

読み チョク・ジキ・ジカ・ただちに・なおす・すぐ［名乗り］すなお・ただ・ちか・なお・なが・ね・ま・まさ

意味 まっすぐな、素直で正直な人柄を表す。もとどおりになる、という意味も。

名前例

直8　8　すなお
正5直8　13　まさなお
直8明8　16　なおあき
直8晃10　18　ただあき

8画

定

読み テイ・ジョウ・さだか・さだめる・さだめ［名乗り］さだ・さだむ・つら・また・やす

意味 物事を一つにきめる。ひと所に落ち着く。動揺せず落ち着く。かならず。

名前例

定8篤16　24　さだあつ
常11定8　19　つねさだ
定8吾7　15　ていご
定8滋12　20　じょうじ

8画

迪

読み テキ・みち［名乗り］すすむ・ただ・ただし・ただす・ひら・ふみ

意味 ある所からはじまる、ひとすじの道のこと。導く。ひいては、道徳の意味も。

名前例

迪8　8　ただし
迪8男7　15　みちお
迪8憲16　24　みちのり
康11迪8　19　やすふみ

8画

典

読み テン・のり［名乗り］おき・すけ・つかさ・つね・ふみ・みち・もり・よし・より

意味 つかさどる。ずっしりとして変わらない、基準となる教えを表す。

名前例

孝7典8　15　たかのり
祐9典8　17　ゆうすけ
寿7典8　15　としみち
典8好6　14　のりよし

8画

到

読み トウ・いたる［名乗り］ゆき・よし

意味 目的の場所や時間に、まっすぐ届く。奥底、すみまで届く。

名前例

到8　8　いたる
到8真10　18　とうま
一1到8　9　かずゆき
到8崇11　19　よしたか

東
8画

読み トウ・あずま・ひがし［名乗り］あがり・あきら・き・こち・はじめ・はる・ひで・もと

意味 日の出る方角を表すことから、希望にあふれる人生を予感させる。あるじ。

名前例
東8 8 あずま
東8 吾7 15 とうご
千3 東8 11 ちはる
東8 夜8 16 とうや

杷
8画

読み ハ［名乗り］つか・わ

意味 刀などの、つか。くだものの「枇杷」にも用いられ、柔らかくも安定感のあるイメージを奏でる字。

名前例
藤18 杷8 26 とうわ
満12 杷8 20 みつは
杷8 早6 14 つかさ
枇8 杷8 16 びわ

波
8画

読み ハ・なみ

意味 風などによって生じるなみ。なみのように伝わる様子のこと。

名前例
波8 琉11 19 はる
波8 彦9 17 なみひこ
優17 波8 25 ゆうは
波8 留10 人2 20 はると

枇
8画

読み ビ・ヒ

意味 くだものの「枇杷」にも使われ、実が並んでなる木を表す字。

名前例
枇8 依8 16 ひより
陽12 枇8 20 はるひ
枇8 呂7 15 ひろ
明8 枇8 16 あけび

弥
8画

読み ビ・ミ・や・いや［名乗り］ひさ・ひさし・ひろ・ます・まね・みつ・やす・よし・わたる

意味 すみずみまで行きわたっているさま。いつまでも程度が衰えない意を表す。

名前例
育8 弥8 16 いくや
巧5 弥8 13 たくみ
幸8 弥8 16 ゆきひろ
弥8 太4 郎9 21 やたろう

武
8画

読み ブ・ム・たけし［名乗り］いさ・いさむ・たけ・たける・たつ・ふか

意味 武道。しのぐ、越える。強く勇ましいという意味をもつ。

名前例
武8 8 たける
清11 武8 19 きよたけ
武8 蔵15 23 むさし
勇9 武8 17 いさむ

歩
8画

読み ホ・フ・ブ・あゆみ・あゆむ・あるく［名乗り］あゆ・すすむ

意味 あるくこと。また、運命やおかれた境遇のことも示す。

名前例
勇9 歩8 17 ゆうほ
歩8 夢13 21 あゆむ
歩8 遥12 20 ふよう
歩8 汰7 15 あゆた

宝
8画

読み ホウ・たから［名乗り］たか・たかし・たけ・とみ・とも・みち・よし

意味 大切にしている、とうとい物。宝もの。うつくしい、立派な、の意味を持つ漢字。

名前例
至6 宝8 14 しほう
宝8 巳3 11 たかみ
時10 宝8 18 ときみち
宝8 禎13 21 とみさだ

朋
8画

読み ホウ・とも

意味 対等の立場で肩を並べた友だちや、仲間を表す字。

名前例
朋8 之3 11 ともゆき
実8 朋8 16 さねとも
朋8 来7 15 ほうらい
朋8 道12 20 ともみち

法
8画

読み ホウ・ハッ・ホッ・のり［名乗り］かず・つね・のり・はかる

意味 秩序を守るために、定められた掟。また、ある決まったやり方。

名前例
法8 隆11 19 のりたか
法8 璃15 23 ほうり
法8 音9 17 ほうおん
法8 文4 12 かずふみ

奉
8画

読み ホウ・ブ・たてまつる［名乗り］うけ・とも・な・やす・よし

意味 目上の人に、捧げ物をする。おしいただいて、大切にする。

名前例
奉8 國11 10 ともくに
奉8 史5 13 よしふみ
奉8 成6 14 よしなり
奉8 彦9 17 やすひこ

牧
8画

読み ボク・モク・まき

意味 まきば。やしなう。自分の人格・教養を豊かにする。

名前例
牧8 夫4 12 まきお
牧8 朗10 18 もくろう
牧8 春9 17 ぼくしゅん
牧8 人2 10 もくと

茉 8画

読み マツ・マ・バツ

意味 「茉莉」という、モクセイ科の、非常に香りのよい木の表記に使われる字。「茉莉茶」はジャスミン茶。

名前例
- 茉8 琴12 20 まこと
- 朔10 茉8 18 さくま
- 茉8 絃11 19 まいと
- 茉8 郷11 19 まさと

明 8画

読み メイ・ミョウ・ミン・あかるい・あき【名乗り】あか・あきら・あけ・てる・とし・はる・みつ・よし

意味 光があかるい。曇りのない知恵。「明王」などの神を尊んで呼ぶ時に使う。

名前例
- 明8 男7 15 あきお
- 明8 李7 15 あかり
- 明8 崇11 19 としたか
- 明8 馬10 18 はるま

命 8画

読み メイ・ミョウ・いのち・みこと【名乗り】あきら・とし・な・なが・のぶ・のり・まこと・みち・もり

意味 生命。めぐり合わせ。天から授かった運命や定め。神の称号。

名前例
- 命8 斗4 12 めいと
- 繁16 命8 24 しげなが
- 昌8 命8 16 まさとし
- 命8 忠8 16 のりただ

茂 8画

読み モ・ボウ・しげる・しげみ【名乗り】あり・いし・しく・しげ・たか・とも・とよ・もち・もと

意味 葉が茂るように栄え、勢い盛んなこと。才能の豊かさを表す。

名前例
- 茂8 8 しげる
- 君7 茂8 15 きみしげ
- 茂8 龍16 24 しげたつ
- 茂8 吉6 14 もきち

孟 8画

読み モウ・はじめ【名乗り】おさ・たけ・たけし・つとむ・とも・なが・はじむ・はる・もと

意味 組織のかしら。努力して前進すること。中国の思想家、孟子を指す場合も。

名前例
- 孟8 8 はじめ
- 孟8 司5 13 たけし
- 孟8 継13 21 おさつぐ
- 孟8 瑠14 22 たける

門 8画

読み モン・かど【名乗り】かな・と・ひろ・ゆき

意味 やっと通れるくらいのせまい入り口。転じて、最初の手引きのこと。ものごとの分類上の大きなわく。

名前例
- 左5 門8 13 さもん
- 和8 門8 16 かずと
- 彩11 門8 19 さいもん
- 将10 門8 18 まさかど

夜 8画

読み ヤ・よ・よる【名乗り】やす

意味 よる。昼間をはさんで両わきにある、太陽が沈んでいる時間のこと。

名前例
- 夜8 一1 9 よるいち
- 聖13 夜8 21 せいや
- 夜8 浩10 18 やすひろ
- 夜8 史5 朗10 23 よしろう

侑 8画

読み ユウ・ウ・すすめる・たすける【名乗り】あつむ・すすむ・ゆき

意味 かばい助けること。相手のそばにいて食事や酒などをすすめる、という意味ももつ。

名前例
- 侑8 8 ゆう
- 剛10 侑8 18 たけゆき
- 侑8 樹16 24 ゆうき
- 侑8 大3 11 ゆうだい

來 8画

読み ライ・きたる・くる【名乗り】き・く・こ・な・ゆき

意味 「来」の旧字。きたる。これからこちらに近づく。未来を表す。先のことや、未来のある時点から、今まで。

名前例
- 理11 來8 19 りく
- 未5 來8 13 みらい
- 颯14 來8 22 さつき
- 來8 斗4 12 ゆきと

林 8画

読み リン・はやし【名乗り】き・きみ・きん・しげ・しげる・とき・な・ふさ・もと・もり・よし

意味 同種のものごとや人が集まっていること。さかんな様子。たくさんある様。

名前例
- 宣9 林8 17 のぶしげ
- 林8 辰7 15 きみたつ
- 創12 林8 20 そうりん
- 林8 太4 郎9 21 りんたろう

怜 8画

読み レイ・リョウ・レン・あわれむ・さとい【名乗り】さと・さとし・とき

意味 心が澄みきっていて、賢く、利口であること。悟りや、あわれみのことも示す。

名前例
- 怜8 治7 15 れいじ
- 怜8 佑7 15 りょうすけ
- 怜8 梧11 19 れんご
- 怜8 士3 11 さとし

和 8画

読み ワ・オ・カ・やわらぐ・なごむ【名乗り】あい・かず・たか・のどか・まさ・やす・やまと・よし

意味 互いに相手を大切にし、協力し合う関係にあること。やわらいださま。

名前例
- 和8 悦10 18 かずよし
- 大3 和8 11 やまと
- 和8 泉9 17 いずみ
- 和8 駿17 25 まさとし

威 9画

読み イ・おどす[名乗り]あきら・おどし・たか・たけ・たけし・たける・つよ・つよし・とし・なり・のり

意味 自然に人を従わせる厳かさ。威厳。人を恐れさせる強大な勢力のこと。

名前例

名前	画数	読み
威(8)	8	たける
礼(5)威(9)	14	れい
正(5)威(9)	14	まさのり
政(9)威(8)	17	まさとし

為 9画

読み イ・なす・なる・ため[名乗り]さだ・しげ・ち・なり・ゆき・よし・より

意味 利益があること。役立つこと。理由や原因。ある目的や期待のためにする、という意味もある。

名前例

名前	画数	読み
為(9)依(8)	17	ためより
為(9)基(11)	20	なるき
為(9)介(4)	13	いすけ
為(9)則(9)	18	ゆきのり

郁 9画

読み イク[名乗り]あや・か・かおり・かおる・たかし・ふみ

意味 香りがよく、かぐわしいこと。多くの模様が、はっきりと目立つさま。また、文化が盛んなさま。

名前例

名前	画数	読み
郁(9)	9	いく
郁(9)仁(4)	13	いくひと
悠(11)郁(9)	20	はるか
郁(9)汰(7)	16	あやた

胤 9画

読み イン・たね[名乗り]かず・つぎ・つぐ・つづき・み

意味 先祖から続く血筋。また、血筋を受け継ぐ子孫のことを表す字。

名前例

名前	画数	読み
胤(9)辰(7)	16	たねとき
昇(8)胤(9)	17	しょういん
由(5)胤(9)	14	よしつぐ
胤(9)実(8)	17	つぐみ

映 9画

読み エイ・はえる・はえ・うつる[名乗り]あき・あきら・てる・みつ

意味 照りはえる。反射する。色や輪郭が浮き彫りになる。明暗の境や形がはっきりと生じること。

名前例

名前	画数	読み
映(9)太(4)	13	えいた
映(9)都(11)	20	あきと
秋(9)映(9)	18	あきてる
映(9)季(8)	17	みつき

栄 9画

読み エイ・ヨウ・さかえる・はえる[名乗り]え・しげ・たか・てる・はる・ひさ・ひで・ひろ・よし

意味 草木や花が木いっぱいに華やかに咲く。華やかに咲いた花の様にさかえる。

名前例

名前	画数	読み
栄(9)季(8)	17	はるき
栄(9)作(7)	16	えいさく
武(8)栄(9)	17	たけひで
栄(9)重(9)	18	てるしげ

音 9画

読み オン・イン・おと・ね[名乗り]お・と・なり

意味 聞こえてくる言葉。知らせ。訪れ。声帯をふるわせて出る音。音楽を連想させる漢字。

名前例

名前	画数	読み
広(5)音(9)	14	ひろと
音(9)弥(8)	17	おとや
和(8)音(9)	17	かずと
音(9)比(4)古(5)	18	おとひこ

海 9画

読み カイ・うみ[名乗り]あま・う・うな・か・み

意味 うみ、大きな湖。物事の多く集まるところ。広く大きいという意味を持つ漢字。雄大で、力強い印象に。

名前例

名前	画数	読み
海(9)	9	かい
海(9)斗(4)	13	かいと
洋(9)海(9)	18	ひろみ
海(9)司(5)	14	かいじ
海(9)琉(11)	20	かいる
拓(8)海(9)	17	たくみ
海(9)晴(12)	21	みはる
夏(10)海(9)斗(4)	23	なみと
輝(15)海(9)夫(4)	28	きみお

活 9画

読み カツ・いきる・いかす[名乗り]いく・いた

意味 勢いよく動く。水が勢いよく流れる。いきいきとした様を意味する。

名前例

名前	画数	読み
活(9)典(8)	17	かつのり
活(9)巳(3)	12	かつみ
能(10)活(9)	19	よしかつ
活(9)馬(10)	19	かつま

柑 9画

読み カン

意味 ミカンの一種、こうじを示す。柑橘系を思い浮かべる、フレッシュなイメージの漢字。

名前例

名前	画数	読み
柑(9)太(4)	13	かんた
柑(9)人(2)	11	かんと
柑(9)平(5)	14	かんぺい
柑(9)司(5)	14	かんじ

紀 9画

読み キ・のり・しるす[名乗り]おさ・かず・すみ・ただ・ただし・つぐ・つな・とし・はじめ・もと・よし

意味 物事のおこりを定める。また、はじめをきめて順序よく仕事を進めること。

名前例

名前	画数	読み
佳(8)紀(9)	17	よしき
孝(7)紀(9)	16	たかのり
紀(9)也(3)	12	かずや
紀(9)信(9)	18	きしん

建
9画

読み ケン・コン・たてる・たつ[名乗り]たけ・たけし・たける・たつる・たて

意味 しっかりと建てる。また、堂々と定める、意見を申し立てるなどを意味する。

名前例
- 建雄 9 12 21 たてお
- 建斗 9 4 13 けんと
- 建之 9 3 12 たつゆき
- 建太郎 9 4 9 22 けんたろう

研
9画

読み ケン・ゲン・とぐ・みがく[名乗り]あき・かず・きし・きよ・よし

意味 磨く。研ぎすまして見る。本質を見極める。洗練されたシャープな印象の字。

名前例
- 研吾 9 7 16 けんご
- 研矢 9 5 14 けんや
- 研郎 9 9 18 よしろう
- 研一郎 9 1 9 19 けんいちろう

彦
9画

読み ゲン・ひこ[名乗り]お・さと・ひろ・やす・よし

意味 くっきりと秀でた顔をした男子。才徳の優れた様子を意味する。男子の美称を表す字。

名前例
- 達彦 12 9 21 たつひこ
- 俊彦 9 9 18 としひろ
- 彦一 9 1 10 げんいち
- 彦之介 9 3 4 16 げんのすけ

胡
9画

読み コ・ゴ・ウ[名乗り]ひさ

意味 古代中国では、遊牧民族の総称として使用された。オリエンタルな印象の字。

名前例
- 京胡 8 9 17 きょうご
- 敬胡 12 9 21 けいご
- 省胡 9 9 18 しょうご
- 胡介 9 4 13 こすけ

侯
9画

読み コウ・まと[名乗り]きぬ・きみ・とき・よし

意味 弓の的。領主や大名、爵位を表すときに使われる。また、うかがうなどの意味もある。

名前例
- 侯汰 9 7 16 こうた
- 侯典 9 8 17 きみのり
- 侯紀 9 9 18 こうき
- 侯太郎 9 4 9 22 きみたろう

洸
9画

読み コウ[名乗り]たけ・たけし・ひろ・ひろし・ふかし

意味 水がひろく広がるさま。「洸洸」とは、勇ましく堂々としたさまを意味する。

名前例
- 洸介 9 4 13 こうすけ
- 洸樹 9 16 25 こうき
- 洸陽 9 12 21 たけはる
- 洸志 9 7 16 ひろし

恰
9画

読み コウ・カツ・キョウ・あたかも[名乗り]あたか

意味 あたかも。ちょうど。心で思っていたとおりぴったり合うことを意味する。

名前例
- 恰雅 9 13 22 こうが
- 恰太 9 4 13 こうた
- 恰矢 9 5 14 こうや
- 恰二朗 9 2 10 21 こうじろう

厚
9画

読み コウ・あつい・あつさ[名乗り]あつ・あつし・ひろ・ひろし

意味 厚みを意味する。また、丁重なさま、心遣いの深さも示す。

名前例
- 厚志 9 7 16 あつし
- 厚宏 9 7 16 あつひろ
- 厚文 9 4 13 ひろふみ
- 厚貴 9 12 21 こうき

皇
9画

読み コウ・オウ・かみ・きみ・すめらぎ・すめら[名乗り]すべ・すめら

意味 君主、天主を表す字。偉大という意味も含まれる。美しい様。また、おごそかを表す漢字。

名前例
- 皇太 9 4 13 おうた
- 皇希 9 7 16 こうき
- 皇生 9 5 14 こうせい
- 皇太郎 9 4 9 22 こうたろう

恒
9画

読み コウ・ゴウ・つね・つねに[名乗り]たけ・ちか・のぶ・ひさ・ひとし・わたる

意味 いつも変わりなく張りつめていること。一定しているさまを示す。弦月の意味も持つ漢字。

名前例
- 恒 9 9 わたる
- 恒輝 9 15 24 こうき
- 恒彦 9 9 18 つねひこ
- 恒一朗 9 1 10 20 こういちろう

哉
9画

読み サイ・かな・や[名乗り]えい・か・き・すけ・ちか・とし・はじめ

意味 初めて。始まり。感嘆の語気を表す字。男の子の名前の止め字として人気の字。

名前例
- 哉太 9 4 13 かなた
- 和哉 8 9 17 かずちか
- 達哉 12 9 21 たつや
- 友哉 4 9 13 ゆうき

柊
9画

読み シュウ・ひいらぎ

意味 ひいらぎ。芭蕉に似た木の名。葉は硬く、光沢があり、晩秋に花を咲かせる。

名前例
- 柊 9 9 しゅう
- 柊真 9 10 19 しゅうま
- 柊也 9 3 12 しゅうや
- 柊都 9 11 20 しゅうと

秋
9画

読み シュウ・あき・とき【名乗り】あきら・おさむ・とし・みのる

意味 季節を示す。時節では立秋（8月初旬）から立冬（11月初旬）まで。大切な時を意味する場合も。

名前例

名前	画数	総画	読み
秋彦	9・9	18	あきひこ
秋広	9・5	14	あきひろ
秋介	9・4	13	しゅうすけ
秋次	9・6	15	ときつぐ

洲
9画

読み シュウ・ス・しま【名乗り】くに

意味 川の中の小島。中州。大陸を意味する。スケールの大きさをイメージさせる字。

名前例

名前	画数	総画	読み
洲太	9・4	13	しゅうた
洲央	9・5	14	くにお
洲斗	9・4	13	しゅうと
洲真	9・10	19	しゅうま

重
9画

読み ジュウ・チョウ・え・おもい・かさねる【名乗り】あつ・あつし・おもし・かず・しげ・しげる・のぶ・ふさ

意味 重い、深い、重ねるなどを意味する。それらから転じて、大切である、の意味も。

名前例

名前	画数	総画	読み
重史	9・5	14	あつし
重央	9・5	14	しげお
重信	9・9	18	しげのぶ
重杜	9・7	16	しげと

俊
9画

読み シュン【名乗り】すぐる・たかし・とし・まさり・まさる・よし

意味 優れる。大きい。すらりと秀でるさま、才知の優れた人を示す字。

名前例

名前	画数	総画	読み
俊	9	9	すぐる
俊太	9・4	13	しゅんた
俊也	9・3	12	としや
俊輔	9・14	23	しゅんすけ

春
9画

読み シュン・はる【名乗り】あずま・あつ・かす・かず・す・とき・は・はじめ

意味 四季の第一。立春から立夏までの間。3月から5月はじめを示す。若く元気な時期を示す場合も。

名前例

名前	画数	総画	読み
春太	9・4	13	しゅんた
春輝	9・15	24	はるき
春彦	9・9	18	はるひこ
春馬	9・10	19	はるま

洵
9画

読み シュン・ジュン・まことに【名乗り】のぶ・ひと・ひとし・まこと

意味 水が隅々までいき渡る。また、全く、本当に、等しいなどを意味する場合も。

名前例

名前	画数	総画	読み
洵矢	9・5	14	じゅんや
洵一	9・1	10	じゅんいち
洵幸	9・8	17	のぶゆき
洵史	9・5	14	ひとし

叙
9画

読み ジョ・のべる【名乗り】のぶ・みつ

意味 述べる。思うことを順序だてて展開して述べる。序列等を意味する。

名前例

名前	画数	総画	読み
叙人	9・2	11	のぶひと
叙斗	9・4	13	のぶと
叙樹	9・16	25	のぶき
輝叙	15・9	24	てるみつ

昭
9画

読み ショウ・あきらか【名乗り】あき・あきら・いか・てる・のり・はる

意味 明らか。隅々まで照らし出すなど、光を感じる字。華やかで、堂々とした印象の漢字。

名前例

名前	画数	総画	読み
昭希	9・7	16	てるき
昭尋	9・12	21	あきひろ
昭司	9・5	14	しょうじ
昭太郎	9・4・9	22	しょうたろう

咲
9画

読み ショウ・さき・さく・わらう【名乗り】えみ・さ

意味 笑う。笑む。花が咲く。花が開くなどを意味する。明るいイメージをもつ字。

名前例

名前	画数	総画	読み
幸咲	8・9	17	こうさく
咲夫	9・4	13	さきお
咲哉	9・9	18	さきや
真咲希	10・9・7	26	まさき

城
9画

読み ジョウ・セイ・しろ【名乗り】き・くに・さね・しげ・なり・むら

意味 都市を巡る城壁。敵を防ぐために土や石で堅固に築いた大規模な構造物を意味する。

名前例

名前	画数	総画	読み
城広	9・5	14	くにひろ
城吾	9・7	16	じょうご
智城	12・9	21	ともき
城太朗	9・4・10	23	じょうたろう

信
9画

読み シン・まこと【名乗り】あき・あきら・さだ・さね・しげ・しの・ただ・ちか・とき・とし・のぶ・まさ・みち

意味 まこと。言明や約束をどこまでも通すこと。本当であるさまを示す。

名前例

名前	画数	総画	読み
信人	9・2	11	のぶと
信平	9・5	14	しんぺい
信一	9・1	10	しんいち
信弥	9・8	17	しんや

津
9画

読み シン・つ【名乗り】す・ず

意味 滴となってしたたる液体。水の潤す所。浅瀬の船着き場を意味する。

名前例

名前	画数	総画	読み
津介	9・4	13	しんすけ
津平	9・5	14	しんぺい
津矢	9・5	14	しんや
佳津也	8・9・3	20	かつや

甚

9画

読み ジン・シン・はなはだ・はなはだしい[名乗り]おもし・しげ・たね・とう・ふか・やす

意味 深く。深入りする。はなはだしいなどを意味する。古風なイメージをうける字。

名前例

甚	9	9	じん
甚太	9・4	13	じんた
甚平	9・5	14	じんぺい
甚之介	9・3・4	16	じんのすけ

是

9画

読み ゼ・シ・ここ・これ・この[名乗り]すなお・ただ・ただし・つな・ゆき・よし

意味 これ。この。正しい。正しい方針。また、まっすぐ進むことを意味する。

名前例

是光	9・6	15	これみつ
輝是	15・9	24	てるよし
是史	9・5	14	ただし
是秀	9・7	16	ゆきひで

政

9画

読み セイ・ショウ[名乗り]おさ・かず・きよ・すなお・ただ・ただし・なり・のぶ・のり・まさ・まさし・ゆき

意味 社会生活を正しくとりしきる仕事。物事を行う時の一定の決まりを示す。

名前例

政也	9・3	12	せいや
政司	9・5	14	せいじ
政樹	9・16	25	まさき
惟政	11・9	20	ただまさ

省

9画

読み セイ・ショウ・かえりみる・はぶく[名乗り]あきら・かみ・み・みる・よし

意味 見る。目を細くして注意して見る。省みる。また、よけいな部分を取り去るという意味も。

名前例

省良	9・7	16	あきら
一省	1・9	10	かずみ
省吾	9・7	16	しょうご
省和	9・8	17	よしかず

星

9画

読み セイ・ショウ・ほし[名乗り]とし

意味 夜空に、清らかに光る星を示す。また、めぼし。狙った点を示す場合も。

名前例

一星	1・9	10	いっせい
星矢	9・5	14	せいや
航星	10・9	19	こうせい
星一朗	9・1・10	20	せいいちろう

宣

9画

読み セン・のべる[名乗り]しめす・すみ・つら・のぶ・のぶる・のり・ひさ・ふさ・むら・よし

意味 述べる。明らかにする。広く行き渡るさまを意味する。

名前例

宣太	9・4	13	せんた
隆宣	11・9	20	たかのぶ
芳宣	7・9	16	よしのり
宣尚	9・8	17	よしひさ

祖

9画

読み ソ[名乗り]おや・さき・のり・はじめ・ひろ・もと

意味 先祖。先人。元になるものであること。大元として尊敬して従うなどを意味する。

名前例

祖	9	9	はじめ
厚祖	9・9	18	あつもと
隆祖	11・9	20	たかもと
祖也	9・3	12	もとや

奏

9画

読み ソウ・かなでる[名乗り]かな

意味 進める。方向を定めて前進させる。揃ってまとまる。また、音や声をそろえて奏でるなどの意味も。

名前例

奏太	9・4	13	そうた
奏弥	9・8	17	かなや
奏甫	9・7	16	そうすけ
奏一朗	9・1・10	20	そういちろう

荘

9画

読み ソウ・ショウ[名乗り]これ・たか・たかし・ただし・まさ

意味 おごそかなさま。すらりと形が整ったさま。また、納屋や、集落を意味する。

名前例

荘吾	9・7	16	しょうご
荘司	9・5	14	そうじ
荘夫	9・4	13	たかお
荘太郎	9・4・9	22	しょうたろう

相

9画

読み ソウ・ショウ・あい[名乗り]あう・あきら・さすけ・たすく・とも・はる・まさ・また・み・みる

意味 対象をよく見る。介添え役。助けるなどを意味する。細やかな印象をうける字。

名前例

相平	9・5	14	しょうへい
相輔	9・14	23	しょうすけ
相貴	9・12	21	ともき
相太朗	9・4・10	23	そうたろう

則

9画

読み ソク・すなわち・のっとる・のり[名乗り]つね・とき・みつ

意味 法則。手本。すなわち。すぐさまなどを意味する。物事の基準や道理を示す字。

名前例

孝則	7・9	16	たかのり
則幸	9・8	17	のりゆき
佳則	8・9	17	よしのり
義則	13・9	22	よしとき

勅

9画

読み チョク・みことのり[名乗り]ただ・て・とき

意味 だらけないように引き締める。正す、整えるなどの意味も。

名前例

勅央	9・5	14	ときお
勅彦	9・9	18	ときひこ
勅人	9・2	11	ときひと
勅敏	9・10	19	ただとし

貞
9画

読み テイ・ジョウ・ただしい[名乗り]さだ・ただ・ただし・ただす・つら・みさお

意味 心が正しい、まこと。真っ直ぐ。動揺しないなどを意味する漢字。

名前例

名前	画数	総画	読み
貞二	9・2	11	じょうじ
貞緒	9・14	23	さだお
貞晴	9・12	21	さだはる
秀貞	7・9	16	ひでさだ

南
9画

読み ナン・ナ・みなみ[名乗り]あけ・なみ・みな・よし

意味 暖気をとりこむ南側、南方を示す。南国のイメージ同様に、温かい大らかな人柄を思わせる字。

名前例

名前	画数	総画	読み
阿南	8・9	17	あなん
南斗	9・4	13	みなと
南緒	9・14	23	なみお
南央人	9・5・2	16	なおと

珀
9画

読み ハク・ヒャク[名乗り]すい

意味 宝石の「琥珀」。黄白色の美しい宝石のように、凛とした気品を感じさせる字。

名前例

名前	画数	総画	読み
珀人	9・2	11	はくと
珀瑛	9・12	21	はくえい
珀真	9・10	19	はくま
珀弥	9・8	17	はくや

毘
9画

読み ヒ・ビ[名乗り]すけ・たる・てる・とも・のぶ・ひで・まさ・やす・よし

意味 そばについて助けるなどを意味する。また、田畑や地勢が連なることを示す。

名前例

名前	画数	総画	読み
孝毘	7・9	16	たかてる
友毘	4・9	13	ともやす
章毘	11・9	20	あきのぶ
毘尚	9・8	17	ひでなお

飛
9画

読み ヒ・とばす・とぶ[名乗り]たか

意味 飛ぶ。鳥が羽を開いて飛ぶさまを示す。また、飛ぶように速いなど、スピードを意味する場合も。

名前例

名前	画数	総画	読み
飛人	9・2	11	たかひと
飛久	9・3	12	たかひさ
飛鳥	9・11	20	あすか
飛呂志	9・7・7	23	ひろし

美
9画

読み ビ・ミ・うつくしい[名乗り]うま・うまし・きよし・とみ・はし・はる・ふみ・み・みつ・よ・よし

意味 美しい。見た目が細やかで格好が良いことを示す。良い、うまいなどの意味も。

名前例

名前	画数	総画	読み
美希	9・7	16	よしき
美晴	9・12	21	よしはる
公美	4・9	13	きみはる
克美	7・9	16	かつみ

保
9画

読み ホ・ホウ・たもつ・もつ・やすんじる[名乗り]お・まもる・もり・やす・やすし・より

意味 保つ。外から守って安全を維持することを表す。安らかにする、の意味も。

名前例

名前	画数	総画	読み
保雄	9・12	21	やすお
保英	9・8	17	やすひで
保貴	9・12	21	やすたか
貴保	12・9	21	たかもり

昴
9画

読み ボウ・すばる[名乗り]あきら

意味 すばる。牡牛座の六連星。秋を代表する星座として知られる。神秘的な印象をうける字。

名前例

名前	画数	総画	読み
昴	9	9	すばる
昴良	9・7	16	あきら
希昴	7・9	16	きぼう
昴青	9・8	17	ぼうせい

柾
9画

読み まさ・まさき[名乗り]ただ

意味 木材の木目が、まっすぐ通っているものを表す。生垣に用いられる木。

名前例

名前	画数	総画	読み
柾和	9・8	17	まさかず
柾史	9・5	14	まさし
柾也	9・3	12	まさや
柾佳	9・8	17	まさよし

耶
9画

読み ヤ・ジャ・か

意味 疑問や感嘆の意を表す助詞。キリストの当て字としても使用されていたことから洋風な印象も。

名前例

名前	画数	総画	読み
貴耶	12・9	21	たかや
正耶	5・9	14	まさや
勇耶	9・9	18	ゆうや
波耶斗	8・9・4	21	はやと

勇
9画

読み ユウ・いさむ[名乗り]いさ・いさお・いさまし・いさみ・お・さ・そよ・たけ・たけし・とし・はや・ゆ・よ

意味 元気がある。勇ましい。つわもの。兵士。気力が盛んで強いさまを表す字。

名前例

名前	画数	総画	読み
勇美	9・9	18	いさみ
勇人	9・2	11	ゆうと
勇輝	9・15	24	ゆうき
勇一朗	9・1・10	20	ゆういちろう

祐
9画

読み ユウ・たすける[名乗り]さち・すけ・ち・ひろ・まさ・ます・むら・よし

意味 助ける。外からかばって助けることを意味する。安定感と優しさを感じる字。

名前例

名前	画数	総画	読み
祐人	9・2	11	ひろと
建祐	9・9	18	けんすけ
幸祐	8・9	17	こうすけ
祐太朗	9・4・10	23	ゆうたろう

9画

洋

読み ヨウ・なだ［名乗り］うみ・きよ・なみ・ひろ・ひろし・み・よし

意味 広々とした大きな海。また、外国、ことに西洋を意味する。グローバルな印象の字。

名前例
- 洋9一1　10　よういち
- 洋9平5　14　ようへい
- 洋9貴12　21　ひろき
- 洋9夫4　13　よしお

9画

要

読み ヨウ・いる・かなめ［名乗り］しの・とし・め・もとむ・もとめ・やす

意味 要点。物事を締めくくる。要求する。大切な所などを意味する。必要性を表す字。

名前例
- 要9　9　かなめ
- 要9介4　13　ようすけ
- 要9矢5　14　としや
- 要9広5　14　やすひろ

9画

律

読み リツ・リチ［名乗り］おと・ただし・ただす・たて・のり

意味 行いをきちんと秩序立てたきまり。物事を正すなどを意味する。秩序や調和をイメージする字。

名前例
- 律9朗10　19　りつお
- 律9之3　12　のりゆき
- 雅13律9　22　まさのり
- 律9比4古5　18　たてひこ

9画

亮

読み リョウ・あきらか［名乗り］あき・あきら・かつ・すけ・たすく・とおる・ふさ・まこと・よし・より・ろ

意味 明らか。汚れがなくて明るい。はっきりしていることを示す。

名前例
- 大3亮9　12　だいすけ
- 友4亮9　13　ともよし
- 善12亮9　21　よしあき
- 亮9太4　13　りょうた

9画

玲

読み レイ・リョウ［名乗り］あき・あきら・たま・れ

意味 玉の鳴る涼しい音。音が冴えて、爽やかなさまを示す。清々しさを印象づける字。

名前例
- 玲9司5　14　れいじ
- 玲9緒14　23　れお
- 玲9貴12　21　たまき
- 玲9太4朗10　23　りょうたろう

9画

郎

読み ロウ［名乗り］いらつこ・お・ろ

意味 清らかな男子のこと。男子を呼ぶ美称。男子の名前に、よく使用される人気の字。古典的なイメージをもつ。

名前例
- 篤16郎9　25　あつお
- 一1郎9　10　いちろう
- 拓8郎9　17　たくろう
- 鉄13郎9　22　てつろう

10画

挨

読み アイ

意味 せまる。そばにくっつく。押しあいへしあいする。転じて、人のそばに寄って挨拶する意も。

名前例
- 挨10太4　14　あいた
- 挨10吾7　17　あいご
- 挨10斗4　14　あいと
- 挨10之3介4　17　あいのすけ

10画

晏

読み アン［名乗り］おそ・さだ・はる・やす

意味 日が低く、落ちかかるさま。やすらか。静かに落ちついているさまを示す。

名前例
- 晏10晴12　22　さだはる
- 清11晏10　21　きよはる
- 晏10耶9　19　はるや
- 晏10人2　12　やすひと

10画

益

読み エキ・ヤク・ます［名乗り］あり・すすむ・のり・まし・また・み・みつ・やす・よし

意味 益す。たらない所をうめるもの。どんどん上に加わるなどを意味する。

名前例
- 益10也3　13　みつや
- 益10隆11　21　ますたか
- 益10佳8　18　やすよし
- 益10輝15　25　よしき

10画

悦

読み エツ・よろこぶ［名乗り］のぶ・よし

意味 喜ぶ。心のしこりがとれて嬉しくなるなどを意味する。喜び、楽しさなど感情を表した字。

名前例
- 悦10史5　15　えつし
- 悦10朗10　20　えつお
- 悦10斗4　14　のぶと
- 悦10雄12　22　よしお

10画

桜

読み オウ・ヨウ・さくら［名乗り］はる

意味 ユスラウメ。日本の代表的な春に咲く花。暖かい春をイメージする字。

名前例
- 桜10一1　11　おういち
- 桜10輝15　25　おうき
- 桜10亮9　19　おうすけ
- 桜10太4朗10　24　おうたろう

10画

夏

読み カ・ゲ・なつ［名乗り］な

意味 立夏から立秋まで、6月・7月・8月の時期を示す。盛んを意味する場合も。

名前例
- 夏10一1　11　かいち
- 夏10生5　15　なつき
- 夏10央5　15　なつお
- 夏10人2　12　なつと

華

10画

読み カ・ケ・ゲ・はな・はなやか［名乗り］きよ・は・はる・ふさ・よし

意味 花。華やか。色つやの艶やかなさまを示す。栄えさせる。優れたものなどの意味も。

名前例
- 華 10 輝 15　25　はるき
- 華 10 至 6　16　きよし
- 和 8 華 10　18　かずよし
- 華 10 津 9 也 3　22　かづや

峨

10画

読み ガ［名乗り］たか・たかし

意味 険しい。山がぎざぎざとしたさま。高く尖ったさまを示す。力強さを感じる字。

名前例
- 峨 10 久 3　13　がく
- 大 3 峨 10　13　たいが
- 峨 10 志 7　17　たかし
- 峨 10 也 3　13　たかや

莞

10画

読み カン・い・ふとい

意味 カヤツリグサ科の多年草の名。まるい、まろやかさを意味する場合も。

名前例
- 莞 10 一 1　11　かんいち
- 莞 10 太 4　14　かんた
- 莞 10 亮 9　19　かんすけ
- 莞 10 治 8　18　かんじ

栞

10画

読み カン・しおり［名乗り］けん

意味 山林を歩くときに道の目じるしとするために折った木の枝。本にはさんで、目印とするもの。

名前例
- 栞 10 太 4　14　かんた
- 栞 10 児 7　17　かんじ
- 栞 10 介 4　14　かんすけ
- 栞 10 太 4 郎 9　23　かんたろう

起

10画

読み キ・おきる・おこる・おこす・たつ［名乗り］おき・かず・ゆき

意味 起きる。立つ。物事のはじめなどを意味する。一斉に、一緒に、を意味する場合も。

名前例
- 一 1 起 10　11　かずき
- 秀 7 起 10　17　ひでき
- 起 10 尋 12　22　たつひろ
- 義 13 起 10　23　よしゆき

記

10画

読み キ・しるす・しるし［名乗り］とし・なり・のり・ふさ・ふみ・よし

意味 記す。覚えておく。書き留めたもの。文書や手がかりなどを示す。

名前例
- 和 8 記 10　18　かずき
- 基 11 記 10　21　もとき
- 勇 9 記 10　19　ゆうき
- 達 12 記 10　22　たつのり

桔

10画

読み キツ・ケツ

意味 固くしまった実をつける草木。きつく引き締まる棒などを意味する。

名前例
- 桔 10 耶 9　19　きつや
- 桔 10 平 5　15　きっぺい
- 桔 10 朗 10　20　きつろう
- 桔 10 真 10　20　きつま

赳

10画

読み キュウ［名乗り］たけ・たけし

意味 筋肉がひきしまって強いさま。逞しく進むさまを示す。勇ましい男子をイメージする字。

名前例
- 赳 10 生 5　15　たけお
- 赳 10 志 7　17　たけし
- 赳 10 矢 5　15　たけや
- 由 5 赳 10　15　よしたけ

恭

10画

読み キョウ・うやうやしい［名乗り］く・すけ・たか・たかし・ただ・ただし・ちか・やす・やすし・ゆき・よし

意味 かしこまっているさま。丁寧で慎み深いさま。礼儀正しさをイメージする字。

名前例
- 恭 10 吾 7　17　きょうご
- 恭 10 平 5　15　きょうへい
- 恭 10 士 3　13　たかし
- 恭 10 一 1 朗 10　21　きょういちろう

矩

10画

読み ク・かね・のり［名乗り］かど・ただし・ただす・つね

意味 さしがね。一定の基準やコース、枠などを示す。秩序や道徳をイメージする字。

名前例
- 矩 10 生 5　15　のりお
- 公 4 矩 10　14　きみつね
- 矩 10 文 4　14　のりふみ
- 矩 10 惟 11　21　かねただ

訓

10画

読み クン・キン・おしえ・おしえる・よむ・よみ［名乗り］くに・しる・とき・のり・みち

意味 教え。物事の筋を通して伝える。また、年長者や上役の説明や指示を意味する。

名前例
- 訓 10 一 1　11　くんいち
- 訓 10 平 5　15　くんぺい
- 訓 10 矢 5　15　きんや
- 広 5 訓 10　15　ひろのり

恵

10画

読み ケイ・エ・めぐむ・めぐみ・めぐまれる［名乗り］あや・さと・さとし・しげ・とし・やす・よし

意味 恵み。思いやりがあるさま。穏やか、温かい、の意味も。優しさをイメージする。

名前例
- 恵 10 太 4　14　けいた
- 恵 10 亮 9　19　けいすけ
- 恵 10 悟 10　20　けいご
- 恵 10 士 3　13　さとし

10画

桂

読み ケイ・かつら[名乗り]かつ・よし

意味 カツラ科の落葉高木を意味する。中国の伝説で、月の中にある木と言われている。神秘的な印象の字。

名前例
- 桂一 10 1 11 けいいち
- 桂司 10 5 15 けいじ
- 桂広 10 5 15 よしひろ
- 桂太朗 10 4 10 24 けいたろう

10画

兼

読み ケン・かねる・かねて[名乗り]かず・かた・かぬ・かね・とも

意味 兼ねる。2つ以上のものを一緒に併せることを意味する。

名前例
- 兼人 10 2 12 かねと
- 兼亮 10 9 19 けんすけ
- 兼斗 10 4 14 けんと
- 兼一朗 10 1 10 21 けんいちろう

10画

拳

読み ケン・ゲン・こぶし[名乗り]つとむ

意味 手をまるく握った拳。武芸の一種。力、勇気なども意味し、力強さをイメージする字。

名前例
- 拳一 10 1 11 けんいち
- 拳吾 10 7 17 けんご
- 拳馬 10 10 20 けんま
- 拳介 10 4 14 けんすけ

10画

剣

読み ケン・つるぎ[名乗り]あきら・つとむ・はや

意味 まっすぐで、両側に刃がある刀。また、それを使ってする武術。

名前例
- 剣史 10 5 15 けんし
- 剣人 10 2 12 はやと
- 剣真 10 10 20 けんま
- 剣太郎 10 4 9 23 けんたろう

10画

悟

読み ゴ・さとる・さとり[名乗り]さと・さとし・のり

意味 悟る。思いあたる。理解する。道理にめざめることを示す。道徳的なイメージの字。

名前例
- 大悟 3 10 13 だいご
- 悟志 10 7 17 さとし
- 悟留 10 10 20 さとる
- 正悟 5 10 15 まさのり

10画

紘

読み コウ[名乗り]つな・ひろ・ひろし

意味 冠の右からあごをめぐって左にわたしたひも。綱を張る。広いなどを意味する。

名前例
- 紘太 10 4 14 こうた
- 紘貴 10 12 22 こうき
- 紘紀 10 9 19 ひろき
- 紘史 10 5 15 ひろし

10画

航

読み コウ・わたる[名乗り]かず・つら

意味 ふねが並んで勇ましく進む。また、空中を進むことを航空ともいう。

名前例
- 航輝 10 15 25 こうき
- 航平 10 5 15 こうへい
- 航大 10 3 13 こうだい
- 航洋 10 9 19 かずひろ

10画

晃

読み コウ・あきらか[名乗り]あき・あきら・きら・てる・ひかる・みつ

意味 光る。明らか。光が四方に広がり出ることを示す。崇高なイメージをもつ字。

名前例
- 晃 10 10 あきら
- 晃行 10 6 16 あきゆき
- 晃来 10 7 17 こうき
- 晃之介 10 3 4 17 こうのすけ

10画

晄

読み コウ・あきらか[名乗り]あき・あきら・きら・てる・ひかる・みつ

意味 「晃」の異体字。光る。明らか。光が四方に広がり出ることを示す。気品を感じる字。

名前例
- 晄信 10 9 19 あきのぶ
- 晄良 10 7 17 あきら
- 晄一 10 1 11 こういち
- 恒晄 9 10 19 つねあき

10画

貢

読み コウ・ク・みつぐ・みつぎ[名乗り]すすむ・つぐ・み・みつ

意味 貢ぎ物。朝廷に産物をたてまつる。優れた人材を朝廷に推薦する。

名前例
- 貢治 10 8 18 こうじ
- 秀貢 7 10 17 ひでつぐ
- 貢成 10 6 16 みつなり
- 義貢 13 10 23 よしつぐ

10画

倖

読み コウ・ギョウ・さいわい[名乗り]さち・ゆき

意味 幸せ。思いもよらなかった幸運を意味する。幸福感に満ちあふれたイメージの字。

名前例
- 倖太 10 4 14 こうた
- 倖希 10 7 17 こうき
- 倖緒 10 14 24 さちお
- 倖充 10 6 16 ゆきみつ

10画

高

読み コウ・たかい・たか・たかまる・たかめる[名乗り]あきら・かぎり・すけ・たか・たかし・たけ・ほど

意味 場所や建物が高い。位や人柄、腕前が優れている。声や評判などがよい、の意も。

名前例
- 高志 10 7 17 たかし
- 高大 10 3 13 たかひろ
- 高志 10 7 17 こうじ
- 康高 11 10 21 やすたか

10画
耕
読み コウ・たがやす［名乗り］おさむ・つとむ・やす
意味 耕す。田畑の土をおこして、区切りを入れる。農耕を意味する。
名前例
耕10一1 11 こういち
耕10作7 17 こうさく
耕10助7 17 こうすけ
耕10太4朗10 24 こうたろう

10画
浩
読み コウ・ひろい［名乗り］いさむ・おおい・きよし・はる・ひろ・ひろし・ゆたか・よう
意味 水が豊かで、広々としたさま。堂々として大きい。数量が多く盛んなさま。
名前例
浩10二2 12 こうじ
浩10司5 15 ひろし
佳8浩10 18 よしひろ
朋8浩10 18 ともひろ

10画
剛
読み ゴウ・コウ・つよい［名乗り］かた・たか・たかし・たけ・たけし・つよ・つよし・ひさ・まさ・よし
意味 固くて丈夫なさま。武芸や力の強さを表す字。勇ましいイメージをもつ字。
名前例
剛10志7 17 つよし
剛10士3 13 たけし
剛10彦9 19 たけひこ
正5剛10 15 まさたか

10画
宰
読み サイ・つかさどる・つかさ［名乗り］おさむ・かみ・すず・ただ
意味 切る。仕事を意のままに処理するなどを意味する。手際の良さ、俊敏さをイメージする字。
名前例
宰10 10 おさむ
宰10史5 15 ただし
宰10亮9 19 ただすけ
宰10之3介4 17 さいのすけ

10画
朔
読み サク・ついたち［名乗り］きた・はじめ・もと
意味 ついたち。暦や北を示す場合も。月が一周して元の位置に戻ったことを示す場合も。
名前例
朔10典8 18 きたのり
大3朔10 13 だいさく
勇9朔10 19 ゆうさく
朔10太4朗10 24 さくたろう

10画
師
読み シ［名乗り］かず・つかさ・のり・みつ・みと・もと・もろ
意味 戦。集団をなした軍隊。また、先生や指導者、専門家、親方など、手本として教える者を示す。
名前例
泰10師10 20 やすし
師10光6 16 のりみつ
友4師10 14 ともかず
康11師10 21 やすもと

10画
時
読み ジ・シ・とき［名乗り］これ・ちか・はる・もち・ゆき・よし・より
意味 時間、時代、機会などを示す。日常でもよく使用される字で、馴染みが深い。
名前例
時10生5 15 ときお
時10哉9 19 ときや
真10時10 20 しんじ
光6時10 16 みつとき

10画
修
読み シュウ・シュ・おさめる［名乗り］おさ・おさむ・なお・なり・のぶ・のり・みち・もと・やす・よし・よしみ
意味 修める。物や文章を形良くする。整える。また、すらりと長いなどを意味する。
名前例
修10一1 11 しゅういち
修10武8 18 おさむ
修10斗4 14 しゅうと
修10久3 13 のぶひさ

10画
峻
読み シュン・けわしい・たかい［名乗り］たか・たかし・ちか・とし・みち・みね
意味 高い。すっくとそそり立つ。そそり立つ山のように、堂々としたイメージの字。
名前例
峻10治8 18 しゅんじ
峻10平5 15 しゅんぺい
峻10也3 13 としや
峻10通10 20 としみち

10画
准
読み ジュン・シュン・なぞらえる［名乗り］のり
意味 平らにならすこと。全体を見渡してバランスをとって認めることを意味する。
名前例
准10矢5 15 じゅんや
准10司5 15 じゅんじ
隆11准10 21 たかのり
文4准10 14 ふみのり

10画
純
読み ジュン・シュン・もっぱら［名乗り］あつ・あつし・あや・いと・きよ・すなお・すみ・つな・まこと・よし
意味 混じりけがない、ありのままなどを意味する。飾らない素朴なイメージをもつ。
名前例
純10一1 11 じゅんいち
純10矢5 15 じゅんや
純10兵7 17 じゅんぺい
純10彦9 19 すみひこ

10画
隼
読み ジュン・シュン・はやぶさ［名乗り］とし・はや・はやし・はやと
意味 鷹の一種である、はやぶさのこと。小形だが、はやい速度で飛び、性質はすばやく勇敢である。
名前例
隼10 10 はやと
隼10太4 14 しゅんた
隼10也3 13 としや
隼10之3輔14 27 じゅんのすけ

10画

恕

読み ジョ・ショ・ゆるす［名乗り］くに・しのぶ・のり・ひろ・ひろし・ひろむ・みち・ゆき・よし

意味 相手を許す、思いやりの心。相手の立場や心情を察し、寛大に扱うこと。

名前例

恕10　10　ひろむ
徹15恕10　25　てつひろ
康11恕10　21　やすゆき
恕10実8　18　よしざね

10画

将

読み ショウ・ソウ・はた［名乗り］すけ・すすむ・たすく・ただし・のぶ・ひとし・まさ・もち・ゆき

意味 将軍のこと。これから何かをしようとする、という意味もある。

名前例

将10兵7　17　しょうへい
昂8将10　18　こうすけ
孝7将10　17　たかゆき
将10杜7　17　まさと

10画

祥

読み ショウ・さいわい［名乗り］あきら・さか・さき・さち・さむ・ただ・なが・やす・よし

意味 きざし。主に、めでたいことの前ぶれを表す。めでたい姿、めでたい印。

名前例

尚8祥10　18　ひさよし
祥10教11　21　やすのり
祥10一1　11　さきかず
祥10太4郎9　23　しょうたろう

10画

晋

読み シン・すすむ［名乗り］あき・くに・ゆき

意味 ずんずんと伸びすすむことを意味する。かつて中国の王朝名としても使われていた漢字。

名前例

晋10　10　すすむ
晋10次6　16　しんじ
晋10伸7　17　ゆきのぶ
晋10弥8　18　くにや

10画

秦

読み シン・ジン・はた

意味 成長がはやい植物のこと。また、春秋戦国時代の中国の国名のひとつ。

名前例

秦10助7　17　しんすけ
秦10斗4　14　しんと
太4秦10　14　うずまさ
秦10弘5　15　はたひろ

10画

眞

読み シン・ま・まこと［名乗り］さだ・さな・さね・ただ・ただし・なお・まき・まさ・また・まな・み

意味 「真」の旧字。純粋である、まじりけがない。真理を表す字でもある。

名前例

眞10継13　23　まさつぐ
眞10咲9　19　まさき
眞10仁4　14　まさひと
眞10一1朗10　21　しんいちろう

10画

真

読み シン・ま・まこと・まことに［名乗り］あつ・さだ・さな・さね・ただ・ただし・ちか・なお・まき・まこ・まさ・ます・また・まな・み・みち・もと

意味 偽りのない、真実。充実している。自然のまま。純粋である、りっぱな、美しい、などの意も表す。

名前例

真10　10　まこと
拓8真10　18　たくま
真10理11　21　しんり
道12真10　22　みちざね
真10矢5　15　さなや
真10幸8　18　まさゆき
真10明8　18　なおあき
義13真10　23　よしただ
真10広5　15　まひろ

10画

粋

読み スイ・いき［名乗り］きよ・ただ

意味 きめ細かくて質がよく、きれいにそろっているさま。純粋なこと。気がきいていて風流な様子。

名前例

粋10星9　19　すいせい
結12粋10　22　ゆいき
太4粋10　14　たいき
粋10人2　12　きよと

10画

晟

読み セイ・ジョウ［名乗り］あき・あきら・てる・まさ

意味 明るくりっぱなさま。明るく輝いている様子。また、あきらかであることを示す字。

名前例

晟10　10　あきら
竜10晟10　20　りゅうせい
晟10生5　15　まさき
清11晟10　21　きよてる

10画

閃

読み セン・ひらめく［名乗り］ひかり・み

意味 ひらめく。きらめく。一瞬きらりと光る。身をかわす。きらりと光るいなびかりや、いなずまを表す。

名前例

閃10　10　せん
閃10都11　21　せんと
一1閃10　11　いっせん
閃10理11　21　せんり

10画

素

読み ソ・ス・もと・もとより［名乗り］しろ・しろし・すなお・はじめ

意味 ものごとを成り立たせるもと。根本になるもの。飾りけのないさま。染めていない白絹、という意味も。

名前例

素10央5　15　もとお
素10基11　21　もとき
素10直8　18　すなお
素10耶9　19　もとや

10画
造
読み ゾウ・ソウ・つくる[名乗り]いたる・なり・なる・はじめ・みやつこ
意味 くっつけてつくる。ある所までとどくこと。学問の到達の程度を表す、「造詣」にも用いられる字。
名前例
造10 10 いたる
泰10造10 20 たいぞう
修10造10 20 しゅうぞう
駿17造10 27 としなり

10画
泰
読み タイ・やすい[名乗り]あきら・とおる・ひろ・ひろし・や・やす・やすし・ゆたか・よし
意味 やすらかで、安心できること。ゆったりと落ち着いている様子を示す。
名前例
泰10 10 ゆたか
泰10崇11 21 やすたか
泰10己3 13 ひろみ
泰10樹16 26 たいき

10画
啄
読み タク・ついばむ
意味 ついばむ。くちばしで同じ所をつんつんとつつく。「啄木鳥」とは、キツツキのこと。
名前例
啄10木4 14 たくぼく
啄10人2 12 たくと
啄10哉9 19 たくや
啄10海9 19 たくみ

10画
致
読み チ・いたす[名乗り]いたる・おき・とも・のり・むね・ゆき・よし
意味 目標まで届ける。いたらせる。気持ちのおもむくところ。最後まで行き着くことを意味する。
名前例
致10 10 いたる
大3致10 13 だいち
誠13致10 23 まさのり
光6致10 16 みつよし

10画
通
読み ツウ・ツ・トウ・かよう・とおる[名乗り]とお・なお・みち・みつ・ゆき
意味 つらぬきとおす。人情味がある人。何かに精通していること。言葉や情報を相手に伝えること。
名前例
通10 10 とおる
通10晴12 22 みちはる
柾9通10 19 まさみつ
朋8通10 18 ともゆき

10画
哲
読み テツ[名乗り]あき・あきら・さと・さとし・さとる・のり・よし
意味 徳や知恵のある人。才能のある、賢くすぐれた人。言い方ややり方が適切であること。
名前例
哲10 10 あきら
哲10雄12 22 てつお
哲10巳3 13 さとみ
邦7哲10 17 くにあき

10画
展
読み テン・のべる・のびる[名乗り]のぶ・ひろ
意味 平らにひろげ、並べること。転じて、隠れた才能をひろげて見せることを表す。隅から隅まで見る。
名前例
定8展10 18 さだのぶ
志7展10 17 しのぶ
晶12展10 22 あきひろ
展10悟10 20 てんご

10画
桐
読み トウ・ドウ・きり[名乗り]ひさ
意味 桐という、木の名。日本国の紋章にも用いられている。また、琴や琴線の異名でもある。
名前例
桐10彦9 19 きりひこ
桐10悟10 20 とうご
桐10哉9 19 とうや
桐10樹16 26 ひさき

10画
透
読み トウ・すかす・すく・すける・すかし・とおる・とおす[名乗り]すき・ゆき
意味 すきとおって、つきぬけてみえるさま。とびぬけていること。はっとしてとびあがる。
名前例
透10 10 とおる
透10麻11 21 とうま
透10道12 22 すきみち
友4透10 14 ともゆき

10画
桃
読み トウ・もも
意味 桃の木や、その実のことを指す。中国では、不老長寿を与える果物として神聖視されている。
名前例
桃10李7 17 とうり
桃10弥8 18 とうや
桃10源13 23 とうげん
桃10輝15 25 ももき

10画
能
読み ノウ・ドウ・あたう・よく[名乗り]たか・ちから・とう・のり・ひさ・みち・むね・やす・よし
意味 物事を成し遂げる力がある。たえうる。また、日本の古典芸能のひとつ。
名前例
能10史5 15 よしふみ
芳7能10 17 よしたか
忠8能10 18 ただやす
能10史5 15 ひさし

10画
馬
読み バ・メ・うま・ま[名乗り]たけし・むま
意味 古くから人間の生活と深く関わってきた、馬のこと。向こうみずにつき進むとの意を含む。
名前例
龍16馬10 26 りょうま
斗4馬10 14 とうま
琢11馬10 21 たくま
偵11馬10 21 さだめ

10画

敏

読み ビン・さとい［名乗り］あきら・さと・さとし・つとむ・と・とし・はや・はる・みぬ・ゆき・よし

意味 頭の回転がはやいこと。行動がきびきびとすばやいこと。

名前例

- 敏（10）10 さとし
- 正敏（5・10）15 まさとし
- 匡敏（6・10）16 まさはる
- 敏斗（10・4）14 はやと

10画

陛

読み ヘイ・きざはし［名乗り］きざ・のぼる・のり・はし・より

意味 きざはし。本殿の前に設けた、台座をかためた石積みのこと。宮殿の階段。

名前例

- 陛（10）10 のぼる
- 陛次（10・6）16 へいじ
- 重陛（9・10）19 しげのり
- 陛信（10・9）19 よりのぶ

10画

勉

読み ベン・つとめる［名乗り］かつ・すすむ・つとむ・まさる・ます・やす

意味 むずかしさを押し切って励む。力を出して努める。励ます、すすめる、速やかに行う、といった意味。

名前例

- 勉（10）10 まさる
- 勉夢（10・13）23 つとむ
- 勉寿（10・7）17 かつとし
- 勉行（10・6）16 やすゆき

10画

峰

読み ホウ・みね［名乗り］お・たか・たかし・ね

意味 とがった山や丘。またはその頂上。「雲の峰」など、物の高くなっている所を表す場合も。

名前例

- 峰之（10・3）13 みねゆき
- 峰策（10・12）22 ほうさく
- 宗峰（8・10）18 むねたか
- 峰志（10・7）17 たかし

10画

峯

読み ホウ・みね［名乗り］お・たか・たかし・ね

意味 「峰」の異体字。山や丘、またはその高いところ。刃物や櫛の背を指す場合にも用いられる。

名前例

- 峯（10）10 たかし
- 峯好（10・6）16 みねよし
- 海峯（9・10）19 かいほう
- 一峯（1・10）11 かずみね

10画

容

読み ヨウ・いれる・かたち［名乗り］いるる・おさ・かた・なり・ひろ・ひろし・まさ・もり・やす・よし

意味 中に物をいれる、または取り込み受けいれること。姿やかたち。

名前例

- 容治（10・8）18 ようじ
- 容徳（10・14）24 かたのり
- 容俊（10・9）19 やすとし
- 容正（10・5）15 よしまさ

10画

莉

読み リ

意味 「茉莉」とは、暖地に生える木の名のこと。ジャスミンは、漢字では茉莉花と表記する。

名前例

- 莉一（10・1）11 りいち
- 勇莉（9・10）19 ゆうり
- 莉王（10・4）14 りおう
- 茉莉斗（8・10・4）22 まりと

10画

浬

読み リ・ノット・かいり

意味 「海里」と同じく、海面上、航海上の距離をはかる単位のこと。1海里は1852メートル。

名前例

- 浬（10）10 かいり
- 千浬（3・10）13 せんり
- 浬平（10・5）15 りへい
- 浬太朗（10・4・9）23 りたろう

10画

哩

読み リ・マイル

意味 距離の単位である「マイル」のこと。1哩は約1609キロメートル。また、強調を表す助辞。

名前例

- 哩（10）10 まいる
- 哩久（10・3）13 りく
- 哩月（10・4）14 りつき
- 哩空（10・8）18 りすけ

10画

竜

読み リュウ・リョウ・たつ［名乗り］かみ・きみ・しげみ・とおる・めぐむ

意味 四霊の一つで、縁起のよい想像上の動物。細長くうねる山脈やうね。優れた人物という意味もある。

名前例

- 竜也（10・3）13 たつや
- 竜貴（10・12）22 りょうき
- 竜聖（10・13）23 りゅうせい
- 竜之介（10・3・4）17 りゅうのすけ

10画

留

読み リュウ・ル・とどまる・とどめる・とめる・とまる［名乗り］たね・と・とめ・ひさ

意味 その場所にとどめておくこと。また、星座の「すばる」を意味する。

名前例

- 留夫（10・4）14 とめお
- 留威（10・9）19 るい
- 聡留（14・10）24 さとる
- 留騎（10・18）28 りゅうき

10画

流

読み リュウ・ル・ながす・ながれる・ながれ［名乗り］しく・とも・はる

意味 水の流れの様に、あてもなく漂い、伝わり広がる様子。さすらうこと。武術などの流派にも用いられる。

名前例

- 流哉（10・9）19 りゅうや
- 流星（10・9）19 りゅうせい
- 流斗（10・4）14 りゅうと
- 流輝（10・15）25 はるき

凌

10画

読み リョウ・しのぐ[名乗り]しの・しのぎ

意味 乗り越える。また、氷を透かして見える氷の中の筋目。転じて、美しい氷という意味ももつ字。

名前例

名前	画数	総画	読み
凌伍	10・6	16	りょうご
凌雅	10・13	23	りょうが
凌介	10・4	14	しのすけ
凌輔	10・14	24	りょうすけ

涼

10画

読み リョウ・すずしい・すずむ・すずやか[名乗り]あつ・きよ・すけ・すずし

意味 「涼」の俗字。さわやかでひんやりするさま。「清涼」などにも用いられ、涼しさや、涼しい風を表す。

名前例

名前	画数	総画	読み
涼平	10・5	15	りょうへい
涼太	10・4	14	すずた
実涼	8・10	18	さねあつ
涼巳	10・3	13	きよみ

倫

10画

読み リン[名乗り]おさむ・つぐ・つね・とし・とも・のり・ひと・ひとし・みち・もと

意味 人の守るべき筋道や、きちんと整った順序を示す字。整理された人間関係。

名前例

名前	画数	総画	読み
倫	10	10	おさむ
倫道	10・12	22	ともみち
倫継	10・13	23	みちつぐ
倫矢	10・5	15	としや
倫斗	10・4	14	りんと
倫武	10・8	18	のりたけ
倫晴	10・12	22	もとはる
倫一	10・1	11	りんいち
倫太朗	10・4・10	24	りんたろう

烈

10画

読み レツ・はげしい[名乗り]あきら・いさお・たけ・たけし・つよ・つら・やす・よし

意味 燃えさかる火のようにはげしいさま。また、行いや精神が強く厳しいこと。

名前例

名前	画数	総画	読み
烈	10	10	あきら
烈人	10・2	12	れつと
烈士	10・3	13	つよし
烈雄	10・12	22	いさお

連

10画

読み レン・つらなる・つれる[名乗り]つぎ・つら・まさ・むらじ・やす

意味 くっついて並ぶ。ずるずるとつながる。そこから転じて、関わり合いになること。仲間。

名前例

名前	画数	総画	読み
連理	10・11	21	れんり
連幸	10・8	18	つらゆき
連都	10・11	21	まさと
連太郎	10・4・9	23	れんたろう

朗

10画

読み ロウ・ほがらか[名乗り]あき・あきら・お・さえ・とき・ほがら

意味 曇りなく澄んで、明るく清々しいこと。また、気持ちが明るく、わだかまりがないこと。

名前例

名前	画数	総画	読み
光朗	6・10	16	みつお
文朗	4・10	14	ふみあき
朗太	10・4	14	さえた
菊次朗	11・6・10	27	きくじろう

倭

10画

読み ワ・イ・やまと[名乗り]かず・しず・まさ・やす

意味 7世紀以前に中国によって呼ばれていた、日本および日本人のこと。しなやかな姿のことを示す字。

名前例

名前	画数	総画	読み
倭	10	10	やまと
倭基	10・11	21	まさき
倭丸	10・3	13	いまる
光倭	6・10	16	みつやす

庵

11画

読み アン・いおり[名乗り]いお

意味 いおり。僧侶の住む、小さな草葺きの家。また、「芭蕉庵」のように、雅号・屋号として用いる。

名前例

名前	画数	総画	読み
庵	11	11	いおり
魯庵	15・11	26	ろあん
庵樹	11・16	27	あんじゅ
庵吾	11・7	18	あんご

惟

11画

読み イ・ユイ・おもう[名乗り]あり・これ・ただ・たもつ・のぶ・よし

意味 心をもっぱらある点に注ぐ。また、「思惟」に用いられるように、よく考えてみる、という意味も。

名前例

名前	画数	総画	読み
惟人	11・2	13	ゆいと
惟靖	11・13	24	これやす
維心	11・4	15	いしん
惟輝	11・15	26	ただてる

逸

11画

読み イツ・イチ・それる・はやる[名乗り]すぐる・とし・はつ・はや・まさ・やす

意味 ルールにとらわれない気楽な様子。世間的な枠を抜け出て優れていること。

名前例

名前	画数	総画	読み
逸緒	11・14	25	はやお
邦逸	7・11	18	くにやす
逸平	11・5	16	いっぺい
逸暁	11・12	23	としあき

寅

11画

読み イン・とら[名乗り]つら・とも・のぶ・ふさ

意味 つつしむ。十二支の三番目のとら。今の午前四時ごろを表す字でもある。

名前例

名前	画数	総画	読み
寅輔	11・14	25	とらすけ
義寅	13・11	24	よしのぶ
隆寅	11・11	22	たかとら
恭寅	10・11	21	やすふさ

11画

凰

読み オウ・コウ・おおとり［名乗り］お

意味 コウノトリ・ツルなど、大形の鳥の総称。また、「鳳凰」とは、想像上の巨大な鳥。鳥の王者。

名前例
- 凰11 牙4　15　おうが
- 蓮13 凰11　24　れお
- 凰11 壱7　18　こういち
- 凰11 太4 郎9　24　こうたろう

11画

勘

読み カン・かんがえる［名乗り］さだ・さだむ・のり

意味 奥深く突きつめ、考えること。直覚的にぴんとくる心の働き。第六感。

名前例
- 勘11 策12　23　かんさく
- 英8 勘11　19　ひでのり
- 祥10 勘11　21　よしのり
- 勘11 九2 郎9　22　かんくろう

11画

乾

読み カン・ケン・ゲン・いぬい・かわく・ひる［名乗り］かみ・きみ・すすむ・たけし・つとむ・ふ

意味 高く明るく、強い天。転じて、強く剛健なさま。また北西を示す字でもある。

名前例
- 乾11 汰7　18　かんた
- 乾11 市5　16　けんいち
- 乾11 時10　21　きみとき
- 乾11 教11　22　きみのり

11画

菅

読み カン・ケン・すげ［名乗り］すが

意味 イネ科の草や、カヤツリグサ科の草の名。また菅原氏、特に菅原道真のことを言う。

名前例
- 菅11 児7　18　かんじ
- 菅11 宏7　18　すげひろ
- 菅11 徒10　21　けんと
- 菅11 太4 朗10　25　かんたろう

11画

貫

読み カン・つらぬく・ぬき［名乗り］つら・とおる・やす

意味 主旨や意味が、はじめから終わりまでひと筋にとおる。最後まで筋を通してやりぬく。

名前例
- 貫11　11　とおる
- 貫11 之3　14　つらゆき
- 貫11 頼16　27　ぬきより
- 貫11 史5　16　やすふみ

11画

規

読み キ・のり・ただす［名乗り］ただ・ただし・ちか・なり・み・もと

意味 行動や判断のよりどころとなる基準。物事の計画をたてる。また、文房具のコンパスのこと。

名前例
- 昭9 規11　20　あきのり
- 子3 規11　14　しき
- 規11 志7　18　ただし
- 是9 規11　20　これちか

11画

埼

読み キ・さい・さき

意味 山の陸地の突き出た部分や、陸地が海や湖に突き出たところのこと。みさきや、山のはし。

名前例
- 埼11 高10　21　さきたか
- 摩15 埼11　26　まさき
- 依8 埼11　19　いさき
- 由5 埼11　16　よしき

11画

基

読み キ・もと・もとい・もとづく［名乗り］のり・はじむ・はじめ

意味 物事が成りたつための基礎。物事の原因、根拠となるもの。建物などの土台のことも意味する。

名前例
- 基11　11　はじめ
- 照13 基11　24　てるき
- 辰7 基11　18　たつのり
- 基11 央5　16　もとお

11画

菊

読み キク［名乗り］あき・ひ

意味 植物の名。美しい花が秋に咲き、香りが高い。邪気をはらい、命をのばす効果があるとされている。

名前例
- 菊11 仁4　15　きくひと
- 直8 菊11　19　なおぎく
- 菊11 三3　14　きくぞう
- 菊11 之3 助7　21　きくのすけ

11画

球

読み キュウ・グ・たま［名乗り］く・まり

意味 中心にむけて、ぐっと引き締まったまるい美玉。転じて、まるく締まった玉状のもの。

名前例
- 球11 児7　18　きゅうじ
- 太4 球11　15　たく
- 球11 樹16　27　たまき
- 球11 央5　16　たまお

11画

教

読み キョウ・おしえ・おしえる［名乗り］かず・かた・こ・たか・なり・のり・みち・ゆき

意味 先生から弟子に、知識・経験・技術を受け渡す。また、そうして導くこと。

名前例
- 貴12 教11　23　たかのり
- 教11 祐9　20　きょうすけ
- 教11 臣7　18　かずおみ
- 茂8 教11　19　しげゆき

11画

郷

読み キョウ・ゴウ・コウ・さと［名乗り］あき・あきら・のり

意味 ふるさと。都市に対して、いなかのこと。故郷を思わせる、優しく温かい印象を与える字。

名前例
- 郷11　11　あきら
- 郷11 太4　15　ごうた
- 郷11 平5　16　きょうへい
- 郷11 仁4　15　あきひと

強（11画）

読み キョウ・ゴウ・つよい・しいる【名乗り】あつ・かつ・こわ・すね・たけ・つとむ・つよ・つよし

意味 力や勢いのある、強い者を表す。固く丈夫。励んで行う。

名前例

名前	画数	総画	読み
強	11	11	つとむ
強司	11・5	16	つよし
強一	11・1	12	きょういち
強介	11・4	15	ごうすけ

菫（11画）

読み キン・すみれ【名乗り】すみ

意味 春に薄紫色の花を開くすみれのこと。花の形が墨入れに似ているところから、すみれと名付けられた。

名前例

名前	画数	総画	読み
菫恭	11・10	21	すみやす
菫佑	11・7	18	きんすけ
紫菫	12・11	23	しきん
菫児	11・7	18	きんじ

啓（11画）

読み ケイ・ひらく【名乗り】あきら・たか・のぶ・のり・はじめ・はる・ひろ・ひろし・ひろむ・よし

意味 開放する。出発する。教えて導く。立春・立夏の季節を表す漢字。

名前例

名前	画数	総画	読み
啓人	11・2	13	けいと
啓記	11・10	21	ひろき
啓朝	11・12	23	よしとも
光啓	6・11	17	みつはる

渓（11画）

読み ケイ・たに

意味 「渓流」「渓谷」といった言葉にも用いられ、細くつながる谷川を示す。

名前例

名前	画数	総画	読み
渓太	11・4	15	けいた
渓仁	11・4	15	けいじん
渓耶	11・9	20	たにや
渓史郎	11・5・9	25	けいしろう

経（11画）

読み ケイ・キョウ・へる・たつ【名乗り】おさむ・つね・のぶ・のり・ふ・ふる

意味 いつも変わらないことを表す字。儒教では、不変の筋道を説いたとされる書のこと。

名前例

名前	画数	総画	読み
義経	13・11	24	よしつね
経一	11・1	12	きょういち
経斗	11・4	15	けいと
経昌	11・8	19	のぶまさ

健（11画）

読み ケン・すこやか・たけし【名乗り】かつ・たけ・たける・たつ・たて・つよ・つよし・まさる・やす

意味 元気があふれて力が強いさま。疲れずに物事を続ける様子。

名前例

名前	画数	総画	読み
健人	11・2	13	たけと
健嗣	11・13	24	けんじ
健典	11・8	19	かつのり
健琉	11・11	22	まさる

舷（11画）

読み ゲン・ケン

意味 ふなばた。「船ばた」とは、船の両側面の細い板をはったへりや、その付近のことをいう。

名前例

名前	画数	総画	読み
舷介	11・4	15	げんすけ
次舷	6・11	17	じげん
舷三	11・3	14	げんぞう
舷一朗	11・1・10	22	げんいちろう

現（11画）

読み ゲン・ケン・あらわす・あらわれる・うつつ【名乗り】あり・み

意味 今まで見えなかったものが見えるようになる。あらわれる。現在。現実。

名前例

名前	画数	総画	読み
夢現	13・11	24	むげん
現希	11・7	18	げんき
現瑛	11・12	23	ありてる
睦現	13・11	24	むつみ

絃（11画）

読み ゲン・いと【名乗り】お・つる

意味 琴やギター、三味線といった弦楽器の糸のこと。また、それを用いた弦楽器そのもののことも言う。

名前例

名前	画数	総画	読み
絃	11	11	げん
絃次	11・6	17	げんじ
眞絃	10・11	21	まいと
正絃	5・11	16	まさつる

梧（11画）

読み ゴ・あおぎり【名乗り】ひろ

意味 あおぎりという木の名。また、あおぎりで作られた机や琴。

名前例

名前	画数	総画	読み
翔梧	12・11	23	しょうご
悠梧	11・11	22	ゆうご
梧一	11・1	12	ごいち
梧斗	11・4	15	ひろと

康（11画）

読み コウ・やすい【名乗り】しず・しずか・みち・やす・やすし・よし

意味 体に悪いところがなく、がっちりしているさま。体が丈夫で、健やかなこと。

名前例

名前	画数	総画	読み
康暉	11・13	24	こうき
康生	11・5	16	こうせい
敬康	12・11	23	たかみち
康紘	11・10	21	やすひろ

皐（11画）

読み コウ・さつき【名乗り】すすむ・たか・たかし

意味 「皋」の俗字。明るくかわいた、陰暦の5月のこと。水辺の平らな地。沼・さわのきし辺。

名前例

名前	画数	総画	読み
皐	11	11	すすむ
皐月	11・4	15	さつき
皐枝	11・8	19	たかし
皐児	11・7	18	こうじ

梗

11画

読み コウ・キョウ・やまにれ・ふさぐ

意味 ぴんと張った、芯の堅い枝。「桔梗」という、秋に花をつける植物の名にも用いられている。

名前例

桔梗 10 11 21 ききょう
梗介 11 4 15 きょうすけ
梗平 11 5 16 こうへい
梗暉 11 13 24 こうき

國

11画

読み コク・くに［名乗り］とき

意味 「国」の旧字。生まれ育った土地、祖国。郷里やふるさとのことを言う。

名前例

國彬 11 11 22 くにあき
美國 9 11 20 みくに
國栄 11 9 20 こくえい
有國 6 11 17 ありとき

彩

11画

読み サイ・いろどる・いろどり［名乗り］あや・いろ・たみ

意味 美しい色をほどよくつける。いろどり。また、色をとりあわせた色模様。様子や姿を表す字でもある。

名前例

彩彦 11 9 20 あやひこ
彩多 11 6 17 さいた
彩人 11 2 13 いろと
彩星 11 9 20 さいせい

砦

11画

読み サイ・とりで

意味 石や材木を組みあわせて、敵をふせぐために本城の外の要所に築く小規模な城。

名前例

砦芽 11 8 19 さいが
砦文 11 4 15 さいもん
砦将 11 10 21 さいしょう
砦士朗 11 3 10 24 さいしろう

視

11画

読み シ・みる［名乗り］のり・み・よし

意味 まっすぐ目を向けて見る。転じて、注意してよく見ること。いたわり世話をすることを意味する漢字。

名前例

具視 8 11 19 ともみ
徳視 14 11 25 とくみ
尚視 8 11 19 ひさのり
視順 11 12 23 よしかず

執

11画

読み シツ・シュウ・とる［名乗り］とり・もり

意味 選びとってしっかり守る。物事を深く思い込むこと。手にしっかり握る。親しい、という意味もある。

名前例

歌執 14 11 25 かしゅう
執斗 11 4 15 しゅうと
優執 17 11 28 まさもり
執英 11 8 19 とりひで

授

11画

読み ジュ・さずける・さずかる［名乗り］さず・さずく

意味 さずける、さずかる。受け取らせる。手から手へ、誰かに何かを与えること。

名前例

授利 11 7 18 じゅり
大授 3 11 14 だいじゅ
天授 4 11 15 てんじゅ
授紀 11 9 20 さずき

脩

11画

読み シュウ・おさめる［名乗り］おさ・おさむ・さね・すけ・なお・なが・のぶ・はる・もろ

意味 おさめる。すらりと姿を整える。はるかに遠い、の意味を持つ。

名前例

脩 11 11 おさむ
脩五 11 4 15 しゅうご
脩人 11 2 13 はるひと
寿脩 7 11 18 としなが

習

11画

読み シュウ・ジュウ・ならう［名乗り］しげ

意味 いくえにも重ねることや、何度もくり返して慣れ親しむこと。

名前例

習哉 11 9 20 しゅうや
習斗 11 4 15 しゅうと
習陽 11 12 23 しげはる
一習 1 11 12 かずしげ

淳

11画

読み ジュン・シュン・あつい・すなお［名乗り］あき・あつし・きよ・きよし・ただし・まこと・よし

意味 真心があつく、真面目で情が深い。飾りけがなく素直な様子。

名前例

淳 11 11 あつし
淳紀 11 9 20 じゅんき
淳柾 11 9 20 あきまさ
淳生 11 5 16 よしき

敍

11画

読み ジョ・のべる［名乗り］のぶ・みつ

意味 「叙」の旧字。思うことを順序だてて展開し、並べた序列。「叙情」という語にも使われ、思いを述べるという意味も。

名前例

敍章 11 11 22 のぶあき
敍輝 11 15 26 みつてる
敍周 11 8 19 じょしゅう
敍允 11 4 15 みつまさ

菖

11画

読み ショウ［名乗り］あや・あやめ

意味 ショウブという、水辺に多く生える草の名。全体に芳香がある植物。日本では、アヤメのことも指す。

名前例

菖也 11 3 14 しょうや
菖佑 11 7 18 しょうすけ
菖汰 11 7 18 あやた
菖晴 11 12 23 あやはる

紹

11画

読み ショウ［名乗り］あき・つぎ・つぐ

意味 「紹介」という言葉に用いられるように、間をとりもつこと。絶えぬように物事を受けつぐこと。

名前例

名前	画数	総画	読み
紹剛	11・10	21	あきたけ
公紹	4・11	15	きみつぐ
紹夫	11・4	15	つぎお
紹尚	11・8	19	あきなお

捷

11画

読み ショウ・かつ・はやい［名乗り］かち・さとし・すぐる・とし・はや・まさる

意味 戦いや狩りなどがうまくいき、勝つこと。動きがはやく、気転がきくこと。

名前例

名前	画数	総画	読み
捷	11	11	すぐる
捷二	11・2	13	しょうじ
捷巳	11・3	14	かつみ
捷仁	11・4	15	としひと

唱

11画

読み ショウ・となえる・うたう［名乗り］うた・となう

意味 人に先立って言う、読みはじめる。または、うたいはじめること。

名前例

名前	画数	総画	読み
唱	11	11	うた
唱詠	11・12	23	しょうえい
唱理	11・11	22	しょうり
唱央	11・5	16	うたお

渉

11画

読み ショウ・わたる［名乗り］さだ・たか・ただ・わたり

意味 水のある所を歩いてわたる。人と関わってやりとりする。あちこち歩き回ることを表す。

名前例

名前	画数	総画	読み
渉	11	11	わたる
渉馬	11・10	21	しょうま
渉臣	11・7	18	ただおみ
渉文	11・4	15	さだふみ

常

11画

読み ジョウ・ショウ・つね・つねに・とこ［名乗り］つら・とき ときわ・のぶ・ひさ・ひさし

意味 永遠に同じ姿で長く続くこと。長く続いてかわらない物事や道理、道徳。

名前例

名前	画数	総画	読み
常	11	11	ひさし
影常	15・11	26	かげつね
常葉	11・12	23	ときわ
常多朗	11・6・10	27	じょうたろう

紳

11画

読み シン［名乗り］おび

意味 「紳士」の語に使われるように、地位・教養が備わった立派な人を表す。知識人のことも意味する。

名前例

名前	画数	総画	読み
紳司	11・5	16	しんじ
紳壱	11・7	18	しんいち
紳斗	11・4	15	おびと
紳一郎	11・1・9	21	しんいちろう

晨

11画

読み シン・あした［名乗り］あき・とき・とよ

意味 あさ。あした。夜明け。太陽がふるいたってのぼる朝や、生気に満ちた早朝、という意味を示す字。

名前例

名前	画数	総画	読み
一晨	1・11	12	いっしん
祐晨	9・11	20	ひろあき
晨実	11・8	19	とよみ
晨依	11・8	19	ときより

進

11画

読み シン・すすむ・すすめる［名乗り］す・すす・すすみ・のぶ・みち・ゆき

意味 すいすいと前へ出る、前へ出す。人前に出る。高い等級・段階に上がること。前向きな志を感じさせる字。

名前例

名前	画数	総画	読み
進明	11・8	19	しんめい
進歩	11・8	19	ゆきほ
進夢	11・13	24	すすむ
一進	1・11	12	かずみち

深

11画

読み シン・ふかい［名乗り］とお・ふか・ふかし・み

意味 水などが奥ふかく、程度が大きいさま。表面からずっと中にはいっている様子。夜がふけていること。

名前例

名前	画数	総画	読み
深	11	11	ふかし
深志	11・7	18	しんじ
深槻	11・15	26	みづき
深空	11・8	19	みそら

彗

11画

読み スイ・セイ・ほうき［名乗り］あきら・さとし

意味 草の穂や、竹の細い枝先をまとめて作ったほうき。「彗星（すいせい）」を表す際にも用いられる。

名前例

名前	画数	総画	読み
彗	11	11	あきら
彗星	11・9	20	すいせい
希彗	7・11	18	きすい
彗児	11・7	18	せいじ

崇

11画

読み スウ・シュウ・ス・あがめる［名乗り］かた・し・たか・たかし・たけ

意味 山が高くそびえているさま。転じて、気高いこと。おわりまでつらぬき通す、という意味も含む。

名前例

名前	画数	総画	読み
崇	11	11	たかし
崇雪	11・11	22	たかゆき
崇悟	11・10	21	しゅうご
崇登	11・12	23	すうと

清

11画

読み セイ・シン・ショウ・きよい・すむ・さやか［名乗り］きよ・きよし・すが・すみ

意味 きよらかに澄みきって、すがすがしい。心や行いにけがれがない様子。

名前例

名前	画数	総画	読み
清	11	11	きよし
清盛	11・11	22	きよもり
清太	11・4	15	しょうた
清史郎	11・5・9	25	せいしろう

11画

盛

読み セイ・ジョウ・さかり・さかる・さかん・もる・もり［名乗り］しげ・しげる・たけ

意味 積み上げて山もりにする。力や勢いがたっぷりあり、充実している状態。

名前例
- 盛(11)幸(8) 19 しげゆき
- 盛(11)光(6) 17 たけみつ
- 盛(11)治(7) 18 じょうじ
- 盛(11)也(3) 14 せいや

11画

雪

読み セツ・すすぐ・そそぐ・ゆき［名乗り］きよ・きよみ・きよむ

意味 空から降るゆき。また、ゆきのように白いもの。よごれを取り去ってきれいにする、洗い清める。

名前例
- 友(4)雪(11) 15 ともゆき
- 雪(11)峯(10) 21 ゆきみね
- 雪(11)春(9) 20 きよはる
- 雪(11)弥(8) 19 せつや

11画

爽

読み ソウ・さわやか［名乗り］あきら・さ・さや・さわ

意味 さっぱりして気持ちがよい様子。暗やみが割りきれ、除かれたさま。夜があけて明るくなる。

名前例
- 爽(11) 11 あきら
- 爽(11)汰(7) 18 そうた
- 爽(11)利(7) 18 さとし
- 爽(11)斗(4) 15 さやと

11画

曽

読み ソウ・ソ・かつて・ひい

意味 かつて。また、「曽祖父」のように、世代などが重なるさま。「曾」の簡易慣用字体。

名前例
- 曽(11)良(7) 18 そら
- 曽(11)嗣(13) 24 そうし
- 曽(11)助(7) 18 そうすけ
- 曽(11)暉(13) 24 そうき

11画

舵

読み ダ・タ・かじ

意味 船のかじ。船の進行方向を決めるものを示す。責任感や行動力をイメージする字。

名前例
- 育(8)舵(11) 19 いくた
- 倖(10)舵(11) 21 こうた
- 舵(11)雄(12) 23 かじお
- 舵(11)行(6) 17 だいき

11画

梛

読み ダ・ナ・なぎ

意味 樹木の名前。柳に似た木、神社などでは神木とされている。崇高な印象をもつ字。

名前例
- 梛(11)緒(14) 25 なお
- 梛(11)槻(15) 26 なつき
- 梛(11)斗(4) 15 なぎと
- 梛(11)央(5)斗(4) 20 なおと

11画

琢

読み タク・みがく［名乗り］あや・たか・みがき

意味 磨く。努力する。玉を美しくする。また、選択するという意味も。

名前例
- 琢(11)太(4) 15 あやた
- 琢(11)士(3) 14 たかし
- 琢(11)馬(10) 21 たくま
- 弘(5)琢(11) 16 ひろたか

11画

著

読み チョ・あらわす・あらわれる・いちじるしい［名乗り］あき・あきら・つぎ・つぐ

意味 あらわす。書きつける。はっきりと目立つことを示す。名高くなるという意味も。

名前例
- 著(11)良(7) 18 あきら
- 著(11)斗(4) 15 あきと
- 雅(13)著(11) 24 まさつぐ
- 著(11)太(4)朗(10) 25 あきたろう

11画

都

読み ト・ツ・みやこ［名乗り］いち・くに・さと・ひろ

意味 人びとの集まる大きな町。国の中心の町を示す。充実してりっぱなさま。集まるを意味する場合も。

名前例
- 都(11)志(7) 18 とし
- 一(1)都(11) 12 かずくに
- 都(11)史(5) 16 さとし
- 尚(8)都(11) 19 なおと

11画

陶

読み トウ・すえ［名乗り］すえ・よし

意味 焼き物。瀬戸物。土をこねて焼いて作った器を意味する。

名前例
- 陶(11)之(3) 14 すえゆき
- 陶(11)彦(9) 20 すえひこ
- 陶(11)人(2) 13 よしひと
- 陶(11)児(7) 18 とうじ

11画

兜

読み トウ・ト・かぶと

意味 頭を包んで囲むかぶり物。男子の端午の節句に飾る。勇ましいイメージの字。

名前例
- 兜(11) 11 かぶと
- 孝(7)兜(11) 18 たかと
- 義(13)兜(11) 24 よしと
- 兜(11)弥(8) 19 とうや

11画

萄

読み トウ・ドウ

意味 果物の葡萄を意味する。親しみ深く、爽やかでフレッシュなイメージを抱く字。

名前例
- 萄(11)吏(6) 17 とうり
- 萄(11)希(7) 18 どうき
- 志(7)萄(11) 18 しどう
- 萄(11)磨(16) 27 とうま

11画

惇

読み トン・ジュン・あつい・まこと［名乗り］あつ・あつし・すなお・つとむ・とし・まこと

意味 誠実。どっしりと落ちついていて、人柄に厚みがある。穏やかな人柄を示す。

名前例

惇	11	11	じゅん
惇弥	11 8	19	じゅんや
一惇	1 11	12	かずとし
惇朗	11 10	21	あつろう

11画

絆

読み バン・ハン・きずな・ほだし

意味 人と人を繋げる義理や人情のたとえ。人との結びつきを意味する。温厚な印象の字。

名前例

絆都	11 11	22	はんと
絆太	11 4	15	はんた
絆二	11 2	13	はんじ
絆治朗	11 8 10	29	はんじろう

11画

彪

読み ヒョウ・ヒュウ・あや［名乗り］あきら・たけ・たけし・つよし・とら

意味 まだら。あや、模様。虎の模様。鮮やかなさまを示す。優雅でオリエンタルなイメージをうける字。

名前例

彪	11	11	あきら
彪汰	11 7	18	あやた
彪人	11 2	13	たけと
彪士	11 3	14	つよし

11画

彬

読み ヒン・あきらか［名乗り］あき・あきら・あや・しげし・ひで・もり・よし

意味 きれいに並び揃うさまを示す。外形、内容ともに充実している様子を意味する。

名前例

彬	11	11	あきら
彬杜	11 7	18	あきと
彬太	11 4	15	あやた
彬朗	11 10	21	よしろう

11画

逢

読み ホウ・あう［名乗り］あい

意味 会う。思いがけず出会うこと。また、相手に調子を合わせる。大きい、ゆったりとしている、の意味も。

名前例

逢太	11 4	15	ほうた
逢賀	11 12	23	ほうが
逢志	11 7	18	ほうし
逢太朗	11 4 10	25	あいたろう

11画

望

読み ボウ・モウ・のぞみ・のぞむ・もち［名乗り］み

意味 ねがう。のぞみ。ほまれ。遠方を見る。待ちわびる。また、人に慕われていることを意味する。

名前例

一望	1 11	12	かずみ
希望	7 11	18	のぞみ
望幸	11 8	19	もちゆき
希望哉	7 11 9	27	きみや

11画

麻

読み マ・バ・あさ［名乗り］お・ぬさ

意味 草の名前。草の繊維を使用する。衣料品に使用されている。親しみと柔和を感じる漢字。

名前例

麻矢	11 5	16	まや
麻人	5 2	7	あさと
一麻	1 11	12	かずま
麻希緒	11 7 14	32	まきお

11画

務

読み ム・つとめ・つとめる［名乗り］かね・ちか・つとむ・つよ・なか・みち

意味 つとめる。はげむ。困難をおかしても、やろうと力を尽くすことを意味する。

名前例

務	11	11	つとむ
広務	5 11	16	ひろむ
務人	11 2	13	みちひと
雅務	13 11	24	まさかね

11画

猛

読み モウ・たける・たけし［名乗り］たか・たけ・たけお・たけき・たける・つよし

意味 気力や勢いが激しい、いきり立って荒々しいさまを示す。豪快な男らしい字。

名前例

猛	11	11	たける
猛士	11 3	14	たけし
猛也	11 3	14	たけや
猛斗	11 4	15	たかと

11画

野

読み ヤ・の［名乗り］とお・なお・ぬ・ひろ

意味 広くのびた大地。郊外の地を意味する。また、ありのまま、むきだしの意味も持つ漢字。

名前例

和野	8 11	19	かずや
拓野	8 11	19	たくや
広野	5 11	16	ひろの
由希野	5 7 11	23	ゆきや

11画

埜

読み ヤ・の［名乗り］とお・なお・ぬ・ひろ

意味 野の古字。のび広がった郊外の地を意味する。伸びやかな自由をイメージする字。

名前例

一埜	1 11	12	かずや
友埜	4 11	15	ともや
埜人	11 2	13	ひろひと
埜里雄	11 7 12	30	のりお

11画

唯

読み ユイ・イ・ただ

意味 ひたすら。ほかでもない。まさになどを意味する。唯一の存在であることを示す。

名前例

佳唯	8 11	19	かい
唯登	11 12	23	ゆいと
唯真	11 10	21	ゆいま
唯与志	11 3 7	21	ただよし

11画

悠

読み ユウ・はるか[名乗り]ちか・ちかし・はるか・なが・ひさ・ひさし・ゆ

意味 とおい。遥か。どこまでも長ながと続くさま。ゆったりとしていて、気の長いさまを示す。

名前例
- 悠 11 11 はるか
- 悠太 11 4 15 ゆうた
- 輝悠 15 11 26 てるひさ
- 悠志 11 7 18 ひさし
- 悠登 11 12 23 ゆうと
- 道悠 12 11 23 みちなが
- 悠司 11 5 16 ちかし
- 悠児 11 7 18 ゆうじ
- 悠二郎 11 2 9 22 ゆうじろう

11画

庸

読み ヨウ・もちいる・つね[名乗り]いさお・のぶ・のり・もち・もちう・やす

意味 もちいる。世の中に通用するさまを示す。ねぎらうなどの意味ももつ漢字。

名前例
- 庸 11 11 いさお
- 庸介 11 4 15 ようすけ
- 庸道 11 12 23 つねみち
- 庸人 11 2 13 やすひと

11画

徠

読み ライ・きたる・くる[名乗り]き・とめ

意味 きたる。こちらに近づく。また、未来を意味する。明るく、前向きな印象をうける字。

名前例
- 徠希 11 7 18 らいき
- 徠太 11 4 15 らいた
- 徠都 11 11 22 らいと
- 一徠 1 11 12 かずき

11画

理

読み リ・ことわり[名乗り]おさむ・さだむ・すけ・たか・ただ・ただし・とし・のり・まさ・まろ・みち・よし

意味 物事の筋道や、ことわり。治める。善し悪しを整理するなどを意味する。

名前例
- 理夢 11 13 24 おさむ
- 理矢 11 5 16 としや
- 理朗 11 10 21 としろう
- 理久 11 3 14 りく

11画

陸

読み リク・ロク・おか[名乗り]あつ・あつし・くが・たか・たかし・ひとし・みち・む・むつ

意味 もりあがった大地。連続して連なるさまを示す。雄大な自然が目に浮かぶ字。

名前例
- 陸 11 11 りく
- 大陸 3 11 14 ひろみち
- 陸生 11 5 16 りくお
- 陸央 11 5 16 たかお

11画

隆

読み リュウ・さかん・たかい[名乗り]お・おき・しげ・たか・たかし・とき・なが・もり・ゆたか

意味 高い。盛んな。優れているなどを意味する。力強く、堂々とした印象の字。

名前例
- 隆志 11 7 18 たかし
- 隆矢 11 5 16 たかや
- 隆一 11 1 12 りゅういち
- 隆之介 11 3 4 18 りゅうのすけ

11画

琉

読み リュウ・ル

意味 宝石の「琉璃」を意味し、沖縄の琉球を表す漢字として使用されている。

名前例
- 琉 11 11 りゅう
- 翔琉 12 11 23 かける
- 琉太 11 4 15 りゅうた
- 琉斗 11 4 15 りゅうと

11画

崚

読み リョウ[名乗り]たかし

意味 高い山が重なり、稜線がすじばって見える様子。スケール感をイメージする字。

名前例
- 崚 11 11 たかし
- 崚太 11 4 15 りょうた
- 崚一 11 1 12 りょういち
- 崚之介 11 3 4 18 りょうのすけ

11画

涼

読み リョウ・すずしい・すずむ・すずやか[名乗り]あつ・きよ・すけ・すずし

意味 涼しい。心地よい冷たさ。さわやかで、ひんやりするさま。清涼感、フレッシュな印象をうける字。

名前例
- 涼 11 11 りょう
- 涼平 11 5 16 りょうへい
- 涼史 11 5 16 あつし
- 涼志 11 7 18 きよし

11画

梁

読み リョウ・はり・うつばり・やな[名乗り]たかし・むね・やね

意味 柱を横につなぐ梁。架け橋。また、古くは中国の王朝名として知られている。

名前例
- 梁太 11 4 15 りょうた
- 梁也 11 3 14 りょうや
- 時梁 10 11 21 ときむね
- 梁太朗 11 4 10 25 りょうたろう

11画

菱

読み リョウ・ひし

意味 ひし。水草の名前。池や沼に自生し、根は泥の中にあって、葉は水面に浮かぶ。

名前例
- 菱 11 11 りょう
- 菱和 11 8 19 ひしかず
- 菱人 11 2 13 ひしと
- 菱斗 11 4 15 りょうと

陵 11画

読み リョウ・おか・みささぎ［名乗り］たか

意味 丘。山の背のすじ。また、力をこめて高い所に登ることを意味する。壮大な印象の字。

名前例
- 陵一 11 1 12 りょういち
- 陵司 11 5 16 たかし
- 陵馬 11 10 21 りょうま
- 陵太朗 11 4 10 25 りょうたろう

羚 11画

読み レイ・リョウ・かもしか

意味 かもしか。やぎに似て大きく、角が長くて、姿のきれいな羊の一種。優美なイメージをもつ字。

名前例
- 羚矢 11 5 16 れいや
- 羚司 11 5 16 れいじ
- 羚一 11 1 12 りょういち
- 羚太郎 11 4 9 24 れいたろう

偉 12画

読み イ・えらい［名乗り］いさむ・えら・おおい・たけ・ひで・より

意味 大きくて目立つさま。大きくりっぱなさまを表す。偉大な人物を思わせる雄大な印象の字。

名前例
- 偉 12 12 いさむ
- 偉史 12 5 17 たけし
- 唯偉 11 12 23 ただより
- 偉貴 12 12 24 ひでき

雲 12画

読み ウン・くも［名乗り］も・ゆき・ゆく

意味 空に浮かぶ雲。高く遙かなものを表す。遠いこと、美しいさまを意味する場合もある漢字。

名前例
- 八雲 2 12 14 やくも
- 涼雲 11 12 23 りょううん
- 出雲 5 12 17 いずも
- 定雲 8 12 20 さだゆき

瑛 12画

読み エイ・ヨウ［名乗り］あさ・あきら・てる

意味 水晶や、透明な玉を示す。すみきった玉の光。透明感のある明るいイメージ。

名前例
- 瑛太 12 4 16 えいた
- 瑛吾 12 7 19 えいご
- 瑛貴 12 12 24 てるき
- 瑛良 12 7 19 あきら

詠 12画

読み エイ・うたう・よむ・ながめる・ながめ［名乗り］うた・かぬ・かね・なが

意味 和歌・詩歌をうたう、作る。うたうように朗読することを表す。芸術的、文学的な印象をうける字。

名前例
- 詠斗 12 4 16 えいと
- 寿詠 7 12 19 ひさなが
- 佳詠 8 12 20 よしかね
- 詠之介 12 3 4 19 えいのすけ

温 12画

読み オン・あたたかい・あたためる［名乗り］あつ・あつし・すなお・つつむ・なが・のどか・はる・まさ・みつ

意味 温かさ、穏やかさ、優しさを表す。また、まるい、まろやか、円満の意味も持つ。

名前例
- 温生 12 5 17 あつお
- 豊温 13 12 25 とよなが
- 温久 12 3 15 はるひさ
- 正温 5 12 17 ただはる

賀 12画

読み ガ・カ・よろこぶ［名乗り］いわう・しげ・のり・ます・よし・より

意味 物や言葉をおくって、よろこび祝福する。お祝いを意味する。また、ほめる、になうという意味も持つ漢字。

名前例
- 大賀 3 12 15 たいが
- 和賀 8 12 20 かずしげ
- 賀斗 12 4 16 よしと
- 義賀 13 12 25 よしのり

堺 12画

読み カイ・さかい

意味 土地の境目や、区切りを意味する。大阪府の地名としても、広く知られている、印象の強い漢字。

名前例
- 堺人 12 2 14 かいと
- 堺也 12 3 15 かいや
- 堺利 12 7 19 かいり
- 堺希 12 7 19 かいき

開 12画

読み カイ・あく・ひらく［名乗り］さく・はる・はるき・ひら・ひらかす

意味 閉じたものを広げる。物事を始める。解き放つなどの意味をもつ。また、発展する、の意味も持つ漢字。

名前例
- 開人 12 2 14 かいと
- 開夢 12 13 25 かいむ
- 開輝 12 15 27 はるき
- 開道 12 12 24 はるみち

凱 12画

読み ガイ・カイ［名乗り］たのし・とき・よし

意味 楽しむ。やわらぐ。和やかなさまを表す。また、「かちどき」を表す場合も。

名前例
- 凱人 12 2 14 がいと
- 凱史 12 5 17 がいし
- 凱希 12 7 19 よしき
- 凱也 12 3 15 ときや

覚 12画

読み カク・コウ・おぼえる・さます・さとる［名乗り］あき・あきら・さだ・さと・さとし・ただ・ただし・よし

意味 覚える。さとる。理解する。目覚める。記憶するなどを意味する。

名前例
- 覚志 12 7 19 さとし
- 覚琉 12 11 23 さとる
- 覚正 12 5 17 ただまさ
- 覚弘 12 5 17 あきひろ

敢
12画

読み カン・あえて［名乗り］いさみ・いさむ・つよし

意味 あえてする。圧力や気兼ねをはねのけて思い切って行うこと。潔い印象の字。

名前例
- 敢武 12・8 20 いさむ
- 敢太 12・4 16 かんた
- 敢士 12・3 15 つよし
- 敢太朗 12・4・10 26 かんたろう

雁
12画

読み ガン・かり

意味 渡り鳥の名前。かぎ形の列を組んで飛ぶ。日本には晩秋に北方からやって来る。

名前例
- 雁斗 12・4 16 がんと
- 雁也 12・3 15 かりや
- 雁太 12・4 16 がんた
- 雁之助 12・3・7 22 がんのすけ

葵
12画

読み キ・ギ・あおい［名乗り］まもる

意味 アオイ科の植物。太陽の方向に向かって花がまわる植物を表す漢字。

名前例
- 葵 12 12 あおい
- 和葵 8・12 20 かずき
- 葵一 12・1 13 きいち
- 葵留 12・10 22 まもる

幾
12画

読み キ・いく［名乗り］おき・ちか・ちかし・のり・ふさ

意味 いくつ。殆ど。数量を問うときに使用する。兆し、けはい、前ぶれを表す場合も。

名前例
- 一幾 1・12 13 かずき
- 幾治 12・7 19 いくや
- 幾志 12・7 19 ちかし
- 貴幾 12・12 24 たかのり

稀
12画

読み キ・ケ・まれ

意味 まれ、少ない。めったにないことを示す。混み合っていないさまを表す。

名前例
- 稀一 12・1 13 きいち
- 直稀 8・12 20 なおき
- 宏稀 7・12 19 ひろき
- 秀稀 7・12 19 ほまれ

期
12画

読み キ・ゴ［名乗り］さね・とき・とし・のり

意味 とり決めた日時。また、一定の時間。予定や目当てをつけることを意味する。

名前例
- 和期 8・12 20 かずき
- 陽期 12・12 24 はるとき
- 弘期 5・12 17 ひろき
- 隆期 11・12 23 たかき

貴
12画

読み キ・とうとい［名乗り］あつ・あて・たか・たかし・たけ・よし

意味 尊い。目立って大きい。敬うなどを意味する。尊敬、偉大さをイメージする字。

名前例
- 貴一 12・1 13 きいち
- 貴史 12・5 17 たかし
- 貴治 12・7 19 あつや
- 貴大 12・3 15 たかひろ

揮
12画

読み キ・ふるう［名乗り］てる

意味 指示する。合図する。力を発揮する、ふるう、羽をふるって飛ぶという意味も。

名前例
- 和揮 8・12 20 かずてる
- 勇揮 9・12 21 ゆうき
- 智揮 12・12 24 ともき
- 揮真 12・10 22 きしん

喜
12画

読み キ・よろこぶ・よろこび［名乗り］きよ・このむ・たのし・とし・のぶ・はる・ひさ・ゆき・よし

意味 喜ぶ。にこにこする。めでたいさま。また、このむという意味も持つ漢字。

名前例
- 一喜 1・12 13 かずき
- 喜彦 12・9 21 きよひこ
- 晴喜 12・12 24 はるき
- 喜文 12・4 16 よしふみ

卿
12画

読み キョウ・ケイ・きみ［名乗り］あき・あきら・のり

意味 政治の要職にある大臣。長官。身分の高い人物の敬称として使用される。品格のある字。

名前例
- 卿哉 12・9 21 きょうや
- 卿介 12・4 16 きょうすけ
- 卿吾 12・7 19 けいご
- 卿太朗 12・4・10 26 きょうたろう

喬
12画

読み キョウ・ギョウ・たかい［名乗り］すけ・たか・たかし・ただ・ただし・のぶ・もと

意味 高い。木などがすらりとして高い様子を表す。成長や強さをイメージする字。

名前例
- 喬平 12・5 17 きょうへい
- 喬志 12・7 19 たかし
- 喬斗 12・4 16 たかと
- 喬治 12・7 19 もとや

堯
12画

読み ギョウ・たかい［名乗り］あき・たか・たかし・のり

意味 気高い。中国古代の伝説上の帝王の名として知られる。また、ゆたかを示す漢字でもある。

名前例
- 堯斗 12・4 16 あきと
- 堯人 12・2 14 あきひと
- 堯則 12・9 21 たかのり
- 堯士 12・3 15 たかし

12画

暁

読み ギョウ・キョウ・あかつき・さとる［名乗り］あき・あきら・あけ・さとし・とき・とし

意味 あかつき。夜明けを意味する。また、悟る、明らかになるという意味ももつ。

名前例
- 暁良 12 7 19 あきら
- 暁士 12 3 15 あきと
- 暁矢 12 5 17 ときや
- 佐暁 7 12 19 さとし

12画

極

読み キョク・ゴク・きわめる［名乗り］いたる・きわ・きわみ・きわむ・なか・のり・みち・むね

意味 端から端まで張り渡したしん柱。また、強い人格、きわめるなどの意味をもつ。

名前例
- 極 12 12 いたる
- 貴極 12 12 24 たかのり
- 義極 13 12 25 よしなか
- 極治 12 7 19 なかや

12画

勤

読み キン・ゴン・つとめる・つとまる・つとめ［名乗り］いそ・いそし・すすむ・つとむ・とし・のり・ゆき

意味 勤める。いそしむ。精を出す。また、行き届いたさまを示す。

名前例
- 勤 12 12 つとむ
- 勤二 12 2 14 きんじ
- 勤治 12 7 19 きんや
- 隆勤 11 12 23 たかのり

12画

欽

読み キン・コン・つつしむ［名乗り］うや・こく・ただ・ひとし・まこと・よし

意味 慎む。かしこまる。尊敬して敬うなどの意味をもつ。礼儀をイメージする字。

名前例
- 欽也 12 3 15 きんや
- 恒欽 9 12 21 つねよし
- 信欽 9 12 21 のぶよし
- 欽之佑 12 3 7 22 きんのすけ

12画

景

読み ケイ・エイ・かげ［名乗り］あきら・ひろ

意味 景色や様子などを意味する字。また、大きい、めでたい、を意味する場合も。

名前例
- 景太 12 4 16 けいた
- 景一 12 1 13 けいいち
- 景樹 12 16 28 かげき
- 景一朗 12 1 10 23 けいいちろう

12画

敬

読み ケイ・うやまう［名乗り］あき・あつ・さとし・たか・たかし・とし・のり・ひろ・ひろし・ゆき・よし

意味 敬う。慎む。かしこまる。また、尊敬の気持ちを示す。礼儀を印象づける字。

名前例
- 敬二 12 2 14 けいじ
- 敬亮 12 9 21 けいすけ
- 敬三 12 3 15 けいぞう
- 敬弘 12 5 17 のりひろ

12画

惠

読み ケイ・エ・めぐむ・めぐみ・めぐまれる［名乗り］あや・さと・さとし・しげ・とし・やす・よし

意味 「恵」の旧字。恵み。温かくいつくしむ。思いやりがあるさまを表す。

名前例
- 敦惠 12 12 24 あつとし
- 惠佑 12 7 19 けいすけ
- 惠司 12 5 17 さとし
- 惠太郎 12 4 9 25 けいたろう

12画

結

読み ケツ・ケチ・むすぶ・むすび・ゆう・ゆわえる・ゆわく［名乗り］かた・ひとし・ゆ・ゆい

意味 結ぶ、完成するなどを意味する。人と人との結びつきを印象づける。

名前例
- 結人 12 2 14 ゆいと
- 結貴 12 12 24 ゆうき
- 結哉 12 9 21 ゆうや
- 結希夫 12 7 4 23 ゆきお

12画

絢

読み ケン・あや［名乗り］じゅん・はる

意味 模様があって美しいさまを意味する。艶やかさ、華やかさをイメージする字。

名前例
- 絢一 12 1 13 じゅんいち
- 絢都 12 11 23 あやと
- 絢矢 12 5 17 けんや
- 絢太郎 12 4 9 25 けんたろう

12画

堅

読み ケン・かたい［名乗り］かき・かた・かたし・すえ・たか・つよし・み・よし

意味 かたい。強さや信用を意味する。誠実さ、精神の強さをイメージする男らしい字。

名前例
- 堅 12 12 けん
- 堅士 12 3 15 つよし
- 堅人 12 2 14 たかひと
- 守堅 6 12 18 もりたか

12画

萱

読み ケン・カン・かや［名乗り］ただ・まさ

意味 忘れ草。眺めると憂いを忘れるといわれている。素朴、自然、安心感を感じる字。

名前例
- 萱作 12 7 19 けんさく
- 萱太 12 4 16 けんた
- 萱平 12 5 17 かんぺい
- 萱司 12 5 17 かんじ

12画

硯

読み ケン・ゲン・すずり

意味 墨をする道具を示す。平面を平にした硯石。文学、芸術をイメージする。

名前例
- 硯佑 12 7 19 けんすけ
- 硯斗 12 4 16 けんと
- 広硯 5 12 17 こうけん
- 硯太朗 12 4 10 26 けんたろう

琥
12画

読み コ［名乗り］く・こはく・たま

意味 琥珀。黄色と黒のまじった虎の色の玉石。清らかで無欲な人などにたとえる場合も。

名前例
- 琥12 久3　15　こはく
- 琥12 生5　17　たまお
- 琥12 有6　18　こう
- 琥12 太4 朗10　26　こたろう

湖
12画

読み コ・ゴ・みずうみ［名乗り］ひろし

意味 みずうみ。大地をカバーするようにたまっている淡水。広大なイメージをもつ。

名前例
- 大3 湖12　15　だいご
- 亮9 湖12　21　りょうご
- 湖12 史5　17　ひろし
- 湖12 志7 朗10　29　こじろう

皓
12画

読み コウ・しろい［名乗り］あき・あきら・つく・てる・ひかる・ひろ・ひろし

意味 白く輝くさま。清らかさ、潔白などを意味する。素直なイメージをうける字。

名前例
- 皓12 一1　13　こういち
- 皓12 基11　23　こうき
- 皓12 司5　17　ひろし
- 皓12 斗4　16　ひろと

港
12画

読み コウ・みなと

意味 船の出入りする港を示す。中国の地名である香港にも使用されている。

名前例
- 港12 甫7　19　こうすけ
- 港12 貴12　24　こうき
- 港12 成6　18　こうせい
- 港12 人2　14　みなと

最
12画

読み サイ・もっとも［名乗り］いと・いろ・かなめ・たか・たかし・まさる・も・ゆたか・よし

意味 最も。一番優れているもの。高度のものを示す。優れた人物をイメージする字。

名前例
- 最12 都11　23　さいと
- 最12 彦9　21　たかひこ
- 最12 孝7　19　よしたか
- 最12 博12　24　よしひろ

詞
12画

読み シ・ジ・ことば［名乗り］こと・なり・のり・ふみ

意味 いう。説く。言葉。単語。また、詩文など言葉を意味する場合に使用される。

名前例
- 隆11 詞12　23　たかし
- 郷11 詞12　23　さとし
- 典8 詞12　20　のりふみ
- 詞12 比4 古5　21　なりひこ

紫
12画

読み シ・むらさき［名乗り］むら

意味 青と赤のまじった色を示す。その昔、紫色は高貴の色とされていた。

名前例
- 紫12 温12　24　しおん
- 太4 紫12　16　たいし
- 大3 紫12　15　だいし
- 雅13 紫12　25　まさし

滋
12画

読み ジ・シ・しげる・ます・ますます［名乗り］あさ・しく・しげ・しげし・ふさ

意味 芽や草木が生い茂るさまを示す。また、活力を意味する場合も。

名前例
- 滋12　12　しげる
- 滋12 人2　14　しげと
- 滋12 基11　23　しげき
- 大3 滋12 朗10　25　だいじろう

集
12画

読み シュウ・ジュウ・あつめる・つどう・すだく［名乗り］あい・い・ため・ち・ちか・つどい

意味 集まる。つどう。まとめる。また、調和を表す。人望、温かさをイメージする字。

名前例
- 集12 一1　13　しゅういち
- 集12 雄12　24　ちかお
- 智12 集12　24　ともちか
- 佳8 集12　20　よしため

衆
12画

読み シュウ・シュ［名乗り］とも・ひろ・もり・もろ

意味 大勢の人。数が多いことを意味する。大らかさ、温かいイメージをうける字。

名前例
- 衆12 人2　14　しゅうと
- 衆12 司5　17　しゅうじ
- 衆12 平5　17　しゅうへい
- 衆12 泰10　22　ひろやす

就
12画

読み シュウ・ジュ・つく・つける・ついては［名乗り］なり・ゆき

意味 ある物事・人物につき従う。物事が成功する。まとまるなどを意味する場合も。

名前例
- 一1 就12　13　かずなり
- 就12 斗4　16　しゅうと
- 就12 央5　17　ゆきお
- 正5 就12　17　まさなり

萩
12画

読み シュウ・シュ・はぎ［名乗り］はぎ

意味 はぎ、秋草の名前。よもぎの一種、初秋に紫紅色、または白色の花をつける。

名前例
- 萩12 斗4　16　はぎと
- 萩12 一1　13　しゅういち
- 萩12 也3　15　しゅうや
- 萩12 真10　22　しゅうま

竣 12画

読み シュン・おわる［名乗り］たかし

意味 すらりと高く立つことを意味する。仕事をなしおえることを意味する場合も。

名前例

名前	各字の画数	総画	読み
竣	12	12	たかし
竣太	12・4	16	しゅんた
竣兵	12・7	19	しゅんぺい
竣太朗	12・4・10	26	しゅんたろう

順 12画

読み ジュン・したがう［名乗り］あや・おさむ・かず・す・すなお・とし・なお・のぶ・まさ・ゆき・よし・より

意味 ルールや道筋通りに進む。物事がうまくいく。安定などの印象をもつ字。

名前例

名前	各字の画数	総画	読み
順也	12・3	15	じゅんや
順栄	12・9	21	かずひで
順斗	12・4	16	なおと
順弘	12・5	17	まさひろ

閏 12画

読み ジュン・うるう［名乗り］うる

意味 閏年。一年の日数が、決まった数からはみ出て平年より多いこと。

名前例

名前	各字の画数	総画	読み
閏	12	12	じゅん
閏一	12・1	13	じゅんいち
閏司	12・5	17	じゅんじ
閏平	12・5	17	じゅんぺい

晶 12画

読み ショウ・あきらか［名乗り］あき・あきら・てる・まさ

意味 明らか。きらきらする。輝いている。澄みきって華やかな印象をうける字。

名前例

名前	各字の画数	総画	読み
晶良	12・7	19	あきら
晶弘	12・5	17	あきひろ
晶彦	12・9	21	あきひこ
晶之	12・3	15	まさゆき

湘 12画

読み ショウ・ソウ

意味 中国の川、湘江。神奈川県の湘南のイメージが強い字。爽やかな印象の字。

名前例

名前	各字の画数	総画	読み
湘太	12・4	16	しょうた
湘希	12・7	19	しょうき
湘平	12・5	17	しょうへい
湘太朗	12・4・10	26	しょうたろう

翔 12画

読み ショウ・かける・とぶ［名乗り］かけ・と

意味 かける。羽を大きく広げて飛び舞うことを意味する。めぐる、さまようの意味も持つスケールの大きい字。

名前例

名前	各字の画数	総画	読み
翔琉	12・11	23	かける
翔太	12・4	16	しょうた
大翔	3・12	15	ひろと
翔太郎	12・4・9	25	しょうたろう

勝 12画

読み ショウ・かつ・まさる・すぐれる［名乗り］かち・すぐる・すぐれ・すぐろ・とう・のり・まさ・ます・よし

意味 勝つ。力比べにたえ抜く。転じて、すぐれた所、こらえるなどの意味も持つ。

名前例

名前	各字の画数	総画	読み
勝太	12・4	16	しょうた
勝馬	12・10	22	かつま
勝哉	12・9	21	かつや
勝志	12・7	19	まさし

森 12画

読み シン・もり［名乗り］しげ・しげる

意味 たくさんの木がびっしりと茂ったさま。静か、おごそかという意味も。爽やかなイメージの字。

名前例

名前	各字の画数	総画	読み
森流	12・10	22	しげる
豊森	13・12	25	あつもり
森音	12・9	21	しげと
森一朗	12・1・10	23	しんいちろう

尋 12画

読み ジン・たずねる・ひろ［名乗り］ちか・つね・のり・ひつ・ひろし・みつ

意味 尋ねる。あとをたどって捜す。温めるという意味も。また、長さの単位として表す場合もある。

名前例

名前	各字の画数	総画	読み
千尋	3・12	15	ちひろ
尋史	12・5	17	ひろし
知尋	8・12	20	とものり
尋由	12・5	17	ひろよし

惺 12画

読み セイ・さとる［名乗り］あきら・さと・さとし・しず・しずか

意味 すっきりとわかる。心が澄みきって落ちついているさまを示す。

名前例

名前	各字の画数	総画	読み
惺士	12・3	15	さとし
惺也	12・3	15	せいや
惺生	12・5	17	しずお
琉惺	11・12	23	りゅうせい

晴 12画

読み セイ・はれる・はらす・はれ［名乗り］きよし・てる・なり・はる

意味 日が清らかに輝く。空が澄みきっているさまを表す字。明るく、爽やかな印象の字。

名前例

名前	各字の画数	総画	読み
晴喜	12・12	24	はるき
晴矢	12・5	17	せいや
大晴	3・12	15	たいせい
快晴	7・12	19	かいせい
清晴	11・12	23	きよはる
晴海	12・9	21	はるみ
晴光	12・6	18	なりみつ
晴志	12・7	19	きよし
晴太郎	12・4・9	25	せいたろう

善　12画

読み ゼン・よい［名乗り］さ・ただし・たる・よし

意味 良い、好ましいなどを意味する。また、巧みな、褒めるなどを意味する場合も。

名前例

名前	画数	合計	読み
善	12	12	ぜん
一善	1・12	13	かずよし
善司	12・5	17	ぜんじ
善晴	12・12	24	よしはる

惣　12画

読み ソウ・そうじて［名乗り］おさむ・のぶ・ふさ

意味 全て。全体をまとめるなどを意味する字。親しみやすい、大らかな印象の字。

名前例

名前	画数	合計	読み
惣一	12・1	13	そういち
惣太	12・4	16	そうた
惣介	12・4	16	そうすけ
俊惣	9・12	21	としのぶ

創　12画

読み ソウ・きず・はじめる・つくる［名乗り］はじむ

意味 始める。つくり出すなどを意味する。創造性ゆたかな人物をイメージする漢字。

名前例

名前	画数	合計	読み
創	12	12	はじめ
創一	12・1	13	そういち
創介	12・4	16	そうすけ
創太朗	12・4・10	26	そうたろう

湊　12画

読み ソウ・みなと［名乗り］すすむ・み

意味 水上航路の集まってくる場所。港を意味する。みずみずしいさわやかさを漂わせる漢字。

名前例

名前	画数	合計	読み
湊一	12・1	13	そういち
湊司	12・5	17	そうじ
湊人	12・2	14	みなと
湊太郎	12・4・9	25	そうたろう

巽　12画

読み ソン・たつみ［名乗り］ゆく・よし

意味 周易の八卦の一つ。辰巳を示す。従順を意味する。素直なイメージをうける字。

名前例

名前	画数	合計	読み
巽巳	12・3	15	たつみ
巽貴	12・12	24	よしき
巽幸	12・8	20	よしゆき
巽恭	12・10	22	よしやす

尊　12画

読み ソン・たっとい・たっとぶ・とうとい・とうとぶ・みこと［名乗り］たか・たかし

意味 尊い。値打ちや地位の高さを示す。人や物を大事にして敬う。尊敬の意を表す。

名前例

名前	画数	合計	読み
尊則	12・9	21	たかのり
尊広	12・5	17	たかひろ
善尊	12・12	24	よしたか
大尊	3・12	15	ひろたか

達　12画

読み タツ・たち［名乗り］いたる・かつ・さと・さとし・さとる・しげ・すすむ・ただ・たて・とおる・みち・よし

意味 さしさわりなく進む。また、優れていて何でもこなすさまを意味する。

名前例

名前	画数	合計	読み
達矢	12・5	17	たつや
達朗	12・10	22	たつお
達史	12・5	17	さとし
達之介	12・3・4	19	たつのすけ

智　12画

読み チ［名乗り］あきら・さかし・さと・さとし・さとる・とし・とみ・とも・のり・まさる・もと

意味 物事を捉えて、理解する動き。知恵や術に優れているさまを示す。

名前例

名前	画数	合計	読み
智	12	12	さとし
智陽	12・12	24	ともはる
智基	12・11	23	ともき
智晴	12・12	24	ちはる

朝　12画

読み チョウ・あさ・あした［名乗り］かた・さ・つと・とき・とも・のり・はじめ

意味 朝。明日。太陽の出てくるときを示す。フレッシュで爽やかな印象をもつ字。

名前例

名前	画数	合計	読み
朝人	12・2	14	あさと
朝治	12・7	19	ともや
朝行	12・6	18	ともゆき
晴朝	12・12	24	はるとき

超　12画

読み チョウ・こえる・こす［名乗り］おき・き・こえ・こゆる・たつ・とおる・ゆき

意味 超える。ぬきんでる。障害物を飛びこえる。遠くて遥かなさまを表す場合も。

名前例

名前	画数	合計	読み
超司	12・5	17	ちょうじ
超史	12・5	17	たつし
超永	12・5	17	ゆきひさ
超治	12・7	19	ゆきや

渡　12画

読み ト・ド・わたる［名乗り］ただ・わたり

意味 河川や海、世の中、世界を渡る、渡っていく、渡すの意味をもつ漢字。

名前例

名前	画数	合計	読み
渡留	12・10	22	わたる
渡至	12・6	18	ただし
史渡	5・12	17	ふみと
雅渡	13・12	25	まさと

塔　12画

読み トウ

意味 高い建築物。建物。仏教・サンスクリット語を語源とする言葉。

名前例

名前	画数	合計	読み
塔弥	12・8	20	とうや
塔児	12・7	19	とうじ
塔太	12・4	16	とうた
塔偉	12・12	24	とうい

董
12画

読み トウ・ただす［名乗り］しげ・しげる・ただ・ただし・ただす・なお・のぶ・まこと・まさ・よし

意味 物事を正しくすること。直すこと。また骨董品などを表す漢字。

名前例

名前	画数	合計	読み
董士	12・3	15	ただし
董也	12・3	15	なおや
董斗	12・4	16	のぶと
董喜	12・12	24	よしき

統
12画

読み トウ・すべる［名乗り］おさ・おさむ・すみ・つぐ・つな・つね・のり・、むね・もと

意味 人々や物事をひとつにまとめ、治めること。大きな流れ、繋がりの意味。

名前例

名前	画数	合計	読み
統夢	12・13	25	おさむ
統弥	12・8	20	とうや
統人	12・2	14	のりと
統樹	12・16	28	つねき

登
12画

読み トウ・ト・のぼる［名乗り］たか・ちか・ど・とみ・とも・なり・のり・み・みのる

意味 高い場所に上がる、登ること。また高い地位につく、成功するなどの意味。

名前例

名前	画数	合計	読み
俊登	9・12	21	としのり
一登	1・12	13	かずと
登樹	12・16	28	ともき
登美	12・9	21	たかみ

等
12画

読み トウ・ひとしい・ら［名乗り］しな・たか・とし・とも・ひとし

意味 長さなどの数値が同じであること、等しいこと。また仲間であることの意。

名前例

名前	画数	合計	読み
保等	9・12	21	やすとし
等志	12・7	19	ひとし
和等	8・12	20	かずと
等弥	12・8	20	ともや

道
12画

読み ドウ・トウ・みち［名乗り］おさむ・ただし・ち・のり・まさ・ゆき

意味 道。道路。また人生や芸術、学問などの道の意味もある漢字。

名前例

名前	画数	合計	読み
道康	12・11	23	みちやす
敏道	10・12	22	としみち
道士	12・3	15	ただし
孝道	7・12	19	たかみち

童
12画

読み ドウ・わらべ［名乗り］のぶ・わか・わらわ

意味 わらし。わらべ。未成年の子供、幼児の意味を表す漢字。児童。

名前例

名前	画数	合計	読み
童充	12・6	18	わかみつ
童斗	12・4	16	のぶと
夢童	13・12	25	むどう
童樹	12・16	28	わかき

敦
12画

読み トン・あつい［名乗り］あつ・あつし・おさむ・つとむ・つる・とし・のぶ

意味 神前の食器などを表す漢字で、情にあつく誠実であること。真実の意味。

名前例

名前	画数	合計	読み
敦志	12・7	19	あつし
友敦	4・12	16	ともあつ
敦英	12・8	20	のぶひで
敦央	12・5	17	のぶお

博
12画

読み ハク・バク［名乗り］とおる・はか・ひろ・ひろし

意味 広い状態。物事や情報などが、広く世に行き渡って皆に知られること。

名前例

名前	画数	合計	読み
博琉	12・11	23	とおる
博史	12・5	17	ひろし
博斗	12・4	16	ひろと
博哉	12・9	21	ひろや

斐
12画

読み ヒ［名乗り］あきら・あや・あやる・い・なが・よし

意味 華麗で美しいこと、また「あや」のある、華麗な美しさを表す漢字。

名前例

名前	画数	合計	読み
斐	12	12	あきら
斐樹	12・16	28	よしき
斐人	12・2	14	あやと
斐希	12・7	19	あやき

備
12画

読み ビ・そなえる・そなわる［名乗り］たる・とも・なが・なり・のぶ・まさ・みつ・よ・よし・より

意味 あらかじめ備えること。備え。揃うこと、備わること。吉備国のこと。

名前例

名前	画数	合計	読み
備也	12・3	15	ともや
備光	12・6	18	のぶみつ
友備	4・12	16	ともなり
備希	12・7	19	ともき

普
12画

読み フ・あまねし［名乗り］かた・と・ひろ・ひろし・ゆき

意味 物事が全体に行き渡ること。全体に広がり、一般化すること。普通。

名前例

名前	画数	合計	読み
普之	12・3	15	ひろゆき
普信	12・9	21	ゆきのぶ
普志	12・7	19	ひろし
正普	5・12	17	まさゆき

富
12画

読み フ・フウ・とむ・とみ［名乗り］と・とよ・ひさ・ゆたか・よし

意味 豊かであること、富めること。多い、満ちていること、私財、財産の意味。

名前例

名前	画数	合計	読み
富喜	12・12	24	とよき
富久	12・3	15	とみひさ
信富	9・12	21	のぶと
富美夫	12・9・4	25	ふみお

葡 12画

読み ブ・ホ［名乗り］ふ・ほ

意味 果物・果樹のブドウのこと。また外国名・ポルトガルを表す漢字。

名前例

名前	総画	読み
希(7)葡(12)	19	きほ
光(6)葡(12)	18	みつほ
葡(12)一(1)	13	ほいち
葡(12)美(9)斗(4)	25	ふみと

萬 12画

読み マン・バン・ま・よろず［名乗り］かず・かつ・すすむ・たか・ま・よろず

意味 数が非常に多いこと、大きいこと、数字の「万」を意味する漢字。

名前例

名前	総画	読み
萬(12)矢(5)	17	かずや
萬(12)俊(9)	21	たかとし
萬(12)樹(16)	28	まき
萬(12)太(4)郎(9)	25	まんたろう

満 12画

読み マン・みちる・みたす［名乗り］あり・ま・ます・まろ・みき・みち・みつ・みつる

意味 水面があふれるように満ちること。物事が足りる、満たされる、の意味。

名前例

名前	総画	読み
満(12)琉(11)	23	みつる
満(12)弥(8)	20	みきや
満(12)登(12)	24	みちと
満(12)次(6)郎(9)	27	まんじろう

釉 12画

読み ユウ・ユ・うわぐすり［名乗り］つや・てる

意味 陶磁器のつやを出すために塗る薬品のこと。つやがある、光る、の意味。

名前例

名前	総画	読み
釉(12)樹(16)	28	てるき
釉(12)希(7)	19	ゆき
釉(12)美(9)	21	てるみ
釉(12)次(6)郎(9)	27	ゆうじろう

雄 12画

読み ユウ・お・おす［名乗り］かず・かつ・たか・たけし・のり・よし

意味 性別の男、生物的なオスを意味する漢字。盛んな、勇壮な、男らしい。

名前例

名前	総画	読み
雄(12)大(3)	15	ゆうだい
雄(12)美(9)	21	たかみ
雄(12)人(2)	14	よしと
和(8)雄(12)	20	かずのり

遊 12画

読み ユウ・ユ・あそぶ［名乗り］とも・なが・ゆ・ゆき

意味 自由に動くこと、行動すること。遊ぶ、楽しむ、旅行の意味もある。

名前例

名前	総画	読み
弘(5)遊(12)	17	ひろゆき
遊(12)希(7)	19	ゆうき
遊(12)信(9)	21	ゆきのぶ
遊(12)弥(8)	20	ともや

裕 12画

読み ユウ［名乗り］すけ・ひろ・ひろし・まさ・みち・やす・ゆ・ゆたか

意味 着衣に余裕があり、ゆったりとした様から豊か、余裕のあるという意味。

名前例

名前	総画	読み
裕(12)敏(10)	22	ひろとし
裕(12)人(2)	14	ひろと
裕(12)弥(8)	20	ゆうや
裕(12)佳(8)	20	ゆたか

湧 12画

読み ユウ・ヨウ・わく［名乗り］いさむ・わか・わき

意味 井戸から水があふれ出す意味から「わき出す」「あふれる」の意味も。

名前例

名前	総画	読み
湧(12)友(4)	16	ゆうと
湧(12)太(4)	16	ゆうた
湧(12)希(7)	19	ゆうき
湧(12)平(5)	17	ようへい

陽 12画

読み ヨウ・ひ［名乗り］あき・あきら・お・おき・きよ・きよし・たか・てる・なか・はる・ひ・ひさ・や

意味 太陽、日の光、日向などを意味する。また明るい様子をさす言葉。

名前例

名前	総画	読み
陽(12)人(2)	14	はると
陽(12)児(7)	19	ようじ
陽(12)斗(4)	16	あきと
陽(12)樹(16)	28	てるき
陽(12)輔(14)	26	ようすけ
陽(12)春(9)	21	たかはる
陽(12)和(8)	20	きよかず
太(4)陽(12)	16	たいよう
陽(12)一(1)郎(9)	22	よういちろう

揚 12画

読み ヨウ・あげる［名乗り］あき・あきら・たか・のぶ

意味 事物を高く上げる、掲げる、盛んな状態にするの意味をもつ漢字。

名前例

名前	総画	読み
揚(12)飛(9)	21	ようと
揚(12)実(8)	20	たかみ
揚(12)弘(5)	17	のぶひろ
揚(12)良(7)	19	あきら

葉 12画

読み ヨウ・は［名乗り］くに・すえ・のぶ・ば・ふさ・よ

意味 植物の葉のこと。また薄いものを数えるときの単位に使われる。

名前例

名前	総画	読み
和(8)葉(12)	20	かずは
葉(12)光(6)	18	くにみつ
信(9)葉(12)	21	のぶすえ
葉(12)俊(9)	21	ふさとし

12画

遥

読み ヨウ・はるか［名乗り］すみ・とお・のぶ・のり・はる・みち

意味 距離などが遥かに遠いこと。またはあたりをさまようの意味をもつ漢字。

名前例
- 遥斗（12・4）16 すみと
- 遥太（12・4）16 ようた
- 遥樹（12・16）28 はるき
- 遥善（12・12）24 みちよし

12画

嵐

読み ラン・あらし［名乗り］ら

意味 通常の風より更に強い風を意味する漢字。あらし、強風のこと。

名前例
- 亜嵐（7・12）19 あらん
- 嵐友（12・4）16 らんと
- 嵐偉（12・12）24 らい
- 嵐次郎（12・6・9）27 らんじろう

12画

椋

読み リョウ・むく［名乗り］くら・むく・むくのき

意味 ニレ科の落葉高木・ムクノキ、または鳥類のムクドリを表す漢字。

名前例
- 椋（12）12 りょう
- 椋太（12・4）16 りょうた
- 椋介（12・4）16 りょうすけ
- 椋司（12・5）17 りょうじ

12画

琳

読み リン［名乗り］たま・り

意味 綺麗な玉を意味する漢字。玉がぶつかったときの美しい音色のこと。

名前例
- 琳希（12・7）19 りき
- 琳遠（12・13）25 りおん
- 琳音（12・9）21 りお
- 琳太郎（12・4・9）25 りんたろう

12画

塁

読み ルイ［名乗り］かさ・たか

意味 砦を意味する漢字。または野球場に置かれているベースのことをさす。

名前例
- 塁実（12・8）20 たかみ
- 塁斗（12・4）16 るいと
- 塁弘（12・5）17 たかひろ
- 塁一（12・1）13 るいち

12画

禄

読み ロク［名乗り］さち・とし・とみ・よし

意味 神の恵み、幸せを表す。また武家の俸給、身に備わる重々しい様子。

名前例
- 美禄（9・12）21 みろく
- 路禄（13・12）25 みちとし
- 高禄（10・12）22 たかとみ
- 禄希（12・7）19 よしき

13画

愛

読み アイ・めでる［名乗り］あ・え・な・ひで・まな・めぐむ・よし・より・ら

意味 相手を愛する。愛情を持つ。好む、惜しむ、慈しむの意味もある。

名前例
- 愛友（13・4）17 あいと
- 愛裕（13・12）25 よしひろ
- 愛羅（13・19）32 あいら
- 愛次郎（13・6・9）28 あいじろう

13画

葦

読み イ・あし・よし

意味 水辺に自生するイネ科の多年草。日本神話や日本の古名、パスカルの言葉にも使われる有名な植物。

名前例
- 亜葦（7・13）20 あい
- 葦孝（13・7）20 あしたか
- 葦斗（13・4）17 よしと
- 佳葦（8・13）21 かい

13画

雅

読み ガ［名乗り］ただ・ただし・つね・なり・のり・ひとし・まさ・まさし・まさり・まさる・みやび・もと・よし

意味 奥ゆかしく、みやびやかなこと。そのさま。風流であること。

名前例
- 雅（13）13 みやび
- 雅史（13・5）18 まさし
- 宗雅（8・13）21 むねのり
- 雅志（13・7）20 ただし
- 雅路（13・13）26 がろ
- 雅彦（13・9）22 まさひこ
- 悠雅（11・13）24 ゆうが
- 雅人（13・2）15 よしひと
- 雅司（13・5）18 ひとし

13画

楽

読み ガク・ラク・たのしい［名乗り］ささ　もと・よし・ら

意味 音楽を広く意味する漢字。そこから楽しい、容易である、の意味となった。

名前例
- 楽希（13・7）20 よしき
- 楽人（13・2）15 もとひと
- 楽友（13・4）17 よしと
- 楽斗（13・4）17 がくと

13画

寛

読み カン・くつろぐ［名乗り］お・とも・のぶ・のり・ひろ・ひろし・もと・よし

意味 ゆるやかで、ゆったりと余裕のある状態のこと。心もちの広いさま。

名前例
- 寛慈（13・13）26 かんじ
- 信寛（9・13）22 のぶひろ
- 寛也（13・3）16 もとや
- 寛太郎（13・4・9）26 かんたろう

13画

幹

読み カン・みき［名乗り］き・たかし・とも・まさ・み・もと・もとき

意味 樹木の幹のこと。また重要な、強固な、優秀であるさまの意味。

名前例

幹13 児7 20 かんじ

幹13 弥8 21 みきや

幹13 貴12 25 もとき

幹13 太4 郎9 26 かんたろう

13画

暉

読み キ・かがやく［名乗り］あき・あきら・てらす・てる

意味 光輝くこと。光。周囲を照らし出す、明るいイメージをもつ言葉。

名前例

暉13 13 あきら

暉13 人2 15 あきと

暉13 希7 20 てるき

千3 暉13 16 ちあき

13画

義

読み ギ［名乗り］あき・しげ・ただし・つとむ・とも・のり・みち・よし

意味 正しいさま、道理にかなっていることをさす言葉。理由、意味、仮の、などの意味ももつ。

名前例

義13 一1 14 ぎいち

義13 裕12 25 よしひろ

義13 人2 15 ともひと

俊9 義13 22 としあき

13画

業

読み ギョウ・ゴウ・わざ［名乗り］おき・かず・くに・なり・のぶ・のり・はじめ・ふさ

意味 苦労してやり遂げること。仕事。報いを招く前世の行いを表す漢字。

名前例

業13 久3 16 かずひさ

業13 弥8 21 かずや

業13 人2 15 くにひと

信9 業13 22 のぶなり

13画

継

読み ケイ・つぐ・まま［名乗り］つぎ・つね・ひで

意味 あとを受け継ぐ・引き継ぐ。物事を大切に継承する人物のイメージ。

名前例

継13 依8 21 けい

継13 輝15 28 ひでき

継13 男7 20 つぎお

継13 太4 郎9 26 けいたろう

13画

傑

読み ケツ［名乗り］すぐる・たかし・たけし・まさる

意味 他よりひときわ優れること。抜きん出る。優れた人物をさす言葉。

名前例

傑13 13 すぐる

傑13 史5 18 たけし

傑13 偉12 25 けつい

傑13 志7 20 たかし

13画

源

読み ゲン・みなもと［名乗り］はじめ・もと・よし

意味 物事が発する根元を表す言葉。水が流れ出す元。武士の姓・源氏。

名前例

源13 13 はじめ

源13 志7 20 げんし

源13 善12 25 もとよし

源13 太4 郎9 26 げんたろう

13画

瑚

読み ゴ・コ

意味 赤い色の玉・宝石のこと。海の珊瑚を表す。美しく輝く・きらびやかなイメージを持つ漢字。

名前例

聖13 瑚13 26 せいご

惣12 瑚13 25 そうご

瑚13 有6 太4 23 こうた

瑚13 太4 郎9 26 こたろう

13画

鼓

読み コ・つづみ

意味 太鼓。楽器の一つ。また、太鼓をたたいて鳴らす、奏でること。

名前例

鼓13 真10 23 こま

鼓13 哲10 23 こてつ

鼓13 童12 25 こどう

鼓13 次6 郎9 28 こじろう

13画

滉

読み コウ［名乗り］あき・あきら・こう・ひろ・ひろし

意味 水の深く広いさま。心の広さ、器の大きさをイメージさせる漢字。

名前例

滉13 13 あきら

滉13 太4 17 こうた

崇11 滉13 24 たかあき

光6 滉13 19 みつひろ

13画

煌

読み コウ・オウ・かがやく・きらめく［名乗り］あき・あきら・てる

意味 炎が輝くことを表す漢字。光り輝く、きらめく、盛ん、明らかの意味をもつ。

名前例

煌13 13 あきら

煌13 人2 15 あきと

煌13 希7 20 てるき

煌13 史5 18 こうじ

13画

幌

読み コウ・ほろ［名乗り］あきら

意味 風雨を防ぐための覆いをさす言葉。武士が流れ矢を防ぐために付けた広い布のこと。

名前例

幌13 13 あきら

幌13 次6 19 こうじ

智12 幌13 25 ちあき

幌13 太4 17 こうた

詩
13画

読み シ・うた［名乗り］ゆき

意味 近代、現代の詩、漢詩のこと。または言葉に旋律やリズムをつけて声に出すものを意味する漢字。

名前例
- 詩13 童12 25 しどう
- 詩13 男7 20 うたお
- 詩13 也3 16 ゆきや
- 詩13 郎9 22 しろう

資
13画

読み シ・たすける［名乗り］すけ・たか・ただ・たち・とし・もと、やす・よし・より

意味 生まれつきの才能、または役立つ元手となるもの。たすける、の意味。

名前例
- 資13 史5 18 ただし
- 博12 資13 25 ひろやす
- 資13 孝7 20 よしたか
- 資13 裕12 25 としひろ

獅
13画

読み シ

意味 百獣の王とされるライオンをさす漢字。また魔よけとして神社に置かれる想像上の動物のこと。

名前例
- 獅13 堂11 24 しどう
- 獅13 輝15 28 しき
- 斗4 獅13 17 とし
- 希7 獅13 20 きし

嗣
13画

読み シ・つぐ［名乗り］さね・つぎ・ひで

意味 跡を継ぐ、位を継ぐの意味を表す漢字。その一族の跡継ぎ・世継ぎのこと。

名前例
- 嗣13 道12 25 つぐみち
- 嗣13 哉9 22 ひでなり
- 嗣13 智12 25 さねとも
- 嗣13 希7 20 しき

蒔
13画

読み ジ・シ・まく［名乗り］しん・まき

意味 植物の種を地面にまく、あるいは苗を植えかえる意味を持つ漢字。

名前例
- 蒔13 弥8 21 しんや
- 蒔13 音9 22 しおん
- 蒔13 人2 15 まさと
- 蒔13 那7 20 まきな

慈
13画

読み ジ・いつくしむ［名乗り］し・しげ・ちか・なり・やす・よし

意味 情けをかける、恵み深い、可愛がるの意。愛情の深い印象を与える字。

名前例
- 慈13 貴12 25 しげき
- 智12 慈13 25 ともなり
- 秀7 慈13 20 ひでやす
- 慈13 音9 22 しおん

舜
13画

読み シュン［名乗り］きよ・とし・ひとし・みつ・よし

意味 中国の古王。五帝、儒教の聖人の一人。その治世は天下が最もよく治まった黄金時代とされる。

名前例
- 舜13 13 しゅん
- 舜13 也3 16 しゅんや
- 輝15 舜13 28 てるよし
- 舜13 希7 20 みつき

馴
13画

読み シュン・ジュン・なれる・ならす［名乗り］なれ・よし

意味 その場に慣れる。すなおに従う。またルールに合う、性質がおとなしいの意味も持つ字。

名前例
- 馴13 13 じゅん
- 馴13 平5 18 じゅんぺい
- 馴13 暉13 26 よしき
- 馴13 也3 16 よしなり

準
13画

読み ジュン・セツ・なぞらえる［名乗り］かね・とし・のり

意味 物事をはかるめどや尺度のこと。計る。中心となるものに似ているさま。

名前例
- 準13 次6 19 じゅんじ
- 準13 也3 16 としや
- 崇11 準13 24 たかのり
- 準13 佳8 21 かねよし

詢
13画

読み ジュン・シュン・とう・はかる［名乗り］まこと

意味 物事を相手に問う、尋ねる、相談する、はかる、などの意味をもつ漢字。

名前例
- 詢13 13 しゅん
- 詢13 人2 15 まこと
- 詢13 児7 20 とうじ
- 詢13 希7 20 じゅんき

楯
13画

読み ジュン・たて［名乗り］たち

意味 身を守るための防御用の武具。また自分の身を守るための手段を意味する。

名前例
- 楯13 貴12 25 たてき
- 楯13 也3 16 じゅんや
- 楯13 人2 15 たてと
- 楯13 美9 22 たてみ

奨
13画

読み ショウ・すすめる［名乗り］すけ・すすむ・たすく・つとむ

意味 物事をすすめる、助けはげますこと。周囲の人々を援助するイメージ。

名前例
- 奨13 13 すすむ
- 奨13 13 つとむ
- 奨13 久3 16 たすく
- 奨13 大3 16 しょうだい

照

13画

読み ショウ・てる・てらす［名乗り］あき・あきら・あり・てり・とし・のぶ・みつ

意味 光がすみずみまで届く。照らす。周囲を明るく包み込む印象の字。

名前例

- 照13 仁4　17　てるひと
- 照13 偉12　25　しょうい
- 照13 斗4　17　てると
- 照13 夫4　17　みつお

頌

13画

読み ショウ・ジュ・うた［名乗り］おと・のぶ・よし

意味 仏・菩薩の功徳や思想を述べた詩句・頌歌。慈悲深く、徳の高いイメージを抱かせる文字。

名前例

- 頌13 雄12　25　のぶお
- 頌13 彦9　22　よしひこ
- 頌13 太4　17　しょうた
- 頌13 弥8　21　しょうや

新

13画

読み シン・あたらしい・あらた［名乗り］あきら・あら・ちか・にい・はじめ・よし・わか

意味 はじまったばかりの状態。あらたに。純粋で無垢な心を意味する。

名前例

- 新13 太4　17　あらた
- 新13 芽8　21　はじめ
- 新13 也3　16　しんや
- 輝15 新13　28　てるちか

慎

13画

読み シン・ジン・つつしむ［名乗り］ちか・のり・まこと・みつ・よし

意味 間違いのないよう周囲に気を配る、節制する、の意味を表す。またはこずえ・木々の頂点を表す字。

名前例

- 慎13　13　まこと
- 慎13 太4　17　しんた
- 慎13 人2　15　ちかひと
- 慎13 汰7 郎9　29　しんたろう

愼

13画

読み シン・ジン・つつしむ［名乗り］ちか・のり・まこと・みつ・よし

意味 「慎」の旧字。間違いのないよう周囲に気を配る、節制する、の意味を表す。こずえ・木々の頂点の意。

名前例

- 愼13 慈13　26　しんじ
- 暉13 愼13　26　きしん
- 愼13 弥8　21　しんや
- 愼13 太4 郎9　26　しんたろう

瑞

13画

読み ズイ・スイ・しるし・みず［名乗り］たま・つね・ひで

意味 しるし。形のよい玉。またはめでたい兆候、めでたいさまのこと。

名前例

- 瑞13 穂15　28　みずほ
- 瑞13 暉13　26　みずき
- 瑞13 貴12　25　ひでき
- 孝7 瑞13　20　たかつね

嵩

13画

読み スウ・シュウ・たかい・かさ［名乗り］たか・たかし・たけ

意味 中国に存在する山の名称。または山々が高くそびえる様子のこと。

名前例

- 嵩13 史5　18　たかし
- 嵩13 美9　22　たかみ
- 嵩13 志7　20　たけし
- 嵩13 斗4　17　たかと

数

13画

読み スウ・ス・かず・かぞえる［名乗り］とし・のり・ひら・や

意味 かず。数えること。あるいはめぐりあわせ、運命の意味を表す。

名前例

- 数13 人2　15　かずと
- 数13 希7　20　かずき
- 数13 裕12　25　のりひろ
- 数13 武8　21　のりたけ

勢

13画

読み セイ・ゼイ・セ・いきおい［名乗り］せ・なり

意味 勢いがある、力強いこと。また取り仕切る力を意味する。または物事が変化していくさま。

名前例

- 勢13 一1　14　せいいち
- 勢13 也3　16　せいや
- 勢13 斗4　17　なりと
- 勢13 太4 郎9　26　せいたろう

聖

13画

読み セイ・ショウ・ひじり［名乗り］あきら・きよ・さと・さとし・さとる・たかし・とし・まさ

意味 けがれのないこと。人徳のある高貴な人物をイメージさせる字。

名前例

- 聖13　13　さとし
- 聖13 也3　16　せいや
- 聖13 樹16　29　としき
- 聖13 光6　19　まさみつ

誠

13画

読み セイ・ジョウ・まこと［名乗り］あき・あきら・かね・さと・さね・とも・なり・のぶ・まさ・よし

意味 いつわりない心。まごころ。裏表のない誠実な印象を与える字。

名前例

- 誠13　13　あきら
- 誠13　13　まこと
- 誠13 人2　15　あきひと
- 資13 誠13　26　もとかね

靖

13画

読み セイ・やすい・やすんじる［名乗り］おさむ・きよ・きよし・しず・のぶ・やすし・やす

意味 安らかにする。心を安らげる。人の心を和ませる優しいイメージ。

名前例

- 靖13　13　やすし
- 靖13 也3　16　せいや
- 靖13 志7　20　きよし
- 靖13 成6　19　しずなり

節 13画

読み セツ・セチ・ふし[名乗り]さだ・せ・たかし・たか・とき・とも・のり・みさ・みさお・もと・よし

意味 竹の節・区切り・音楽の調子・気候の変わり目などを表す漢字。

名前例

名前	画数	総画	読み
節	13	13	たかし
節希	13・7	20	もとき
節夫	13・4	17	みさお
節善	13・12	25	さだよし

摂 13画

読み セツ・ショウ・とる[名乗り]おさむ・かぬ・かね

意味 様々な事物を取り入れること、取り入れて行うことを表す漢字。

名前例

名前	画数	総画	読み
摂	13	13	おさむ
摂人	13・2	15	しょうと
摂暉	13・13	26	せつき
摂良	13・7	20	かねよし

楚 13画

読み ソ・いばら[名乗り]たか・つえ・つら

意味 樹木のイバラの意。すっきりとした様子のこと。美しく清楚な印象の文字。

名前例

名前	画数	総画	読み
太楚	4・13	17	だいそ
楚蘭	13・19	32	そらん
兼楚	10・13	23	かねつら
楚道	13・12	25	たかみち

蒼 13画

読み ソウ・あお・あおい[名乗り]しげる・ひろ

意味 色の種類で「青」の意。深みのある青。植物が青々と茂る様子を表す。

名前例

名前	画数	総画	読み
蒼	13	13	しげる
蒼也	13・3	16	そうや
蒼之	13・3	16	ひろゆき
蒼唯	13・11	24	あおい

想 13画

読み ソウ ソ・おもう

意味 心中で思い浮かべる。ものの考え。豊かな感受性をもつ人物のイメージ。

名前例

名前	画数	総画	読み
想士	13・3	16	そうし
想馬	13・10	23	そうま
想太	13・4	17	そうた
想人	13・2	15	そうと

続 13画

読み ゾク・つづく[名乗り]つぎ・つぐ・つづき・ひで

意味 物事が途切れずに続くこと、続けること。また連なっていくこと。

名前例

名前	画数	総画	読み
雅続	13・13	26	まさつぐ
続俊	13・9	22	つぎとし
続斗	13・4	17	ひでと
続道	13・12	25	ひでみち

馳 13画

読み チ・ジ・はせる[名乗り]とし・はや・はやし

意味 馬を走らせること。物事に奔走するの意味も持つ。

名前例

名前	画数	総画	読み
馳也	13・3	16	としや
大馳	3・13	16	だいち
智馳	12・13	25	ちはや
馳世	13・5	18	はやせ

禎 13画

読み テイ[名乗り]さだ・さち・ただ・ただし・つぐ・とも・よし

意味 めでたい・幸せ・正しい、などの意味をもつ。幸せな人生のイメージ。

名前例

名前	画数	総画	読み
禎	13	13	ただし
禎実	13・8	21	ともみ
禎佳	13・8	21	ただよし
禎秀	13・7	20	さだひで

鉄 13画

読み テツ・くろがね[名乗り]かね・きみ・てつし・とし

意味 金属の一種。堅く、強いものを象徴する漢字。強じんな精神と肉体の印象を与える漢字。

名前例

名前	画数	総画	読み
鉄	13	13	てつし
鉄也	13・3	16	てつや
鉄和	13・8	21	としかず
鉄男	13・7	20	てつお

督 13画

読み トク[名乗り]おさむ・かみ・こう・すけ・すすむ・ただ・ただす・まさ・よし

意味 物事がうまく運ぶように、全体を統率し、人々を正しく導くこと。

名前例

名前	画数	総画	読み
督	13	13	おさむ
督斗	13・4	17	よしと
督志	13・7	20	ただし
督希	13・7	20	まさき

稔 13画

読み ネン・みのる[名乗り]とし・なる・なり・なる・のり・ゆたか

意味 穀物が実ることを表す。努力の末に実り多き人生が待っている印象の字。

名前例

名前	画数	総画	読み
稔	13	13	ゆたか
稔	13	13	みのる
稔慈	13・13	26	ねんじ
稔嗣	13・13	26	としひで

楓 13画

読み フウ・かえで[名乗り]か

意味 カエデ科の落葉高木。もみじのこと。あるいは幼児の小さい手を意味する。素朴で可愛らしい字。

名前例

名前	画数	総画	読み
楓	13	13	かえで
楓矢	13・5	18	ふうや
楓偉	13・12	25	かい
楓太	13・4	17	ふうた

福
13画

読み フク［名乗り］さき・さち・とし・とみ・ね・もと・よ・よし

意味 運のよいこと。幸運・幸いの意味をもつ、縁起の良い漢字。

名前例

福成	13 6	19	としなり
福也	13 3	16	とみや
福志	13 7	20	ふくし
福太郎	13 4 9	26	ふくたろう

豊
13画

読み ホウ・フウ・とよ・ゆたか［名乗り］あつ・お・て・と・とし・ひろ・ひろし・ぶん・みのる・ゆた・よし

意味 作物がよく実ること。多い、裕福の意。心身ともに豊かで余裕のある印象。

名前例

豊	13	13	ゆたか
豊和	13 8	21	とよかず
正豊	5 13	18	まさよし
豊太	13 4	17	とよた

睦
13画

読み ボク・モク・むつむ［名乗り］ちか・とき・とも・のぶ・まこと・む・むつみ・よし

意味 人々が仲よく寄り合う、親しくすること。誰とでも友達になれる、社交的な雰囲気の漢字。

名前例

睦	13	13	むつみ
睦希	13 7	20	ともき
裕睦	12 13	25	ひろちか
和睦	8 13	21	かずのぶ

夢
13画

読み ム・ゆめ

意味 就寝中や未来、人生などについての夢。夢を見ること。幻想的な意味。

名前例

篤夢	16 13	29	あつむ
夢我	13 7	20	むが
大夢	3 13	16	だいむ
夢人	13 2	15	ゆめと

盟
13画

読み メイ・ちかい・ちかう［名乗り］あき・ちか

意味 固い約束を交わすこと。互いに結ぶ約束。誓い。誰からも信頼される、立派な人間のイメージ。

名前例

盟貴	13 12	25	めいき
千盟	3 13	16	ちあき
盟仁	13 4	17	ちかひと
盟斗	13 4	17	めいと

椰
13画

読み ヤ・やし

意味 ヤシ科の単子葉植物。熱帯を中心に分布。南国の明るいイメージをもつ漢字。

名前例

龍椰	16 13	29	たつや
友椰	4 13	17	ともや
椰裕	13 12	25	やひろ
克椰	7 13	20	かつや

楢
13画

読み ユウ・シュ・シュウ・ユ・なら

意味 ブナ科の落葉・常緑の高木。実は「どんぐり」。親しみやすい・可愛らしいイメージの字。

名前例

楢太	13 4	17	ゆうた
楢也	13 3	16	ゆうや
楢樹	13 16	29	ゆうき
楢仁	13 4	17	ならひと

誉
13画

読み ヨ・ほまれ・ほめる［名のり］しげ・たか・のり・もと・やす・よし

意味 ほめる、ほめたたえる、よい評判の意。その才能を称賛されるような立派な人物のイメージ。

名前例

誉	13	13	ほまれ
誉一	13 1	14	よいち
誉斗	13 4	17	たかと
弘誉	5 13	18	ひろのり

蓉
13画

読み ヨウ［名乗り］はす・よ

意味 美しさの象徴でもある「芙蓉」は、ハスの花を表す。美しく華麗なイメージを持つ漢字。

名前例

蓉司	13 5	18	ようじ
蓉一	13 1	14	よういち
蓉也	13 3	16	はすや
蓉則	13 9	22	はすのり

楊
13画

読み ヨウ［名乗り］やす・やなぎ

意味 樹木名でカワヤナギ、ネコヤナギのこと。悪霊退散の力があると言われる。神秘的な印象の文字。

名前例

楊成	13 6	19	やすなり
楊太	13 4	17	ようた
楊貴	13 12	25	やすき
考楊	6 13	19	こうよう

雷
13画

読み ライ・かみなり［名乗り］あずま・いかずち

意味 雲と地面間に起こる放電現象。いかずち。なるかみ。雲上の雷を起こす神。

名前例

雷	13	13	あずま
雷太	13 4	17	らいた
美雷	9 13	22	みらい
雷太郎	13 4 9	26	らいたろう

稜
13画

読み リョウ・かど［名乗り］いず・いつ・たか・ろう

意味 事物の「かど」を表す漢字。また権威・権勢の意味も含まれる。

名前例

稜	13	13	りょう
雅稜	13 13	26	まさたか
稜次	13 6	19	りょうじ
稜一	13 1	14	りょういち

鈴
13画

読み レイ・リン・すず［名乗り］かね

意味 鈴。鈴の音。ベル。その鈴の音から、可愛らしいイメージを持つ漢字。

名前例

名前	画数	総画	読み
鈴偉	13・12	25	れい
鈴太	13・4	17	すずた
鈴児	13・7	20	りんじ
鈴太郎	13・4・9	26	りんたろう

維
14画

読み イ・ユイ［名乗り］しげ・すみ・つな・ふさ・まさ・ゆき

意味 綱でつなぎとめる。支えるの意。あるいは大綱・国の大本を表す字。

名前例

名前	画数	総画	読み
佳維	8・14	22	かい
維良	14・7	21	つなよし
維樹	14・16	30	まさき
維之	14・3	17	まさゆき

廉
13画

読み レン・かど［名乗り］おさ・すなお・きよ・きよし・すが・ただし・やす・ゆき

意味 私欲がなく、誠実でけじめのある様子。物事に対していさぎよいこと。

名前例

名前	画数	総画	読み
廉	13	13	きよし
孝廉	7・13	20	たかゆき
満廉	12・13	25	みちやす
廉太郎	13・4・9	26	れんたろう

演
14画

読み エン・のべる［名乗り］のぶ・ひろ・ひろし

意味 芸能の世界で技を披露する。意味を押し広める、わかりやすく説明すること。

名前例

名前	画数	総画	読み
演人	14・2	16	のぶと
演之	14・3	17	ひろゆき
演也	14・3	17	えんや
演信	14・9	23	ひろのぶ

蓮
13画

読み レン・はす・はちす

意味 根茎は「れんこん」となるスイレン科の水生多年草。極楽浄土の花とされ、崇高なイメージ。

名前例

名前	画数	総画	読み
蓮太	13・4	17	れんた
蓮治	13・7	20	れんじ
蓮実	13・8	21	はすみ
蓮次郎	13・6・9	28	れんじろう

歌
14画

読み カ・うた・うたう

意味 拍子と節をつけて歌うこと、感情の表現を表す漢字。または和歌の意。

名前例

名前	画数	総画	読み
歌仁	14・4	18	うたひと
歌澄	14・15	29	かずみ
歌唯	14・11	25	かい
歌次郎	14・6・9	29	うたじろう

路
13画

読み ロ・じ・みち［名乗り］のり・ゆき・ゆく・ろう

意味 道、道のり。権力のある地位、方面。古代中国の行政区画名を表した漢字。

名前例

名前	画数	総画	読み
路孝	13・7	20	みちたか
彰路	14・13	27	あきじ
裕路	12・13	25	ひろゆき
路未	13・5	18	ろみ

榎
14画

読み カ・えのき［名乗り］え

意味 ニレ科の一種で、二十メートルに達する。秋にはオレンジ色の実を結ぶ。

名前例

名前	画数	総画	読み
榎唯	14・11	25	かい
路榎	13・14	27	ろか
榎南	14・9	23	かなみ
榎偉太	14・12・4	30	えいた

滝
13画

読み ロウ・ソウ・たき［名乗り］たけし・よし・ろう

意味 角度のある傾斜を激しく下る水流を意味する漢字。急流。奔流。

名前例

名前	画数	総画	読み
滝	13	13	たけし
滝人	13・2	15	たきと
滝和	13・8	21	よしかず
滝也	13・3	16	たきや

嘉
14画

読み カ・ケ・よい［名乗り］けい・ひろ・よし・よしみ・よしみ

意味 喜ぶ、賛美する、素晴らしい、立派な、縁起がよいなどの意味を表す漢字。

名前例

名前	画数	総画	読み
嘉	14	14	よしみ
善嘉	12・14	26	よしひろ
嘉太	14・4	18	けいた
孝嘉	7・14	21	たかひろ

斡
14画

読み アツ・カン・ワツ・めぐる［名乗り］まる

意味 ぐるぐる回ること。巡る・推移する・つかさどるの意味をもつ漢字。

名前例

名前	画数	総画	読み
斡斗	14・4	18	かんと
斡仁	14・4	18	あつひと
斡弥	14・8	22	あつや
実斡	8・14	22	さねあつ

魁
14画

読み カイ・さきがけ［名乗り］いさお・いさむ・さき・つとむ・はじめ・やす

意味 おおきなひしゃくをさす漢字。転じて物事に優れる、の意味をもつ。

名前例

名前	画数	総画	読み
魁	14	14	かい
魁	14	14	いさお
魁弘	14・5	19	やすひろ
魁斗	14・4	18	かいと

旗
14画

読み キ・はた［名乗り］たか

意味 特に四角形の形状をした軍旗を表し、様々な「旗」を意味する漢字。

名前例

名前	画数	総画	読み
旗史	14・5	19	たかし
晴旗	12・14	26	はるき
旗羅	14・19	33	きら
旗美	14・9	23	たかみ

銀
14画

読み ギン・しろがね［名乗り］かね

意味 貴金属一種である銀、あるいは真白に輝く美しいものをさす言葉。

名前例

名前	画数	総画	読み
銀次	14・6	20	ぎんじ
銀河	14・8	22	ぎんが
銀満	14・12	26	かねみち
銀斗	14・4	18	かねと

駆
14画

読み ク・かける

意味 速く走る、駆ける、駆り立てる、追う、追い払うなどの意味をもつ言葉。

名前例

名前	画数	総画	読み
陸駆	11・14	25	りく
駆琉	14・11	25	かける
大駆	3・14	17	たく
真駆	10・14	24	しんく

綱
14画

読み コウ・つな［名乗り］つね

意味 「つな」を意味し、物事の決まりや大筋、まとめる、の意味をもつ。

名前例

名前	画数	総画	読み
信綱	9・14	23	のぶつな
綱佳	14・8	22	つなよし
孝綱	7・14	21	たかつな
綱希	14・7	21	こうき

豪
14画

読み ゴウ［名乗り］かた・かつ・すぐる・たけし・つよし・とし・ひで

意味 獣を意味する漢字で、優れている、強い、裕福などを意味する。

名前例

名前	画数	総画	読み
豪	14	14	ごう
豪	14	14	つよし
豪志	14・7	21	たけし
豪輝	14・15	29	ごうき

榊
14画

読み さかき［名乗り］さ

意味 神木となるツバキ科の常緑樹。神事に使用される一般的な樹木をさす漢字。

名前例

名前	画数	総画	読み
榊希	14・7	21	さかき
榊輝	14・15	29	さき
榊輔	14・14	28	さすけ
榊音	14・9	23	さね

颯
14画

読み サツ・ソウ

意味 風の吹く音・きびきびとした凛々しい様子。また「疾風」の意味もある。

名前例

名前	画数	総画	読み
颯太	14・4	18	そうた
颯介	14・4	18	そうすけ
颯矢	14・5	19	そうや
颯次郎	14・6・9	29	そうじろう

爾
14画

読み ジ［名乗り］しか・ちか・なんじ・に・のみ・み・みつる

意味 なんじ、それ、その。また物事の状態を示す漢字。莞爾・卒爾・徒爾。

名前例

名前	画数	総画	読み
爾	14	14	みつる
完爾	7・14	21	かんじ
紀爾	9・14	23	のりちか
爾琉	14・11	25	みつる

實
14画

読み ジツ・み・みのる［名乗り］さね・ちか・つね・のり・まこと・みつる

意味 「実」の旧字。内容に満ちている、まごころ、本当、の意味。「植物の実」を表す言葉。

名前例

名前	画数	総画	読み
實	14	14	みのる
實	14	14	みつる
崇實	11・14	25	たかつね
裕實	12・14	26	ひろのり

竪
14画

読み ジュ・たて［名乗り］ただし・たつ・たて・なお

意味 子ども、小姓を意味する言葉。立つ、縦の意味ももつ。

名前例

名前	画数	総画	読み
竪	14	14	ただし
竪孝	14・7	21	なおたか
竪志	14・7	21	ただし
竪也	14・3	17	たつや

彰
14画

読み ショウ［名乗り］あき・あきら・あや・てる

意味 知られていない物事をはっきりと目立つように表すこと。明らかにする。

名前例

名前	画数	総画	読み
彰	14	14	あきら
彰治	14・7	21	しょうじ
正彰	5・14	19	まさてる
弘彰	5・14	19	ひろあき

槙
14画

読み シン・テン・まき［名乗り］こずえ・しん

意味 マキ科の常緑針葉高木。槙の木。あるいは木々の頂点・こずえの意味。

名前例

名前	画数	総画	読み
槙司	14・5	19	しんじ
槙也	14・3	17	しんや
槙則	14・9	23	まきのり
槙人	14・2	16	まきと

榛 14画

読み シン・はしばみ・はり［名乗り］はしばみ・はり・はる

意味 カバノキ科の落葉低木。葉は丸く先はとがり、また実はどんぐり状で食用。

名前例

名前	総画	読み
榛(14)高(10)	24	はるたか
榛(14)司(5)	19	しんじ
榛(14)也(3)	17	しんや
信(9)榛(14)	23	のぶはる

精 14画

読み セイ・ショウ［名乗り］あき・あきら・きよ・きよし・しげ・すぐる・ひとし・まさ・まさし・もり・よし

意味 よりすぐる、念入りでくわしい、ひたすらはげむ、の意味。霊魂。

名前例

名前	総画	読み
一(1)精(14)	15	かずあき
正(5)精(14)	19	まさきよ
精(14)則(9)	23	しげのり
精(14)一(1)郎(9)	24	せいいちろう

静 14画

読み セイ・ジョウ・しずか［名乗り］きよ・しず・ちか・やす・よし

意味 静かな、清らかな、の意味。おだやかで冷静な人をイメージさせる。

名前例

名前	総画	読み
静(14)輝(15)	29	しずき
静(14)太(4)	18	きよた
静(14)也(3)	17	せいや
静(14)太(4)郎(9)	27	じょうたろう

誓 14画

読み セイ・ちかう［名乗り］ちか

意味 神前で誓うことから「誓う」「誓い」の意味をもつ漢字。つつしむ。

名前例

名前	総画	読み
誓(14)矢(5)	19	せいや
誓(14)康(11)	25	ちかやす
雅(13)誓(14)	27	まさちか
誓(14)一(1)郎(9)	24	せいいちろう

碩 14画

読み セキ［名乗り］おお・ひろ・みち・みちる・みつる・ゆたか

意味 物事に優れる。内容が充実する。また「大きな」ことを意味する漢字。

名前例

名前	総画	読み
碩(14)	14	みつる
碩(14)	14	ゆたか
碩(14)崇(11)	25	ひろたか
良(7)碩(14)	21	よしみち

聡 14画

読み ソウ・さとい［名乗り］あき・あきら・さ・さと・さとし・と・とし・とみ・のぶ

意味 神々の信託を受ける・または物わかりがよい・賢いことを意味する。

名前例

名前	総画	読み
聡(14)	14	さとし
聡(14)	14	あきら
聡(14)矢(5)	19	そうや
聡(14)仁(4)	18	あきひと

漱 14画

読み ソウ・すすぐ［名乗り］そそぐ

意味 すすぐ、洗う、うがいをして口の中をきれいにする、の意味もつ言葉。

名前例

名前	総画	読み
漱(14)石(5)	19	そうせき
漱(14)太(4)	18	そうた
漱(14)志(7)	21	そうし
漱(14)次(6)郎(9)	29	そうじろう

総 14画

読み ソウ・すべる・すべて・ふさ［名乗り］おさ・さ・のぶ・みち

意味 ひとつにまとめる。集める。しめくくる。すべての、全部の、などの意味。

名前例

名前	総画	読み
総(14)司(5)	19	そうし
総(14)矢(5)	19	のぶや
一(1)総(14)	15	かずふさ
総(14)太(6)郎(9)	29	そうたろう

遜 14画

読み ソン・ゆずる・へりくだる［名乗り］やす

意味 自ら退いて、他にゆずること。またへりくだることを意味する漢字。

名前例

名前	総画	読み
遜(14)	14	ゆずる
遜(14)紀(9)	23	やすのり
幹(13)遜(14)	27	みきやす
遜(14)崇(11)	25	やすたか

暢 14画

読み チョウ・のばす［名乗り］かど・なが・のぶ・まさ・みつ・みつる・よう

意味 長く伸びること。または伸び伸びとしているさま。やわらぐ、の意味。

名前例

名前	総画	読み
暢(14)	14	みつる
暢(14)彦(9)	23	まさひこ
暢(14)児(7)	21	ようじ
信(9)暢(14)	23	のぶみつ

肇 14画

読み チョウ・はじめ［名乗り］けい・こと・ただし・とし・なか・はつ・もと

意味 戸を開く。新しいことを起こす。始める。物事を開始することを表す言葉。

名前例

名前	総画	読み
肇(14)	14	はじめ
肇(14)	14	ただし
肇(14)矢(5)	19	としや
肇(14)太(4)	18	けいた

徳 14画

読み トク［名乗り］え・さと・とみ・のり・めぐむ・やす・よし

意味 人としての正しい行い、品性、恩恵、あるいは利益を意味する漢字。

名前例

名前	総画	読み
徳(14)	14	めぐむ
徳(14)孝(7)	21	のりたか
徳(14)史(5)	19	さとし
徳(14)治(8)	22	とくはる

寧

14画

読み ネイ［名乗り］さだ・しず・やす

意味 安らかに落ち着いている、または心がこもっている、親身であるさま。

名前例

名前	各字画数	総画数	読み
寧則	14・9	23	さだのり
寧高	14・10	24	やすたか
寧史	14・5	19	やすし
光寧	6・14	20	みつさだ

碧

14画

読み ヘキ・あお・みどり［名乗り］きよ・たま・みどり

意味 深く、濃い青色、青緑色のこと。また青く美しい宝石をさす言葉。

名前例

名前	各字画数	総画数	読み
碧	14	14	みどり
碧偉	14・12	26	あおい
康碧	11・14	25	やすきよ
碧輝	14・15	29	たまき

輔

14画

読み ホ・フ・たすける［名乗り］すけ・たすく・ふ

意味 人々を助ける。助けの意味。また車輪を支える材木などを表す言葉。

名前例

名前	各字画数	総画数	読み
大輔	3・14	17	だいすけ
佐輔	7・14	21	さすけ
幹輔	13・14	27	みきすけ
彰輔	14・14	28	しょうすけ

鳳

14画

読み ホウ・おおとり［名乗り］たか

意味 大形鳥類の総称。またコウノトリ、想像上の鳥である「鳳凰」を意味する。

名前例

名前	各字画数	総画数	読み
鳳俊	14・9	23	たかとし
道鳳	12・14	26	みちたか
鳳史	14・5	19	たかし
鳳信	14・9	23	たかのぶ

蓬

14画

読み ホウ・よもぎ［名乗り］しげ・よもぎ

意味 仙人の住み家、あるいは邪気を払う植物「ヨモギ」を表す漢字。

名前例

名前	各字画数	総画数	読み
蓬治	14・8	22	しげはる
蓬俊	14・9	23	しげとし
蓬実	14・8	22	しげみ
蓬輝	14・15	29	しげき

遥

14画

読み ヨウ・はるか［名乗り］すみ・とお・のぶ・のり・はる・みち

意味 はるか遠方まで見晴らしが開けているさま。はるかに遠い、の意味。

名前例

名前	各字画数	総画数	読み
遥	14	14	はるか
遥太	14・4	18	ようた
康遥	11・14	25	やすのり
彰遥	14・14	28	あきみち

僚

14画

読み リョウ［名乗り］あきら・とも

意味 役人。官僚。または同じ仕事や役割を持っている仲間を表す漢字。

名前例

名前	各字画数	総画数	読み
僚	14	14	りょう
僚	14	14	あきら
僚弥	14・8	22	ともや
僚汰	14・7	21	りょうた

領

14画

読み リョウ・レイ・えり・くび・うなじ［名乗り］おさ・むね

意味 重要な部分、中心になって取り仕切ること。所有し、支配すること。

名前例

名前	各字画数	総画数	読み
領	14	14	れい
領太	14・4	18	りょうた
領慈	14・13	27	れいじ
領太郎	14・4・9	27	りょうたろう

緑

14画

読み リョク・ロク・みどり［名乗り］つか・つな・のり

意味 緑は黄色と青の中間色。また草木、新芽、若葉、植物一般、自然を表す漢字としても用いられる。

名前例

名前	各字画数	総画数	読み
美緑	9・14	23	みろく
充緑	6・14	20	みつのり
緑茂	14・8	22	のりしげ
緑佳	14・8	22	つなよし

瑠

14画

読み ル・リュウ

意味 古くは「ガラス」を意味する文字で、青色の美しい玉石・宝石を意味する。

名前例

名前	各字画数	総画数	読み
瑠偉	14・12	26	るい
瑠汰	14・7	21	りゅうた
瑠一	14・1	15	りゅういち
瑠之介	14・3・4	21	りゅうのすけ

歴

14画

読み レキ・へる［名乗り］ちか・つぐ・つね・ひさ・ふる・ゆき

意味 ある時点や立場を順々に通る。経る。代々にわたる。経てきた跡のこと。

名前例

名前	各字画数	総画数	読み
正歴	5・14	19	まさつぐ
歴宣	14・9	23	つねよし
幹歴	13・14	27	みきひさ
弘歴	5・14	19	ひろゆき

漣

14画

読み レン・さざなみ［名乗り］れ

意味 さざなみ。清漣。また涙などが、とめどなく流れ落ちるさまを表す漢字。

名前例

名前	各字画数	総画数	読み
漣斗	14・4	18	れんと
漣太	14・4	18	れんた
漣治	14・7	21	れんじ
漣実	14・8	22	れみ

鞍
15画

読み アン・くら

意味 馬のくら。鞍を置いた馬のこと。体操用具のひとつ、鞍馬をあらわす漢字。

名前例
- 鞍15人2　17　あんと
- 鞍15真10　25　くらま
- 鞍15児7　22　あんじ
- 鞍15次6郎9　30　あんじろう

鋭
15画

読み エイ・するどい[名乗り]さとき・さとし・とき・とし・はや

意味 よく切れ、先がとがっていること。すばやい。角度が鋭角であること。

名前例
- 鋭15　15　さとし
- 鋭15人2　17　えいと
- 鋭15貴12　27　としき
- 鋭15一1郎9　25　えいいちろう

確
15画

読み カク・たしか・たしかめる[名乗り]あきら・かた・かたし・たい

意味 物事がはっきりしていて間違いのないこと。決断し動かないようす。

名前例
- 確15　15　あきら
- 確15太4　19　かくた
- 確15希7　22　たいき
- 確15弥8　23　かくや

畿
15画

読み キ[名乗り]ちか・みやこ

意味 王の居住地から近い場所・土地を表す言葉。天子の直轄地。畿内、近畿。

名前例
- 友4畿15　19　ともき
- 畿15一1　16　きいち
- 正5畿15　20　まさちか
- 畿15則9　24　ちかのり

輝
15画

読み キ・かがやき・かがやく[名乗り]あき・あきら・てる・ひかる

意味 光が四方に広がること。輝かしいこと。華々しく世に映えること。

名前例
- 輝15　15　あきら
- 輝15　15　ひかる
- 一1輝15　16　かずき
- 道12輝15　27　みちてる
- 勇9輝15　24　ゆうき
- 輝15美9　24　てるみ
- 輝15良7　22　あきら
- 輝15映9　24　きえい
- 清11輝15　26　きよてる

槻
15画

読み キ・つき[名乗り]けや・つき

意味 三十メートルに達するニレ科の落葉高木。良質な材木として建築、家具作製に使用される。

名前例
- 槻15一1　16　きいち
- 裕12槻15　27　ひろき
- 雅13槻15　28　まさき
- 智12槻15　27　ともき

毅
15画

読み キ・ゲ・つよい[名乗り]かた・たか・たかし・たけ・たけし・ただし・つよ・つよし・とし・よし

意味 押しが強く、意志をしっかりと持つ。我が道を行くような力強いイメージ。

名前例
- 毅15　15　つよし
- 大3毅15　18　だいき
- 毅15彦9　24　たかひこ
- 龍16毅15　31　りゅうき

儀
15画

読み ギ[名乗り]きたる・ただし・のり・よし

意味 基準、儀式、形よく整った作法。人の手本になるような真面目な印象をもつ。

名前例
- 儀15　15　ただし
- 儀15之3　18　よしゆき
- 儀15一1　16　ぎいち
- 和8儀15　23　かずのり

誼
15画

読み ギ・よしみ[名乗り]こと・よし・よい

意味 適切、正しい、言葉の意味。ほどよい筋道や道理。以前から親しい仲間、因縁。

名前例
- 誼15　15　よしみ
- 誼15紀9　24　よしき
- 正5誼15　20　ただよし
- 誼15育8　23　ぎすけ

蕎
15画

読み キョウ・ギョウ

意味 そば。薬草の一種。実からそば粉を作る。日本ならではの古風な印象を持つ。

名前例
- 蕎15　15　きょう
- 蕎15吾7　22　きょうご
- 蕎15太4　19　きょうた
- 大3蕎15　18　だいきょう

駈
15画

読み ク・かける[名乗り]かる・はせる

意味 「駆」の異体字。かける。馬が背をかがめて速く走る。遠くへはせやる。颯爽とした印象を持つ字。

名前例
- 駈15　15　かける
- 駈15人2　17　くひと
- 駈15流10　25　くる
- 以5駈15矢5　25　いくや

勲
15画

読み クン・いさ・いさお［名乗り］いさ・いそ・こと・つとむ・ひろ

意味 いさお、いさおし。事をうまく成し遂げた名誉や功績。手柄を立てる。

名前例
- 勲 15　15　つとむ
- 勲人 15・2　17　ひろと
- 敦勲 12・15　27　あつひろ
- 勲生 15・5　20　いさお

慧
15画

読み ケイ・エ・さとい［名乗り］あきら・さと・さとし・さとる

意味 さとい。細かく心が働き、さかしいさま。気が利く。心が細かく繊細。

名前例
- 慧 15　15　あきら
- 千慧 3・15　18　ちさと
- 慧吾 15・7　22　けいご
- 慧一郎 15・1・9　25　けいいちろう

慶
15画

読み ケイ・キョウ・よろこぶ［名乗り］ちか・のり・みち・やす・よし

意味 よろこぶ。幸い、たまもの。明るく、力強い気持ちになる。めでたいこと。

名前例
- 慶 15　15　けい
- 慶太 15・4　19　けいた
- 空慶 8・15　23　あきのり
- 智慶 12・15　27　ともよし

潔
15画

読み ケツ・ケチ・いさぎよい・きよい［名乗り］きよ・きよし・ゆき・よし

意味 いさぎよい。きよい。さっぱりときよらかにする。けじめをつける。引き締める。

名前例
- 潔 15　15　きよし
- 潔忠 15・8　23　きよただ
- 潔高 15・10　25　ゆきたか
- 潔志郎 15・7・9　31　きよしろう

廣
15画

読み コウ・ひろい・ひろがる［名乗り］お・たけ・とお・ひろ・ひろし

意味 「広」の旧字。ひろい。外枠ががらんと空いている。面積が広い。寛大さを印象づける漢字。

名前例
- 廣信 15・9　24　たけのぶ
- 一廣 1・15　16　かずひろ
- 廣喜 15・12　27　ひろき
- 廣人 15・2　17　ひろと

賛
15画

読み サン［名乗り］あきら・じ・すけ・たすく・よし

意味 褒める。同意する。わきから前に押し進める。励まして力を添える。

名前例
- 賛 15　15　たすく
- 賛喜 15・12　27　よしき
- 有賛 6・15　21　ゆうすけ
- 海賛 9・15　24　かいじ

遵
15画

読み ジュン・シュン・したがう・ひきいる［名乗り］ちか・のぶ・ゆき・より

意味 従う。道筋を辿って、沿っていく。ルールを外れないで行う。率いる。

名前例
- 遵嗣 15・13　28　じゅんじ
- 遵也 15・3　18　しゅんや
- 遵人 15・2　17　ゆきと
- 匡遵 6・15　21　まさちか

諄
15画

読み ジュン・シュン・ねんごろ［名乗り］あつ・いたる・さね・しげ・とも・のぶ・まこと

意味 丁寧に教えさとす。じっくりと落ち着いて繰り返す。繊細さを感じる字。

名前例
- 諄 15　15　いたる
- 諄士 15・3　18　あつし
- 諄祐 15・9　24　しゅんすけ
- 諄仁 15・4　19　のぶよし

潤
15画

読み ジュン・うるおう・うるおい［名乗り］うる・うるう・うるお・さかえ・ひろ・ひろし・まさる・ます・みつ

意味 うるおう。しめり。じわじわと水がしみ出る。人を癒す、優しさのある字。

名前例
- 潤 15　15　じゅん
- 潤心 15・4　19　みつむね
- 万潤 3・15　18　まひろ
- 潤士 15・3　18　ひろし

樟
15画

読み ショウ・くすのき［名乗り］くす

意味 くす。高さ三十メートル以上にもなる木の名。のびのびと育つくすの木を思わせる。

名前例
- 樟吾 15・7　22　しょうご
- 樟成 15・6　21　しょうせい
- 樟葉 15・12　27　くすは
- 樟一 15・1　16　しょういち

穂
15画

読み スイ・ズイ・ほ［名乗り］お・のり・ひで・ひな・み・みのる

意味 ほさき。穀物の茎の先が分かれて実をつけ、筆のような形をした部分。

名前例
- 穂 15　15　みのる
- 穂岳 15・8　23　ほたか
- 一穂 1・15　16　かずお
- 穂敬 15・12　27　ひでたか

蔵
15画

読み ゾウ・ソウ・くら［名乗り］おさむ・ただ・とし・まさ・よし

意味 隠す。隠れる。昔から物をしまっておいている建物。古風な印象を持つ。

名前例
- 蔵典 15・8　23　そうすけ
- 圭蔵 6・15　21　けいぞう
- 蔵馬 15・10　25　そうま
- 蔵之介 15・3・4　22　くらのすけ

潮

15画

読み チョウ・ジョウ・しお・うしお

意味 太陽と月の引力によって生じる海水のみちひき。しめりけが表面に現れる。

名前例
- 潮(15) 15 うしお
- 真(10)潮(15) 25 ましお
- 潮(15)士(3) 18 じょうじ
- 潮(15)夜(8) 23 しおや

澄

15画

読み チョウ・すむ・すます[名乗り]きよ・きよし・きよみ・すみ・と・とおる

意味 すむ。すます。水の汚れがとれて、澄み渡るさま。空などに曇りがない。音などが冴えるといった意味も。

名前例
- 澄(15) 15 とおる
- 海(9)澄(15) 24 かいと
- 真(10)澄(15) 25 ますみ
- 仁(4)澄(15) 19 よしずみ

徹

15画

読み テツ・テチ・とおる[名乗り]あきら・いたる・おさむ・とお・ひとし・みち・ゆき

意味 とおる。するりと突き抜ける。貫き通す。場にあるものを取り去るさま。

名前例
- 一(1)徹(15) 16 いってつ
- 徹(15)平(5) 20 てっぺい
- 正(5)徹(15) 20 ただゆき
- 徹(15)路(13) 28 てつじ

範

15画

読み ハン・ボン・のり[名乗り]すすむ

意味 竹のわく。かた。はみ出てはいけない枠。物事の手本となるかた。

名前例
- 範(15)孝(7) 22 のりたか
- 賢(16)範(15) 31 まさのり
- 武(8)範(15) 23 たけのり
- 範(15)和(8) 23 のりかず

幡

15画

読み ハン・バン・ホン・はた・まん・のぼり[名乗り]は

意味 色の付いた布に字や模様を入れて垂らす旗。ひらひらと翻るさま。

名前例
- 世(5)幡(15) 20 よはん
- 雄(12)幡(15) 27 ゆうは
- 幡(15)則(9) 24 はたのり
- 幡(15)親(16) 31 はたちか

磐

15画

読み バン・ハン・いわ

意味 ずっしりとした大きくすわった岩。平に広がる、円を描く。力強いイメージ。

名前例
- 磐(15)雄(12) 27 いわお
- 磐(15)城(9) 24 いわき
- 磐(15)起(10) 25 ばんき
- 磐(15)太(4)郎(9) 28 いわたろう

蕪

15画

読み ブ・ム・あれる・かぶ

意味 かぶ。かぶら。生い茂った雑草。しげる。豊か。物事を覆い隠すことを表す。

名前例
- 生(5)蕪(15) 20 いぶ
- 冬(5)蕪(15) 20 とむ
- 蕪(15)佐(7)士(3) 25 むさし
- 以(5)蕪(15)木(4) 24 いぶき

摩

15画

読み マ・バ・する・さする・こする[名乗り]きよ・なず

意味 手ですりもんで、こする。綺麗にする。触れ合う。ちかづく、せまる、の意味も。

名前例
- 卓(8)摩(15) 23 たくま
- 想(13)摩(15) 28 そうま
- 一(1)摩(15) 16 かずま
- 摩(15)光(6) 21 きよてる

璃

15画

読み リ[名乗り]あき

意味 瑠璃や玻璃など・七宝の一つである玉や水晶。きらきらと輝かしい印象を持つ。

名前例
- 海(9)璃(15) 24 かいり
- 璃(15)玖(7) 22 りく
- 璃(15)生(5) 20 りお
- 輝(15)璃(15) 30 てるあき

劉

15画

読み リュウ・ル[名乗り]つら・のぶ

意味 刀、まさかり。まばらなさま。勝つ。中国の王族の姓。勇敢なイメージの字。

名前例
- 劉(15)司(5) 20 りゅうじ
- 劉(15)馬(10) 25 りゅうま
- 劉(15)紀(9) 24 るき
- 劉(15)太(4)郎(9) 28 りゅうたろう

遼

15画

読み リョウ・はるか・とおい[名乗り]とお・はる

意味 ずっと離れて遠くにあるもの。ずっと続くさま。ゆるくする。中国の王朝名。

名前例
- 遼(15) 15 はるか
- 遼(15)大(3) 18 りょうた
- 遼(15)琉(11) 26 とおる
- 遼(15)真(10) 25 りょうま

諒

15画

読み リョウ・まこと[名乗り]あき・あさ・まこと・まさ

意味 まことに。確かに。明白なこと。偽りのない真実。はっきりと見極める。

名前例
- 諒(15) 15 りょう
- 諒(15)大(3) 18 あきと
- 諒(15)信(9) 24 まさのぶ
- 諒(15)雄(12) 27 あきお

15画

凜

読み リン

意味 冷たい。氷に触れたように身が引き締まる感じ。りりしい・きっぱりとしている。

名前例

凜15　15　りん
凜15也3　18　りんや
凜15太4郎9　28　りんたろう
凜15之3助7　25　りんのすけ

15画

凛

読み リン

意味 「凜」の俗字。氷に触れたように身が引き締まる感じ。りりしい・きっぱりとしている。

名前例

凛15太4　19　りんた
光6凛15　21　こうりん
凛15人2　17　りんと
優17凛15　32　ゆうりん

15画

黎

読み レイ・ライ・くろ・くろい[名乗り]たみ

意味 くろい。青ぐろい。くろがね色。あさぐろい。もろもろの民。整うさま。

名前例

黎15矢5　20　れいや
黎15己3　18　れいき
黎15勇9　24　たみお
黎15士3　18　れいし

15画

論

読み ロン・あげつらう[名乗り]とき・のり

意味 筋道を整理して説く。理屈をたてた話。道理を述べて意見を主張する文章。

名前例

論15門8　23　ろんど
匡6論15　21　まさのり
論15道12　27　ときみち
考6論15　21　たかのり

16画

緯

読み イ・よこいと・よこ[名乗り]つかね

意味 布を織るときの横糸。弦の糸。左右または東西に通ずる道。未来記。予言記。

名前例

緯16　16　つかね
葵12緯16　28　あおい
隆11緯16　27　たかい
緯16月4　20　いつき

16画

衛

読み エイ・エ・まもる・まもり[名乗り]ひろ・もり・よし

意味 守る。備え。外の侵入を防いで中の物を守る。男の子らしい頼もしい印象の字。

名前例

衛16　16　まもる
衛16希7　23　ひろき
衛16司5　21　えいじ
衛16人2　18　よしと

16画

叡

読み エイ・エ・さとい[名乗り]あき・あきら・さと・さとし・ただ・とおる・とし・まさ・よし

意味 さとい。鋭い。奥深くまで目のいくさま。

名前例

叡16　16　さとし
叡16弘5　21　あきひろ
由5叡16　21　ゆうえい
叡16介4　20　えいすけ

16画

暁

読み ギョウ・キョウ・あかつき・さとる[名乗り]あき・あきら・あけ・さとし・とき・とし

意味 空がしらんでくる夜明け。さとす。明らかになる。待っていることが実現する。

名前例

暁16　16　あきら
千3暁16　19　ちあき
暁16幸8　24　としゆき
暁16生5　21　あきお

16画

薫

読み クン・かおる・かおり[名乗り]かお・しく・しげ・ただ・つとむ・のぶ・ひで・ふさ・ほお・まさ・ゆき

意味 かおり。香り草。いいにおいが立ち込める。おだやかなさまを表す漢字。

名前例

薫16　16　かおる
薫16洋9　25　しげひろ
裕12薫16　28　ひろしげ
薫16春9　25　のぶはる

16画

憲

読み ケン・コン[名乗り]あきら・かず・さだ・ただし・ただす・とし・のり

意味 人間の言動や、国の組織や政治を取り締まる掟。あきらかに目立つ、の意味も。

名前例

正5憲16　21　まさのり
憲16志7　23　かずし
憲16翔12　28　けんしょう
憲16史5郎9　30　けんしろう

16画

賢

読み ケン・ゲン・かしこい[名乗り]かつ・さとし・さとる・すぐる・のり・まさる・ます・やす・よし・より

意味 かしこい。才知の優れた人。かっちりとしまって抜け目がない。相手を敬う。

名前例

賢16太4　20　げんた
賢16成6　22　けんせい
賢16実8　24　ますみ
知8賢16　24　とものり

16画

興

読み コウ・キョウ・おこす・おきる[名乗り]おき・き・さかり・さかん・さき・とも・ふか・ふさ

意味 おこる。おきたつ。立ち上がる。栄える。奮い立つ。感情が盛ん。もてはやす。

名前例

英8興16　24　えいき
功5興16　21　いさき
興16樹16　32　ともき
興16生5　21　こうき

儒
16画

読み ジュ・ニュ【名乗り】はか・ひと・みち・やす・よし

意味 教養のある人。学者。広く文物に関する趣味や仕事。潤す、やわらかの意味も。

名前例

名前	画数	総画	読み
儒智	16・12	28	よしとも
儒人	16・2	18	やすひと
文儒	4・16	20	もんじゅ
儒記	16・10	26	よしき

樹
16画

読み ジュ・シュ・き・たてる・たつ・うえる【名乗り】いつき・じ・しげ・しげる・たかし・たつき・な・のぶ・みき・むら

意味 木。植物の総称。植える。つい立て。上型にじっと立てる。木を連想させ、のびやかな成長を感じる。

名前例

名前	画数	総画	読み
樹	16	16	いつき
太樹	4・16	20	だいき
樹也	16・3	19	みきや
愛樹	13・16	29	あいき
樹生	16・5	21	たつき
樹一	16・1	17	じゅいち
春樹	9・16	25	はるき
樹実	16・8	24	しげみ
樹久	16・3	19	みきひさ

親
16画

読み シン・おや・したしい【名乗り】いたる・ちか・ちかし・なる・み・みる・もと・よしみ・より

意味 したしい。したしむ。身近に感じている。直に肌に触れる。暖かな優しさを持つ。

名前例

名前	画数	総画	読み
仁親	4・16	20	まさちか
親幸	16・8	24	もとゆき
親吾	16・7	23	しんご
親治	16・8	24	しんじ

整
16画

読み セイ・ショウ・ととのう【名乗り】おさむ・なり・のぶ・ひとし・まさ・よし

意味 正しくととのえる。きちんとまとまって揃っている。真っ直ぐになる。

名前例

名前	画数	総画	読み
整治	16・8	24	せいじ
整邦	16・7	23	よしくに
幸整	8・16	24	こうせい
清整	11・16	27	きよまさ

醍
16画

読み タイ・ダイ・テイ

意味 澄んで赤味のある酒。滋養に富んでいる。おもしろさ。深い味わい。

名前例

名前	画数	総画	読み
醍吾	16・7	23	だいご
醍季	16・8	24	だいき
醍雅	16・13	29	たいが
醍史	16・5	21	たいし

橙
16画

読み トウ・だいだい【名乗り】だい・と

意味 みかんの一種。体をのせる台やこしかけ。だいだい色を彷彿させる暖かい字。

名前例

名前	画数	総画	読み
橙斗	16・4	20	だいと
橙亜	16・7	23	とあ
橙里	16・7	23	とうり
橙真	16・10	26	とうま

篤
16画

読み トク・あつい【名乗り】あつ・あつし・しげ・すみ・ひろ

意味 人情がゆきとどいて手あつい。生真面目。ひとつのことに打ち込む。

名前例

名前	画数	総画	読み
篤	16	16	あつし
真篤	10・16	26	まひろ
篤人	16・2	18	あつと
篤樹	16・16	32	しげき

繁
16画

読み ハン・バン・ボン・しげる【名乗り】えだ・しげ・しげし・しげる・とし

意味 しげる。どんどん増えて広がる。賑やかなさま。むやみと多いこと。

名前例

名前	画数	総画	読み
繁巳	16・3	19	しげみ
繁生	16・5	21	しげお
和繁	8・16	24	かずしげ
繁国	16・8	24	としくに

磨
16画

読み マ・バ・みがく【名乗り】おさむ・きよ

意味 みがく。玉や石をこすってみがく。技術や勉学をみがく。切磋琢磨する。

名前例

名前	画数	総画	読み
斗磨	4・16	20	とうま
奏磨	9・16	25	そうま
鎮磨	18・16	34	しずま
磨人	16・2	18	きよと

諭
16画

読み ユ・さとす【名乗り】さとし・さとる・たとえる・たとえ

意味 わからない点やしこりを取り除いて教える。たとえをひいてわからせる。

名前例

名前	画数	総画	読み
諭史	16・5	21	さとし
諭留	16・10	26	さとる
諭孝	16・7	23	ゆたか
諭良	16・7	23	ゆら

謡
16画

読み ヨウ・うた・うたい・うたう

意味 歌う。節をつけ・声に出して歌う。世間に流れている話。流行りの歌。

名前例

名前	画数	総画	読み
太謡	4・16	20	たいよう
謡祐	16・9	25	ようすけ
謡世	16・5	21	ようせい
謡弘	16・5	21	うたひろ

16画

頼

読み ライ・たのむ・たよる［名乗り］のり・よ・よし・より

意味 たのむ。たよる。しっかりしている。自分でずばりと処置せず、他人におしやる。

名前例

名前	画数	総画	読み
日頼	4・16	20	ひより
弘頼	5・16	21	ひろのり
頼一	16・1	17	よりいち
知頼	8・16	24	ともより

16画

蕾

読み ライ・つぼみ

意味 花のつぼみ。重なって集まっているつぼみは・協調や助け合いを思わせる。

名前例

名前	画数	総画	読み
蕾	16	16	つぼみ
未蕾	5・16	21	みらい
蕾夢	16・13	29	らいむ
蕾生	16・5	21	らいせい

16画

龍

読み リュウ・リョウ・ロウ・たつ［名乗り］かみ・きみ・しげみ・とお・とおる・めぐむ

意味 竜。縁起の良い想像上動物。竜のように優れている。勇ましいイメージをもつ。

名前例

名前	画数	総画	読み
龍成	16・6	22	りゅうせい
龍海	16・9	25	たつみ
龍生	16・5	21	りゅうき
龍臣	16・7	23	たつおみ

16画

澪

読み レイ・リョウ・みお

意味 水に洗われて細くなったさま。海や川で舟が運航する道筋、水路。水脈。

名前例

名前	画数	総画	読み
澪	16	16	みお
澪平	16・5	21	りょうへい
澪斗	16・4	20	れいと
澪示	16・5	21	れいじ

16画

蕗

読み ロ・ル・ふき

意味 ふき。薬草の一種。甘草。天草。冬に枯れても春はまた芽を出す、多年生植物。

名前例

名前	画数	総画	読み
良蕗	7・16	23	いぶき
蕗人	16・2	18	ふきと
蕗生	16・5	21	るい
晴蕗	12・16	28	はる

17画

應

読み オウ・ヨウ・こたえる［名乗り］かず・たか・のぶ・のり・まさ

意味 相手の問いに答える。求めに応じる。受け止めて反応を表す。手応えがある。ある行為の報いがくる。

名前例

名前	画数	総画	読み
應多	17・6	23	おうた
應也	17・3	20	たかなり
應喜	17・12	29	かずき
應太郎	17・4・9	30	おうたろう

17画

環

読み カン・ゲン・たまき・わ［名乗り］たま・たまき・めぐる・わ

意味 元に戻る。振り返る。相手の希望に答える。私利を守る。身のこなしがはやい。

名前例

名前	画数	総画	読み
環	17	17	めぐる
環太	17・4	21	かんた
環音	17・9	26	わおん
環来	17・7	24	たまき

17画

徽

読み キ・ケ・しるし・よい・なわ［名乗り］よし

意味 しるし。細やかで美しい。琴の糸をつなぐ為のひも。繊細さをイメージさせる。

名前例

名前	画数	総画	読み
一徽	1・17	18	いつき
和徽	8・17	25	かずき
徽成	17・6	23	よしなり
徽以斗	17・5・4	26	けいと

17画

謙

読み ケン・へりくだる［名乗り］あき・かた・かぬ・かね・しず・のり・ゆずる・よし

意味 出しゃばらず、後ろに下がっている。譲る。控えめで慎み深い。あまんじる。

名前例

名前	画数	総画	読み
謙	17	17	けん
謙人	17・2	19	けんと
謙久	17・3	20	あきひさ
謙伸	17・7	24	けんしん

17画

厳

読み ゲン・ゴン・きびしい［名乗り］いかし・いず・いつ・いつき・いわ・かね・たか・つよ・ひろ・よし

意味 おごそか。がっちりとしている。手抜かりがない。

名前例

名前	画数	総画	読み
厳大	17・3	20	げんた
厳志	17・7	24	つよし
厳樹	17・16	33	いつき
厳生	17・5	22	げんき

17画

鴻

読み コウ・グ［名乗り］とき・ひろ・ひろし

意味 大きい。広い。盛ん。カモの中で最も大きい鳥の名。雄大さをイメージする字。

名前例

名前	画数	総画	読み
鴻	17	17	ひろし
鴻志	17・7	24	こうし
鴻来	17・7	24	ひろき
鴻央	17・5	22	ときお

17画

駿

読み シュン［名乗り］たかし・とし・はやお・はやし

意味 すらりと背の高く、足のはやい馬。優れていて立派。偉大。すみやか。すばやい。

名前例

名前	画数	総画	読み
駿	17	17	しゅん
駿輔	17・14	31	しゅんすけ
駿男	17・7	24	はやお
将駿	10・17	27	まさとし

彌 17画

読み ビ・ミ・あまねし・いや[名乗り]いよ・ひさ・ひさし・ひろ・ます・まね・み・みつ・や・やす・よし・わたり・わたる

意味 「弥」の旧字。わたる。広く端まで行き渡っている。

名前例

名前	画数	総画	読み
彌	17	17	わたる
景彌	12・17	29	けいや
匠彌	6・17	23	たくみ
政彌	9・17	26	せいや

優 17画

読み ユウ・ウ・すぐれる・やさしい[名乗り]かつ・ひろ・まさ・まさる・ゆたか

意味 しなやか。やさしい。美しい。ゆったりとしていてがさつかない。最も良い。

名前例

名前	画数	総画	読み
優	17	17	まさる
優	17	17	ゆう
優翔	17・12	29	ゆうと
優生	17・5	22	ゆうせい
優羽	17・6	23	ゆう
優正	17・5	22	ひろまさ
優弘	17・5	22	かつひろ
優弦	17・8	25	ゆうげん
優斗	17・4	21	ゆうと

輿 17画

読み ヨ・こし

意味 人や物をのせて担いで運ぶ乗り物。みんなが力をそろえて担ぐ。協力する。

名前例

名前	画数	総画	読み
未輿	5・17	22	みこし
輿也	17・3	20	こしや
輿一	17・1	18	よいち
輿志斗	17・7・4	28	よしと

翼 17画

読み ヨク・イキ・つばさ[名乗り]すけ・たすく

意味 つばさ。助ける。かばう。鳥の翼を連想させ、空に羽ばたく印象をもつ。

名前例

名前	画数	総画	読み
翼	17	17	たすく
翼	17	17	つばさ
広翼	5・17	22	こうすけ
翼人	17・2	19	よくと

瞭 17画

読み リョウ・あきらか[名乗り]あき・あきら

意味 あきらか。少し見ただけではっきりとわかる。明るく、よく見えるさま。

名前例

名前	画数	総画	読み
瞭彦	17・9	26	あきひこ
瞭平	17・5	22	りょうへい
瞭斗	17・4	21	あきと
瞭太郎	17・4・9	30	りょうたろう

嶺 17画

読み レイ・リョウ・みね[名乗り]ね

意味 山の頂の一番とがっているところ。物の高いところ。刀剣の刃の背。

名前例

名前	画数	総画	読み
嶺登	17・12	29	みねと
嶺士	17・3	20	れいじ
嶺央	17・5	22	みねお
嶺太	17・4	21	りょうた

騎 18画

読み キ・ギ・のる[名乗り]のり

意味 のる。馬にまたがる。物にまたがっているさま。馬に乗った兵の数え方。

名前例

名前	画数	総画	読み
千騎	3・18	21	かずき
陽騎	12・18	30	はるき
光騎	6・18	24	こうき
充騎	6・18	24	みつき

顕 18画

読み ケン[名乗り]あき・あきら・たか・てる

意味 あきらか。目立つ。著しい。はっきりとしている。身分が高い。富貴。

名前例

名前	画数	総画	読み
顕作	18・7	25	けんさく
顕人	18・2	20	けんと
和顕	8・18	26	かずたか
顕匡	18・6	24	あきまさ

瞬 18画

読み シュン・またたく

意味 またたく。すばやい。すばやく目を動かす。きわめて短い時間、一瞬を表す。

名前例

名前	画数	総画	読み
瞬一	18・1	19	しゅんいち
瞬介	18・4	22	しゅんすけ
瞬矢	18・5	23	しゅんや
瞬世	18・5	23	しゅんせい

穣 18画

読み ジョウ・ニョウ・みのる[名乗り]おさむ・しげ・ゆたか

意味 きびがら。穀物が豊かに実る。ゆとりがある。ふくよかで盛ん。繁栄する。

名前例

名前	画数	総画	読み
穣	18	18	みのる
穣治	18・8	26	じょうじ
穣作	18・7	25	しょうさく
穣太郎	18・4・9	31	じょうたろう

鎮 18画

読み チン・しずめる[名乗り]おさむ・しげ・しず・しん・たね・つね・まさ・まもる・やす・やすし

意味 しずめる。重みをかけて押さえる。いつまでも。ずっしりと腰をすえる様子。

名前例

名前	画数	総画	読み
鎮	18	18	まもる
鎮雄	18・12	30	しずお
鎮典	18・8	26	やすのり
鎮仁	18・4	22	やすひと

麿 18画

読み まろ［名乗り］ま

意味 われ。古く・身分の上下・男女を通じて使った自称代名詞。古風な印象の字。

名前例

名前	画数	総画	読み
彦麿	9・18	27	ひこまろ
祐麿	9・18	27	すけまろ
麿吉	18・6	24	まろきち
郁麿	9・18	27	いくま

類 18画

読み ルイ・たぐい［名乗り］とも・なお・なし・よし

意味 仲間。よく似ている。同じグループの区分け。全体として。だいたい。

名前例

名前	画数	総画	読み
類	18	18	るい
類輝	18・15	33	るいき
類斗	18・4	22	よしと
友類	4・18	22	ともなお

禮 18画

読み レイ・ライ・あや・いや［名乗り］あき・あきら・なり・のり・ひろ・まさ・まさし・みち・ゆき・よし

意味 形よく整えた作法、儀式。人の守るべき正しい行い。社会生活上の慣習。

名前例

名前	画数	総画	読み
禮矢	18・5	23	まさや
禮示	18・5	23	れいじ
禮人	18・4	22	ゆきと
禮良	18・7	25	まさよし

麒 19画

読み キ［名乗り］あき・あきら

意味 想像上の動物、首の長いキリンの雄。綺麗に整った模様。めでたいしるしや聖人の現れ。

名前例

名前	画数	総画	読み
光麒	6・19	25	みつき
和麒	8・19	27	かずき
右麒	5・19	24	ゆうき
麒良	19・7	26	あきら

識 19画

読み シキ・ショク・シ・しる・しるす［名乗り］さと・つね・のり

意味 知る。見分ける。考えや物事の是非・善悪の見分け方。書き留める。

名前例

名前	画数	総画	読み
陽識	12・19	31	きよさと
識斗	19・4	23	しきと
識志	19・7	26	さとし
識人	19・2	21	のりと

蹴 19画

読み シュウ・シュク・ける［名乗り］け

意味 けとばす。目標に足をつける。身を引き締める。慎むさま。顔色を変える。

名前例

名前	画数	総画	読み
蹴斗	19・4	23	しゅうと
加蹴	5・19	24	かける
蹴矢	19・5	24	しゅうや
蹴真	19・10	29	しゅうま

羅 19画

読み ラ［名乗り］つら

意味 目のつらなるあみ。並べる、並ぶ。目が透けてさらさらとしたさま。

名前例

名前	画数	総画	読み
守羅	6・19	25	しゅら
心羅	4・19	23	しんら
明羅	8・19	27	あきら
羅忠	19・8	27	つらただ

瀬 19画

読み ライ・せ

意味 水が激しくくだけて流れる急流。事に出会うとき、場合。立場。その場所。

名前例

名前	画数	総画	読み
明瀬	8・19	27	あきせ
瀬良	19・7	26	せら
早瀬	6・19	25	はやせ
瀬琉	19・11	30	らいる

麗 19画

読み レイ・ライ・リ・うるわしい［名乗り］あきら・かず・つぐ・つら・よし・より

意味 すっきりと整う。澄んでいて綺麗。並ぶ。連なる。くっつく。引っかかる。

名前例

名前	画数	総画	読み
麗	19	19	あきら
麗士	19・3	22	れいじ
麗生	19・5	24	かずき
麗一	19・1	20	れいいち

瀧 19画

読み ロウ・たき［名乗り］たけし・よし

意味 はやせ。竜のような形の急流。高いところから長く太い筋をなして落ちる滝。

名前例

名前	画数	総画	読み
瀧	19	19	たけし
瀧人	19・2	21	たきひと
瀧明	19・8	27	よしあき
瀧太	19・4	23	ろうた

巌 20画

読み ガン・ゲン・いわ・いわお［名乗り］お・みち・みね・よし

意味 岩。いかつい。けわしい。山がごつごつと高く切り立っているさま。

名前例

名前	画数	総画	読み
巌	20	20	げん
巌二	20・2	22	げんじ
巌示	20・5	25	がんじ
巌雄	20・12	32	いわお

響 20画

読み キョウ・コウ・ひびく・ひびき［名乗り］おと・なり

意味 空気に乗って、音の震えが伝わる。振動が伝わって他のものを動かす。

名前例

名前	画数	総画	読み
響	20	20	ひびき
響平	20・5	25	きょうへい
響真	20・10	30	きょうま
響成	20・6	26	おとなり

20画 馨

読み ケイ・キョウ・かおる・かぐわしい[名乗り]か・かおり・きよ・よし

意味 澄んだかおりがする。かおりが遠くまでただよう。良い影響が遠くまで伝わる。

名前例

名前	画数	読み
馨20	20	かおる
馨20馬10	30	きょうま
馨20介4	24	けいすけ
馨20多6	26	きょうた

20画 護

読み ゴ・コ・まもる・まもり[名乗り]さね・もり

意味 まもる。かばう。中の物を傷つけないように外からとりまく。その手段、役目。

名前例

名前	画数	読み
圭6護20	26	けいご
護20郎9	29	ごろう
将10護20	30	しょうご
護20千3	23	もりゆき

20画 譲

読み ジョウ・ニョウ・ゆずる・せめる[名乗り]うや・せむ・のり・まさ・ゆずり・よし

意味 場所を分けて割り込ませる。人を先にする。控えめな態度や行い。

名前例

名前	画数	読み
譲20	20	ゆずる
譲20輝15	35	まさてる
譲20司5	25	じょうじ
譲20太4郎9	33	じょうたろう

20画 耀

読み ヨウ・かがやく[名乗り]あき・あきら・てる

意味 輝き。光が高くて照り輝く。ぎらぎらする光。ひときわ派手な光、栄え方。

名前例

名前	画数	読み
大3耀20	23	たいよう
明8耀20	28	あきてる
耀20平5	25	ようへい
耀20也3	23	あきなり

21画 櫻

読み オウ・さくら[名乗り]お・はる

意味 ユスラウメ。さくら。日本の国花のさくらを表し、古風で落ち着いた印象。

名前例

名前	画数	読み
櫻21丞6	27	おうすけ
櫻21成6	27	おうせい
櫻21大3	24	はるひろ
真10櫻21	31	まお

21画 轟

読み ゴウ・コウ・とどろく

意味 ごろごろととどろく音。ざわめき。物事が盛んで激しい。音が鳴り響く。

名前例

名前	画数	読み
轟21	21	ごう
轟21助7	28	ごうすけ
轟21大3	24	ごうだい
成6轟21	27	せいごう

22画 鷗

読み オウ・ウ・かもめ

意味 強い飛翔。渡り鳥のカモメを連想し、行動力に優れる、協調性をイメージ。

名前例

名前	画数	読み
鷗22外5	27	おうがい
鷗22汰7	29	おうた
飛9鷗22	31	ひおう
海9鷗22	31	かいおう

22画 讃

読み サン・ほめる・たたえる[名乗り]さ

意味 褒める。助ける。褒めたたえる。褒め言葉。力をそろえて持ち上げる。

名前例

名前	画数	読み
讃22歩8	30	さんぽ
讃22大3	25	さんた
意13讃22	35	いさん
讃22良7	29	さら

23画 鑑

読み カン・ケン・かがみ[名乗り]あき・あきら・かた・かね・しげ・のり・み・みる

意味 鏡。戒めとなる手本や前例。検討の資料や手本となる文書。品定め。検討する。

名前例

名前	画数	読み
鑑23	23	あきら
鑑23一1	24	かんいち
明8鑑23	31	あきのり
鑑23治8	31	けんじ

23画 鷲

読み シュウ・わし

意味 タカ科の大型の鳥で、猛鳥の一種であるワシを連想させる。強くて鋭い印象。

名前例

名前	画数	読み
鷲23十2	25	しゅうじ
鷲23一1	24	しゅういち
飛9鷲23	32	ひしゅう
鷲23生5	28	しゅうき

24画 鷹

読み オウ・ヨウ・たか

意味 猛鳥のタカ。強く・鋭い爪をもつ。鷹匠があることから頭の良さも感じる。

名前例

名前	画数	読み
鷹24広5	29	たかひろ
飛9鷹24	33	ひおう
鷹24彦9	33	たかひこ
鷹24祐9	33	おうすけ

24画 麟

読み リン

意味 想像上の動物、首の長いキリンの雌。めでたいことの前兆。連なって歩く。聖人や英才のたとえ。

名前例

名前	画数	読み
麟24	24	りん
麟24一1	25	りんいち
麟24太4郎9	37	りんたろう
麟24之3助7	34	りんのすけ

Column2

似ている漢字に気をつけましょう

よく似ているけれど音も意味も異なる漢字があります。
出生届が受理された後は変更が難しいので、あらかじめしっかり確認しましょう。

漢字	画数	音読み	名のり読み
宣	9	セン	のぶ・のり・ひさ
宜	8	ギ	たか・のぶ・のり
栞	10	カン	しおり
茉	8	マツ・バツ	ま
匡	6	キョウ	ただす・たすく
国	8	コク	くに
怜	8	レイ	さと・さとし・とき
伶	7	レイ・リョウ	とし
巧	5	コウ	たく・よし
功	5	コウ・ク	いさお・つとむ
末	5	マツ	すえ
未	5	ミ	いま・いや・ひで
臣	7	シン・ジン	おみ
巨	5	キョ	お・なお・み
奏	9	ソウ	かなでる
泰	10	タイ	あきら・ひろ・やす
絞	12	コウ	しぼ・し・くび
紋	10	モン	あや
柘	9	シャ	つげ
拓	8	タク	ひろ・ひろし
朗	10	ロウ	あき・あきら・お
郎	9	ロウ	お
亨	7	キョウ・コウ	あきら・すすむ
享	8	キョウ	あきら・すすむ
祢	9	ネ・デイ	ない
弥	8	ミ・ビ	ひろ・みつ・や・やす
昴	9	ボウ・モウ	すばる
昂	8	コウ	あき・あきら・たか
饗	22	キョウ・コウ	あえ・うける
響	20	キョウ	ひびく・おと
隠	14	イン・オン	かく・やす
穏	16	オン	おだ・とし・やす
撤	15	テツ	
徹	15	テツ	あきら・おさむ・とおる
璃	15	リ	あき
瑠	14	ル	
椰	13	ヤ	やし
梛	11	ダ・ナ	なぎ
菫	12	トウ	ただす・しげ・なお
堇	11	キン・ギン	すみれ
崚	11	リョウ	たかし
峻	10	シュン	たかし・ちか・とし

使えそうで使えない漢字

名づけに使える漢字によく似ているけれど、使用が許されていない漢字があります。画数が違うこともあるので注意が必要です。

	拳	慧	耀	啄	頬	黛	芦	媛	翔	紘
使える（画数）	10	15	20	10	16	16	7	12	12	10
使えない	拳	慧	耀	硺	頬	黛	芦	煖	詡	紘
使えない（画数）	10	15	20	13	15	17	7	13	13	11

幸運をよぶ

画数から選ぶ名前

しっかりと画数を
確かめて、運気のよい
名前を考えましょう。

画数を使って

運のよい名前をプレゼントしましょう

赤ちゃんにハッピーな人生をおくってほしい。そんな思いを込めるひとつの方法に画数を使って名づけをすることがあります。

姓名判断をうまく利用する

古来、人は幸せな人生を送るためにさまざまな方策を研究してきましたが、画数を利用する姓名判断もそのひとつです。姓名判断には多くの流派がありますが、共通の考え方に「天格、地格、人格、外格、総格」の5つの「運格」で判断するというものがあります。それぞれ働きに違いがありますが、姓名の総画数である「総格」が一生の運勢を司るとされて重要です。流派によって「吉」あるいは「凶」となる画数が異なる場合があるので、姓名判断を行うときには、何冊も見ないようにすることが大切です。姓名判断を重視すると、気に入った字が使えないことがあります。漢字や音の響きを重視するなら、姓名判断は参考程度と割り切るようにしましょう。複数の名前の候補があって決められないときに、判断の材料にするという方法もあります。

総画数で名前を選ぶ

ステップ1 名字の画数を調べる

例 田5 中4 ↓ 9画

名字の画数が何画か調べます。その際、正しい画数であることが必要です。256ページの宮沢式画数の数え方を参考にしてください。

ステップ2 吉数をチェック

例 21画 ↓ 最高吉数

257ページの総画数の特徴を見て、それぞれがどんな運気をもっているのか調べましょう。最高吉数や大吉数は男女によって異なります。

ステップ3 名前の画数を絞る

21画（最高吉数）にしたい場合

名字の画数と267ページの名前の吉数リストを参考にして、名前の画数を絞っていきます。まず、運気の強い総画数を選びます。名字の画数と名前の画数の合計がその総画数になるように名前の画数を決めます。

例

総画数		名字		名前
21画	＝	田中 9画	＋	○○ 12画

五格の働き

例

田中一郎（田＝①天格　中＝③人格の一部　一＝③人格の一部　中一＝③人格　一郎＝②地格　田・郎＝⑤外格）

⑤外格　③人格　①天格　②地格

①＋②＝④総格

①天格

名字の画数の合計数で、先祖から受け継いでいる運勢。個人の名づけには直接影響を与えないとされている。

②地格

名前の画数の合計数。青年期までの運勢を司る。両親から受け継いだ性質のほか、潜在的な能力や恋愛運、金銭運などに影響する。

③人格

名字の最後と名前の最初の字の合計数。おもに壮年期の運勢を司る。性格や才能、職業運、結婚運、家庭運などに影響を与える。

④総格

姓名の画数の合計数。一生を通じての運勢を司るが、晩年期への影響が強い。人格や仕事運など、人生全般の運勢に影響を与える。

⑤外格

総格から人格を引いた数。人間関係の運勢を司る。家庭や職場、環境への順応性を示し、社交運、家庭運などに影響する。

こんなときはどうする？

とにかくよい運勢に

画数の組み合わせから名前を探そう

とくに名前の候補がない場合は、270ページの「画数から選ぶ名前リスト」を参考に、総画数が最高吉数や大吉数になるような画数の名前を選びます。

複数の名前の候補がある

子どもになってほしい運勢を選ぶ

候補の名前の画数を調べてそれぞれの総画数を算出し、その特徴を比べてみましょう。そして、より、赤ちゃんにそうなってほしいと思う名前を選びましょう。

宮沢先生おすすめ

開運パワーをもつ吉数を見つけましょう

総画数のもつ特性を知って、開運パワーのある名づけをしましょう。宮沢式名づけでは「最高吉数」と「大吉数」、そのほかの「吉数」から名前を選ぶのがよいとされています。

最高吉数と大吉数

宮沢式名づけでは運気の強い総画数を選び、それに合わせて名前の画数を決定します。
最高吉数と大吉数、そのほかの吉数の中から、赤ちゃんにぴったりの画数を選びましょう。

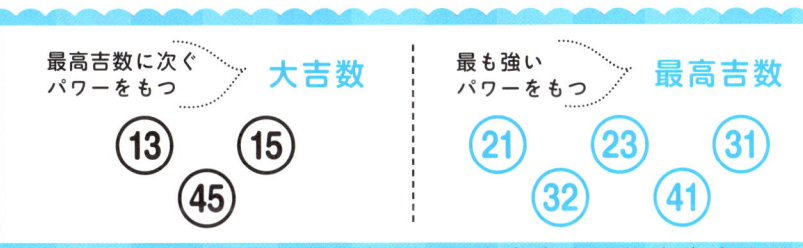

最高吉数に次ぐパワーをもつ **大吉数**

13　15　45

最も強いパワーをもつ **最高吉数**

21　23　31　32　41

凶数

2	4	9	10	12	14	19
20	22	26	27	28	30	34
35	36	38	40	42	43	44
46	49	50	51	53	54	55
56	59	60	62	64	66	69
70	72	74	76	79	80	

名前の画数81画のうち、凶の画数も半分程度あるので、候補に挙げていた名前が凶だったという場合もあるでしょう。凶であっても、常に日々向上心をもって取り組めば、成功の道は開けるでしょう。

吉数

1	3	5	6	7	8	11
13	15	16	17	18	21	23
24	25	29	31	32	33	37
39	41	45	47	48	52	57
58	61	63	65	67	68	71
73	75	77	78			

最高吉数は吉数の中でも、より多くの幸せをもたらす画数です。しかし、吉数の中には最高吉数にはない特性をもったものもあり、人によってはそれで開運する場合もあります。

※画数が80画を超えた場合は、1画に戻ります。81画は1画、82画は2画…となります。

こんなときはどうする？

気に入った名前と最高吉数に合わせた名前とどちらを選べばいいの？

気に入った名前の総画数が吉数ならば、その特性を読んでみましょう。最高吉数に劣らずすてきな場合は、とくに最高吉数にこだわらなくてもよいでしょう。しかし、凶数の場合はあまりおすすめすることはできません。

総画数が大吉数や最高吉数の上限の41、45画を超えてしまう場合は？

45画より多い数にも吉数がたくさんあります。名前の候補の中から総画数が吉数になるものをピックアップ。それぞれの特性を読んで、その中からこんな子に育ってほしいと思う吉数を選びましょう。

姓名の総画数が開運のきっかけに

文字は書くときの順番から画数という数字を持っています。数字には固有の性質があるため、姓名全体の画数からその名前の特質を知ることができます。

名字の画数は先天的な運命を表し、名前の画数は後天的な運命に影響を与えます。この2つを合わせた総画数は、その人がどのような運命のもとに生きるかを示します。つまり、画数のもつパワーをうまく利用すれば運を開くきっかけとなるでしょう。ただし、よい総画数にしたからといって、簡単に幸せを手に入れられるわけではありません。その名前に見合った努力を日々行うことが大切です。

また、総画数はとくに晩年期に強く影響を及ぼします。よい総画数を選べば、幸せな晩年期を送ることができるでしょう。

宮沢式

画数の数え方のポイント

正しく数えるには、かならず紙に書き出しましょう。ひらがな、カタカナは265ページを参考にしてください。

実際の筆づかいで数える

流派によっては「さんずい（氵）」は水（４画）から来ているので４画とすることもありますが、宮沢式では実際の筆づかいで3画と数えます。

例

氵（さんずい）↓3画

艹（くさかんむり）↓3画

辶（しんにょう）↓3画

艹（くさかんむり）や辶（しんにょう）も同様に流派によって画数が変わりますが、宮沢式では実際の筆づかいで数えます。

一般的に使われている画数で

名づけの本によって画数が異なる場合がありますが、宮沢式では一般的に使われている画数で数えます。画数で迷った際には、本書のＰ１３０～「読み別漢字リスト」で確認しましょう。

戸籍にのっている文字で数える

原則として戸籍にのっている文字で数えます。ただし、戸籍に「廣瀬」と旧字でのっていても、普段の生活で「広瀬」を使っている場合は両方を調べます。

例

日常生活で使用：広瀬↓24画

戸籍に記載：廣瀬↓34画

例えば「廣瀬」「広瀬」の両方に合う吉数の名前の画数は、７画です。２６７ページの名前の吉数リストを参考にして確認しましょう。

漢数字は実際の画数で

流派によっては漢字の表す数をそのままその漢字の画数とすることもあります。たとえば「八」を8画、「十」を10画と数えますが、宮沢式では実際の画数で八も十も「2画」と数えます。

新しい漢和辞典を使う

平成16（２００４）年に「新人名用漢字」が追加されています。漢和辞典はそれに対応したものを使うようにしましょう。

画数別運勢判定表

♕ **最高吉数** 最も強いパワーをもつ画数

☆ **大吉数** 最高吉数に次ぐパワーをもつ画数

○ **吉数** 幸運をよぶ特性をもった画数

△ **凶数** あまりおすすめできない画数

数字には、それぞれ性質があり、姓名の総画数がいくつかによって、その姓名の運気が異なるとされています。最高吉数は、吉数の中でも最も強いパワーを持つとされていますが、最高吉数にしたからといって、必ず幸運が訪れるわけではありません。その名前に見合った努力が必要です。また、最高吉数以外の画数には、最高吉数にはない特性をもっているものもあります。自分の子どもがこんな風に育ってほしいと思う画数を調べてみましょう。

1画 ○

生命力の強いカリスマに

1は万物の起源。生命力や統率力の強さが魅力的です。1画（81画）の子は、人望に厚く、信頼されるため、カリスマ性もあり、リーダーシップを発揮し、認められる存在に成長できるでしょう。

2画 △

強烈な個性で自身に忠実

とても個性が強烈です。そのため自分自身が感じたこと、考えたことに沿って行動できます。人への依頼心がなく、早々に独立できる運気です。物事を動かす実力はあるので、陰の支配者です。

3画 ○

カンの鋭さで名誉を手にできる

知性にすぐれたタイプです。その上、カンの鋭さをあわせ持つため、直感力で切り開くことができます。明るく、おおらかな性格から、まわりに愛され、地位や名誉も手にできるでしょう。

4画 △

早く自立するエネルギーの持ち主

子供のころから自立した考えを持ち、親離れも早いタイプです。とても激しいエネルギーの持ち主で、その強さから破壊を伴うこともあるほどです。目に見えない精神世界への興味を持つでしょう。

5画 ○

芸術センスを持ち、出世できる

新しいものに敏感で、芸術的センスと才能に優れています。温厚な性格から、多くの人から好かれるので、人に認められることで出世し、経済的にも安定することができるでしょう。

6画 ○

先祖に守られる強運の持ち主

先祖に守られる強運の持ち主です。朗らかで性格から、人が集まりやすく金運も良好、裕福な人生を送ることができそうです。勤勉に、先祖への感謝を忘れないことが、幸せの鍵となります。

7画 ○

精神力が強く成功を掴める

前向きで責任感が強く、持ち前の精神力の強さから、困難も次々と乗り越えて成功を手にできるでしょう。自分をしっかりと持って行動できるので、地に足を付けた生活を送れそうです。

8画 ○

コツコツ努力して目標を達成する

勉強家で意志が強く、自分の進む道を自らの手で切り開くことができます。コツコツ努力して、目標を実現することもできるでしょう。場を和ませて、まわりからも認められます。

最高吉数

9画 △
豊富な才能で華やかな人生に

豊富な才能の持ち主です。変化が多く、華やかで楽しい人生を歩くことができそうです。ただし、健康面に不安があり、せっかくのチャンスを不意にしてしまうことも。体調管理には注意しましょう。

10画 △
情が厚く変化に順応できる

変化に順応でき、環境に合わせて対応することができるでしょう。豊かな才能を持ち、理想も高く、情に厚いタイプです。ただその情の厚さから、トラブルに巻き込まれやすいので注意しましょう。

11画 ○
着実に努力を重ねて発展する

順調に発展できる、チャンスに恵まれる運気を持ちます。意志が強く、着実に努力するので、困難もたやすく乗り越えられそうです。人の助けや援助にも恵まれ、成功をおさめられます。

12画 △
自力で困難を克服して行ける

自分の力で物事を切り開き、困難も克服して行けるでしょう。控えめでいながら、会話が上手で、周りへの気配りができ、人をリラックスさせます。1つのことに執着し、時には無理してしまうことも。

13画 ☆
知恵と才能、人脈にも恵まれる

頭脳明晰、知恵と才能にあふれ、夢を実現できる運気です。自己表現がしっかりできる上に、根が明るく社交的、おだやかで話し上手なので、多くの人脈にも恵まれます。経済的なゆとりもあり、浪費さえ注意しておけば、一生困ることはないでしょう。学術や芸術、芸能方面での活躍に期待できます。

さらに運気アップ

気分に浮き沈みがあるのが気になりますが、我慢することを覚えれば、問題も乗り越えていけるはずです。

14画 △
人に頼らず目標に向かって進む

ひたすら目標に向け、つき進むタイプです。知力、体力ともに恵まれているので、人に頼らず人生を歩いていけそうです。ひとりの世界を持ち、タイミングさえつかめば商売で成功をおさめられます。

15画 ☆
人の幸せに尽くす優しい心を持つ

素直で穏やかな心の持ち主です。困っている人には手を差し出さずにはいられないような優しさにあふれています。見返りを求めず、他人の幸せのために尽くすので、人を惹きつけ、和の中心になるような人望にも恵まれます。豊かな感性と優れた洞察力で、若くして自らの運を切り開いて前進して行けるでしょう。

さらに運気アップ

好奇心旺盛で、夢の大きさでは人に負けません。その夢を実現させるために学問は、しっかりと用意してあげましょう。

16画 ○
明るさで人を惹きつけるリーダー

持ち前の明るさで、たくさんの幸せを手にすることができます。純粋で温厚なうえ、集中力にもすぐれ、人の面倒をよく見られるので、多くの人を惹きつけるリーダー的存在になるでしょう。

17画 ○

スター性があり人々を導く

向上心、行動力があり、流行にも敏感で人に注目されるスター性があります。多少、強引すぎる一面もありますが、それも人を導く魅力となり、周りから認められるでしょう。

18画 ○

強い信念で成功へと邁進する

頭がよく、強い信念を持って成功を手繰り寄せることができるでしょう。性格は強気、アイデアが豊富で、忍耐努力ができるタイプ。自分自身に厳しいので目上の人からも認められます。

21画

若いころの努力で中年期に発展

責任感が強く、強い信念をもって物事に取り組みます。持ち前の豊かな才能と実行力で困難も乗り越え、地位や財産を築くことができるでしょう。特に若いころの経験や勉強をもとに、中年期以降飛躍的に発展します。家族運も良好なほか、金銭感覚にもすぐれており、事業を起こして成功を収めることができます。

さらに運気アップ

若いころの苦労や努力が、その後の人生の成功を呼びます。自主性を育てるよう、干渉や過保護は控えましょう。

19画 △

頭の回転が速くビジネスで成功

頭の回転が速く、持ち前の才能を発揮できます。派手なことを好み、平凡を嫌がるので、人とは違うアイデアでビジネスの世界で成功できるでしょう。ただ体を壊すほど頑張りすぎる一面が心配です。

20画 △

夢に向かって前向きにチャレンジ

変化を好み平凡で退屈なことを嫌うタイプです。たくさんの夢を持ち、前向きで、常に新しいことにチャレンジする刺激的な人生となりそうです。ただ忙しさから体調を崩しやすく注意が必要です。

23画

生命力と知性でリーダーになれる

頼もしい生命力と、ずば抜けた知性の持ち主です。行動力、想像力、そして先見の明に優れており、リーダーとしてその能力を発揮するでしょう。強引すぎる大胆さと、理想の高さから時代の先端を行き、成功を手にできます。個性の強さも、まわりが認めるところとなり人付き合いも楽しく過ごせそうです。

さらに運気アップ

人に頼ると運の強さが弱まってしまいます。子供が自信を持って進めるよう、味方になり、褒めてあげましょう。

22画 △

人を思いやるロマンチスト

人への愛情にあふれ、自分のことよりも家族や友人のために尽くします。とてもロマンチストで、常に夢を追いかける人生となるでしょう。文才に優れており、それを活かすと成功できそうです。

24画 ○

エネルギーがあり世渡り上手

大きなことを成し遂げるエネルギーをもち、金運にも恵まれます。世渡り上手な一面もあり、コツコツと努力をし、仲間を増やすことで前進することで、将来事業などで成功できるでしょう。

25画 ○

ひらめきを発揮する芸術家タイプ

ひらめきから人を喜ばせることができるので、芸術や芸能、文学など、表現する世界で才能を発揮できるでしょう。人との関わりを大切にできるので、社会でも信頼されます。

26画 △

正義感が強く強烈な個性を持つ

真面目で、信念を貫きます。正義感も強く、自己の犠牲すらいとわないでしょう。その上、個性は強烈で才能も豊か。吉凶激しい人生ですが、持ち前の信念が、凶も吉に変える運勢の持ち主です。

27画 △

知的好奇心旺盛な努力家

勉強に励む努力家です。知的好奇心が旺盛なので、みるみる吸収するので、子供のころから頭の良さは認められ、自分で人生を切り開くことができます。頑固な一面もあり、自己主張もできます。

28画 △

活動的で難題にもチャレンジ

好奇心が旺盛で、つねに高い志と目標をもって努力できます。活動的で難しいことにも積極的にチャレンジするでしょう。人に惑わされず、思うがまま行動できる芯の強いタイプです。

29画 ○

すべてに恵まれる完璧主義者

運気隆盛、頭は良く、人望も恵まれ、理想を高くもてる完璧主義タイプです。仕事でも、その持った能力を発揮できるので高く評価されることでしょう。ただ、孤独を感じやすい面もあります。

30画 △

変化を好み運気の波が大きい

変化が好きな性格で、困難にも進んで飛び込む一面があります。そのため運気の波が大きくなりがちですが、反面若くして成功を収める可能性も。ただし、手にした成功の維持には努力が必要です。

31画

勇気と努力で成功をつかむ

人一倍の勇気を持った指導者タイプです。頭脳明晰で、強い意志を持ちつつも、常に冷静な判断ができます。優しく人の面倒見も良いため、まわりから頼られ、多くの人望にも恵まれるでしょう。努力を惜しまない性格なので、着実に成果を上げ、成功をおさまることができそうです。財運にもとても恵まれています。

さらに運気アップ

願った夢を叶えられる力があります。夢や可能性を広められるよう、多くの人に出会い、また旅行などをさせましょう。

32画

すべてが上手くいく強運の持ち主

とても恵まれた強い運の持ち主です。あふれるエネルギーで、確実にチャンスを掴み、自然と成功を収めます。あらゆることが順調にうまくいきそうです。素直で明るく、思いやりもあるので、まわりからも信頼され、友人にも恵まれるでしょう。直感力もあるので、身に迫る危険を回避する能力も持ち合わせています。

さらに運気アップ

運に恵まれるため、競争を好みません。穏やかに落ち着くことを好むので、美術館などで感性を磨いてあげましょう。

33画 ○

豪快に行動する天下取りの運気

敵も多いが見方も多い、信念の強さと野心で豪快に行動する、天下取りの運気の持ち主です。決断力に優れ、リーダーとしての統率力も抜群。困難があればあるほど燃えて乗り越えられます。

34画 △

才能を開花できるが波もたつ人生

感性が豊か、創造性もある上に、プライドも強いので、幼いころから学術や芸術でその才能を開花させられるでしょう。一方で破壊のエネルギーも強いため、波の立ちやすい人生となりそうです。

35画 △

穏やかで優しく指導者に向く

妥協せず、徹底的に物事に取り組むことができ、成功を掴むことができるでしょう。性格は穏やかで優しく、品があります。芸術や学問に優れており、持ち前の芯の強さから指導者にも向いています。

36画 △

未知の世界へ飛び込む冒険家

冒険心旺盛。好奇心から未知の世界へと飛び込まずにはいられないので、刺激的な人生となりそうです。躓くことがあっても、それをも楽しんで乗り越えられます。文学や芸術の才能に優れます。

37画 ○

冷静かつ強い意志で成功する

大人しく控えめな性格ながら、内面には強い意志を持ちます。冷静かつ誠実で真面目に物事に取り組むので、頼りがいがあり、着実に成功へと近づけるでしょう。金運にも恵まれています。

38画 △

器用で優秀、人から認められる

穏やかで優しく、人間関係をうまく保てるタイプです。子供のころから器用で、のみ込みが早く、優秀なので、本人は控えめながら、まわりから認められ注目される人生となるでしょう。

39画 ○

良い状況へ導く遊び上手タイプ

遊び上手なタイプで、自分の意志に忠実に自然体で動くことで、あらゆる状況を良い方向へと導きます。知力と洞察力に優れ、努力すればするほど、運気があがり幸福が訪れるでしょう。

40画 △

新しいもの好きで刺激を求める

好奇心旺盛、常に刺激を求める性格です。勝負事や新しい物が好きなので、大きな夢と野望のために動く人生となりそうです。頭がよく、会話上手なので、人が飽きることもないでしょう。

41画 ♔

華やかなスター性にあふれる

強いエネルギーを与えられ、とても華やかでスター性があります。穏やかで優しく、飾らない魅力にあふれ、異性からも注目されるでしょう。豊かな感性から、芸能・芸術方面で成功できそうです。的確な判断ができる上に、正義感が強く、人徳もあるので、まわりから信頼されて富と名誉を得ることができそうです。

さらに運気アップ

持ち前の豊かな才能を伸ばすために、若いころから尊敬できる指導者に触れる機会を用意してあげましょう。

42画 △

器用で人付き合いよく楽しい人生

芸術、学問ともに有能で、器用にあらゆることに対応できます。人付き合いがいいので、毎日が楽しくなるような人生を送ることができるでしょう。堅実で手堅い性格で、慎重に行動するタイプです。

43画 △

華やかで快楽を求める人生に

プライドが高く、頭がよく、数々の才能に恵まれますが、華やかなもの好きの性格から、快楽を求めやすい人生となりそうです。感覚で行動しやすいので、とくに散財には要注意です。

44画 △

専門的分野を持つアイデアマン

専門的な分野において、類まれな知識を持ち、優れた才能を発揮できるアイデアマンです。適度な深さで幅広い人脈を作ることができます。自分の意見通す一方、責任感があるので心労を抱えがちです。

45画 ☆

意志の強さで夢を叶える

並外れた意志の強さから、困難をも乗り越えて、夢を叶えられる力を持っています。すべてが成功と言うわけにはいきませんが、決断力と行動力があり、努力を積み重ねて大きな成功を手にすることができるでしょう。不器用ながらも、人の面倒もよく見て、教養もあるので、まわりからも信頼されます。

さらに運気アップ

黙っていると近寄りがたい雰囲気が。ニッコリと笑いかけてやり、笑顔の習慣がつけば、将来、人脈が広がりそうです。

46画 △

強さを身につければ大成功できる

頭脳明晰、才能も豊か、人並み外れたエネルギーの持ち主です。大器晩成型ではありますが、精神的にも肉体的にも力強さを身につければ、苦労と努力を重ねることで大成功を収められるでしょう。

47画 ○

社交的で組織の中で活躍する

心の広さと、温かさから誰からも好かれる社交的なタイプです。才知に恵まれ、センスと華やかさも併せ持つので人から注目されやすいでしょう。個人よりも、組織の中で活躍できそうです。

48画 ○

人をまとめるリーダータイプ

優しく、思いやりにあふれた性格に、頭の良さもあり、人をまとめることができるので、リーダーとして周囲から尊敬される存在になりそうです。陰でサポートできる人柄の持ち主です。

49画 △

吉凶表裏一体の人生に

優しく素直な性格から、相手のリズムに巻き込まれやすいタイプです。ドラマチックな世界を望むため、恋も仕事も大胆に努力できますが、そのため常に吉凶が表裏一体となりそうです。

50画 △

頭がよく、若くして成功する早熟型

若いうちに成功を収められる早熟型です。頭がよく、考えをまとめられるので、難関試験を突破したり、コンテストで勝ち進むなど、注目を浴びるでしょう。内向的で、不満を抱えやすいので注意を。

51画 △

謙虚な気持ちを忘れず大成功

穏やかな心の持ち主で、まわりから尊敬されるでしょう。謙虚な気持ちを忘れずに人と接することで大きな成功も手に掴むことができます。若くして成功するため、その維持への努力も必要です。

52画 ○

先見の明で活躍する個性派

個性をしっかりと持ち、マイペースながらも信念を曲げずに前進できます。バイタリティにあふれ、斬新なアイデアの持ち主で、優れた先見の明から企画立案などで能力を発揮します。

53画 △

明るく優しさにあふれ理想も高い

明るく穏やかで優しさにあふれます。理想も高く、派手で華やかに振る舞うことができます。ただし、人の和を重んじるため、自身が我慢して、心労を溜めやすいので注意しましょう。

54画 △

早く自立し貯金も貯まる努力家

頑張り屋さんで、人に頼らず道を切り開ける努力家です。早く自立して、計画性を持って、貯金もたまることでしょう。ただし、無理をしすぎて精神的に不安定になりがちなので気をつけましょう。

55画 △

成功するときこそ冷静に対応を

とても強いエネルギーの持ち主です。チャンスにも恵まれますが、その運の強さから、成功と同時に、悪い運気をも呼び寄せてしまうようです。順調な時ほど、冷静な判断と、強い意志が必要です。

56画 △

慎重で考えすぎてしまうタイプ

控えめで、とても慎重。行動をする前にじっくり考えるタイプで、考えすぎて結局動けないということが多いほど。チャンスを逃さずに、決断して行動に移すことが成功の鍵となります。

57画 ○

勉強熱心で夢を実現できる

努力家で勉強熱心なため、教養がしっかりと備わった自信家です。生命力があり、自分の夢を実現するために邁進できそうです。温かい心と思いやり持って人と触れ合えるでしょう。

58画 ○

冷静に困難を乗り越える力を持つ

困難を目の前にすると、闘志が湧き、真正面からぶつかりつつも、冷静に判断しながら対処することで乗り越える力を持ちます。運気には波があり、年齢を重ねることで開運します。

59画 △

家族や友人に恵まれ苦労無い人生

純粋な心の持ち主で、苦労の無い人生となるでしょう。ただし、それは家族の愛情や、友人の優しさに恵まれているから。感謝の気持ちよりも甘えが強くなると、運気は落ち込み財力も失うので要注意。

60画 △

チャレンジ精神で大胆に行動する

チャレンジ精神が旺盛。平凡を嫌い、面白そうなことが大好きなので、大胆に新しい世界へと飛び込みます。才能が豊かなため、成功へも近づきますが、一方で自身の能力の過信は禁物です。

61画 ○

カンに強くひらめきで幸せを掴む

自分のやりたいことに関しては努力を惜しまないため、いざというときに、ひらめきと勢いでチャンスを掴み幸せを手にできる、カンに強いタイプです。敵が多い時ほど、頑張れるでしょう。

62画 △

クールで、ひとり自由に生きる

頭がよく、好奇心も旺盛ですが、根がとてもクール。ひとりで自由に生きていくタイプです。他人とのわずらわしいことには関わりたがらず、人との距離をとります。その分、自立も早くなりそうです。

63画 ○

愛に恵まれて優しく育つ

おおらかで優雅、愛に恵まれて幸せになれる運気です。情緒が安定するため、誰にでも優しく、人々から慕われるでしょう。前向きな性格から、悪いこともチャンスにできる、強さがあります。

64画 △

純粋さから人に影響されやすい

純粋で優しく、とても正義感が強い性格です。人を信じられるので、出会いや会話に影響されて、変化の多い人生でしょう。臨機応変にふるまえるいいところも、一貫性がないように見られがちです。

65画 ○

生まれつき幸運の持ち主に

生まれつき幸運に恵まれているので、自然体のままで幸せを手にできるでしょう。優雅で上品、明るい性格からまわりの人気者になり、持ち前の社交性から仕事でも活躍できます。

66画 △

人の幸せを最優先するお人好し

頭がよく、感性豊か、真面目で責任感がしっかりしています。自分よりも人の幸せを最優先する人の良さがあります。反面、自分にとって有意義なチャンスを見逃してしまうことがありそうです。

67画 ○

出会いに恵まれ、成功を手にする

人脈づくりの才能があり、多くの素晴らしい出会いに恵まれる運気です。のんびりと考えるタイプですが、目上の人から引き立てられることで、地位や成功を手にすることができるでしょう。

68画 ○

努力を惜しまない勤勉タイプ

素直で真面目、地に足をつけて歩くことで、着実に成功を手にできるタイプです。その努力を惜しまない勤勉さから、まわりから信頼されることでしょう。正義感も強く、人助けができます。

69画 △

消極的で成功に振り回される

若いころにチャンスが巡ってきて、成功できる運勢です。ただし消極的で受け身な性格から、その成功を維持するために必要な努力に揺さぶられる可能性があります。積極性が幸せを掴む鍵です。

70画 △

落ち着かない運気の持ち主

積極的で責任感があります。一方で繊細で真面目な一面もあり、自分の力で道を前進しつつも、人間関係に疲れを感じやすいようです。転居や転職など、落ち着かない運気の持ち主でもあります。

71画 ○

じっくり考えて行動する慎重派

じっくりと考えて行動するので、少なくないチャンスを確実に掴むことができそうです。一見、優柔不断にも見られますが、慎重にマイペースで進めば、失敗することなく幸運を手にできます。

72画 △

成功しつつもストレスを感じる

社会に認められて、可憐な地位や名誉を手にできる運勢です。ただし成功の反面で心の空虚さを感じやすいタイプなので気をつけましょう。ストレスから消化器など健康を害しやすいようです。

73画 ○

信念で思いのままに動く行動派

頭の良さに加え、信念をしっかりと持ち、行動力もあるので自由に思いのままに動くことで開運します。努力をかさね、自信を持てるようになる中年以降、地位を得ることができるでしょう。

74画 △

優しく流れに身を任せる性格

人柄がよく、思いやりのある優しい性格です。人から言われたことに従いやすく、流れに身を任せてしまう一面があります。特に人を信じすぎる人の良さがあるので、騙されないよう注意が必要です。

75画 ○

争わず、穏やかさで幸運を掴む

穏やかな毎日を過ごすことで、焦らず堅実に前進することで幸運を掴むことができます。人と争ったりせずに、日々の努力を積み重ねから、晩年に安定をもたらされるでしょう。

76画 △

自分に厳しく経済的に安定する

理想が高く、妥協しない性格です。自分自身にはもちろんのこと、人にも厳しいところがあり、集団よりも個人で成功を収める方が向いています。早くから自立し、経済的にも安定できるでしょう。

77画 ○

精神的に強くドラマチックな人生

素直で明るく、真面目な性格で、精神的な強さも併せ持ちます。あらゆる困難を乗り越えられるほどの強さがある反面、成功も苦労も伴うドラマチックな人生になるでしょう。

78画 ○

若くして成功できる自信家

頭脳明晰で自信家。自分の決めたことをつらぬき通して、若くして大きな成功を手にすることができるでしょう。ただし、中年期以降は譲る所は譲ることで対人関係も安定してきます。

79画 △

人との出会いに左右されやすい

出会いに左右されやすい人生です。よい指導者に早くめぐり逢えれば、成功の道を邁進することもできるでしょう。一方で、そのような出会いがなければ、不満ばかりの人生となりやすいようです。

80画 △

心身を鍛え困難を乗り越えたい

常に困難が付きまとう運気です。心身を鍛えることが開運への道となるでしょう。プライドが高く、強がりな性格ですが、人の言葉に謙虚に耳を傾けることが、内にこもらない為にも大切になります。

81画 ○

1画に還り、万事ＯＫ！

総画数が80画を超えた場合は、その画数から80を引いた数字の画数を見てください。81画の場合は1画を、92画の場合は12画を見ることになります。数字の9は単数の終極で、行き詰ることや、困惑することを意味する窮に通じると言われています。9の相乗数である81からは、1に戻ることとして、各画数の吉凶を見定めたものを紹介しています。

ひらがなの画数表

ん 2	わ 3	ら 3	や 3	ま 4	は 4	な 5	た 4	さ 3	か 3	あ 3
゛ 2	ゐ 3	り 2		み 3	ひ 2	に 3	ち 3	し 1	き 4	い 2
゜ 1		る 3	ゆ 3	む 3	ふ 4	ぬ 3	つ 1	す 3	く 1	う 2
々 3	ゑ 6	れ 3		め 2	へ 1	ね 4	て 2	せ 3	け 3	え 3
	を 4	ろ 2	よ 3	も 3	ほ 5	の 1	と 2	そ 4	こ 2	お 4

カタカナの画数表

ン 2	ワ 2	ラ 2	ヤ 2	マ 2	ハ 2	ナ 2	タ 3	サ 3	カ 2	ア 2
゛ 2	ヰ 4	リ 2		ミ 3	ヒ 2	ニ 2	チ 3	シ 3	キ 3	イ 2
゜ 1		ル 2	ユ 2	ム 2	フ 1	ヌ 2	ツ 3	ス 2	ク 2	ウ 3
ー（長音符号） 1	ヱ 3	レ 1		メ 2	ヘ 1	ネ 4	テ 3	セ 2	ケ 3	エ 3
	ヲ 3	ロ 3	ヨ 3	モ 3	ホ 4	ノ 1	ト 2	ソ 2	コ 2	オ 3

最高吉数にするための

名字の画数別 名前の吉数リスト

最高吉数や大吉数を簡単に導き出せるように、一般的な名字の画数と画数別の名前を一覧表にしました。2つのリストからぴったりの名前を見つけてください。

1 名字の画数別吉数リスト→P267

最高吉数、大吉数にするために必要な名前の画数を、名字の合計画数ごとに並べました。名字の画数を調べれば、それぞれ、最高吉数、大吉数に対応した名前の画数が簡単に導くことができます。

名字の合計画数	4	5	6	7	8	9	10	11
名字の例	内・円・王・今・仁	一井・丘・北・平	及川・小川・川上・川口・小山・仲・丸山・三上・山口・山下	井川・井上・内山・片山・川内・木下・木山・中川・中山・山井	東・石川・今井・上田・大田・大平・北川・林・山田・山本	石井・泉・井出・今田・内田・太田・大西・小池・小西・田中	石田・杉山・竹内・谷口・中西・原・向井・村上・村山・山村	有田・池田・今村・金子・木村・小林・小松・菅・中村・吉田
最高吉数（総画）にするための名前の画数 21	17	16	15	14	13	12	11	10
23	19	18	17	16	15	14	13	12
31	27	26	25	24	23	22	21	20
32	28	27	26	25	24	23	22	21

4 + 17 = 21

名字の合計画数

戸籍に記載された正しい文字で調べましょう。戸籍上は旧字でも普段は新字を使用している場合は、両方とも調べ、共通の最高吉数にするとよいでしょう。

名字の例

よく見る名字を中心に挙げていますが、自分の名字がない場合は、漢和辞典などでしっかりと調べましょう。

名前の画数

最高吉数、大吉数にするための名前の画数です。最高吉数、大吉数それぞれのもつ特性（→P257）もあわせてチェックして絞り込んでみましょう。

2 画数から選ぶ名前リスト→P270

名前を画数別にリストアップ。吉数リストで導き出した名前の画数に合わせて探すことができます。

名前の合計画数 27画

- 8・19画：英都治《えつじ》
- 10・17画：恭志朗《きょうしろう》
- 11・16画：球磨《きゅうま》・清磨《きよま》・猛憲《たけのり》・規樹《のりき》・健志郎《けんしろう》・清志郎《せいしろう》
- 12・15画：聖太朗《せいたろう》・蓮太朗《れんたろう》
- 14・13画：聡寛《あきひろ》・銀雅《ぎんが》・豪暉《ごうき》・聡雅《そうが》
- 15・12画：輝道《きどう》・徹登《てつと》・徹晴《てつはる》・輝喜《てるき》
- 16・11画：憲梧《けんご》・賢進《けんしん》

名前の合計画数 28画

- 24・3画：鷹久《たかひさ》
- 8・20画：阿琉音《あると》
- 10・18画：泰顕《やすあき》・竜騎《りゅうき》・真紀哉《まきや》
- 11・17画：康之輔《こうのすけ》・庸治郎《ようじろう》・琉之輔《りゅうのすけ》

名前例

違う読み方をしても運気は同じです。総画数が合っていれば、オリジナルで名づけるのももちろんOK。

名前が3字以上の場合の画数の数え方

琉 11
之 3
輔 14
（之・輔）17

1字目はそのまま数え、2・3字目は合計した数（4字以上は2字目以降の合計）となります。

名字の合計画数	名字の例	最高吉数（総画）にするための名前の画数					大吉数（総画）にするための名前の画数		
		21	23	31	32	41	13	15	45
4	内・円・王・今・仁	17	19	27	28	37	9	11	41
5	一井・丘・北・平	16	18	26	27	36	8	10	40
6	及川・小川・川上・川口・小山・仲・丸山・三上・山口・山下	15	17	25	26	35	7	9	39
7	井川・井上・内山・片山・川内・木下・木山・中川・中山・山井	14	16	24	25	34	6	8	38
8	東・石川・今井・上田・大田・大平・北川・林・山田・山本	13	15	23	24	33	5	7	37
9	石井・泉・井出・今田・内田・太田・大西・小池・小西・田中	12	14	22	23	32	4	6	36
10	石田・杉山・竹内・谷口・中西・原・向井・村上・村山・山村	11	13	21	22	31	3	5	35
11	有田・池田・今村・金子・木村・小林・小松・菅・中村・吉田	10	12	20	21	30	2	4	34
12	相川・青木・久保・児玉・坂本・杉本・田村・松井・村田・森	9	11	19	20	29	1	3	33
13	松本・岡田・西村・三浦・松田・岡本・武田・和田・小島・吉村	8	10	18	19	28		2	32
14	上野・大野・小野・酒井・佐々木・高木・中島・野口・前田・山崎	7	9	17	18	27		1	31
15	大塚・柴田・清水・高田・千葉・中野・原田・松尾・松村・宮本	6	8	16	17	26			30

名字の合計画数	名字の例	最高吉数（総画）21にするための名前の画数	最高吉数（総画）23にするための名前の画数	最高吉数（総画）31にするための名前の画数	最高吉数（総画）32にするための名前の画数	最高吉数（総画）41にするための名前の画数	大吉数（総画）13にするための名前の画数	大吉数（総画）15にするための名前の画数	大吉数（総画）45にするための名前の画数
16	赤星・黒田・澤・高安・平野・細田・堀田・松岡・吉原・若林	5	7	15	16	25			29
17	浅岡・新井・江崎・菊池・久保田・杉浦・鈴木・宮沢・森田・渡辺	4	6	14	15	24			28
18	安達・佐野・長浜・野沢・野村・長谷川・福田・松浦・横山	3	5	13	14	23			27
19	阿部・岩崎・植村・河野・嶋田・芳賀・服部・東野・増田・松野	2	4	12	13	22			26
20	浅野・植松・金森・桑原・島倉・滝沢・星野・宮島・宮原・横田	1	3	11	12	21			25
21	石橋・工藤・菅原・島崎・野原・橋本・藤川・宮崎		2	10	11	20			24
22	朝倉・宇佐美・萩原・佐久間・菅野・瀬川・内藤・馬場・藤井・横沢		1	9	10	19			23
23	稲垣・織田・加藤・塩原・野間・福島・藤田・藤本・森崎・渡部			8	9	18			22
24	安藤・飯塚・伊藤・江藤・小笠原・榊原・設楽・豊崎・広瀬			7	8	17			21
25	近藤・佐藤・成瀬・日野原・福満・藤沢・藤村・百瀬			6	7	16			20
26	伊勢谷・稲葉・鵜沼・斉藤・櫻田・高橋・鶴田・長谷部・藤波・村瀬			5	6	15			19
27	後藤・篠原・長瀬・橋崎・藤重・藤巻・船橋・真鍋			4	5	14			18

名字の合計画数	名字の例	最高吉数（総画）21 23 31 32 41 にするための名前の画数	大吉数（総画）13 15 45 にするための名前の画数
28	藍原・鴻巣・篠崎・須磨・棚橋・富樫・藤原・森澤	3 4 13	17
29	斎藤・猿橋・篠塚・進藤・高瀬・野藤・藤崎・森嶺	2 3 12	16
30	紫藤・須藤・瀧野・額賀・藤森・増澤・鷲見	1 2 11	15
31	遠藤・櫻庭・塩野谷・新藤・播磨	1 10	14
32	綾織・郷野原・露崎・薬師寺	9	13
33	綾瀬・権藤・暮瀬・瀬嶋	8	12
34	小比類巻・錦織・廣瀬・藤橋	7	11
35	齋藤・瀧澤・鶴嶋・勅使河原・藤嶺	6	10
36	美濃部・簗瀬	5	9
37	瀬野尾・蜂須賀	4	8
38	籠澤・新駿河	3	7
39	穂鷹・横須賀	2	6

名字の画数が多い人は、最高画数や大吉数に合わせようとすると、名前の画数がかなり限定されてしまい、気に入った名前を選べない場合があります。そのような場合は、P257からの「画数別運勢判定表」を見て、他の吉数でも調べてみましょう。

総画数が45画を超えると名前の見た目が重くなってしまいます。宮沢式では、大吉数の最大画数が45画ですので、名字の画数が多い人は、名前にひらがなやカタカナを使うとようでしょう。

画数から選ぶ
名前リスト

最高吉数に合わせやすくなるように、名前を画数順に並べました。

名字によってはひと工夫を

名字の画数が多い人は、どうしても選択肢が限定されてしまいます。最高吉数やおすすめ画数に合わせると気に入った名前が見つからない場合は、257〜264ページを参考にして、最高吉数、おすすめ画数以外の吉数でも調べてみましょう。また、宮沢式ではおすすめ画数の最大総画数を45画にしています。名字の画数が多い人は、名前にひらがなやカタカナを使うと、見た目のバランスがよくなるでしょう。

名前の合計画数 1画

一 はじめ

名前の合計画数 2画

了 さとる
力 ちから
力 りき

名前の合計画数 3画

大 だい
工 たくみ
丈 たける
士 つかさ
久 ひさし

1・2画

一八 かずや

名前の合計画数 4画

元 げん
公 こう
仁 じん
元 はじめ
仁 ひとし

1・3画

一己 いっき
一久 かずひさ
一也 かずや
一之 かずゆき

3・1画

千一 せんいち

名前の合計画数 5画

功 いさお
玄 げん
生 せい
巧 たくみ
正 ただし
司 つかさ
史 ひとし
広 ひろ
弘 ひろむ
礼 れい

1・4画

一太 いちた
一夫 かずお
一友 かずとも
一仁 かずひと
一文 かずふみ

3・2画

万人 かずひと
丈二 じょうじ
与人 よひと

4・1画

公一 こういち
心一 しんいち
太一 たいち
文一 ふみかず
友一 ゆういち

名前の合計画数 6画

旭 あさひ
至 いたる
亥 がい
圭 けい
旬 しゅん
迅 じん
成 せい
匠 たくみ
壮 たける
丞 たすく
匡 ただし
団 だん
光 ひかる
守 まもる
充 みつる
巡 めぐる
亘 わたる

1・5画

一功 いっこう
一生 いっせい
一生 かずお
一史 かずし
一司 かずし
一広 かずひろ
一正 かずまさ
一矢 かずや

2・4画

力斗 りきと

3・3画

大士 だいし
千大 ちひろ
大也 ひろや
万大 まひろ

▼5・1画▲
- 叶一　きょういち
- 弘一　こういち

名前の合計画数 7画

- 改　あらた
- 快　かい
- 芳　かおる
- 秀　しゅう
- 孝　たかし
- 佑　たすく
- 努　つとむ
- 孜　つとむ
- 亨　とおる
- 希　のぞむ
- 初　はじめ
- 伴　ばん
- 寿　ひさし
- 宏　ひろし
- 克　まさる
- 佑　ゆう
- 良　りょう

▼1・6画▲
- 一圭　いっけい
- 一成　いっせい
- 一州　かずくに
- 一成　かずなり
- 一好　かずよし

▼2・5画▲
- 十矢　とうや

▼3・4画▲
- 万斗　かずと
- 大介　だいすけ
- 大斗　だいと
- 久斗　ひさと
- 大斗　ひろと
- 与仁　よひと

▼4・3画▲
- 中也　ちゅうや
- 月也　つきや
- 友久　ともひさ
- 友大　ともひろ
- 友也　ともや
- 文也　ふみや
- 元也　もとなり
- 友也　ゆうや

▼5・2画▲
- 乎人　かなと
- 巧人　たくと
- 冬二　とうじ
- 礼人　のりと
- 史人　ふみと

▼6・1画▲
- 州一　くにかず
- 圭一　けいいち
- 帆一　ほいち

名前の合計画数 8画

- 旺　あきら
- 周　あまね
- 歩　あゆむ
- 武　いさむ
- 周　いたる
- 英　えい
- 治　おさむ
- 学　がく
- 岳　がく
- 佳　けい
- 京　けい
- 昂　こう
- 周　しゅう
- 卓　すぐる
- 卓　たく
- 拓　たく
- 直　ただし
- 典　つかさ
- 侃　つよし
- 和　なごみ
- 昇　のぼる
- 尚　ひさし
- 学　まなぶ
- 実　みのる
- 明　めい
- 周　めぐる
- 怜　れい

▼1・7画▲
- 一汰　いちた
- 一希　いつき
- 一邦　かずくに
- 一志　かずし
- 一孝　かずたか
- 一利　かずとし
- 一秀　かずひで
- 一良　かずよし

▼3・5画▲
- 大司　たいし
- 大史　たいし
- 大世　たいせい
- 大生　たいせい
- 丈広　たけひろ
- 丈弘　たけひろ

▼4・4画▲
- 文斗　あやと
- 介斗　かいと
- 公太　こうた
- 文太　もんた

▼5・3画▲
- 市大　いちた
- 可久　かく
- 広大　こうた
- 巧大　こうだい
- 広大　こうだい
- 正大　せいだい
- 正也　せいや

▼6・2画▲
- 有人　あると
- 丞人　つぐと
- 凪人　なぎと
- 守人　もりと
- 吉人　よしと

▼7・1画▲
- 杏一　きょういち
- 邦一　くにかず
- 汰一　たいち
- 秀一　ひでかず
- 李一　りいち

名前の合計画数 9画

- 亮　あきら
- 勇　いさみ
- 要　かなめ
- 建　けん
- 柊　しゅう
- 俊　しゅん
- 甚　じん
- 俊　すぐる
- 昴　すばる
- 政　せい
- 祐　たすく
- 保　たもつ
- 映　てる
- 春　はる
- 洋　ひろ
- 廻　めぐる
- 勇　ゆう
- 洋　よう
- 亮　りょう

玲　れい
恒　わたる

▼1・8画▲

一昂　いっこう
一明　かずあき
一茂　かずしげ
一典　かずのり
一尚　かずひさ
一英　かずひで

▼2・7画▲

人志　ひとし

▼3・6画▲

万帆　かずほ
千多　せんた
大至　だいし
大成　たいせい
大地　だいち
千早　ちはや

▼4・5画▲

公広　きみひろ
公生　こうせい
心平　しんぺい
太司　たいじ
友広　ともひろ
仁史　ひとし

▼5・4画▲

市太　いちた
叶介　きょうすけ
巧太　こうた
仙太　せんた
巧斗　たくと
民夫　たみお
平太　へいた
北斗　ほくと
礼太　れいた

▼6・3画▲

光也　こうや
成大　せいだい
守大　もりひろ
好之　よしゆき
吏久　りく

▼7・2画▲

来人　くると
伸二　しんじ
孝人　たかと
秀人　ひでと

▼8・1画▲

英一　えいいち
旺一　おういち
京一　きょういち
昊一　こういち
朋一　ともかず
英一　ひでかず

名前の合計画数 10画

晟　あきら
格　いたる
修　おさむ
桧　かい
拳　けん
航　こう
剛　ごう
哲　さとる
隼　しゅん
純　じゅん
泰　だい
託　たく
剛　たけし
宰　つかさ
勉　つとむ
剛　つよし
哲　てつ
晄　てる
透　とおる
隼　はやと
晄　ひかる
晟　まこと
真　まこと
恭　やすし
倭　やまと
竜　りゅう
凌　りょう
倫　りん
航　わたる

▼1・9画▲

一郎　いちろう
一星　いっせい
乙彦　おとひこ
一秋　かずあき
一信　かずのぶ
一祝　かずのり
一彦　かずひこ

▼2・8画▲

七季　ななき
十久矢　とくや

▼3・7画▲

千里　せんり
千利　せんり
大我　たいが
大吾　だいご
大志　たいし
大寿　だいじゅ
大佑　だいすけ
大助　だいすけ
大杜　だいと
万里　ばんり
久希　ひさき
久志　ひさし

▼4・6画▲

元気　げんき
仁丞　にすけ
日向　ひゅうが
文伍　ぶんご
友伍　ゆうご
公仁人　くにひと

▼5・5画▲

功生　いさお
巧平　こうへい
立正　たつまさ
民生　たみお
礼史　れいじ
礼央　れお

▼6・4画▲

有斗　あると
圭斗　けいと
次元　じげん
旬介　しゅんすけ
壮太　そうた
迅夫　はやお

▼7・3画▲

快也　かいや
我久　がく
克巳　かつみ
克也　かつや
孝之　たかゆき
辰也　たつや
秀也　ひでや
秀与　ひでよ

▼8・2画▲

明人　あきと
学人　がくと
和人　かずと
征二　せいじ
昂人　たかと
岳人　たけと
直人　なおと

▼9・1画▲

栄一　えいいち
祇一　ぎいち

研一 けんいち
宣一 せんいち
春一 はるかず
政一 まさかず
祐一 ゆういち
洋一 よういち

名前の合計画数 11画

彬 あきら
庵 いおり
貫 いずる
清 きよし
蛍 けい
健 けん
康 こう
皐 さつき
淳 じゅん
進 すすむ
崇 たかし
猛 たけし
渚 なぎさ
望 のぞむ
悠 はるか
基 もと
深 もとむ
唯 ゆい
惟 ゆい
陸 りく
隆 りゅう
琉 りゅう
羚 れい
渉 わたる

▼1・10画▲

一朗 いちろう
一恵 いっけい
一航 いっこう
一晟 いっせい
一時 かずとき
一真 かずま
一馬 かずま

▼3・8画▲

久治 きゅうじ
大河 たいが
大周 たいしゅう
丈明 たけあき
千明 ちあき
千治 ちはる
大昂 ひろたか
巳弦 みつる
大和 やまと

▼4・7画▲

友希 ともき
比呂 ひろ
文吾 ぶんご
公之介 こうのすけ

▼5・6画▲

永吉 えいきち

▼6・5画▲

旭生 あさお
匡平 きょうへい
宇央 たかお
灯示 とうじ
光矢 みつや
行弘 ゆきひろ

▼7・4画▲

吾文 あもん
更太 あらた
邦夫 くにお
邦仁 くにひと
佐介 さすけ
志文 しもん
秀介 しゅうすけ
伸介 しんすけ
寿斗 ひさと
秀友 ひでとも
芙仁 ふひと
利仁 りひと
伶太 れいた

▼8・3画▲

育万 いくま
育也 いくや
旺大 おうた
和也 かずなり
和久 かずひさ
和巳 かずみ
和也 かずや
岬大 こうだい
宗士 そうし
昂大 たかひろ
宝也 たかや
卓也 たくや
岳大 たけひろ
武大 たけひろ
典万 てんま
直也 なおや
昌己 まさき

▼9・2画▲

郁人 あやと
奏人 かなと
哉人 かなと
咲人 さきと
秋二 しゅうじ
政人 せいと
恒人 つねと
勇二 ゆうじ
洋二 ようじ
亮二 りょうじ

▼10・1画▲

桜一 おういち
恭一 きょういち
桂一 けいいち
浩一 こういち
晃一 こういち
准一 じゅんいち
純一 じゅんいち
真一 しんいち
眞乙 まおと
莉一 りいち
竜一 りゅういち
倭一 わいち

名前の合計画数 12画

葵 あおい
敦 あつし
嵐 あらし
極 いたる
瑛 えい
凱 がい
堅 けん
智 さとし
滋 しげる
順 じゅん
勝 しょう
晴 せい
敬 たかし
巽 たつみ
勤 つとむ
瑛 てる
登 のぼる
創 はじめ
陽 はる
晴 はる
勝 まさる
湊 みなと
裕 ゆたか
琳 りん
塁 るい
渡 わたる

▼1・11画▲

一進　いっしん
一章　かずあき
一隆　かずたか
一麻　かずま
一康　かずやす

▼2・10画▲

八紘　やひろ

▼3・9画▲

大紀　だいき
丈俊　たけとし
丈信　たけのぶ
丈彦　たけひこ
千秋　ちあき
千春　ちはる
大海　ひろみ
与志人　よしと

▼4・8画▲

公昂　きみたか
公典　きみのり
太治　たいち
友和　ともかず
文明　ふみあき

▼5・7画▲

永吾　えいご

央汰　おうた
功佑　こうすけ
左近　さこん
民男　たみお
司希　つかさ
冬吾　とうご
由伸　よしのぶ

▼6・6画▲

宇匡　うきょう
充成　みちなり
好次　よしつぐ
吉光　よしみつ
伊久也　いくや

▼7・5画▲

快平　かいへい
克司　かつじ
邦広　くにひろ
秀史　しゅうじ
佑世　ゆうせい
芳央　よしお
芳史　よしふみ
良平　りょうへい
伶司　れいじ

▼8・4画▲

明仁　あきひと

育夫　いくお
英太　えいた
岳斗　がくと
京太　きょうた
昂太　こうた
周五　しゅうご
昇太　しょうた
昌太　しょうた
宗太　そうた

▼9・3画▲

厚之　あつし
奏士　そうし
恒之　つねゆき
映之　てるゆき
俊之　としゆき
信也　のぶや
紀之　のりゆき
春久　はるひさ

▼10・2画▲

晃人　あきと
紋人　あやと
兼人　かねと
浩二　こうじ
浩人　ひろと
泰人　やすと

▼11・1画▲

蛍一　けいいち
淳一　じゅんいち
爽一　そういち
涼一　りょういち

名前の合計画数 13画

蒼　あおい
新　あらた
楽　がく
聖　きよし
源　げん
慈　しげる
愁　しゅう
奨　すすむ
鉄　てつ
照　てる
漠　ばく
暉　ひかり
寛　ひろし
誠　まこと
稔　みのる
豊　ゆたか
零　れい
蓮　れん

▼1・12画▲

一喜　いっき
一敬　いっけい
一登　かずと
一博　かずひろ
一道　かずみち
一善　かずよし

▼3・10画▲

万時　かずとき
大悟　だいご
丈留　たける
千浩　ちひろ
丈一郎　じょういちろう

▼4・9画▲

心哉　しんや
太洋　たいよう
太郎　たろう
文紀　ふみのり
文哉　ふみや
元春　もとはる

▼5・8画▲

右京　うきょう
左京　さきょう
巧実　たくみ

弘明　ひろあき
史和　ふみかず
正和　まさかず
由治　よしはる

▼6・7画▲

安吾　あんご
伊吹　いぶき
衣良　いら
匡吾　きょうご
圭吾　けいご
成吾　せいご
壮志　そうし
壮児　そうじ
匡邦　まさくに
好宏　よしひろ

▼7・6画▲

秀伍　しゅうご
伸伍　しんご
孝成　たかしげ
利行　としゆき
秀旭　ひであき
秀行　ひでゆき
良多　りょうた

▼8・5画▲

明弘　あきひろ

名前の合計画数 14画

英司　えいじ
和弘　かずひろ
幸司　こうじ
幸平　こうへい
周平　しゅうへい
宗平　そうへい
昂生　たかお
拓矢　たくや
周史　ちかし
典生　のりお
英生　ひでき
宗正　むねただ
明生　めいせい
侑市　ゆういち

▼9・4画▲

相仁　あいと
栄五　えいご
栄介　えいすけ
奏太　かなた
奏斗　かなと
建太　けんた
柊斗　しゅうと
俊太　しゅんた
春斗　しゅんと
俊斗　しゅんと
昭太　しょうた
政斗　せいと
宣太　せんた
奏介　そうすけ
春斗　はると
祐介　ゆうすけ
勇斗　ゆうと
亮太　りょうた
玲王　れお

▼10・3画▲

晃也　あきなり
航大　こうだい
朔也　さくや
晋三　しんぞう
晋也　しんや
晟士　せいじ
泰三　たいぞう
啄也　たくや
哲士　てつし
哲也　てつや
泰大　やすひろ
竜也　りゅうや

▼11・2画▲

麻人　あさと
清人　きよと
健人　けんと
健人　たけと
悠人　ゆうじん
陸人　りくと

▼12・1画▲

瑛一　えいいち
喜一　きいち
堅一　けんいち
智一　ともかず
晴一　はるかず
陽一　よういち

魁　かい
豪　ごう
聡　さとし
彰　しょう
豪　つよし
肇　はじめ
遙　はるか
緑　みどり
漣　れん

▼1・13画▲

一暉　いっき
一煌　いっこう
一誠　いっせい
一鉄　いってつ

▼2・12画▲

了瑛　りょうえい

▼4・10画▲

公高　きみたか
公晃　きみてる
仁真　じんま
太悟　だいご
太朗　たろう
天真　てんま
天馬　てんま
公一郎　こういちろう
日出世　ひでよ

▼5・9画▲

市郎　いちろう
永哉　えいや
弘研　こうけん
司郎　しろう
司春　つぐはる
玄洋　つねひろ
冬哉　とうや
史郎　ふみお
正宣　まさのぶ

▼6・8画▲

有朋　ありとも
州和　くにかず
圭治　けいじ
光河　こうが
成英　なりひで
光治　みつはる
守門　もりと
吏門　りもん

▼7・7画▲

改汰　あらた
快児　かいじ
克宏　かつひろ
玖児　きゅうじ
邦男　くにお
秀佑　しゅうすけ
孝男　たかお
辰宏　たつひろ
秀利　ひでとし
佑作　ゆうさく
邑里　ゆうり
芳克　よしかつ
李玖　りく
利助　りすけ
良呉　りょうご
伸之介　しんのすけ

▼8・6画▲

明成　あきなり
英吉　えいきち
欧丞　おうすけ
京伍　けいご
実行　さねゆき
昇成　しょうせい
延年　のぶとし
尚充　ひさみち
昌充　まさみち
宙成　みちなり

▼9・5画▲

郁生　いくお
勇生　いさお
栄司　えいじ
祇市　ぎいち
研司　けんじ
咲矢　さくや
柊平　しゅうへい
昭司　しょうじ
星矢　せいや
奏平　そうへい
祐司　ゆうじ
洋平　ようへい

律生　りつき
亮平　りょうへい

▼10・4画▲

晃夫　あきお
桜介　おうすけ
兼斗　かねと
栞太　かんた
兼太　けんた
拳斗　けんと
剛太　ごうた
隼太　しゅんた
将太　しょうた
晋太　しんた
哲夫　てつお
哲太　てつた
透太　とうた
峰夫　みねお
素夫　もとお
泰斗　やすと
竜太　りゅうた

▼11・3画▲

章也　あきなり
淳也　あつや
健也　けんや
爽之　そうし

隆之　たかゆき
琢己　たくみ
琢也　たくや
悠也　はるや
悠士　ゆうし
雪大　ゆきひろ

▼12・2画▲

温人　あつと
瑛人　えいと
敬人　けいと
集人　しゅうと
順二　じゅんじ
晴人　せいと
尊人　たかひと
温人　はると
湊人　みなと
塁人　るいと

▼13・1画▲

義一　ぎいち
新一　しんいち
稜一　りょういち

名前の合計画数 15画

勲　いさお
駈　かける
潔　きよし
慶　けい
慧　さとし
潤　じゅん
毅　たけし
徹　てつ
輝　てる
徹　とおる
輝　ひかる
遼　りょう
黎　れい

▼1・14画▲

一徳　かずのり

▼2・13画▲

了太郎　りょうたろう

▼3・12画▲

大貴　だいき
大晴　たいせい
千晶　ちあき
千陽　ちあき
千晴　ちはる
千尋　ちひろ

▼4・11画▲

公章　きみあき
文梧　ぶんご

▼5・10画▲

永朔　えいさく
正剛　せいごう
巧馬　たくま
冬馬　とうま
史記　ふみのり
未希也　みきや
由宇太　ゆうた

▼6・9画▲

有音　あると
圭祐　けいすけ
圭音　けいと
宇紀　たかき
次春　つぐはる
光彦　てるひこ
光洋　みつひろ
守重　もりしげ
吉彦　よしひこ
有希人　ゆきと

▼7・8画▲

亜門　あもん
寿英　かずひで
克典　かつのり
克法　かつのり
克実　かつみ
我門　がもん
吟河　ぎんが
邦和　くにかず
邦宙　くにみち
孝明　たかあき
孝尚　たかひさ
辰弥　たつや
寿和　としかず
利直　としなお
伸武　のぶたけ
秀典　ひでのり
希典　まれすけ
希空　まれすけ
芳季　よしき
励治　れいじ
伶旺　れお

▼8・7画▲

青杜　あおと
依良　いら
旺希　おうき
国宏　くにひろ
幸作　こうさく
昂希　たかき
武志　たけし
知寿　ともかず
治希　はるき
英寿　ひでとし
昌志　まさし
宙伸　みちのぶ
宗利　むねとし
佳克　よしかつ
京之介　きょうのすけ
和久斗　わくと

▼9・6画▲

秋成　あきなり
栄多　えいた
荘伍　そうご
威至　たけし
俊充　としみち
勇気　ゆうき
亮伍　りょうご

▼10・5画▲

恭平　きょうへい
訓弘　くにひろ
航生　こうせい
航平　こうへい
晃平　こうへい
修平　しゅうへい
純平　じゅんぺい

眞平 しんぺい
秦平 しんぺい
泰史 たいし
哲平 てっぺい
哲矢 てつや
時生 ときお
夏生 なつお
隼生 はやお
将生 まさき
将司 まさし
倫央 みちお
峰央 みねお
泰生 やすお
凌平 りょうへい
留以 るい

▼11・4画▲

章斗 あきと
淳斗 あつと
啓介 けいすけ
蛍斗 けいと
健介 けんすけ
康介 こうすけ
清斗 せいと
爽介 そうすけ
崇文 たかふみ

猛斗 たけと
基夫 もとお
悠太 ゆうた
悠斗 ゆうと
陸斗 りくと
理介 りすけ
隆介 りゅうすけ
涼太 りょうた

▼12・3画▲

順也 じゅんや
惺也 せいや
敬久 たかひさ
智也 ともや
温久 はるひさ
遥大 ようた

▼13・2画▲

聖人 きよと
暉人 てるひと
雅人 まさと
幹人 みきと

名前の合計画数 16画

憲 あきら
篤 あつし
樹 いつき
薫 かおる
賢 けん
繁 しげる
錦 にしき
衛 まもる
龍 りゅう
錬 れん

▼1・15画▲

一輝 いっき
一毅 いっき
一慧 いっけい
一慶 いっけい
一徹 いってつ
一輝 かずき

▼3・13画▲

大雅 たいが
千寛 ちひろ
夕雅 ゆうが
久仁彦 くにひこ
与理人 よりと

▼4・12画▲

公貴 きみたか
太陽 たいよう
太遥 たいよう

天晴 たかはる
允尋 まさひろ
元就 もとなり
元晴 もとはる
元陽 もとはる
日出男 ひでお

▼5・11画▲

広務 ひろむ
史都 ふみと
北都 ほくと
正隆 まさたか
由基 よしき
立基 りつき
可那太 かなた
正十郎 せいじゅうろう
由紀人 ゆきと

▼6・10画▲

至留 いたる
壮馬 そうま
帆高 ほだか
匡高 まさたか
好晃 よしあき
圭一郎 けいいちろう
考之助 こうのすけ
成実人 なみと

▼7・9画▲

佑威 うい
寿紀 かずのり
克郎 かつろう
君紀 きみのり
杏哉 きょうや
邦彦 くにひこ
完春 さだはる
里海 さとみ
秀星 しゅうせい
孝信 たかのぶ
辰彦 たつひこ
辰郎 たつろう
利紀 としき
求昭 もとあき
良亮 りょうすけ
芙未斗 ふみと
里来人 りくと

▼8・8画▲

明周 あきちか
育弥 いくや
英治 えいじ
和弥 かずや
欣弥 きんや
直明 なおあき

直弥 なおや
季明 ひであき
英明 ひであき
宗直 むねただ
侑芽 ゆうが
怜弥 れいや
奈央也 なおや

▼9・7画▲

亮近 あきちか
郁男 いくお
栄杜 えいと
奏汰 かなた
研吾 けんご
柊杜 しゅうと
俊吾 しゅんご
政亜 せいあ
草吾 そうご
荘汰 そうた
俊希 としき
紀孝 のりたか
政利 まさとし
保志 やすし
勇我 ゆうが
祐希 ゆうき
紀代人 きよと

▼10・6画▲

悦次　えつじ
兼好　けんこう
剛気　ごうき
航至　こうじ
泰地　たいち
倫行　みちゆき
竜次　りゅうじ

▼11・5画▲

麻生　あさお
淳生　あつき
啓司　けいじ
康世　こうせい
康平　こうへい
淳平　じゅんぺい
隆生　たかお
常生　つねお
基央　もとお
康弘　やすひろ
悠生　ゆうき
庸平　ようへい
琉司　りゅうじ
隆生　りゅうせい
涼司　りょうじ
琉生　るい

▼12・4画▲

瑛太　えいた
喜介　きすけ
敬太　けいた
創太　そうた
喬斗　たかと
湊斗　みなと
結仁　ゆいと
陽介　ようすけ
塁斗　るいと

▼13・3画▲

煌大　こうだい
煌也　こうや
聖士　さとし
盟士　ちかし
寛巳　ひろみ
雅也　まさや
幹大　みきお
靖之　やすゆき
零士　れいじ

▼14・2画▲

彰人　あきひと
綾人　あやと
鳴人　なると
嘉人　よしと

▼15・1画▲

輝一　きいち
穂一　ほいち
遼一　りょういち

名前の合計画数 17画

厳　げん
駿　しゅん
環　たまき
駿　はやお
優　まさる
謙　ゆずる
嶺　りょう

▼1・16画▲

一樹　かずき
一憲　かずのり

▼3・14画▲

大輔　だいすけ
久徳　ひさのり
久宇河　くうが

▼4・13画▲

元暉　げんき
文盟　ぶんめい
斗久真　とくま

▼5・12画▲

央貴　おうき
可偉　かい
司喜　つかき
弘道　ひろみち
正晴　まさはる
礼央那　れおな

▼6・11画▲

至堂　しどう
伊佐夫　いさお
壮一朗　そういちろう

▼7・10画▲

克朗　かつろう
玖真　きゅうま
吾朗　ごろう
志朗　しろう
利晃　としあき
佑真　ゆうま
希一郎　きいちろう
条一郎　じょういちろう
那由他　なゆた
里玖也　りくや

▼8・9画▲

旺亮　おうすけ
和音　かずと
和哉　かずや
昂哉　こうや
実柾　さねゆき
治栄　じえい
卓音　たくと
拓海　たくみ
拓哉　たくや
岳彦　たけひこ
宙哉　ちゅうや
尚紀　なおき
尚哉　なおや
宗俊　むねとし
明星　めいせい
明宣　めいせん
若映　わかはる

▼9・8画▲

昭周　あきちか
按治　あんじ
勇実　いさみ
勇弥　いさみ
威弦　いずる
映弥　えいや
音弥　おとや
紀尚　かずひさ
咲弥　さくや
貞治　さだはる
星河　せいが
恒幸　つねゆき
俊明　としあき
俊弥　としや
則武　のりたけ
春明　はるあき
栄和　ひでかず
柾国　まさくに

▼10・7画▲

悦児　えつじ
赳児　きゅうじ
恭汰　きょうた
桂寿　けいじゅ
恵助　けいすけ
航作　こうさく
隼吾　しゅんご
峻佑　しゅんすけ
晟吾　せいご
泰良　たいら
高志　たかし
透治　とうや
峰利　みねとし
恭邦　やすくに
竜児　りゅうじ

凌汰 りょうた

▼11・6画▲

啓伍 けいご
健丞 けんすけ
健多 けんた
悠宇 ゆう
彩久也 さくや
清乃介 せいのすけ
悠乃介 ゆうのすけ

▼12・5画▲

温広 あつひろ
幾央 いくお
越示 えつじ
開世 かいせい
順平 じゅんぺい
勝平 しょうへい
惺立 せいりゅう
創史 そうし
湊司 そうし
創平 そうへい
貴央 たかお
達矢 たつや
瑛矢 てるや
晴生 はるき
博史 ひろし
結生 ゆうせい
陽平 ようへい

▼13・4画▲

蒼斗 あおと
新太 あらた
楽斗 がくと
寛太 かんた
幹太 かんた
煌太 こうた
鉄夫 てつお
楓太 ふうた
雅斗 まさと
幹夫 みきお
稜介 りょうすけ
蓮太 れんた
廉斗 れんと

▼14・3画▲

碧士 あおと
遙久 はるく
寧之 やすゆき
嘉大 よしひろ

▼15・2画▲

慶人 けいと
慧人 けいと
輝人 てるひと

▼16・1画▲

叡一 えいいち
龍一 りゅういち

名前の合計画数 18画

顕 けん
瞬 しゅん
臨 のぞむ
燿 ひかり
穣 みのる
類 るい

▼2・16画▲

七樹 ななき

▼3・15画▲

工輝 こうき
大輝 だいき
大蔵 たいぞう
丈範 たけのり

▼5・13画▲

写楽 しゃらく
冬嗣 とうじ
弘雅 ひろまさ
央斗彦 おとひこ
加都人 かつと

▼6・12画▲

有朝 ありとも
安滋 あんじ
光貴 みつき
光陽 みつはる
充遥 みつはる
光博 みつひろ
宇巳彦 うみひこ

▼7・11画▲

亜都 あと
杏梧 あんご
希進 きしん
来都 くると
伴理 ばんり
宏章 ひろあき
佑都 ゆうと
芳規 よしのり
亜士武 あとむ
沙耶人 さやと
那由多 なゆた

▼8・10画▲

育朗 いくお
征馬 いくま
和浩 かずひろ
和展 かずひろ
和馬 かずま
和将 かずまさ
周造 しゅうぞう
征悟 せいご
宗馬 そうま
拓真 たくま
卓真 たくま
拓朗 たくろう
武留 たける
典眞 てんま
知晃 ともあき
征将 ゆきまさ
怜真 れいま
京一郎 けいいちろう
昂一郎 こういちろう
幸之助 こうのすけ
宗一郎 そういちろう
奈伊斗 ないと
和佳人 わかと

▼9・9画▲

厚哉 あつや
威按 いあん
郁哉 いくや
衿哉 えりや
音彦 おとひこ
奏音 かなと
紀信 きしん
祝彦 ときひこ
俊彦 としひこ
俊洋 としひろ
宣俊 のぶとし
宣春 のぶはる
宣哉 のぶや
保秋 やすあき
保郎 やすお
勇祐 ゆうすけ
亮映 りょうえい
玲音 れおん
勇之丞 ゆうのすけ

▼10・8画▲

悦治 えつじ
栞治 かんじ
恭弥 きょうや
耕治 こうじ
晄弥 こうや
真幸 さねゆき
晋歩 しんぽ
真弥 しんや
泰河 たいが
高明 たかあき

紘幸　つなゆき
哲治　てつはる
倫典　みちのり
通法　みちのり

▼11・7画▲

淳宏　あつひろ
惇治　あつや
球児　きゅうじ
清志　きよし
清孝　きよたか
健吾　けんご
健作　けんさく
健児　けんじ
章吾　しょうご
康孝　やすたか
悠作　ゆうさく
郷之介　きょうのすけ

▼12・6画▲

詠吉　えいきち
瑛伍　えいご
瑛次　えいじ
道成　みちなり
道行　みちゆき
陽次　ようじ
善行　よしゆき

▼13・5画▲

蒼以　あおい
寛司　かんじ
新平　しんぺい
誠司　せいじ
聖矢　せいや
鉄平　てっぺい
新央　にいお
楓矢　ふうや
雅史　まさし
雅弘　まさひろ
睦生　むつお
靖史　やすし
蓮司　れんじ

▼14・4画▲

維夫　いお
魁斗　かいと
嘉月　かづき
豪太　ごうた
颯斗　はやと
練太　れんた

▼15・3画▲

慧士　けいし
澄也　すみや
慶之　よしゆき

▼16・2画▲

篤人　あつと
叡人　えいと
賢人　けんと
龍二　りゅうじ

▼17・1画▲

應一　おういち

名前の合計画数 19画

麓　ろく

▼1・18画▲

一騎　いっき

▼3・16画▲

大樹　だいき
久磨　きゅうま

▼4・15画▲

公範　きみのり
太蔵　たいぞう
友輝　ともき
元輝　もとき
友輝　ゆうき

▼5・14画▲

央輔　おうすけ
史緒　ふみお
可偉人　かいと
正太朗　せいたろう

▼6・13画▲

圭嗣　けいじ
壮暉　そうき
壮瑚　そうご
伊久真　いくま
考太郎　こうたろう
成太郎　せいたろう
壮太郎　そうたろう

▼7・12画▲

志温　しおん
秀登　しゅうと
辰喜　たつき
秀喜　ひでき
来渡　らいと
亜紗人　あさと

▼8・11画▲

和康　かずやす
定悠　さだはる
岳章　たけあき
知基　ともき
具視　ともみ
英隆　ひでたか
佳音人　かねと

▼9・10画▲

柊馬　しゅうま
俊朗　としろう
春馬　はるま
祐馬　ゆうま
紀一郎　きいちろう
奏一郎　そういちろう
洋一郎　よういちろう

▼10・9画▲

訓彦　くにひこ
竜彦　たつひこ
竜哉　たつや
哲郎　てつろう
時彦　ときひこ
時哉　ときや
敏政　としまさ
夏音　なおと
能活　よしかつ
恭乃助　きょうのすけ
眞那人　まなと

▼11・8画▲

隆治　たかはる
隆典　たかふみ
常征　つねと
康明　やすあき
隆治　りゅうじ
琉弥　りゅうや

▼12・7画▲

晶伸　あきのぶ
勝志　かつし
敬吾　けいご
達男　たつお
達希　たつき
董汰　とうた
晴男　はるお
遥孝　はるたか
満男　みつお
満利　みつとし
雄児　ゆうじ

▼13・6画▲

新多　あらた
煌成　こうせい
豊成　ほうせい
靖匡　やすまさ
夢行　ゆあん
蓮次　れんじ
鈴乃介　すずのすけ
聖乃介　せいのすけ

▼14・5画▲

碧生　あおい

聡司　さとし
寧生　しずき
彰司　しょうじ
総平　そうへい
綱弘　つなゆき
爾生　にき
暢生　のぶき
暢矢　のぶや
遙可　はるか
槙矢　まきや
銘正　めいせい
暢平　ようへい
瑠平　りゅうへい
瑠加　るか
瑠可　るか

▼15・4画▲

勲夫　いさお
鋭斗　えいと
毅介　きすけ
賛五　さんご
徹太　てつた
舞斗　まいと
慶斗　よしと

▼16・3画▲

叡士　えいじ
叡也　えいや
錦也　きんや
憲士　けんし
賢士　さとし
龍也　たつや
篤万　とくま
篤也　とくや
憲己　のりき
蕾三　らいぞう
頼三　らいぞう
錬士　れんと

▼17・2画▲

嶺人　みねと

▼18・1画▲

顕一　けんいち

名前の合計画数 20画

巌　いわお
馨　かおる
耀　てる
響　ひびき
護　まもる
譲　ゆずる
燿　よう

▼4・16画▲

元樹　もとき
日出都　ひでと

▼5・15画▲

司輝　つかき
正輝　まさき
由輝　よしてる
可央留　かおる
可都斗　かつと
未来弥　みきや

▼6・14画▲

圭輔　けいすけ
成豪　せいごう
光瑠　ひかる
充聡　みつとし
充瑠　みつる
吏輔　りすけ
光司郎　こうしろう
向太朗　こうたろう

▼7・13画▲

快誠　かいせい
快聖　かいせい
克嗣　かつじ
芳雅　よしまさ
吾惟人　あいと
亜紀斗　あきと
希実矢　きみや
来宇我　くうが
寿太郎　じゅたろう
良太郎　りょうたろう
伶太郎　れいたろう

▼8・12画▲

明満　あきみつ
和喜　かずき
和登　かずと
和智　かずとも
定遥　さだはる
武登　たけと
朋陽　ともあき
朋貴　ともき
知晴　ともはる
尚陽　なおはる
英智　ひでとも
実晴　みはる
実千秋　みちあき

▼9・11画▲

飛鳥　あすか
建都　けんと
秋都　しゅうと
則康　のりやす
春隆　はるたか
紀実也　きみや
祐一朗　ゆういちろう
洋二郎　ようじろう

▼10・10画▲

晏悟　あんご
恵馬　けいま
修造　しゅうぞう
修馬　しゅうま
隼朔　しゅんさく
将真　しょうま
泰造　たいぞう
竜眞　たつま
哲朗　てつろう
隼真　はやま
隼馬　はやま
通晃　みちあき
凌馬　りょうま
桂一郎　けいいちろう
恵一郎　けいいちろう
真奈人　まなと
竜一郎　りゅういちろう

▼11・9画▲

彬宣　あきのぶ
逸郎　いちろう
進哉　しんや
猛彦　たけひこ
健彦　たけひこ
常彦　つねひこ
悠彦　はるひこ
基哉　もとや
康紀　やすき
紳之丞　しんのすけ
理希人　りきと

▼12・8画▲

敦弥　あつや
勝治　かつじ
勝尚　かつなお
勝実　かつみ
琴弥　きんや
紫苑　しおん
紫門　しもん
晴弥　せいや
喬明　たかあき
貴幸　たかゆき
達実　たつみ
朝和　ともかず
陽明　はるあき
博延　ひろのぶ
道明　みちあき

満弥 みつや
遥河 ようが
晴ノ助 せいのすけ

▼13・7画▲

愛良 あいら
煌希 こうき
舜作 しゅんさく
慎吾 しんご
想吾 そうご
蒼甫 そうすけ
継男 つぐお
鉄兵 てっぺい
照希 てるき
楓汰 ふうた
楓冶 ふうや
睦希 むつき
靖邦 やすくに
義孝 よしたか
廉汰 れんた
煌之介 こうのすけ

▼14・6画▲

彰充 あきみつ
聡充 あきみつ
魁次 かいじ
魁成 かいせい

綱行 つなゆき

▼15・5画▲

諄司 あつし
誼市 ぎいち
潤平 じゅんぺい
諄矢 じゅんや
澄矢 すみや
徹司 てつし
徹平 てっぺい
劉平 りゅうへい
遼平 りょうへい
諒平 りょうへい

▼16・4画▲

叡介 えいすけ
衛夫 もりお
頼斗 よりと
龍太 りゅうた
澪太 れいた

▼17・3画▲

謙也 けんや
駿大 としひろ
優大 ゆうだい

▼18・2画▲

藍人 あおと
顕二 けんじ

名前の合計画数 21画

轟 ごう

▼3・18画▲

万曜生 まきお
万輝也 まきや
三紀彦 みきひこ

▼4・17画▲

日出登 ひでと

▼5・16画▲

広樹 ひろき
冬樹 ふゆき
正志郎 せいしろう
由維人 ゆいと
礼多朗 れいたろう

▼6・15画▲

圭輝 けいき
壮徹 そうてつ
光毅 みつき
充輝 みつき
伊玖弥 いくや
成充郎 せいじゅうろう

▼7・14画▲

克徳 かつのり
完太朗 かんたろう
杏太朗 きょうたろう
玖流斗 くると
那々基 ななき

▼8・13画▲

歩夢 あゆむ
和義 かずよし
宗鉄 そうてつ
延照 のぶてる
典雅 のりまさ
昌義 まさよし
武雅 むが
明誠 めいせい
佳嗣 よしつぐ
若靖 わかやす
京太郎 きょうたろう
幸太郎 こうたろう
昂太郎 こうたろう
虎太郎 こたろう
尚太郎 なおたろう

▼9・12画▲

昭博 あきひろ
奏喜 そうき
洋喜 ひろき
保遥 やすはる
律貴 りつき
玲央那 れおな

▼10・11画▲

晏梧 あんご
兼都 かねと
恭梧 きょうご
悟基 さとき
修梧 しゅうご
将梧 しょうご
剛琉 たける
哲章 てつあき
将隆 まさたか
眞都 まさと
峰都 みねと
泰崇 やすたか
凌都 りょうと
航一朗 こういちろう
真希夫 まきお
真那斗 まなと

▼11・10画▲

清真 きよま
啓悟 けいご
清剛 せいごう
爽真 そうま
隆通 たかみち
常泰 つねやす
悠高 はるたか
悠真 はるま
悠真 ゆうま
康一郎 こういちろう
隆一郎 りゅういちろう
隆之助 りゅうのすけ

▼12・9画▲

勝信 かつのぶ
創亮 そうすけ
達彦 たつひこ
智春 ともはる
温彦 はるひこ
博昭 ひろあき
雄星 ゆうせい
裕哉 ゆうや
遥祐 ようすけ

▼13・8画▲

慎治 しんじ
蒼治 そうじ
嗣治 つぐはる
照実 てるみ
照弥 てるや
照征 てるゆき
豊実 とよみ

雅治 まさはる
義実 よしみ
鈴弥 りんや
廉弥 れんや

▼14・7画▲

彰男 あきお
魁里 かいり
颯希 さつき
聡李 さとり
彰利 しょうり
榛汰 しんた
徳良 のりよし
嘉邦 よしくに
瑠之介 りゅうのすけ

▼15・6画▲

慶次 けいじ
慧至 けいじ
輝旭 てるあき
範行 のりゆき
慶光 よしみつ

▼16・5画▲

篤弘 あつひろ
薫平 くんぺい
龍央 たつお
磨代 ましろ

樹生 みきお
龍生 りゅうき
龍世 りゅうせい
龍平 りゅうへい
龍ノ介 りゅうのすけ

▼17・4画▲

環太 かんた
謙太 けんた
駿斗 はやと
嶺斗 みねと
優斗 ゆうと
嶺夫 れお

▼19・2画▲

麗二 れいじ

▼20・1画▲

響一 きょういち

名前の合計画数 22画

▼3・19画▲

大羅 たいら
千佐登 ちさと
万輝夫 まきお

▼5・17画▲

正之輔 せいのすけ

▼6・16画▲

匠磨 しょうま
充樹 みつき
伊多留 いたる
匡志郎 きょうしろう
有志郎 ゆうじろう

▼7・15画▲

快輝 かいき
君輝 きみてる
秀蔵 しゅうぞう
伸輝 のぶてる
秀輝 ひでき
良輝 りょうき
亜唯斗 あいと

▼8・14画▲

英輔 えいすけ
征豪 せいごう
知徳 とものり
幸四郎 こうしろう
征四郎 せいしろう
宗太朗 そうたろう
直太朗 なおたろう

▼9・13画▲

昭義 あきよし
俊暉 としき

恒靖 つねやす
勇獅 ゆうし
勇聖 ゆうせい
亮雅 りょうが
玲慈 れいじ
咲仁郎 さくじろう
荘太郎 そうたろう
南海斗 なみと
洋太郎 ようたろう

▼10・12画▲

兼渡 かねと
恭温 やすはる
敏博 としひろ
真琴 まこと
竜登 りゅうと

▼11・11画▲

彩都 あやと
清悠 きよはる
康基 こうき
康悠 やすはる
琉一朗 りゅういちろう

▼12・10画▲

敦浩 あつひろ
幾真 いくま
勝浩 かつひろ

敬真 けいま
達馬 たつま
達将 たつまさ
達朗 たつろう
智隼 ちはや
裕晃 ひろあき
満敏 みつとし
裕悟 ゆうご
塁徒 るいと
喜一郎 きいちろう
創一郎 そういちろう
登志也 としや
湧一郎 ゆういちろう

▼13・9画▲

瑚南 こなん
詩郎 しろう
慎祐 しんすけ
鈴音 すずと
鉄哉 てつや
鉄郎 てつろう
暉彦 てるひこ
豊美 とよみ
雅俊 まさとし
幹彦 みきひこ
靖春 やすはる

廉哉 れんや
幹比古 みきひこ

▼14・8画▲

銀河 ぎんが
颯季 さつき
徳弥 とくや
徳昌 のりまさ
豪弥 ひでや
嘉和 よしかず
嘉幸 よしゆき

▼15・7画▲

慶汰 けいた
徹男 てつお
徹治 てつや
範男 のりお
劉志 りゅうじ
遼吾 りょうご

▼16・6画▲

叡多 えいた
蕾多 らいた
龍伍 りゅうご

▼18・4画▲

藍斗 あいと
顕仁 あきひと
類斗 るいと

▼20・2画▲
響人 きょうと

名前の合計画数 23画

▼4・19画▲
太羅 たいら
▼5・18画▲
可偉成 かいせい
▼6・17画▲
巡汰郎 じゅんたろう
成志朗 せいしろう
多賀史 たかし
▼7・16画▲
克樹 かつき
伸樹 のぶき
杜繁 もりしげ
良磨 りょうま
杏志郎 きょうしろう
寿多朗 じゅたろう
芙実明 ふみあき
佑多朗 ゆうたろう
▼8・15画▲
和輝 かずてる
和穂 かずほ

弦輝 げんき
幸輝 こうき
昌蔵 しょうぞう
宗輝 そうき
卓摩 たくま
直輝 なおき
宙輝 ひろき
昌輝 まさてる
武蔵 むさし
佳範 よしのり
虎多郎 こたろう
直多郎 なおたろう
奈都夫 なつお
▼9・14画▲
俊輔 しゅんすけ
星豪 せいごう
恒寧 つねやす
洋輔 ようすけ
亮輔 りょうすけ
紀美央 きみお
胡太朗 こたろう
勇太朗 ゆうたろう
▼10・13画▲
晏慈 あんじ
泰聖 たいせい

泰誠 たいせい
竜誠 りゅうせい
栞太郎 かんたろう
恵太郎 けいたろう
浩士朗 こうしろう
耕太郎 こうたろう
剛太郎 ごうたろう
純太郎 じゅんたろう
流太郎 りゅうたろう
連太郎 れんたろう
▼11・12画▲
清貴 きよたか
清登 きよと
清遥 きよはる
常道 つねみち
悠陽 はるひ
基陽 もとはる
理雄 りお
陸登 りくと
隆貴 りゅうき
健士郎 けんしろう
悠大郎 ゆうたろう
隆大郎 りゅうたろう
▼12・11画▲
詠梧 えいご

竣都 しゅんと
創基 そうき
敬章 たかあき
陽悠 はるひさ
雄一朗 ゆういちろう
陽一朗 よういちろう
▼13・10画▲
楽徒 がくと
愁悟 しゅうご
鉄徒 てつと
鉄浩 てつひろ
鉄朗 てつろう
稔造 としぞう
楓真 ふうま
義将 よしまさ
煌一郎 こういちろう
慎之助 しんのすけ
新之助 しんのすけ
鈴之助 すずのすけ
寛之助 ひろのすけ
▼14・9画▲
颯亮 さすけ
徳哉 とくや
徳亮 のりあき
遙彦 はるひこ

嘉郎 よしお
▼15・8画▲
勲武 いさむ
慶英 よしひで
慶昌 よしまさ
▼16・7画▲
篤男 あつお
篤志 あつし
叡吾 えいご
賢志 けんし
憲伸 けんしん
賢佑 けんすけ
賢汰 けんた
橙吾 とうご
頼杜 らいと
錬志 れんじ
▼17・6画▲
駿行 としゆき
▼19・4画▲
羅文 らもん
蘭斗 らんと
麗介 れいすけ
▼20・3画▲
響也 きょうや
耀巳 てるみ

響己 ひびき

名前の合計画数 24画

▼5・19画▲
可蹴 かける
未来雄 みきお
由悠季 よしゆき
▼6・18画▲
伊知朗 いちろう
宇美彦 うみひこ
▼7・17画▲
芯之輔 しんのすけ
▼8・16画▲
和樹 かずき
拓磨 たくま
直樹 なおき
奈緒人 なおと
▼9・15画▲
信輝 のぶてる
咲司朗 さくじろう
勇市朗 ゆういちろう
勇次郎 ゆうじろう
▼10・14画▲
航輔 こうすけ

- 晃彰 てるあき
- 敏彰 としあき
- 晃市郎 こういちろう
- 晃史郎 こうしろう
- 晟太朗 せいたろう
- 倫太朗 りんたろう

▼11・13画▲

- 崇雅 たかまさ
- 悠誠 ゆうせい
- 貫太郎 かんたろう
- 勘太郎 かんたろう
- 啓太郎 けいたろう
- 清太郎 せいたろう
- 爽太郎 そうたろう

▼12・12画▲

- 敦貴 あつき
- 貴陽 たかはる
- 智陽 ちはる
- 瑛貴 てるき
- 智喜 ともき
- 勝道 まさみち
- 道晴 みちはる
- 裕賀 ゆうが
- 喜満 よしみつ
- 塁登 るいと
- 喬士郎 きょうしろう
- 雄二朗 ゆうじろう

▼13・11画▲

- 暉章 てるあき
- 稔基 としき
- 瑞基 みずき
- 靖隆 やすたか
- 蓮都 れんと
- 瑶一朗 よういちろう

▼14・10画▲

- 彰浩 あきひろ
- 颯馬 さつま
- 静夏 しずか
- 静真 しずま
- 徳馬 とくま
- 総一郎 そういちろう

▼15・9画▲

- 輝祐 きすけ
- 毅郎 たけお
- 輝彦 てるひこ
- 慶春 よしはる
- 黎哉 れいや
- 輝比古 てるひこ

▼16・8画▲

- 賢治 けんじ
- 憲武 のりたけ
- 憲岳 のりたけ

▼17・7画▲

- 應甫 おうすけ
- 駿助 しゅんすけ
- 優作 ゆうさく
- 優汰 ゆうた
- 瞭汰 りょうた

▼18・6画▲

- 顕成 あきなり
- 瞬伍 しゅんご
- 藤次 とうじ

▼20・4画▲

- 響太 きょうた
- 響斗 きょうと

名前の合計画数 25画

▼5・20画▲

- 可以輝 かいき

▼8・17画▲

- 知駿 かずとし
- 京志朗 きょうしろう
- 尚汰朗 なおたろう
- 弥汰朗 やたろう
- 侑治郎 ゆうじろう

▼9・16画▲

- 郁磨 いくま
- 研磨 けんま
- 建憲 たつのり
- 信繁 のぶしげ
- 春樹 はるき
- 紀実明 きみあき
- 亮汰郎 りょうたろう
- 玲於奈 れおな

▼10・15画▲

- 剛輝 ごうき
- 紗槻 さつき
- 泰蔵 たいぞう
- 展輝 のぶき
- 真澄 ますみ
- 素輝 もとき
- 恭範 やすのり
- 朔次郎 さくじろう

▼12・13画▲

- 創雅 そうが
- 貴寛 たかひろ
- 敬太郎 けいたろう
- 堅太郎 けんたろう
- 湖太郎 こたろう
- 晴太郎 せいたろう
- 琳太郎 りんたろう

▼13・12画▲

- 聖貴 きよたか
- 聖陽 きよはる
- 禎陽 さだはる
- 獅童 しどう
- 嗣温 つぐはる
- 雅敬 まさたか
- 雅道 まさみち
- 幹登 みきと
- 義喜 よしき
- 義遥 よしはる
- 楽登 らくと
- 稜登 りょうと
- 煌士郎 こうしろう
- 聖士郎 せいしろう

▼15・10画▲

- 澄真 きよま
- 慶悟 けいご
- 穂留 みのる
- 蔵之助 くらのすけ

▼16・9画▲

- 篤郎 あつろう
- 賢哉 けんや
- 繁紀 しげき
- 樹彦 たつひこ
- 龍亮 りゅうすけ
- 龍哉 りゅうや

▼17・8画▲

- 環治 かんじ
- 駿和 としかず
- 優征 ゆうせい
- 優弥 ゆうや

▼20・5画▲

- 響平 きょうへい
- 耀平 ようへい

名前の合計画数 26画

▼4・22画▲

- 友嗣郎 ゆうじろう
- 友輝男 ゆきお

▼8・18画▲

- 東騎 とうき
- 実稔生 みねお

▼9・17画▲

- 栄駿 ひでとし
- 美智生 みちお
- 玲於南 れおな

▼10・16画▲
透樹　とうき
桂多朗　けいたろう
眞暉也　まきや

▼11・15画▲
逸毅　いつき
凰輝　おうき
健輝　つよき
麻澄　ますみ
唯輝　ゆいき
清充郎　せいじゅうろう
爽市朗　そういちろう
理久登　りくと

▼12・14画▲
智聡　ちさと
智遙　ちはる
喬太朗　きょうたろう
景太朗　けいたろう

▼13・13画▲
幹嗣　かんじ
想路　そうじ
楓雅　ふうが
義寛　よしひろ
稜路　りょうじ
蓮太郎　れんたろう

▼14・12画▲
彰善　あきよし
斡登　あつと
銀賀　ぎんが
瑠偉　るい

▼15・11画▲
輝章　きしょう
慧一朗　けいいちろう

▼16・10画▲
憲朔　けんさく
賢馬　けんま
頼泰　よりやす
龍悟　りゅうご
龍馬　りょうま
樹一郎　きいちろう

▼17・9画▲
謙信　けんしん
謙亮　けんすけ

▼18・8画▲
櫂治　かいじ

▼19・7画▲
瀬那　せな

▼20・6画▲
響伍　きょうご
耀多　ようた

名前の合計画数 27画

▼8・19画▲
英都治　えつじ

▼10・17画▲
恭志朗　きょうしろう

▼11・16画▲
球磨　きゅうま
清磨　きよま
猛憲　たけのり
規樹　のりき
健志郎　けんしろう
清志郎　せいしろう

▼12・15画▲
勝輝　かつき
創徹　そうてつ
朝輝　ともき
温摩　はるま
喜市朗　きいちろう
裕次郎　ゆうじろう
陽多郎　ようたろう

▼13・14画▲
義徳　よしのり
寛太朗　かんたろう
聖太朗　せいたろう
蓮太朗　れんたろう

▼14・13画▲
聡寛　あきひろ
銀雅　ぎんが
豪暉　ごうき
聡雅　そうが

▼15・12画▲
輝道　きどう
徹登　てつと
徹晴　てつはる
輝喜　てるき

▼16・11画▲
憲梧　けんご
賢進　けんしん
頼都　よりと

▼17・10画▲
優馬　ゆうま
優一郎　ゆういちろう

▼18・9画▲
藍紀　あいき
顕信　あきのぶ

▼20・7画▲
響吾　きょうご
耀希　てるき

▼24・3画▲
鷹久　たかひさ

名前の合計画数 28画

▼8・20画▲
阿琉音　あると

▼10・18画▲
泰顕　やすあき
竜騎　りゅうき
真紀哉　まきや

▼11・17画▲
康之輔　こうのすけ
庸治郎　ようじろう
琉之輔　りゅうのすけ

▼12・16画▲
創磨　そうま
朝樹　ともき
晴磨　はるま
登志彦　としひこ

▼13・15画▲
雅輝　まさてる
睦毅　むつき
稜摩　りょうま
煌多郎　こうたろう

▼14・14画▲
領太朗　りょうたろう

▼15・13画▲
諒太郎　りょうたろう
凛太郎　りんたろう
黎太郎　れいたろう

▼16・12画▲
樹喜　いつき
橙貴　とうき
憲貴　のりたか

▼17・11画▲
謙麻　けんま
駿章　としあき

▼18・10画▲
顕馬　けんま
櫂徒　たくと

▼19・9画▲
瀬音　せお
麓郎　ろくろう

▼20・8画▲
響弥　きょうや
耀実　てるみ

▼23・5画▲
鑑司　かんじ
鷲平　しゅうへい

名前の合計画数 29画

▼4・25画▲
- 太意智 たいち

▼6・23画▲
- 伊玖磨 いくま

▼7・22画▲
- 伶緒奈 れおな

▼8・21画▲
- 実喜彦 みきひこ

▼11・18画▲
- 理顕 みちあき
- 惟騎 ゆいき

▼13・16画▲
- 詮親 あきちか
- 幹汰郎 かんたろう
- 誠充朗 せいじゅうろう

▼14・15画▲
- 緒久登 おくと

▼15・14画▲
- 穂摘 ほづみ
- 慶太朗 けいたろう
- 穂久都 ほくと
- 遼太朗 りょうたろう

▼16・13画▲
- 繁暉 しげき
- 樹太郎 じゅたろう
- 龍太郎 りゅうたろう

▼17・12画▲
- 謙登 けんと

▼18・11画▲
- 藍琉 あいる
- 穣一朗 じょういちろう

▼20・9画▲
- 響彦 おとひこ

名前の合計画数 30画

▼8・22画▲
- 奈緒和 なおかず

▼9・21画▲
- 美貴彦 みきひこ

▼12・18画▲
- 善騎 よしき

▼13・17画▲
- 継駿 つぐとし
- 誠之輔 せいのすけ

▼14・16画▲
- 静樹 しずき

▼15・15画▲
- 潤輝 じゅんき
- 澄輝 すみき

▼16・14画▲
- 憲太朗 けんたろう
- 澪太朗 れいたろう

▼18・12画▲
- 藍登 あおと
- 顕登 あきと

▼20・10画▲
- 譲之助 じょうのすけ

名前の合計画数 31画

▼9・22画▲
- 飛雄馬 ひゅうま

▼12・19画▲
- 陽日輝 ひびき

▼13・18画▲
- 義顕 よしあき

▼15・16画▲
- 輝樹 てるき
- 遼樹 りょうき

▼16・15画▲
- 篤毅 あつき

▼17・14画▲
- 駿翠 しゅんすい
- 優瑠 すぐる
- 優輔 ゆうすけ
- 謙四郎 けんしろう

▼18・13画▲
- 顕士朗 けんしろう

▼20・11画▲
- 譲琉 ゆずる
- 馨一朗 けいいちろう

名前の合計画数 32画

▼8・24画▲
- 英鷹 ひでたか

▼12・20画▲
- 満輝央 まきお

▼15・17画▲
- 蔵之輔 くらのすけ

▼16・16画▲
- 樹実明 きみあき

▼17・15画▲
- 謙多郎 けんたろう

▼18・14画▲
- 顕太朗 けんたろう

名前の合計画数 33画

▼9・24画▲
- 飛鷹 ひだか

▼11・22画▲
- 彩響人 さきと

▼16・17画▲
- 龍彌 たつや

▼17・16画▲
- 厳樹 げんき
- 駿磨 はやま
- 嶺篤 みねあつ
- 優汰郎 ゆうたろう

▼19・14画▲
- 蘭太朗 らんたろう
- 麗太朗 れいたろう

▼20・13画▲
- 耀太郎 ようたろう
- 響太郎 きょうたろう

名前の合計画数 34画

▼10・24画▲
- 真樹弥 まきや

▼18・16画▲
- 顕親 あきちか
- 藍磨 らんま

▼20・14画▲
- 響輔 きょうすけ
- 耀輔 ようすけ
- 響太朗 きょうたろう

▼21・13画▲
- 轟太郎 ごうたろう

▼24・10画▲
- 鷹敏 たかとし
- 鷹通 たかみち

名前の合計画数 35画

▼20・15画▲
- 護輝 もりてる

●監修

宮沢みち（みやざわ みち）

運命学研究家。日本女子大学・同大学院にて社会福祉学を専攻。福祉的な観点から、個人がよりよく生きるための生活術を提案している。明るく優秀な子どもに育つ名づけには定評がある。著書に『最新版　男の子の幸せ名づけ』『最新版　女の子の幸せ名づけ』（共に主婦の生活社）、『ハッピーになれる　手相占い』（金の星社）、『日本で一番わかりやすい人相診断の本』（PHP研究所）、『いちばんわかる！手相の教科書』（大泉書店）など多数。監修には、『新版　名づけ大全科』（主婦の友社）などがある。女性誌を中心に多数、連載中。

「宮沢みちの幸せ名づけオンライン」http://babysname.jp/

●STAFF

表紙・付録作品制作／須佐沙知子

表紙デザイン／石松あや（しまりすデザインセンター）

表紙撮影／寺岡みゆき

表紙制作／株式会社リトルバード

本文デザイン／武田英志（hooop）

DTP／ニシ工芸株式会社

イラスト／Meriko

執筆協力／川嶋菊枝　伊藤京子　河野貴子　真柄智充　富沢比奈
柴藤愛林　北沢佳奈　兼子梨花　ニシ工芸株式会社

編集制作／株式会社童夢

企画・編集／成美堂出版編集部

いちばん幸せになる 男の子の名づけ

監　修　宮《みや》沢《ざわ》みち

発行者　深見公子

発行所　成美堂出版
〒162-8445　東京都新宿区新小川町1-7
電話(03)5206-8151 FAX(03)5206-8159

印　刷　大日本印刷株式会社

ISBN978-4-415-31288-0